심리학의 역사 101

David C. Devonis 지음
이규미, 손강숙 옮김

Σ 시그마프레스

심리학의 역사 101

발행일 | 2018년 12월 31일 1쇄 발행

지은이 | David C. Devonis
옮긴이 | 이규미, 손강숙
발행인 | 강학경
발행처 | (주)시그마프레스
디자인 | 우주연
편 집 | 이호선

등록번호 | 제10-2642호
주소 | 서울특별시 영등포구 양평로 22길 21 선유도코오롱디지털타워 A401~402호
전자우편 | sigma@spress.co.kr
홈페이지 | http://www.sigmapress.co.kr
전화 | (02)323-4845, (02)2062-5184~8
팩스 | (02)323-4197

ISBN | 979-11-6226-150-7

HISTORY OF PSYCHOLOGY 101

by David C. Devonis, ISBN : 978-0-8261-9569-2

ISBN | 978-0-8261-9569-2

* 책값은 책 뒤표지에 있습니다.

이 도서의 국립중앙도서관 출판시도서목록(CIP)은 서지정보유통지원시스템 홈페이지(http://seoji.nl.go.kr)와 국가자료공동목록시스템(http://www.nl.go.kr/kolisnet)에서 이용하실 수 있습니다.(CIP제어번호 : CIP2018042028)

역자 서문

이 책을 처음 보았을 때 심리학의 역사에 대한 호기심이 크게 작용해서 번역을 결심했다. 내가 학창 시절 경험한 심리학의 역사는 기원전 철학자들이 인간에 대해 논한 것부터 시작했지만, 개인적으로 정작 현대의 심리학이 한창 피어나기 시작한 1900년대 이후의 역사는 잘 정리된 자료를 볼 기회가 없었다. 물론 학창 시절 이후 심리학의 역사에 별 관심을 기울이지 않은 탓이 제일 클 것이다. 대학 강단에 서면서 상담 및 심리치료, 교육심리, 예방상담학, 정신건강 등의 세분화된 영역의 역사는 접할 기회가 있었지만 정작 심리학 전반에 대한 역사를 통합적으로 살펴볼 기회를 갖기 어려웠다.

현재 한국심리학회에는 15개의 산하학회가 있고, 미국심리학회에는 54개 분과학회(division; 연번은 56번까지 있으나 제4분과와 제11분과는 없음)가 있으며, 각 분과들은 심리학의 학문적 배경을 공유하면서도 각각 세분화된 전문 영역 및 연구 주제를 갖고 활동 중이다. 심리학은 계속 발전해 오고 있기 때문에 자신의 세분화된 영역 이외의 주제에 대해 어느 만큼의 지식은 공유할 수 있지만 전공 이외의 분야에 대해 거의 동등한 수준의 전문적 깊이를 갖는 것은 점점 더 어려워지고 있다. 물론 연구 주제가 겹칠 수 있는 몇 개의 분과에 중복 소속되어 근접 분야의 전문성 개발을 위해 노력할 뿐만 아니라 분야 간 통합 및 융합을 통해 또 하나의 분야를 개척하고자 노력하는 회원들도 많다. 이렇게 세분화된 심리학의 세계에서 그 모든 분야의 역사와 발전을 따라가는 것은 쉽지 않은 일이기에 이 책을 통해 각 분야가 발전해온 큰 그림을 간략하게나마 살펴볼 수 있는 것은 독자들에게 도움이 될 것으로 보인다.

이 책은 1927년부터 2014년까지 미국을 배경으로 한(프롤로그에서는 프로이트가 미국을 방문했던 1909년을 중심으로 그 이전 1900년대의 학문적 상황을 간단히 소개하고 있다) 심리학의 역사를 다룬다. 특히 미국 심리학회(APA)를 주축으로 발전하고, 미국 사회의 변화와 요구에 의해 영향을 받으며 변화해온 미국 심리학의 발전 과정을 들여다 볼 수 있다. 이는 10년 단위의 연대기적 서술로 소개되고 있어서 시대적 상황과 심리학의 큰 흐름을 좇아가는 재미를 더하고 있다.

이에 덧붙여 1900년대 이후 미국 사회의 다양한 측면을 함께 비춰줄 흑인 이민 가족을 등장시켜 미국 사회의 주요 이슈일 뿐만 아니라 심리학이 영향을 미쳤던 역사적 맥락들, 즉 전쟁, 다양한 사회적 기회의 등장, 교육적 · 심리적 지원, 경력 개발 및 노동권, 다양성 및 시민권을 중심으로 한 갈등과 권리 투쟁 등의 주제를 포괄하는 전기를 제공하고 있다. 이 책을 읽다보면 다양한 심리학 각 분야의 역사와 사회상을 입체적으로 연결하며, 거기에 재미까지 더해준 저자의 관심과 노고가 대단하다는 생각이 든다.

한편, 심리학이 워낙 세분화되고, 그 가운데서도 다양한 지류를 형성하며 뻗어나가다 보니 저자의 관심과 지식에도 편향은 존재할 것으로 보인다. 원래 역사란 역사를 전하는 사람의 철학과 관심 주제, 관점에 따라 영향을 받기도 하므로 수용과 비판의 안목을 갖고 살펴보면 더욱 좋을 것이다. 다행히 에필로그는 저자와의 인터뷰로 구성되어 있어서 저자는 솔직히 누락된 부분과 편향에 대해서도 언급하고, 저술에 대한 자신의 입장을 밝히고 있다.

상담심리학이 주 전공인 나 역시 연합체로서의 심리학의 세 가지 주요 영역 중에 심리치료가 포함되어 있으나 미국에서 활발한 실무활동이 전개되고 있는 상담심리학의 역사와 발전 배경에 대해 좀 더 자세한 이야기가 궁금했다. 하지만 그 이야기는 내가 이런 책을 썼더라면 저자만큼 중립성을 지키는 게 쉽지 않았겠구나 하는 생각으로 이어졌다. 또한 미국이나 우리나라나 최근 심리학이 응용이나 실무 분야로 보다 많은 관심이 쏠리고 있지만, 심리학의 탄탄한 학문적 기초를 이루고 있으며 전공을 초월하여 공유하면 할수록 더 전문적인 응용이나 실무를 보장할 수 있는 기초 분야의 발전과 역사에 관심을 기울일 필요에 대해 생각해 보게 되는데, 저자는폭넓은 지식을 갖고 이 부분의 발전과 역사에 대해 다루고 있다.

오늘날의 심리학이 있기까지는 학문적 신념을 갖고 고군분투하고 연구와 실무, 사회적 적용을 위해 헌신해온 많은 심리학자들이 있었다. 이 책에서도 누가 영웅인가에 대한 논의를 하고 있지만 학문적 발전은 눈에 띄는 영웅에 의해서보다 지신의 위치에서 성실하게 연구업적을 쌓고 해당 분야의 학문적 문화를 만들어가며 후속 연구에 영향을 주고 있는 많은 학자들에 의해 시나브로 이루어지고 있다는 것이 내 생각이다. 그런 의미에서 이 책에서 소개된 많은 심리학자들이 각 분야의 영웅이라는 생각이 든다.

이 책은 우리나라에 거의 소개되지 않은 학자들이나 그들의 이론도 소개하고 있다. 그래서 최소화하고자 노력했지만 혹시 있을지 모를 용어 번역의 오류나 어색한 부분에 대해서는 독자 여러분께 미리 양해를 구하고 싶다. 독자들이 순조롭게 읽는 데 도움이 되기 위해 모든 인명을 한글로 표기했고, 일부 내용엔 역자의 주를 달기도 했다. 이러한 과정은 나에게도 큰 공부가 되었다. 나에게 가장 큰 배움으로 남은 것은 심리학의 역사에서도, 역사는 현재와 미래의 교과서라는 말이 그대로 적용이 되고 있다는 사실이다. 나에게 이 책은, 현재에도 해결되지 않은 문제의 발단과 전개과정을 알 수 있고, 그리고 앞으로 풀어가야 할 과제, 그것이 만들어갈 많은 길들에 대한 책임감을 느끼게 만드는 역사 이야기이다.

심리학 전문 출판사로 우리나라의 심리학 역사에 함께 하시는 분이며, 이 책의 번역본이 나오게 지원해주신 (주)시그마프레스 강학경 사장님께 감사드린다. 그리고 이번까지 세 번째 나와 호흡을 맞춰 편집을 해준 이호선 선생과의 인연에도 감사드린다. 이 책을 번역하며 손강숙 교수와 함께 공부하고 논의할 수 있는 기회가 된 것에 대해서도 기쁘게 생각한다. 많은 분들이 이 책을 통해 심리학의 역사에 대해 더 많이 알고 더 깊은 관심을 기울일 수 있기를 기대해 본다.

2018년 가을

역자 대표 이규미

저자 서문

1989년 나는 학위를 마친 뒤 동부로 이직한 어떤 교수의 후임으로 서던캘리포니아대학교에서 일하게 되었다. 항상 캘리포니아에 사는 것을 꿈꿔왔던 나는 그곳에 도착하자마자 바로 캘리포니아 사람이 된 것 같았다. 나는 뉴햄프셔 자동차 번호판을 새로운 캘리포니아 번호판번호 2NZB642으로 교체하기 위하여 가장 먼저 차량관리국에 들렀고 그다음은 남부 캘리포니아 자동차클럽 지역사무소에 들렀다. 그곳에서는 나에게 회원증과 정보들로 가득 찬 두껍고 짙은 파란색의 비닐 봉투를 주었다. 그 봉투 안에는 그때나 지금이나 남부 캘리포니아에 사는 데 꼭 필요한 로스엔젤레스 고속도로 시스템의 지도가 들어 있었다. 이때는 GPS가 생기기 전이었다. 종이로 인쇄된 지도들을 모아 대충 접어 자동차 사물함 안에 넣었는데, 한쪽 눈으로는 전방을 주시하면서 다른 쪽 눈으로는 그 지도를 볼 수 있을 정도로 튀어나와 있었다. 그것은 운전 중 문자를 보내는 것의 초기 버전 같았다.

몇 달 뒤 약간 더운 1월의 어느 날 아파트 단지 내 수영장에 앉아 있었는데 다음 주에 심리학의 역사 첫 수업이 임박한 때였다. 나는 뉴햄프셔대학교에서 그 분야의 박사학위를 받은 직후였고, 이전에 학부생들을 대상으로 그 과정을 강의해본 적이 전혀 없었다. 어떻게 복잡한 심리학의 역사를 간단하게 전달할 수 있을까? 이 질문에 대해 끊임없이 생각하는 동안 고속도로 지도가 나의 눈에 아른거렸고 그 결과가 바로 오른쪽 페이지의 그림이다.

지도의 절반 위쪽 부분에서 나는 어떻게 현대 심리학이 철학에서 나오게 되었는지, 시간이 흐르면서 과학과 만나고, 아래쪽으로 내려가면서 종교가 얕은 개울로 흘러내려 결국은 지하로 사라지는 것을 연대순으로 배열하고자 했다. 가능한 나는 주요 도시들과 마을들(이론가들, 발명가들, 과학자들, 그리고 다른 지적인 조상들)을 표시하고, 영향을 미쳤음을 나타내는 통로들이 그러한 것들을 연결시켰다는 것을 보여주는 지도를 그리려고 했다. 내 학생들과 내가 처음 느꼈던 충격에서 벗어날 때쯤 우리는 그 지도가 우리의 목적에 잘 부합된다는 것을 발견하였다. 지도는 과거에 대해 내가 생각하는 것, 즉 항상 그곳에 있는, 역사가들, 번역가들, 그리고 과거를 살아 숨 쉬게 만든 사람들에 의해 건설된 멋진 길을 통해서 우리가 항상 쉽게 여행할 수 있다는 것을 보여준다. 좋아하는 곳이 어디든, 얼마나 오래 걸리든 여행할 수 있을 뿐만 아니라 우리는 여행하는 동안 유용하다고 발견한 것이 무엇이든 그것과 함께 현재로 되돌아 올 수 있다.

물론 일반적인 의미론 학자들이 우리에게 말하는 것에 따르자면 그 지도는 영토가 아니고, 지도들은 완벽하지 않은 게 사실이다. 나는 여전히 내가 어떻게 심리학에서뿐만 아니라 앞서온 모든 것들을 알려준 창의적인 작가들과 예술가들 모두를 배제했는지 궁금하다. 사상가들 간의 상대적 거리와 심지어 몇몇 관련성들조차 많은 부분 명백하게 틀린 것은 아니지만 부정확하다는 것을 알고 있다. 그러나 과거 고대 심리학에서 개인들과 사상들을 찾기 위한 발견적인 장치로 이 방법은 꽤 효과적이다. 1990년 내가 그것을 그렸을 때, 심리학의 역사 수업은 종종 지도에 표시된 개인들의 역사와 연관된 사상이 수록되고 강의의 절반이 지날 때까지

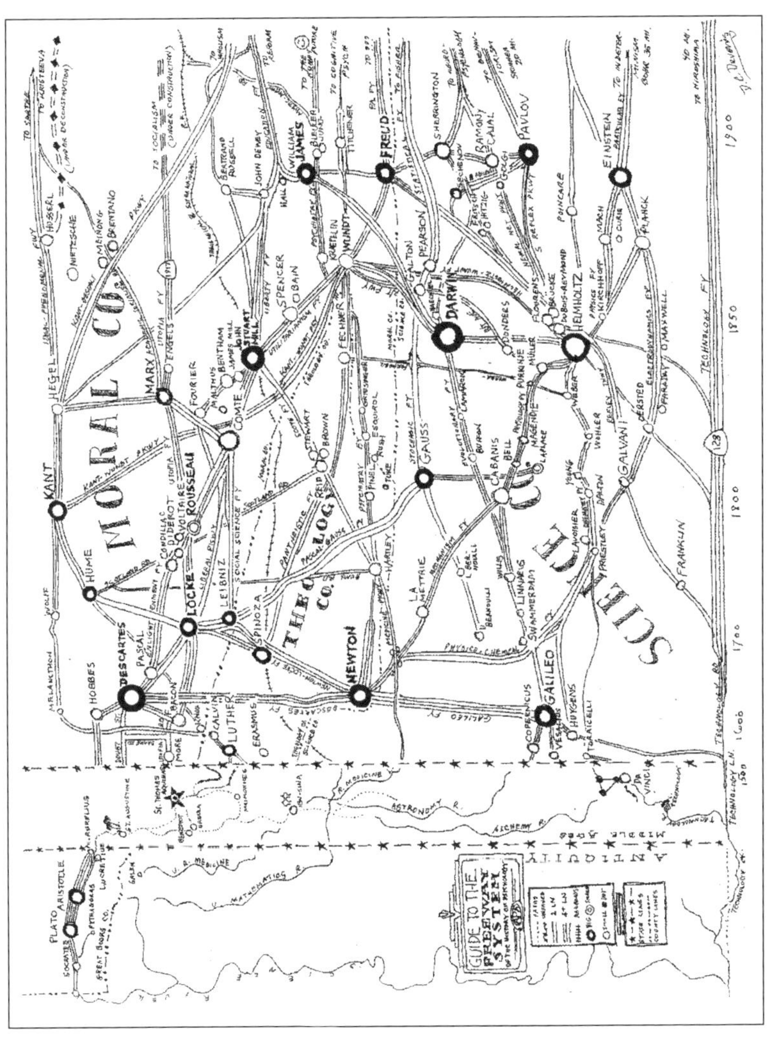

잘 구성된 교재들에 근거해서 진행되었다. 바로 내가 1981년에 처음 수강한 심리학의 역사 수업도 그랬다. 그럼에도 불구하고 1990년까지 내가 그렸던 것과 같은 지도는 이미 그것에 상당한 아이러니가 있었음이 분명했다. 왜냐하면 그것이 멈춘 그 시점 이후 최소 80년간의 발전이 빠져 있기 때문이었다. 지도를 그리는 것이 나에게 있어서는 어떤 무의식적 수준에서 가까운 과거가 우리의 관심과 흥미, 그리고 연구를 필요로 하는 흥미로운 지점임을 주장하는 방식일 것이다.

25년 동안 심리학의 역사에 관해서 가르치고 글을 쓰면서 나는 미국과 넓게는 전 세계에서 발전해온 과거 80년간의 심리학은 최소한 과거 어떤 역사적 시기만큼이나 흥미로우며, 그리고 그 역사는 그 어떤 역사하고도 비교할 수 없다는 확신을 갖게 되었다. 자, 그렇다면 이 책을 내가 1990년도에 그린 고속도로 지도의 연속체로, 주로 미국에서 심리학이 1930년부터 현재에 이르게 된 경로에 관한 개념적 지도라고 생각해보자.

아주 오래된 과거보다 근래에 주목하는 것은 심리학의 역사를 처음 접해보는 사람들에게 여러 가지 이점이 따른다. 그중 하나는 이야기의 많은 부분들은 그 사건들이 다른 현대의 역사 수업들이나 가족사 및 개인사로부터의 사건들과 다소 유사할 것이라는 점에서 충분히 새로울 것이다. 또 다른 이점은 우리가 살고 있는 시기와 가까운 시대에 떠오른 쟁점들은 역사적일뿐만 아니라 대부분의 경우 여전히 심리학자들의 생각 속에서 살아 숨 쉬고 있다는 것이다. 그것들을 그들의 기원과 연결 짓는 것은 한 저명한 사학자가 '쓸 만한 과거useful past'라고 지칭했던 것을 제공하는 데 도움이 될 것이다. 나는 그 주제가 갖는 기본적인 논의의 제한점에도 불구하고 심리학의 과거와 현재 간의 많은 연속성을 보여주려고 노력했다. 나는 또한 여러분에게 자신과 자신의 경험을 정말로 필요한 분야인 심리학이라는 보다 큰 이야기 속으로 가져올 수 있는 틀을 제공해주는 방식으로 전달하고자 노력했다. 글을 쓰면서 내가 그랬던 것처럼 여러분들도 이 책을 읽으면서 견문을 넓히는 즐거움을 발견하길 희망한다. 즐거운 여행이 되길 바란다!

차례

1990년대

01

프롤로그

역사 기록의 시작과 이전 그리고 배경

이 책에서 심리학의 역사는 현대에만 초점을 두어 1927년부터 시작한다. 이때는 퍼시 브리지먼의 현대 물리학의 논리*The Logic of Modern Physics*(Bridgman, 1927)가 출간된 해로, 역사적인 관점에서 중요한 시기이기 때문이다.

퍼시 브리지먼(Percy Bridgman, 1882~1961, 미국). 초고압하에서의 물질의 움직임을 연구한 물리학자

심리학은 '조작주의operationalism[1]'라는 용어를 그 책에서 가져왔고 그 용어는 심리학 분야를 정의하는 기본적인 특징이 되었다. 이후의 심리학은 단지 1892년에 윌리엄 제임스William James가 말했던 '과학의 희망'(James, 1892, p. 335)이 아니라, 연구 결과의 수량화와 재현성에 기초한 실제적인 과학이 되기 위해 노력해왔다. 조작주의는, 과학에서 사용하는 용어는 단지 그것들을 측정하는 데 유용한 수단을 통해서만 이해된다는 생각으로, 이론의 여지는 있지만 과학의 현대 철학으로부터 심리학이 채용한

---

[1] 종종 'operationism'이라고 쓰고 발음한다 – 역주

최초의 그리고 가장 오래된 용어이고, 그것은 심리학 분야의 모든 측면에 스며들어 있다.

1927년 이후, 심리학의 세 주요 분과는 불안정한 연합체로 각자 다소 독립적으로 공존하고 있었다. 이들 세 분과를 기술하자면, 이론심리학, 응용심리학, 그리고 임상심리학이다. 1927년까지 각각은 뚜렷이 구분되었고 각각의 실무자들이 있었다. 그 해에 심리학의 약 80%는 심리적 현상에 대한 이론과 그것을 검증하는 실험에 전념하는 이론적인 것이었다. 심리학자들의 약 15%는 기술자들이 물리학을 제품 생산 및 공정으로 전환하는 방식과 유사한 방식으로 이론적인 연구 결과를 실제에 적용할 수 있도록 변환하는 일을 했다. 또한 심리학자들의 약 5%는 결국 그 분야에 광범위한 영향을 미칠 수 있는 의학, 특히 정신의학과 동맹을 구축하고 있었다.

그때부터 그러한 비율에 엄청난 변화가 일어났다. 즉 오늘날 약 25%의 심리학자들은 이론가들이고, 나머지 75%는 교육, 법과 기업의 응용범위로 나뉘고, 한편으로는 또 다른 25%, 그리고 약 50%는 비의학적 정신의학 또는 준의학적 정신의학으로 구분된다. 대학 신입생들과 관심 있는 시민들은 심리학이란 충고를 건네는 형태라고 제법 비슷하게 이해하고 있다. 심리학의 상담과 자문의 역할이 두드러지면서 미국 문화에 깊숙이 자리 잡게 되었다. 이론에서 실제로, 그리고 엄격한 생물물리학보다는 의학/건강 지향을 향한 점차적인 변화가 현대심리학의 가장 중요한 특징이다. 현대 심리학의 역사에 관한 짧은 설명이 의학 및 건강 쪽으로 기운 변화와 관련된 모든 쟁점들을 해결할 수는 없지만, 최소한 그것을 강조하고 그 분야가 그렇게 변화해온 에너지의 주요 원천과 갈등을 발견하도록 상기시킬 수 있다.

어떤 의미에서 1927년 이후 현대 심리학의 역사는 모든 분야의 심리학연합이 조작화와 수량화라는 공통 언어로 연결된 통합체가 되려는 시도로 이해될 수 있다. 이론과 응용심리학의 경우, 이것은 실행 가능한 것으로 그 이후 각 분야의 발전 양상을 설명할 수 있다. 그러나 임상 실무에서는, 정신의학이든 심리학이든 그 분야에서 가장 과학적인 인재들 중 일부가 반세기 이상 그 문제에 관심을 기울여 왔음에도 불구하고 수량화와 조작화에 대해 강한 저항을 나타내었다. '증거기반' 임상 개입에 대한 현대적 요구는 공유되고 조작화된 용어를 기반으로 하나의 심리학을 만들겠다는 추진력의 표시이고, 그러한 목표 달성의 어려움에 대한 표시이다. 임상실무와 심리과학 간의 단층선은 여전히 활화산과 지진대이다. 이에 대한 가장 역사적인 증거는 25년 전 임상가로 인식되는 사람들로부터 '과학적인' 심리학자들이 미국심리학회American Psychological Association, APA로부터 분리해 나온 것이다. 이렇게 해서 미국심리협회American Psychological Society가 탄생했고, 그들은 이후 그 차이의 핵심적인 요소를 강조하기 위해 심리과학협회Association for Psychological Science로 이름을 바꾸었다.

그 분야를 포괄하는 역사는 이러한 주요 균열을 무시할 수 없으며, 이어지는 글은 심리적인 활동의 이 세 가지의 주요 분과, 즉 이론, 응용(비임상적), 그리고 임상의 간략한 역사를 병렬적으로 제시하기 위해 10년 단위로 구성할 것이다. 그 계획은 연합체 파트너들의 활동 중 각각 서너 가지의 대표적인 양상을 선택하여 10년 단위로 심리학자들의 사고와 행동에 가장 오랫동안 영향을 미친 이론과 실제를 보여주는 것이다. 공교롭게도 1945년 이전 연합체 각 파트너의 세 가지의 분리된 역사에 대해 말하는 것은 비교적 쉽다. 각각은 자율적이고 독립적이었다. 그러나 1945년에 심리학의 통합을 향한 커다란 움직임은 새롭게 확대되고 재정비된 미국심리학회APA에서 응용심리학과 임상심리학의 통합으로 나타났다. APA가 현재나 과거나 유일한 심리학자들의 모임은 아니지만, 그 역사는 본 글이 전개될 체계적인 틀이 될 것이다. 1892년에 설립되어, 1925년에 법인화된, 그리고 지금도 현존하고 있는 APA는 이 모든 심리학의 지류들이 잠시 동안 함께 흘러가는 개념적인 공간이다. 그래서 1940년부터는 서로 상호작용하는 연합체 요소들을 분리하는 것이 어렵게 된다. 즉 연합체 활동을 요약하는 그 시점에서의 스타일의 변화는 그들의 발전하고 있는 상호작용을 반영할 것이다. 전체적인 책의 목적은 독자들에게 실제로 지속되고 있는 주제들을 전달하고, 또한 지금 현재(2014년) 나타나고 있지만 풀지 못한 역사적인 질문들을 어떤 미래의 역사가에게 알려주기 위한 것이다. 연합체 파트너들 간에 만들어질 수 있는 이러한 연계에 주목하게 될 것이다. 심리학은 그야말로 수천 가지의 이론과 응용을 갖고 있어서 완전함에 대한 그 어떤 주장도 뒤따라올 수 있도록 만들어진 것은 없다. 다행히도 더욱더 자세하게 참고할 수 있는 심리학의 양 측면인 과학적인 측면과 실용적인 측면에 대한 많은 전문화된 역사들이 있고 이와 관련된 도서 목록이 부록 2에 열거되어 있다.

지금까지 보여준 것은 이론과 실제가 전문 영역별, 연대순으로 정리되어 있는 여타의 심리학 역사 교재의 개관에서 접했던 것과 다르지 않다. 과학적인 측면에서 문제 및 방법의 선택, 응용 및 임상적 측면에서 사회적 또는 치료적 적용 영역의 선택은 종종 '이론을 위한 이론(혹은 실제를 위한 실제)'의 원칙에 의해 이루어진다. 이것은 예술을 포함하여 인간 활동의 여러 분야에서 추구하는 타당한 원칙이지만, 한 예술 사학자가 말한 것은 현대 예술 활동의 특징, 일련의 위대한 개인적인 성취의 기록이 되는 역사를 낳는다. 이것은 1927년 또 다른 역사적 사건, 즉 찰스 린드버그가 단독 비행으로 대서양을 가로지른 역사적인 사건에서도 반영된다. 심리학 역사의 대부분은 '최초'에 그리고 특별한 이름과 연관된 뛰어난 개인적 성취(예 : 매슬로우의 욕구위계, 반두라의 사회학습이론)에 초점을 맞춰져 있다. 심리학은 아직도 보편적이고 핵심적인 이론적 원칙을 채택하거나 심지어 공유하는 어휘에 대한 합의조차 하지 않았기 때문에(Takasuna, 2013), 폭넓게 다양한 영역들(비전, 발전, 정신병리)에서 상이한 이론들이 축적해온 역사로 인해 불가피한 것으로 보인다. 단독 비행은 위대한 성취이고 그것이 '역사를 만드는' 커다란 부분인 것이다.

그러나 심리학은 이론과 실제의 유형을 만들어내는 활동을 넘어, 그 중대성을 통해 집단적인 방법으로 인간사에 영향을 주는 하나의 세력으로서, 그리고 더욱이 통합된 힘을 발휘해왔던 것 같다. 1927년과 27년 후의 두 가지 사례가 이 점의 대표적인 사례다. 1927년에 미국 연방 대법원은 벅 대 벨Buck vs. Bell 판례를 판결했고, 그 당시 86세의 연방 대법관 올리버 웬들 홈스 2세가 판결을 내렸다. 그 판결은 몇몇 심리학자들의 글과 가르침을 포함한 사회과학 증거에 기반하여 정신박약자들을 단종시키는 일을 법적으로 정당화했다. 홈스는 "저능아는 3세대로 충분하다."고 썼다(Holmes, 1927, p. 208). 1954년에 미국 연방법원은 또 다시 사회과학자들, 그들 가운데 저명한 심리학자들의 증거에 의거하여 공립

올리버 웬들 홈스 2세(Oliver Wendell Holmes, Jr., 1841~1935, 미국). 미국 법학자로 미국 연방 대법관(1902~1932)이자 윌리엄 제임스의 친구

학교, 함축적으로는 모든 공공장소에서의 인종 분리는 위헌이라는 브라운 대 교육위원회(Brown vs. Board of Education, 1954) 판결을 내렸다. 이러한 것들이 심리학의 이론과 실제가 사회 전체에 구현된 방식의 두드러진 예들이다. 여전히 심리학자들이 활동한 많은 다른 예들이 있는데, 전체적으로 봤을 때는 사회적인 실천을 형성하는 데 기여하고 있고, 현대 심리학자들의 언어로는, '다른 사람들을 돕는 사람들을 돕는' 일에 기여하고 있다(Olson-Buchman, Koppers Bryan, & Thompson, 2013). 심리학자들은 그들이 개인, 가족, 지역 그리고 기관들에 미치는 영향을 통해 사회의 지속적인 변화를 구축하도록 돕는 많은 주체세력들에 기여하고 있다.

이러한 활동은 종종 학교, 법정, 직장, 공공회의, 언론, 종교적인 활동을 통해서, 입에서 입으로 '풀뿌리' 수준에서 일어난다. 분명하게 말하자면 여러 가지 유형의 이론과 실제를 축적한 노력과 비교했을 때 복잡한 주변 사회에 심리학이 미친 거대한 영향력은 훨씬 더 도전적이다. 오늘날 심리학의 기본적인 역사는 심리학이 개인 및 집단의 차원에서 삶에 개입하고자 한 노력 없이는 불완전했을 것이다. 그러므로 이론과 실제의 연합체의 발달에 대한 설명과 함께 사회에 대한 심리학의 영향에 대한 일부 설명은, 1920년대부터 현재까지 몇 세대가 심리학의 발달에 의해 영향을 받았던 가상적인 흑인 가족에 관한 설명을 통해 제시될 것이다. 또한 연대순으로 그리고 10년 단위로 배열한 그들 삶에서의 에피소드들은 지난 세기에 걸쳐 개인과 심리학의 교차 지점에서 일어난 전형적인 사건들을 보여줄 뿐만 아니라 심리학이 그 기간 동안 사회적 실무와 정책에 영향을 끼쳐온 방법들의 수집에 대한 개념을 구조화하는 데 도움을 줄 것이다. 심리학이 영향을 미친 분야 중 살펴볼 분야는 교육, 형법(특히 소년법), 사회운동, 직장, 평화 연구, 협상 및 시민권(차별, 성 평등, 성 정체성, 그리고 문화 간 인식과 연결된 주제들을 포함하는)이다.

지금부터 살펴볼 심리학의 역사에 대해 몇 가지 한계점을 미리부터 밝혀 두고자 한다. 전문적인 이론과 실제에 대한 역사의 불가피한 불완전함은 이미 언급한 바 있다. 이에 대해 이야기의 대부분을 북미와 서유럽, 특히 미국에서의 심리학의 발달에 대해 다룬 것은 이 책의 한계라고 할 것이다. 이러한 이유 중 일부는 이 책이 미국의 독자들을 대상으로 하고 있어서 그 문화적 참조가 미국인들에게 맞춰질 필요가 있고, 또 다른 이유는 일반적으로 심리학에 널리 퍼져 있는 미국과 서양문화를 향한 압도적인 편향이 존재한다는 것이다. 그러한 심리학이 어느 기간 동안 미국의 주요 수출품의 하나였던 이후로, 심리학에 대해 전 세계적으로 가장 신랄한 비평이 정확하게 미국에서 발전한 심리학의 스타일을 겨냥하고 있는 것이라고 말할 수 있다. 이러한 편향이 심리학의 역사뿐만 아니라 심리학 분야 전체에 문제가 된 것은 지난 30년에 동안 충분히 입증되어 왔으며, 이 책에서도 제한된 범위 안에서 가능한 한 시정이 시도될 수 있는 지점을 제안할 것이다. 중대한 누락이라고 볼 수 있는 몇 가지에 대한 추가적인 제한점은 1927년 이전 심리학의 역사에 관한 직접적인 참고자료가 부족하다는 것이다.

통상적으로, 많은 심리학 역사가들은 기억에 관한 중요한 연구를 수행하였고 1909년 출판되어 좋은 평가를 받은 심리학 역사서를 저술한 독일인 심리학자 헤르만 에빙하우스Hermann Ebbinghaus, 1850~1909가 기술한 친숙한 문장을 해석하는 경향이 있었다. 그는 심리학의 고대로부터의 철학적 뿌리에 대해 긴 탐색을 요구하면서 "심리학은 긴 과거를 갖고 있지만 그 역사는 짧다."라고 기술한 바 있다. 심지어 근대의 심리학에 관한 현대의 역사들조차 대개 독자들에게 심리학이 오랜 과학적인 혈통을 가졌다는 것을 확신시키기 위한 시도로 18세기와 19세기 초의 참고문헌들로부터 시작한다. 그러나 오늘날엔 일반적으로 심리학이 철학으로부터 독립해서 본질상 과학이 되었다는 것이 인정되면서, 그 철학적인 과거는 고전과 현대에서, 짧고 길게, 현재에도 존재하고, 부록 2에 나타나 있는 것과 같이 심리학의 다양한 역사 속에서 확인할 수 있다. 심리학 자체가 비철학적이라고 말하는 것은 아니다. 전혀 그렇지 않다! 조지 밀러(George Miller, 1985)는 '구성적인 문제'라는 용어를 사용했던 심리학의 근본적인 문제가 의식적인 경험이라고 가정할 때, 오늘날 심리학의 많은 영역에서 일어나고 있는 본질적인 철학적 사고에 대해 현재 활발하게 논의되고 있는 중이다. 그러나 심리학의 역사를 특정의 철학과 혼동하지 않아야 하고 심리학의 철학과 혼동해서도 안 된다. 이것은 또한 오늘날 심리학의 역사가 이야기의 중요도, 성찰에 대한 물음, 좋은 삶의 본질과 관련된, 그리고 역사에 대해 읽고 저술하는 것뿐만 아니라 심리학의 실제와 직접 관련이 있는 다른 철학 사상과 관련된 철학적인 질문들에 관심을 두지 않는다고 말하는 것이 아니다. 그러나 심리학 역사의 본질적 요소는 철학의 고대 과거나 철학적인 현재 둘 중 하나에 완전히 빠지지 않아야 적절하게 이해될 수 있을 것이기 때문에 그 역사를 이해할 필요가 있는 철학 사상들만 소개할 것이다. 몇 가지 심리학에서 지속되고 있는 철학적인 문제는 에필로그에서 논의될 것이다.

앞에서 언급한 것과 같이 책 내용은 10년 단위로 구성된다. 각 장은 이론-응용-심리치료 연합의 각 영역에서 이루어진 주요 발전의 요약인 하나의 '시험 시추'로 시작할 것이며, 10년 동안 흑인들의 경험을 통해 예시한 심리학의 사회적인 영향에 대한 이야기가 이어질 것이다. 이 장의 나머지 부분은 흑인 가족이 미국으로 이민 온 그해, 1909년에 심리학과 흑인 가족 둘 다에 대해 있었던 대로 소개하면서 제1~8장까지 이어지는 무대로 구성된다. 각 장의 첫 부분에서 심리학의 연합에 대한 설명은 사회적인 영향에 대한 이야기로부터 분리하여 제시될 것이다. 일반적으로 이론적 과학의 발달에서 흔히 있는 일이지만, 심리학 이론의 발전 대부분은 전반적으로 사회에 대한 심리학의 영향과는 상당히 독립적으로 진행되어 왔으며, 그러한 연결이 언급될 것이다. 대안으로 심리학 이론과 실제가 흑인 가족 구성원에게 영향을 미친 방법에 대해 논의하는 부분 또한 별도의 이야기로 제시될 것이다. 사실, 그 가족 이야기를 별개로 읽어볼 것을 추천한다. 마지막 장인 에필로그는 두 이야기에서 제기되어온 과학, 역사, 그리고 문화에 대한 몇 가지 질문을 다룬다.

1909년 서곡

1909년의 세계

1909년 세계는 약 17억의 인구로 문을 열었다(1927년 처음으로 20억 인구에 도달하게 된다). 중국의 인구는 약 4억 2,000만 명이있고, 대영제국은 약 4억 명, 러시아는 약 1억 5,000만 명, 미국의 인구는 약 9,000만 명이었으며, 프랑스는 약 8,300만 명, 독일은 약 7,800만 명, 일본은 약 5,000만 명, 오스트리아-헝가리는 약 4,200만 명, 브라질은 약 2,000만 명, 멕시코는 약 1,200만 명, 아일랜드는 약 400만 명, 덴마크는 약 200만 명, 쿠바는 약 150만 명, 엘살바도르는 약 100만 명이었다. 유럽과 미국의 지도자들은 그들의 제국, 식민지 또는 보호령에 사는 사람들로 그 나라의 인구수를 늘리고 있었다. 유럽, 영국, 프랑스는 모두 합쳐서 약 8,000만 명의 인구를 가지고 있었고, 독일도 같았다.

미국 해군 대령인 앨프리드 세이어 머핸Alfred Thayer Mahan, 1840~1914은 1890년 광범위한 독자를 모은 책, **해상 권력사***The Influence of Sea Power Upon History : 1660~1783*를 출판했다. 그 책의 핵심 주장은 해군의 힘이 국가의 지배력을 결정한다는 것이었다. 이 책의 씨앗이 비옥한 땅에 떨어져, 1890년과 1900년 사이에 전 세계 해군의 규모가 크게 증가했다. 1905년 20년 전 통계표에서는 거의 눈에 띄지 않았던 일본 해군이 쓰시마해협 전투에서 러시아 극동함대를 무너뜨렸는데, 이 사건은 러시아의 불안정성을 촉발시킨 원인 중의 하나로 12년 후 러시아 혁명에서 러시아 사회민주노동당의 볼셰비키 파의 승리로 이어졌다.

세계 무역은 배로 이루어졌다. 젊은 장교들의 눈에 비친 군사력으로서의 공군력은 꿈 같은 이야기였지만 몇 명의 젊은이들은 과감하게 새로운 장비인 비행선에 올랐다. 세계는 대략 60년 내에 항공 시대로부터 제트 시대를 거쳐 우주 시대로 진보해 나갔다. 1909년 동력 비행은 공식적으로 단지 5년밖에 되지 않았지만, 루이 블레리오Louis Bleriot는 싱글 엔진 단엽기로 혼자 영국해협을 건넜고, 찰스 린드버그Charles Lindbergh의 대서양 횡단 단독비행을 거쳐, 1932년 5월 아멜리아 에어하트Amelia Earhart가 그 위업을 반복해냈고, 1938년 하워드 휴스Howard Hughes가 기록 경신을 한 91시간의 지구 일주, 1960년대 초 인류 최초의 우주 비행까지 이르렀다. 비행

시간을 줄여나가기 위해 계속적으로 도전하는 시대가 시작되었다.

1909년에도 전 세계에 걸쳐 오늘날과 같이 인간 생활의 조건은 다양했다. 부자는 사치스러운 생활을 하고 있었다. 전 세계에 있는 그들의 집에는 전깃불과 전화가 있었고 일부는 얼음과 환풍기를 사용하는 초기 단계의 에어컨 시스템까지 갖추고 있었다. 중앙난방, 변기와 욕조를 갖춘 실내 욕실은 유럽과 미국 상류층의 삶을 나타내는 기준이었다. 그들은 세부적인 것만 오늘날과 다르지 익숙한 현대 기술에 젖어 있었다. 자동차들이 카이로, 베를린, 밀라노, 런던의 거리를 채우고 있었다. 그러나 일본의 자동차 생산은 약 12년 후에 시작되어 도쿄는 아직 그렇지 않았다. 축음기에서는 선율이 흘러나왔다. 닙코 디스크(기계식 스캐너)와 음극선관을 통해 원거리에서 최초의 초기 이미지 전송이 이루어졌다. 1909년 1월 23일 최초의 성공적인 라디오 구조 호출은 낸터킷에서 증기선 리퍼블릭 선상의 마르코니 무선 통신사들에 의해 이루어졌다. 철도는 철도건설이 금지되어 있었던 중국 서부와 아프가니스탄을 제외하고는 지구상의 거의 모든 두 지점 사이에서 가격은 비싸지만 비교적 빠른 여행을 할 수 있게 해주었다. 경찰과 소방서가 전 세계 모든 주요 도시와 마을에 세워졌다. 1915년 뉴욕에서 샌프란시스코로 전화가 연결되었고 1927년 전화로 대서양을 건널 수 있었다.

극빈층의 사람들은 오늘날과 마찬가지로 길거리에서, 더 정교한 주거지를 건설하면서 나온 쓰레기로 만들어진 금방 쓰러질 것 같은 빈민가에서, 그리고 교통 공공시설의 보호소에서 살고 있었다. 단지 가난한 사람들은 도시에서 서로 가까운 곳에 살았는데, 흔히 수돗물이나 화장실 시설이 없는 5~7층 높이의 건물에서 살고 있었다. 그러나 물과 공기의 오염원과 질병의 근원에 대한 19세기의 발견이 효과를 발휘했다. 극빈층조차도 1870년대 이후 만들어진 공공 수질 정화 및 하수도 시스템의 큰 발전으로 혜택을 누렸다. 의학적 치료는 경제에 따라서 매우 광범위하게 차이가 있었으며, 전 세계에서 의료 및 외과적 지식의 중심은 유럽의 대도시들이었다. 시골의 외진 곳일수록, 특히 더 먼 동쪽으로 들어갈수록 의학은 중세 전통에 머물러 있었다. 생존과 관련하여 가장 위험한 연령대 중의 하나가 1세 미만이었다.

1909년의 미국

1909년 테디 루즈벨트는 두 번의 대통령 임기 중 두 번째 임기를 마쳤다. 그는 무역독점권을 행사한 대규모 산업조합인, '신탁'을 해체하고(물론 그가 기업을 폐지하지는 않았지만!) 식품과 의약품이 엄격한 위생 조건하에서 제조될 수 있도록 보장하는 조치에 서명했다. 세계에서 가장 큰 해군 중의 하나인 미국 해군은 1909년 말 187척의 선박을 배치했는데, 그중 25척은 전함이고 27척은 순양함이었다. 당시 유럽 국가들은 긴장감이 고조되어 무기 구축 경쟁을 벌이고 있었는데, 미국의 군사력을 확신시키는 시위의 하나로, 흰색으로 칠해진 16척의 전함이 1907년 12월부터 1909년 2월 사이에 전 세계를 돌았다.

미국에서도 유럽에서와 같이 부자와 빈자 사이에서 분열을 볼 수 있었다. 세련된 주택들이 동부와 서부 해안에 산재해 있었다. 그 빌딩을 지은 회사로 부가 집중된 것을 상징하는 고층 빌딩들이 뉴욕, 시카고 및 다른 도시 등지에 증가했다. 여유가 있는 사람들은 휴가 때 자동차 뒤에 현대 캠핑 트레일러의 전신인 피크닉용 화물칸까지 끌고 갔다. 지금과 마찬가지로 사립학교와 엘리트 대학들이 존재했다. 그러나 20세기 초 미국의 약속은 한편으로는 가능한 한 많은 부를 축적할 수 있는 능력이었고, 다른 한편으로는 미국 내 모든 사람들이 무한한 번영을 함께 누리게 될 것이라는 것이었다. 이 두 가지 모순된 목표는 1909년 이전 수십 년 동안 부가 비교적 소수의 사람들에게만 편중되는 결과를 낳았으며, 사회의 상류층과 그들을 지원하는 근로자들 간의 가능한 생활방식과 기회 사이에는 눈에 띄는 차이를 초래했다. 사회 불안 그리고 불평등과 인지된 탐욕에 대한 적극적인 대항은 근로자들의 강력한 노동조합과 부의 획득을 규제하고 제한하는 법률 제정으로 이어졌다. 1913년 연방소득세를 인정하는 제16차 개정안이 통과되었다. 사실 소득세는 사업관계자들이 기업과 부유한 개인들에게 과세한다는 생각을 없애기 위해 그들은 결코 비준되지 않을 것이라고 생각했던 수정안을 제안했던 시도의 결과물이었다. 놀랍게도 그것은 통과되었다(U. S. National Archives, 2013).

1909년 미국의 의학은 세계의 다른 곳과 마찬가지로 가용성과 질적인 면에서 편차가 있었다. 경제학뿐만 아니라 지리학도 치료의 질에 영향을 미쳤다. 최고 외과 의사들은 뉴욕, 볼티모어, 필라델피아 그리고 다른 대도시에서 일했다. 시골 지역의 경우, 그 어떤 종류의 의학교육을 받은 의사들이 자주 오기 어려웠고, 의학교육을 받는 사람들은 의대에서 그 교육을 받았을 수 있었다. 하지만 교육자이면서 사회개혁가인 에이브러햄 플렉스너Abraham Flexner, 1866~1959는 1909년 미국의 의료개업실태를 조사하는 여행을 시작하면서 그다음 해 대상 중 3/4은 즉각 폐쇄하라고 권고했다. 1909년 11월 미국의학아카데미American Academy of Medicine는 예일대학교에서 미국에서도 주요한 사망 원인이었던 '유아 사망률 예방'을 주제로 이틀간의 컨퍼런스를 개최했다. 권력이 있는 친구들의 도움으로 비인간적인 정신병원에서 종신형의 감금을 피할 수 있었던 클리퍼드 비어스Clifford Beers, 1876~1943는 "나는 밖에서 싸워야만 한다."라고 말하면서 1909년 국가정신위생위원회National Committee on Mental Hygiene를 설립했다.

대부분의 이민자들에게 미국에서의 정착은 바닥부터 시작하는 것을 의미했다. 또는 오히려 맨 꼭대기, 즉 열여덟 가구 이상을 수용할 수 있도록 벽돌로 지은 공동주택의 걸어서 올라가야만 하는 5~6층 맨 꼭대기를 의미했다. 1879년 이후 모든 방은 단지 환기를 위해 밖으로 창을 내어야만 한다는 법이 뉴욕에 있었다. 1901년이 되어서야 하수 처리와 실내 배관에 대한 요구가 있었다. 그 이전에는 그리고 그 후 얼마 동안은 모든 집주인이 즉시 이를 준수한 것은 아니었기 때문에 옥외 화장실이 일반적이었다. 아파트의 세면대가 고급스러워졌다. 모든 아파트에 가스가 들어왔듯이 층당 3~6세대가 법에 규정된 화장실을 공유했다. 그럼에도 공동주택에서 사는 사람들이 재앙에 대처하는 데 커다란 진전이 있었다. 더 나은 위생과 통풍 덕분에 결핵이 대폭 줄어들었다. 공공 수돗물 공급은 더 풍부해지고 깨끗해졌다. 마침내 전기가 공급되었고 선견지명이 있는 공동주택의 주인들은 배관의 가용성을 높이기 시작했다. 일부 주인들은 파이프로 온수까지 공급했고, 그것은 진정한 사치였다. 가족들은 여전히 부엌의 아연도금 욕조에서 일주일에 한 번 목욕을 했다.

일은 힘들었지만 할 수는 있었다. 임금은 낮았지만 먹고살기 위한 수단이었다. 노조는 더 나은 노동 조건을 요구했고 때로는 성공했다. 가끔은 노동자들의 삶을 개선하는 데 더 대단한 사건들이 발생했다. 1911년 3월, 로어 맨해튼에 위치한 트라이앵글 셔츠웨이스트 공장의 화재사건이 촉발 계기가 되었는데, 그때 146명의 대부분 이민 온 젊은 여성 노동자들이 끔찍한 죽음을 당했던 것이다. 그 화재는 행동을 이끌어내었고, 보스턴 출신의 사회사업가인 프랜시스 퍼킨스Frances Perkins(이후에 미국 노동당 사무총장이 됨)는 그 비극적인 사건에 대한 뉴욕시와 뉴욕주의 제도적 입법 조치를 이끌어낸 중심 인물이었다(Roberts, 2011). 이는 충분한 소화기 설치와 근무 시간 제한과 같은 안전 조치를 요구하는 수십 개의 새로운 법률을 통과시키는 결과를 가져왔다.

이민자들은 미국 사회계급 사다리의 맨 아래층에서 시작했다. 1910년 이전에는 이민자들에게 건강검진을 요구했고, 다음 10년 동안 이민에 반대하는 시민들은 점진적으로 이민자들의 정신적 결함뿐만 아니라 문맹검사를 해야 한다는 요구를 성공시켰다. 모국어와 영어를 모두 말하고 쓸 수 있으며, 약간의 돈을 가졌으며 이미 자리를 잡아 그들을 보증해줄 수 있는 친척을 가진 사람들은 운이 좋은 사람으로 유리한 입장에 있었다.

이민은 쉽지 않았다. 그러나 폭력적인 반유대주의가 일상의 악이었던 러시아 제국으로부터의 이주민들을 포함하여 많은 이민자들이 떠나온 조건들과 비교하면, 미국은 무상의 공립학교들, 공적인 의식과 개인적인 자선활동이 결합된 환상적인 풍요로움이 있고, 극빈자들조차도 공원과 분수를 즐길 수 있는 진정한 낙원이었다. 여름에는 어린이를 위한 캠프와 무료 콘서트, 그리고 충분한 일자리와 먹거리가 있었다. 그리고 구기종목들이 있었는데, 야구는 미국의 여가 활동으로 인기 절정에 있었고, "나를 야구장으로 데려가주오."라는 노래가 나온 지 1년 만에 전국적으로 크게 히트했다. 태평양 연안에서 대서양 연안까지 이민자들의 나라였던 국가가 항상 그랬듯이 사회적 지위의 가장 밑바닥에 있는 사람들, 즉 아프리카 노예들과 원주민들을 희생시킴으로써 점점 더 확장하고 번영했다.

1909년의 심리학

1909년 여름, 처음이자 단 한 번뿐이었던 지그문트 프로이트Sigmund Freud의 미국 방문이 있었다. 프로이트는 10년 전 그가 쓴 **꿈의 분석***Interpretation of Dreams*이라는 출판물이 단 251권만 팔려나갔다는 사실을 알고 있었다. 그럼에도 불구하고 그는 이미 전 세계적으로 가장 유명한 심리학자였으며, 그러한 명성은 오늘날까지도 유지되고 있다. 이것은 아마도 신경증의 발달에서 성역할에 관한 그의 이론이 대중적인 언어 표현으로 번역된 방식 때문에 가능했을 것이다. 또한 그것은 프로이트가 심리학자일 뿐만 아니라 신경학과 의학의 배경 지식을 가지고 있었기 때문에 가능했을 것이다. 1909년 심리학은 이미 과학으로 존경받고 있었고, 그것은 미국 전역에 널리 퍼져 있었다. 프로이트 정신분석학의 주요 멤버인 어니스트 존스, 칼 융Carl Jung, 그리고 산도르 페렌치와 함께, 그해 9월 클라크대학교의 컨퍼런스에서 찍은 공식 사진에는 위스콘신대학교의 조지프 재스트로Joseph Jastrow, 아이오와대학교의 버드 볼드윈, 그리고 칼 에밀 시쇼어가 있었다. 보스턴 가장 초기의 임상심리학자 중 한 사람인 프레더릭 라이먼 웰스가 그곳에 있었고 그 당시 미국에서 가장 영향력 있는 정신의학자인 아돌프 마

어니스트 존스(Ernest Jones, 1879~1958, 영국). 프로이트의 초기 회원으로 프로이트의 '공식적인' 전기 작가

산도르 페렌치(Sandor Ferenczi, 1873~1933, 헝가리). 정신분석 초기부터 프로이트의 가까운 동료

버드 볼드윈(Bird Baldwin, 1875~ 1928, 미국). 아이오와대학교의 초기 발달심리학자. 제1차 세계대전 당시와 전후에 재활심리학 분야를 개척했다.

이어도 있었다. 또한 뉴저지 바인랜드 훈련학교의 H. H. 고더드도 참석했다.

1909년 9월 미국 전역의 대학들이 개학했으며 심리학과는 많은 새로운 학생들을 받고 있었다. 아이오와 디모인에 있는 드레이크대학교에서는 24살의 플로렌스 리처드슨Florence Richardson이 심리학 조교수로 새 학기를 준비하고 있었다. 전년도에 그녀는 시카고대학교에서 박사학위를 취득했고, 그 당시 많은 심리학자들처럼 세계 최고의 심리학자들 몇 명과 독일 뷔르츠부르크에서 여름을 보냈다. 그 후 1920년대에 그녀는 새로운 여성유권자연맹에서 영향력을 미치게 된다. 1909년에 그녀는 여전히 많은 다른 여성들과 함께 1920년까지 갖지 못한 투표권을 주장하고 있었다.

칼 에밀 시쇼어(Carl Emil Seashore, 1866~1949, 스웨덴-미국). 아이오와대학교와 오랫동안 관계를 맺어온 중요한 2세대 심리학자. 실험심리학과 응용과학을 결합시킴으로써 심리학의 첫 번째 비전 중의 하나를 분명하게 제시했다.

프레더릭 라이먼 웰스(Frederic Lyman Wells(1884~1964, 미국). 최초의 미국 임상심리학자 중 한 사람이자 초기 성격이론가로, 1924년에 '쾌락과 행동(*Pleasure and Behavior*)'을 출판했다.

아돌프 마이어(Adolf Meyer, 1866~1950, 스위스-미국). 20세기 전환기에 심리학과 의학 간의 연결을 강화하는 데 영향을 미친 정신과 의사로, 많은 초기 미국 심리학자들의 노력을 지원했다.

허버트 헨리 고더드(Herbert Henry Goddard, 1866~1957, 미국). 뉴저지 바인랜드 훈련학교 연구소 소장이며 최초로 '정신박약(feeble mindedness)'과 정상을 판정하는 수단으로 비네-시몬 지능검사의 사용을 주장했다.

재스트로, 볼드윈, 로빈슨, 그리고 시쇼어는 동쪽 해안으로부터 심리학을 확산시켰을 뿐만 아니라 그 당시 실험적 활동으로 뛰어난 대표적인 인물들이었다. 세계 심리학의 무게 중심은 1909년경 미국의 대서양 연안으로 옮겨왔다. 1830년과 1880년 사이 여러 유럽 국가에서 동시에 시작된 심리학은 미국에서 가장 열렬한 실무자들을 얻게 되었고, 1909년의 심리학자들은 아직 그것을 몰랐겠으나, 미국이 앞으로 30년 이내에, 그다음 70

에드워드 알즈워스 로스(Edward Alsworth Ross, 1866~1951, 미국). 위스콘신대학교와 오랫동안 협력해온 진보적인 시대의 사회학자로, 1907년에 출판된 '죄악과 사회(*Sin and Society*)'의 저자

마이클 빈센트 오셰어(Michael Vincent O'Shea, 1866~1932, 미국). 1892년 코넬대학교에서 학위를 취득한 교육심리학자로, 1920년대에 주립 교육 체계에 관한 몇 가지 설문조사를 지도 · 감독했다.

대니얼 스타치(Daniel Starch, 1883~1979, 미국). 광고 및 마케팅 분야를 연구하는 영향력 있는 응용심리학자

프랑크 G. 브루너(Frank G. Bruner, 1874~1965, 미국). 1904년 세인트루이스 세계 박람회에서 인류학-심리학회를 개최한 로버트 S. 우드워스 밑에서 수학한 대학원생. 이후 그는 시카고 교육청 아동부서에서 임상심리학자로 일했다. 인종 차이 및 지능 검사에 대한 책을 썼다.

년 동안 전 세계의 과학적 심리학의 활동 중심지가 되었던 것이다. 심리학은 이미 미국 중서부에 널리 퍼져 있었다. 1909년 위스콘신 바이라인에서 발간된 논문 중 존경받는 사회학자인 로스E. A. Ross가 쓴 글이 있었는데, 그의 글은 "사회심리학이란 무엇인가"(Ross, 1909)라는 제목으로 이에 대한 논의를 이끄는 데 기여했다. 아동 및 교육심리학 초기에 영향을 끼치는 데 기여한 마이클 빈센트 오셰어는 **아동 및 교육심리학의 발달***Progress in Child and Educational Psychology*(O'Shea, 1909)을 저술했다(Weizmann & Harris, 2012). 그리고 곧 산업심리학과 광고심리학의 발달의 중심 인물이 된 대니얼 스타치는 콜롬비아대학교에서 인류학과 심리학을 공부하고, 특별히 7명의 아프리카 피그미족, 7명의 밴쿠버 인디언들, 137명의 필리핀 사람들, 10명의 코코파 인디언들, 63명의 공립학교 인디언들, 그리고 156명의 백인들의 청각 능력의 차이에 대해 쓴 F. G. 브루너의 글을 리뷰했다. 발행된 지 6년이 된 **심리학회보***Psychological Bulletin*는 향후 50년 넘게 출판되는 수십 종의 심리학 학술지들 중 첫 번째의 하나였다. 그해 로버트 예키스와 세르주스 모굴리스가 발간한 심리학회보에 게재된 첫 번째 논문은 개의 조건형성에 관한 파

블로프의 논문이었다(Yerkes & Morgulis, 1909). 훨씬 더 새롭게 발간된 학술지, 이상심리학회지*Journal of Abnormal Psychology*에는 프리드맨 병원과 에피파니 무료 진료소에서 신경정신과 전문의이자 정신과 전문의로 근무하는 톰 A. 윌리엄스의 "신체 질병과 정신적 원인 : 신경성 소화불량의 근원 중 가장 흔한 원인"(Williams, 1909)이라는 제목의 논문이 게재되었다. 심리학은 이미 조건 형성에서 행동의 기본적인 과학적 근거에 대한 것뿐만 아니라 인류학, 이상심리학, 그리고 심리치료에 이르기까지 폭넓은 관심을 갖고 있었다. 지금처럼 그때도 다양한 분야가 존재했다.

로버트 민스 예키스(Robert Means Yerkes, 1876~1956, 미국). 선두적인 비교심리학자. 단언컨대 정부 정책과 심리학을 연계하는 것과 관련하여 가장 영향력 있었던 미국의 초기 심리학자

세르주스 모굴리스(Sergius Morgulis, 1885~1971, 러시아-미국). 생리학자이자 번역가. 1924년에 오파린(Aleksandr I. Oparin)의 '생명의 기원(*The Origin of Life*)'을 번역했다.

톰 알프레드 윌리엄스(Tom Alfred Williams, 1870~?, 스코틀랜드-미국). 워싱턴 D.C.의 아프리카계 미국인들을 위한 병원에서 일했던 신경학자이자 정신과 의사

1909년 클라크대학교 컨퍼런스 사진에서 프로이트와 함께 앞줄에 서 있던 세 명은 그 당시 가장 저명했던 미국의 심리학자들이었다. 독일과 영국에서 훈련받았던 에드워드 티치너Edward B. Titchener, 1867~1927는 1890년대 초에 미국으로 건너왔고 코넬대학교에 심리학 실험실을 설치했다. 그의 심리학 방식은 마음의 내용을 강조하는 것으로, 자신의 느낌, 지각, 사고를 관찰하는 인간의 능력, 정확한 실험 절차, 그리고 실험실에서의 마음에 관한 학습과 밖에서의 마음에 관한 지식의 적용 간의 엄격한 분리 등이었다. 스탠리 홀G. Stanly Hall, 1844~1924은 미국 심리학의 가장 초기 학생 중 한 명이었으며 1878년 미국에서 수여한 최초의 심리학 박사학위

를 받았다. 독일에서 대학원 과정을 마치고 존스홉킨스대학교(그곳에서 조지프 재스트로를 가르쳤다)로 옮겨 갔으며 이후 매사추세츠 우스터에 있는 클라크대학교로 갔는데 그곳에서 20년 후 프로이트를 초청했다. 그 이전인 1892년에 홀은 30명의 남자들(그 당시 심리학자들은 사실상 모두 남자들이었으며, 1909년 컨퍼런스 사진에서도 그렇다)을 모아 APA를 만들었으며 초대 회장으로 선출되었다. 티치너의 심리학과는 반대로 그의 심리학은 많은 다른 관심 분야 중에서도 관찰과 세심한 내러티브 기록, 행동을 이해함에 있어서 아동 연구의 중요성을 강조했으며, 교육에서 삶의 실제적 문제에 대한 심리학의 관련성과 적용, 아동과 청소년의 발달, 종교 등이었다.

이들 중 세 번째 인물은 윌리엄 제임스William James, 1842~1910로 우리가 오늘날 알고 있는 것처럼 모든 심리학 역사가들은 그를 현대 미국 심리학의 근원으로 인정하고 있다. 제임스는 과학적 성향을 가진 자유롭고 신비주의적인 신학(스베덴보리기안)의 분위기에서 성장했다. 그의 동생 헨리Henry James, 1843~1916는 탁월한 소설가였고, 그의 여동생 엘리스Alice, 1848~1892는 유명한 일기 작가였다. 또 다른 형제 로버트슨Robertson James, 1846~1910은 예술가, 방랑자, 그리고 심각한 알코올 중독자였다. 또 다른 형제 가스Garth James, 1845~1883는 남북전쟁에 큰 공을 세웠지만 그에게 걸었던 성공의 기대에 부응하지 못한 삶을 살았다. 요구가 많고 엄청난 부자였던 그들의 아버지는 제임스의 모든 형제자매들의 성공을 기대했다. 제임스가의 자녀들은 일반적인 기준을 훨씬 넘고, 그 당시 부유한 미국인들의 기준까지도 넘는 교육적인 이점을 누렸다. 윌리엄 제임스는 개인적으로 다윈을 만났고 미국 내 진화론의 초기 지지자들 중 한 명이었다.

윌리엄 제임스는 원래 예술 분야에서 경력을 쌓고 있었고 그가 당시 미국의 선도적인 예술가들과 함께 연구하면서 어떤 재능을 발휘했음에도 불구하고 그의 아버지는 그에게 과학적인 경력을 쌓도록 종용했다. 그는 남북전쟁 동안 참전하지 않고 의학 공부를 했는데, 그 전쟁은 많은 미국 남성들이 자신의 인생과 자신들의 세대를 정의하는 사건이었다. 그러나 의학은 그에게 아무 감흥을 주지 못했고 그는 1869년 의학박사 학위를 취득했지만 학위 과정 막판에는 너무 우울한 나머지 자살에 대해 심각하게 생각했었다. 그는 독서와 사색을 통해 가까스로 위기에서 벗어났다. 제임스는 온통 그를 사로잡고 있는, 메커니즘으로서 삶의 개념에 대한 함의로 괴로워했지만 사실상 그의 의지는 자유로웠고 그의 첫 번째 자유의지에 의한 행위는 자유의지를 믿는 것이라고 주장했다. 하버드와 잘 연결된 덕분에 그는 1873년에 해부학과 생리학 강사가 되었다. 1876년 그는 자신의 강의 목록에 심리학 과정을 추가했으며, 1880년경 생리학과 위생학, 진화철학, 생리심리학, 지성에 관한 심리학, 현대철학을 혼합하여 가르쳤는데, 이러한 통합은 이후 27년이 넘도록 이러한 내용을 핵심으로 발전해 나갔다.

1890년 제임스는 폭넓은 독자층을 모은, 두 권짜리 심리학의 원리*Principles of Psychology*를 출판했다. 그 책은 오늘날의 심리학처럼 뇌와 감각, 지각, 자기, 정서, 동기를 다루고 있었다. 제임스는 1880년대에 이미 마음과 정서의 개념에 관한 글을 썼고, 그와 칼 랑게의 이름에서 따온 제임스-랑게 이론으로 잘 알려신 정서이론을 공식화했다. 아마도 이 책의 가장 위대한 장은 의지will에 관한 것으로, 그 장에는 또한 제임스 동생의 알코올 중독, 중독이 사람들에게 미치는 영향과 함

칼 랑게(Carl Lange, 1834~1900, 덴마크). 덴마크의 의사이자 생리학자

께 그 자신의 경험에 관한 많은 일화적인 연결이 포함되어 있다. 글쓰기에서 완벽함과 활기의 규준이 되었음에도 불구하고, 제임스는 자신의 글이 불완전하게 느껴졌다. 그래서 그 후 20년 이상에 걸쳐 그것을 두 권의 다른 책으로 보완했는데, 그 책들도 오늘날 미국의 지성문화의 대표적인 작품이 되었다. 그 책 중 첫 권이 **종교적 경험의 다양성***The Varieties of Religious Experience*이다. 공식적으로는 종교적인 사람이 아니었지만, 제임스는 신념으로부터 무아를 거쳐 실존적 좌절에 이르기까지 모든 차원의 종교적 삶에 대해 검토하기 시작했다. 제임스는 그의 작품에서 그리고 비정상적인 정신 상태에 관한 1896년도 전임 강의 시리즈에서, 종합적인 심리학의 맥락에서 중독, 불안, 우울을 포함한 이상성의 논의에 대한 이론적 정당성을 수립했다. 그의 마지막 책에서, 제임스는 믿음은 진리가 될 수 있다는 아이디어에 근거한 철학적 이론을 개괄했다. 어떤 믿음이 유용한 것이라면 그것은 진리다. 그것이 **프래그머티즘: 오랜 사고법을 위한 새로운 이름***Pragmatism: A New Name for Some Old Ways of Thinking*의 요지다. 따라서 제임스는 과학자, 철학자, 종교이론가였다. 이러한 수용의 태도는 심리학의 내용을 보는 그의 견해에 영향을 미쳤고 심지어 초심리학적 경험에 대한 믿음까지도 포함하고 있다. 이러한 세계 교회적인 접근 방식은 그와 함께 연구한 많은 사람들 그리고 하버드대학교에서 심리철학을 전공하는 그의 학생들과 동료들에게 공명을 일으켰다. 그들 중에는 위먼의 멘토인 페리, 깁슨의 멘토인 홀트, 톨만E. C. Tolman과 올포트G. Allport의 멘토인 랭펠드가 있었다. 이 모든 사람들은 이어지는 이야기에서 여러 번 만나게 될 것이다.

1909년 클라크대학교 컨퍼런스 당시 제임스는 매우 아팠다. 지금이라면 그는 이미 대대적인 심장 수술을 했겠지만 그 당시 의학은 그렇게 발전하지 않은 상태였다. 그는 미국 심리학 역사에 커다란 공명을 불러일으킬 '전쟁의 도덕적 동등성The Moral Equivalent of War'이라는 논문을 완성할 정도로 오래 살았다. 그 논문에서 제임스는 전쟁이 기술을 향상시키는 것뿐만 아니라 인간의 삶을 대하는 태도를 개선시키는 것에 대해 대조하였다. 전쟁은 지성에 집중하게 하고 모든 참여자들로부터 최고의 에너지와 인내심을 요구한다. 그래서 전쟁은 진보에 필수적인, 현재 상태에 대한 공포이다. 헌신적인 평화주의자였던 제임스는 1909년 남북전쟁 때부터 미국 무기의 변화를 지켜보았다. 그 당시 초고성능 폭약, 기관총, 그리고 공중 폭격은 실제적인 것이었다(제임스가 당시에는 그것을 몰랐을지라도, 핵 전쟁의 씨앗이 이미 서서히 자라고 있었다). 제임스는 이러한 대학살에 반대하면서 그들이 전쟁을 포기할 수 없다면 인류의 오래된 적인, 질병, 기근, 그리고 빈곤과 싸울 수 있는 젊은 에너지를 끌어들여 그것을 평화적인 목적으로 활용해야 한다고 제안했다. 이러한 메시지가 지금부터 살펴볼 다음 100년 동안 심리학의 많은 부분에 지속적으로 활기를 불러 넣었다는 것을 보게 될 것이다.

헨리 넬슨 위먼(Henry Nelson Wieman, 1884~1975, 미국) 미국의 철학자이자 신학자이며 랄프 바턴 페리의 제자. 개인의 다양한 목표와 관심이 사회적으로 유익한 전체가 되도록 통합하는 수단으로서 '창의적인 교류'라는 아이디어를 창안했다.

랄프 바턴 페리(Ralph Barton Perry, 1876~1957, 미국) 철학자, 윌리엄 제임스의 전기 작가

E. B. 홀트(E. B. Holt, 1873~1946, 미국) 윌리엄 제임스의 하버드대학교 제자이며, 제임스의 후계자 중 한 명. '프로이드식 소망과 윤리적 장소(*The Freudian Wish and Its Place in Ethics*)'(1915)의 저자. 1920년대 프린스턴대학교 깁슨(J. J. Gibson)의 멘토로서 큰 영향력을 끼친 인물로, 당대 공개적으로 동성애자임을 밝힌 몇 안 되는 심리학자 중 한 명

허버트 S. 랭펠드(Herbert S. Langfeld, 1879~1958, 미국). 심리학자이자 미학자. 20세기 초반 몇십 년 동안 학문 분야로서의 심리학의, 대부분의 중요한 발전에서 표면에 나서지는 않지만 매우 좋은 연고를 갖고 있던 심리학자

흑인 가족 역사 : 집단 전기

그 흑인 가족의 뿌리는 동유럽으로, 그 가족의 가장 초기 그리고 오직 생존과 관련된 기록은 1909년 미국으로 이민을 결심한 가족 구성원들에 관한 것이다. 야곱1884~1918과 루바1885~1918 슈바르츠 부부는 우크라이나의 테르노폴에 살았다(그 이전 세대의 모든 기록들은 홀로코스트에서 파괴되었다). 미국에 도착하자마자 야곱은 17년 전에 먼저 이민 온 사촌이 경영하는 뉴욕에 있는 의류 공장에 일자리를 얻게 되었다. 야곱이 가장 먼저 한 일 중 하나는 그의 이름 슈바르츠를 블랙이라는 미국식 번역으로 바꾼 것이었다. 루바는 그곳에 도착하자마자 첫째 아이 로사1909~1999를 출산했다. 로사에 이어서 해리1911~1986와 헬렌1918~을 낳았다. 루바는 1918년에 출산하다 죽었고 야곱은 곧 유행성 독감으로 쓰러졌다. 아이들은 야곱의 사촌 집으로 보내졌는데, 그 사이 사촌은 번창하는 사업가가 되어 뉴욕 퀸스의 새롭게 형성된 동네로 이사를 했다.

로사는 상당히 행복한 어린 시절을 보냈고 1927년 고등학교를 졸업했다. 그녀는 학교에 다니는 동안 글쓰기 재능을 인정받아 2년 동안 뉴욕대학교에서 공부했다. 이후 독립해서 자립해 살기를 원했고, 유대인과 관련되거나 급진적인 신문과 잡지에서 활동하는 저널리스트로서 경력을 쌓아나갔다. 그녀는 마침내 매우 다양한 출판물에 기고하는 성공적인 프리랜서가 되었다. 1940년대 초반 그녀가 공산주의와 결별했지만, 그녀는 매카시 시대 동안 반미 활동가로 기소되었다. 그러나 그녀는 편집자로서의 기술을 가지고 있었고 그것은 수요가 많은 직업이었기 때문에 이러한 경력이 생계에 큰 문제가 되지는 않았다. 1939년에 그녀는 프랜신 밀러

1905~1994와 장기적인 관계를 시작했고, 1943년부터 죽을 때까지 아파트와 인생을 공유하였다. 그녀는 1974년에 활발한 저술 활동을 그만뒀지만 1986년 그녀의 인생과 관계에 관한 회고록을 집필했다.

해리는 자라면서 그다지 행복한 경험을 하지 못했다. 아버지의 부재는 그에게 심각한 영향을 미쳤으며 학교를 무단결석하다가 결국 갱단에 합류했다. 그들과 함께 그는 몇 건의 범행을 저질렀고 급기야는 잡혀서 1927년 재판에 회부되었다. 청소년 보호관찰 서비스 및 기타 사회 기관의 개입 덕분에 고등학교를 졸업한다는 조건으로 보호관찰 처분을 받아 가석방되었으며 1930년에 고등학교를 마쳤다. 그 당시 그는 제본 공장에서 일했지만 1932년 경제 대공황 때 그 사업은 기울었고, 그때 그는 길을 떠났다. 미국 전역을 여행한 뒤 그는 노스캐롤라이나 블랙 마운틴 대학에서 그 대학의 학생이었고, 예술가이자 시인인 조앤 해리스와 정착했다. 해리는 조앤을 지원하기 위해 여러 가지 일을 했고 1939년에 그녀와 결혼했다. 1940년에 아들인 도널드가 태어났다. 1941년 해리는 군에 입대했으며 제2차 세계대전 당시 유럽에서 복무했다. 1946년에 군복무를 마친 뒤 그는 테네시대학교에 입학하여 심리학을 전공했다. 1950년 심리학 석사과정을 마치고 노스캐롤라이나 재향군인 병원의 임상심리사로 일했다. 그는 1952년 테네시대학교에서 박사학위를, 1953년 테네시대학교에서 임상심리 실습자격을 취득했다. 그리고 1955년부터 1982년 은퇴할 때까지 노스캐롤라이나 대학가에서 현장 전문가로 일했다. 그는 1983년에 그의 경력에 대한 회고록을 썼다.

헬렌의 청소년기가 대공황과 같은 시기였을지라도 아버지의 사촌은 고용 상태를 유지하고 있었고 1930년대에 오히려 더 성공했기 때문에 그녀는 대공황의 영향으로부터 피해 있었다. 헬렌은 1936년에 고등학교를 졸업했고 뉴욕의 시티 칼리지에 입학해서 1940년에 졸업했다. 그녀는 1939년 댄스 파티에서 콜롬비아 공대생인 에디 매코널1915~1965을 만나 졸업 후 곧바로 그와 결혼했다. 에디와 헬렌은 캘리포니아의 로스앤젤레스로 이사했고, 그곳에서 에디는 대형 항공기 제작사의 엔지니어이자 디자이너로 일했다. 에디는 딸 캐럴린이 태어난 지 2개월 후인 1943년에 군에 입대했다. 헬렌은 전쟁 기간 동안 항공기 공장에서 일했지만 1945년 에디가 군복무를 마치고 돌아왔을 때는 가정주부로 돌아왔다. 그들은 1953년 캘리포니아 반 누이스로 이사했다. 헬렌은 1965년 에디와 사별한 후 학교로 돌아가 1967년 샌프란시스코의 캘리포니아대학교에서 사회복지학으로 석사학위를 취득했다. 그녀는 로스앤젤레스 내의 학교들을 위해 다문화 정신건강 문제 컨설턴트로 일하다가 1990년에 은퇴했다.

02

1920년대

1920년대의 이론심리학

1920년 미국의 심리학은 두 가지 주요한 흐름이 지배하고 있었다. 첫 번째는 삶을 습관적인 것으로 축소하려는 경향이고, 두 번째는 검사를 통해 사람들 간의 차이를 규명하려는 것이었다. 첫 번째 경향을 대표하는 것은 삶을 행동과 반응이라는 가장 간단한 개념으로 축소하려고 했던 존 왓슨John B. Watson, 1878~1958의 행동주의였다. 왓슨은 1924년 그의 유명한 책인 **행동주의***Behaviorism*에서 다음과 같이 썼다. "당신은 여기서 내가 제안한 것과 같은 상황과 자극을 결코 조작해낼 수 없을지도 모른다. 그러면 현실로 가보자. 우리는 고용인의 봉급을 올려준다. 우리는 보너스를 제공한다. 우리는 그들이 결혼할 수 있도록 매우 저렴한 임대료의 집을 제공한다. 우리는 욕실을, 놀이터를 설치한다. 우리는 인간들이 만들어낼 반응을 결정하기 위해 인간 앞에서 끊임없이 자극을 조작하고, 이것 저것, 그리고 다른 조합들에 매달리며, 그 반응들이 '과정과 일치하는', '바람직한', '좋은' 반응이기를 기대하고 있는 중이다(그리고 사회는 정말로 사회가 인정하고 확립한 전통적인 질서를 방해하지 않을 '바람직한', '좋은', 그리고 '과정과 일치하는' 반응을 기대한다)" (Watsons, 1924, pp. 19–20).

두 번째 경향은 심리검사를 향한 것으로, 1905년 미국에 비네검사가 들어오면서 갑자기 피어올랐다. 1917년 경영과 산업, 정신의학, 학교에서 사용되는 수십 종의 검사가 있었다(Devonis, 2013). 제1차 세계대전이 발발하자 미 육군에 심리검사들이 소개되었고, 심리학자들과 언론의 적절한 홍보는 심리검사가 영원히 미국 경제의 일부분이 될 것임을 확인시켜주었다. 1921년 이윤을 분배하기 위한 심리회사Psychological Corporation가 발족했고, 그 후 심리검사는 미국 내 심리학 활동의 필수 요소 중 하나가 되었다.

반대 입장들 간의 갈등에 관한 역사를 쓰는 것은 솔깃한 일인데, 몇 가지 관점에서 이 책의 기조를 이루는 세 가지의 이론적 관점(이론심리학, 응용심리학, 임상심리학)은 그때도 그랬고, 오늘날까지도 행동주의와 검사 실시로 촉진된 삶에 대한 지나치게 단순화한 개념에 대항하는 반응으로 볼 수 있다. 그리고 이 세 가지 이론 각각은, 그 당시 존재했고 또한 계속해서 존재해왔던 심리학의 다른 경향들과 연결되어 있었다. 그들 중 첫 번째가 이국적인 특징을 갖고 있는 게슈탈트 심리학이었다. 주요한 게슈탈트 전문가들이 모두 독일인이었던 것은 사실이다. 하지만 1920년 이전 미국 심리학자들이 그 기술을 배우기 위해 독일로 갔고, 독일 심리학자들은 그들의 지평을 넓히기 위해 이곳 미국으로 왔는데, 왜냐하면 이미 응용과학으로서의 심리학의 미래는 노력하는 사람을 위한 풍부한 투자와 지지적인 학문적 환경을 제공해주고 있는 미국이 중심이 될 것임이 분명했기 때문이었다(Sokal, 1994). 1927년 스미스대학에서 쿠르트 코프카Kurt Koffka, 1886~1941를 임용한 것은 이어지는 10년 동안 독일 심리학자들을 유입하는 시작이었다. 아돌프 히틀러가 일제히 독일 심리학을 파괴시켰고, 그것이 미국에서 발전하게 되었다는 주장이 가능한 것이다.

주요 게슈탈트 심리학자들의 실험적인 관심사들 간에는 유사점이 많지 않았다. 볼프강 쾰러Wolfgang Koehler, 1887~1967는 스스로 자신이 유인원들의 문제 해결에 관심을 갖는 영장류학자라고 내세웠다. 코프카는 발달적으로 마음이 조직화되는 방법에 관심을 기울였다. 그리고 막스 베르트하이머Max Wertheimer, 1880~1943와 카를 던커Karl Duncker, 1903~1940는 주로 지각과 인지, 예를 들면, 일련의 불완전한 것들은 왜 완전함을 요구하는 것처럼 보이는가? 사람들은 왜 겉보기에 간단한 문제에 대한 해답을 찾는 데 정신적인 장벽을 만드는가? 2개의 따로 깜빡거리는 불빛은 왜 단일운동으로 지각되게 하는가? 등과 같은 문제에 관심을 가졌다

실제로는 이 모든 표면상의 차이 뒤에 게슈탈트 운동에서의 기본 믿음ethos이 존재한다. 오늘날 우리는 그것에 대해 정확하게 "전체는 부분의 합보다 크다."로 기억하고 있다. 인간의 인지시스템에 의해 활동적이고 호기심 가득한 마음은 환경으로부터의 자극과 개별적인 뉴런들이 전달하는 원 재료를 받아들여 그것을 전체로서 인식하는 복잡하고 맥락적인 조합을 만든다. 일련의 행동들은 그 행동들의 관계나 인간 간의 관계 중 하나의 관계로 지각된다. 맥락적인 관계에 대한 아이디어는, 뇌는 텅 비어 있어서 오직 환경적인 자극과 운동 반응 간의 경로로서만 기능한다는 행동주의 주변에서 떠올랐던 개념들에 도전하는 지각적인 해석에 의해 결정되었다. 1920년대 미국 심리학에서 여전히 생생하게 살아있던 아이디어, 즉 심리학은 '정신생활의 과학'(1890년 윌리엄 제임스가 그런 용어를 사용했고, 1920년대에 가장 인기 있었던 R. S. 우드워스가 저술한 심리학 교재의 제목이기도 했

로버트 세션스 우드워스(Robert Sessions Woodworth, 1869~1962, 미국). 콜롬비아대학교와 협력관계에 있었던 초기 일반심리학자

다)이라는 아이디어는 앞으로 다가올 수십 년 동안 미국 심리학을 통한 게슈탈트 심리학의 확산에 의해 강화되고 확장되었는데, 그 나머지 부분은 이론과 실제를 개관할 때 다시 다룰 것이다.

환경과 행동 출력output 간의 관계를 보여주는 또 다른 방법은 그러한 관계를 매개하는 장기, 뇌를 연구하는 것이다. 대부분의 행동주의자들, 사실은 1920년의 대부분의 심리학자들은 뇌의 해부학적 구조에 대한 지식과 신경조직의 기본 원리 외에는 근거로 삼을 만한 것이 거의 없었다. 왓슨의 제자였던 칼 S. 레슬리Karl S. Lashley, 1890~1958는 쥐 미로 실험실에서 그가 하는 실험을 배웠으며, 습관을 설정하고 환경적 조작(먹이 주기, 장애물, 손상)과 습관의 습득 및 유지 간의 상관을 측정하였다. 그는 또한 야생에서 둥지를 트는 제비갈매기들의 행동을 연구하기 위해 키웨스트 섬 원정에 왓슨과 동행했다. 그와 볼프강 쾰러는 둘 다 자연 배경에서의 행동에 대한 배경지식을 가지고 있었다. 1920년대에 레슬리는 미네소타대학교에서 시작하여, 시카고대학교를 거쳐, 마침내 하버드대학교에서 뇌 속의 미로 습관의 표상을 밝히기 위해 고안된 일련의 연구를 시작했다. 그 당시 뇌 피질 속에 그런 표상이 가능한 영역의 위치를 알아낼 만큼 뇌에 대해 알려져 있었고, 다행히 레슬리가 선호했던 실험 종인 쥐는 적어도 최소한의 피질을 갖고 있었다. 레슬리는 쥐들을 미로 문제에 대해 훈련을 시킨 뒤 절개의 위치와 양에 변화를 주면서 흡입과 소작 절개를 통해 체계적으로 쥐들의 피질을 제거하기 시작했다. 레슬리가 1929년 예일대학교에서 개최된 제9회 세계심리학회International Congress of Psychology, ICP(미

국에서 처음으로 그 학회가 개최되었다)에서 발표한 연구 결과는, 손상된 부위의 위치는 수술 후 남겨진 상당한 양의 피질이 쥐가 미로를 추적하는 속도와 기술을 결정하는 데 아무런 영향을 미치지 않았기 때문에 쥐의 미로에 대한 신경 표상과 운동행동 간에 연결이 있다면 그러한 연결은 뇌 전체에 분포되어 있다는 것이다(Lashley, 1929). 이렇게 당연한 결과가 오늘날까지도 완전하게 결론 나지 않는 이유는 무엇일까(우리는 인간의 뇌 손상 이후의 기능 회복에서 유사한 상황을 본다). 왜 이런 일이 일어나는지는 오늘날까지 완전히 결정되지 않았다. 그가 밝혀낸 결과가 미친 영향은 두 가지다. 그것은 피질의 조정과 통합의 복잡성과 그 당시 지배적이었던 자극과 반응의 연결이라는 단순한 '전화 교환대' 모형과는 반대되는 증거를 제공해주었으며, 그것은 또한 뇌는 뇌가 전체로서 기능하도록 기능한다는 아이디어를 강화시켜주었다. 이것은 결론적으로 독일에서 20년 동안 뇌 손상에 대한 연구를 해왔지만 잘 알려지지 않았었고, 이후 미국에 재정착하여 1940년 당시 많은 미국 심리학자들에게 영향을 미친 **정신병리학의 관점에서 본 유기체와 인간 본성***The organism and Human Nature in the Light of Psychopathology*이라는 책을 출판한 게슈탈트 심리학자 쿠르트 골드슈타인Kurt Goldstein, 1878~1965의 발견과 일치하는 것이었다.

1920년대의 세 번째로 이어지는 이론적인 기여는 스웨덴 출신의 이민자인 마르틴 루터 레이머트Martin Luther Reymert, 1883~1953의 조직적 기술의 결과였는데, 그는 1925년에 오하이오 스프링필드 루터교 기관인 비텐베르크대학의 심리학과 조교수로 임명되었다. 레이머트는 1927년 새로 지은 화학 및 심리학 빌딩 내에 심리학 실험실을 봉헌하는 의식으로, 30명이 넘는 유럽과 미국의 저명한 심리학자를 초청하였고 그해 10월에 스프링필드에서 정서에 관한 제1회 비텐베르크 심포지엄에서 정서에 관한 주제를 발표하였다. 보통 심리학의 역사에 대해 이야기할 때 정서가 꼭 맞는 자리를 찾기 어렵다. 몇몇 역사가들은 죽음에서조차 어떤 상징성을 찾곤 하는데, 8월 심포지엄의 특별 연사들 중의 한 명인 에드워드 B. 티치너*Edward B. Titchener*가 그러한 사람 중 한 명이었다. 가장 잘 알려진 2세대 미국 심리학자 중 한 사람인 티치너는 그 당시 구식이라고 여겨진 심리학과 관련이 있었는데, 몇몇 사람들은 현대적이고 객관적인 행동주의자의 시대에 보다 오래된 내성법을 사용한 마지막 생존자라고 생각했다. 그럼에도 불구하고 컨퍼런스는 예정대로 잘 진행되었고 참여율도 높았다. 밝혀진 바와 같이 심포지엄의 요약본인 **감정과 정서***Feelings and Emotions,* (Reymert, 1928)라는 책은 잘 팔려나갔고 레이머트가 1950년에 두 번째 심포지엄을 조직할 때까지 수년 동안 정서연구를 수행하는 심리학자들의 주요 참고자료가 되었다. 1933년 초기 행동주의자 중 한 사람인 마이어(어떤 사람들은 1911년에 그가 쓴 책 **인간행동의 기본법칙***The Fundamental Laws of Human Behavior*이 미국 행동주의의 시작을 알린 것으로 여긴다)가 정서를 '물고기들 중에서 고래'라고 선언을 했고, 정서에 관해 연구하는 심리학자들은 그들이 과학적으로 제시하는 것을 갖고 제멋대로 '종교지도자들'과 경쟁할지도 모른다(Meyer, 1933)고 생각했음에도 불구하고, 오늘날 삶에서 정서의 역할에 중점을 두지 않는 심리학을 상상하는 것은 어렵다. 정서, 정서에 대한 정의, 경험, 그리고 정서 조절에 대한 제안들은 스키너가 1987년 녹화한 인터뷰에서 우울증에 걸린

막스 마이어(Max Meyer, 1873~1967, 독일-미국). 음향심리학과 음악 연구의 선구자. 미국으로 이민 왔으며 오랫동안 미주리대학교와 협력관계에 있었으며, 성 행동 관련 학생 설문조사에 관한 논란으로 1930년에 학문적 지위에서 해고당했다.

사람들에게 약으로 "당신이 어떻게 느끼는지 변화시켜라."고 조언한 것에서부터, 지각을 수정하는 데 있어서 공포감의 역할에 대한 최근의 이론에 이르기까지 심리학 이론과 실제의 핵심이 되어왔다. 지각-뇌-정서와 사고-감정-행동의 오래된 세 쌍들은 다가오는 모든 심리학의 구성요소로서 지속적으로 심리학 분야의 기본 구조를 이루고 있다.

1920년대의 응용심리학

1920년대 미국의 번영은 오늘날과 마찬가지로 금융관리기관들(또는 그 이후 10년간 보여주었던 바와 같이 금융조작기관들)의 높은 빌딩들에서 가장 잘 드러났으며, 지금처럼 그 노동 인구에 근거하고 있었다. 1920년대의 오래된 일터 사진을 보면 대부분 남자들이다. 1920년에 여성들은 미국 노동 인구의 25% 미만이었으며 대부분 사무직, 가사 서비스 또는 제조업, 특히 '바늘 무역'이라고 불렀던 옷이나 직물 제조업에 종사하고 있었다. 대부분의 노동은 남성에 의해 이루어졌고 대부분의 남성은 제조업이나 수송 분야에 고용되었다. 보통 제조업의 일은 남녀 모두에게 더럽고, 단조롭고, 신체적 · 정신적으로 스트레스가 많고 실제로 위험했다. 예를 들면, 전차 기사는 대부분 남성이었는데 비좁고 환기가 안 되는 차 안이나 반쯤 노출되어 있는 플랫폼에서 비가 오나 눈이 오나 8시간에서 12시간을 서 있었다. 1896년 최초로 경련 반응을 일으키는 눈의 움직임을 확인하고 측정한 심리학자 레이먼드 도지

레이먼드 도지(Raymond Dodge, 1871~1942, 미국). 독일 할레대학교에서 베노 에르드만(Benno Erdmann)과 수학했다. 미국심리협회 회장직(American Psychological Society, 1916)을 역임했으며 미국 실험심리학 발전 모델 중 한 명이다.

휴고 뮌스터베르크(Hugo Münsterberg, 1863~1916, 독일-미국). 윌리엄 제임스가 심리학과 의학 양 분야에서 박사학위를 취득한 뮌스터베르크를 하버드대학교 심리학연구소를 이끌어가도록 추천하였다. 응용실험주의, 특히 산업 및 법의학 분야 발전에서 가장 영향력 있는 실력자 중 한 명이다.

모리스 비텔(Morris Viteles, 1898~ 1996, 러시아-미국인). 영향력 있는 미국 산업-조직심리학자로서, 1932년에 쓴 그의 저서 '산업심리학(*Industrial Psychology*)'은 현대적인 차원에서 그 분야를 정의한다.

에 의해서 심리학은 일찍이 전차기사들에게 적용되었다. 당시 그는 바깥쪽을 보는 운전기사들이 방향감각 기능을 잃게 하는 안진증을 피하기 위해서 흘러가는 경치에 시선을 고정시키지 말라고 권했다(Dodge, 1902). 전차기사의 지각과 운동기술에 관한 첫 번째 연구를 수행하고 발표한 사람은 바로 하버드대학교 윌리엄 제임스의 독일인 계승자 뮌스터베르크였으며, 오늘날 모든 대기업에서 발견되는 통합 인간관계 부서의 전형인 직원 선발, 훈련, 평가, 그리고 안전 교육에 관한 최초의 포괄적인 프로그램을 도입한 사람은 바로 필라델피아 운송회사에서 일했던 모리스 비텔이었다(Viteles, 1932).

전국의 크고 작은 대학들이 심리학 프로그램을 설립하고 확장했으며 그 결과 자연스럽게 심리학자라는 직업을 찾는 심리학자들의 수가 늘어나게 되었다. 더 큰 효율성과 생산성을 위하여 고용인 관리를 위한 새로운 심리검사와 프로그램에 대한 마케팅이 유행하였으며, 1920년대 미국의 직무 과정에 없어서는 안 될 부분이 되었다. 한편 산업컨설팅직은 많은 여성 심리학자들에게 인기가 높아 여성들이 그 당시 그 분야에 발을 들여놓기 시작한 분야들 중의 하나였다(Koppes, 1997). 심리학자들이 업무현장에 참여함으로써 얻는 또 다른 부수적인 이익은 현장이 막대한 수의 실험 참여자를 가진 거대한 실험실을 제공해주었다는 것이다. 전화용 전기 스위치 장치를 생산하는 거대한 공장인 시카고의 호손공장(Hawthorne Works)은 관찰되고 있다는 것을 단순히 아는 것만으로 업무 성과에 실질적인 영향을 미칠 수 있다는 것을 보여준 '호손 연구'의 현장이었다. 이는 종종 연구에서 실험 효과를 설명하는 가장 핵심적인 예로 인용되었다(Hsueh, 2002).

그런 점에서 대부분의 직장은 여전히 심리학자들에 의해 조사되지 않은 채로 남아 있었고 철강 공장, 광산, 다른 공장들 역시 전처럼 위험하고 단조로웠다. 일자리는 보통 인사 부서 내의 심리학자 사무실을 찾아와야 구해지기보다는 신문이나 사무실 혹은 공장 문에 붙여진 '구인' 광고를 보거나, 기술 수준이 낮은 대부분의 직업은 마구잡이로 찾는 과정이 꽤나 효과적이었다. 하지만 산업이 기계화되고 제조와 유통 과정이 더욱더 기술화되고 복잡해짐에 따라 직업을 구하는 것도 그에 부응하여 더 복잡해졌다. 산업심리학이 발달함에 따라 노동력을 유입하는 시점에서 심리학적 개입의 발달이 이루어졌다. 심리학이 제1차 세계대전 동안 군인을 유도하고 분류하는 일에 관여해왔지만, 심리학은 급성장하는 미국 경제의 고용 라인에서 심리 테스트를 사용할 또 다른 기회를 발견하였다.

루돌프 핀트너Rudolf Pintner, 1884~1942와 심리학을 공부한 청각장애인 부모를 둔 도널드 패터슨Donald Paterson, 1892~1961은 오하이오주립대학교에서 멘탈 테스트를 실시한 선구자였다. 1921년 그는 미네소타대학교로 이직하여 그곳에서 오랫동안 삶의 모든 분야에 심리학의 원리를 사용하는 응용심리학자들을 훈련시켰다. 그는 심리학의 보급을 위해 헌신했고 88편의 학위논문과 300편의 석사학위 논문에 도움을 주었다. 패터슨은 심리검사를 통하여 인간의 차이를 규명하는 과학을 연구했지만, 그와 동시에

1920년대 동안에 학생들에게 적합한 대학 환경의 모든 측면들을 확인하고 증진시키는 것을 목표로 하는 학생상담 프로그램을 시작했다. 패터슨의 초기 작업은 직업상담과 진로결정을 강조했다. 그것은, 예를 들어 그의 제자인 레오나 타일러Leona Tyler의 노력을 통해서 평화운동을 촉진하는 심리학에 관심을 기울이는 등, 삶의 모든 영역에서 조언과 지도를 제공하는 상담의 전문성으로 발전해 나갔다(Held, 2010). 이처럼 1920년대는 산업 분야에 심리학자들이 개입한 파생물로서 오늘날 주목할 만한 분야인 '임상-상담' 심리학에서 '상담' 분야가 시작된 시기로 볼 수 있다.

산업과 산업 관련 컨설팅 및 상담 분야에서 일하는 심리학자들이 몇 10년 동안 교육과 광고 분야에서 일하는 심리학자들(1920년 견책을 당하여 학계에서 제명된 뒤 뉴욕의 주요 광고 회사의 부사장이 된 존 B. 왓슨을 포함하여)과 함께 응용심리학을 주도적으로 발전시킨 사람들이었다. 그들의 절대적인 수는 적었지만 (아마도 단지 천 명 정도 전국적으로 퍼져 있었을 것) 그들은 다량의 심리검사 프로그램을 통하여, 또는 교실이나 훈련 장면에서 교사나 다른 교육 전문가로서 더 많은 사람들을 접하게 되었다. 점차 심리학은 문화 속으로 순조롭게 확산되어갔고 생활지도, 상담 및 심리검사의 근원으로 인식되었다. 심리학자들이 새로운 장을 퍼뜨리기 위해 사용했던 또 다른 채널은 미디어였다. 1920년대에는 책과 함께 수십 종류의 주간지와 수백 종류의 일간지가 출간되었다. 인쇄 매체는 정보와 아이디어를 소통하는 기본적인 수단이었다. 이러한 세계 속으로 라디오가 등장했는데 그것은 사실상 하룻밤 사이에 소통에 대변혁을 일으켰다. 1920년에 첫 번째 상업 라디오 방송국이 나타났다. 1930년에는 수백 개의 라디오 방송국이 생겨났고 1935년에는 모든 미국 가정이 라디오를 들을 수 있었다.

심리학자들은 이미 그들의 삶의 모든 양상에 대한 조언을 갈망하는 대중들을 대하고 있었다. 짝을 고르는 방법, 결혼생활의 불일치를 해결하는 방법, 자녀양육 및 훈육 방법, 성관계를 관리하는 방법 등은 수십 년 동안 성직자, 정치가, 그리고 서로 다른 신뢰와 정직의 '전문가'들을 포함하여 대중적인 조언을 해주는 사람들이 급증했던 분야들이었다. 이제는 학습과 기억, 직업 전망, 아동발달, 그리고 삶의 모든 다른 측면들에 대해 새로운 지식을 소유하고 있는 심리학자들이 학술지나 학회에서 그들의 동료들과 연구한 결과물들을 나누는 것 이상의 기회가 있다는 것을 깨달은 것이다. 1920년대는 대중적인 심리처치의 호황기였다. 실제 오랜 기간 위스콘신대학교 교수로 재직한 조지프 재스트로Joseph Jastrow, 1863~1944는 1927년 비텐베르크 심포지엄에서 연회가 끝난 뒤 기조연설을 했을 때, 그가 부당이익으로 암시했던 것을 챙기면서 '정신적인 헤드기어를 영원히 쓰게 만드는' 심리학자들을 맹렬히 비난했다(Jastrow, 1928b, p. 435). 그는 언젠가 심리학자는 뉴턴과 다윈의 자질을 지닌 사람으로 부상할 것이며 "오! 위대한 심리학자여!라고 환영받을 것이다." 라고 말했다(Jastrow, 1928b, p. 438). 재스트로를 모르는 사람들은 그가 상거래로 과학을 왜곡하고 있는 것에 대해 절망하면서 불만이 가득한 학구적인 심리학자라고 여길 수도 있다. 사실 재스트로는 심리학의 대중화를 위해 오랫동안 애써온 역사를 가지고 있었다. 그는 1893년 만국박람회에서 부스를 찾아온 모든 방문객들을 위해 멘탈 테스트를 실시해주었으며, 1927년에는 이미 **정신건강 유지하기***Keeping Mentally Fit*(Jastrow, 1928a)를 포함한 몇 권의 인기 있는 심리학 저서를 쓴 저자였다. 거기에 더하여 그는 스트레스로 인해 과부화에 걸린 노동자에게 "휴식을 취하세요."라는 조언을 해서 설사약의 최신 유행을 풍자하기도 했다. 재스트로가 강단을 떠났을 때 그는 30년 이상을 재직했던 위스콘신으로 돌아가지 않고 뉴욕으로 가서 신문 칼럼을 연재했으며 후에는 라디오 프로그램 방송을 했는데, 심리학자들 중에서 그런 유형의 첫 번째 사람 중의 한 명이었으며 곧 많은 모방자가 나타났다. 심리학의 발전은 1920년대 동안 산업 및 미디어와 함께 구축된 실제적인 적용자들과의 동맹으로 보장되었고, 그 동맹은 그 이후 지속적으로 강해져 왔다.

1920년대의 심리치료

이때는 정신병원이 전반적으로 험악했던 시대였다. 미국의 인구는 폭발적으로 늘어났고, 삶은 더욱더 복잡해져 스트레스가 높아졌으며, IQ 검사에서 낮은 점수에 의해 결정되는 '정신박약'이라는 새로운 형태의 진단명이 사용되기 시작했다. 그들의 주요 건축물 이후 '커크브라이드'라고 불렀던 흉측한 건축물들(차분한 분위기의 시골 마을 풍경을 위협하듯이 세워져 삼엄한 경계를 하고 있는 정신병원 건물)은 가정에서, 조금 더 나아가 사회에서 더 이상 관리하거나 수용할 수 없는 사람들을 위한 충분한 공간이 될 것이라고 판단되었다. 1925년 정신병원 입원은 치매를 앓고 있는 나이 든 여성이든, 조현병 초기 증상을 앓고 있는 젊은 청년이든, 중년의 조증 여성이든, 심지어 정신없이 날뛰는 대학생이나 친척이든, 모든 의도와 목적하에 쉽게 입원하고 종종 감금의 장소에서 평생 살게 되는 것

토마스 커크브라이드(Thomas Kirkbride, 1809~1883, 미국)
1850년대 이후로 정신병원 디자인을 결정하는 데 영향력을 행사한 정신과 의사

을 의미했다.

약간은 희망적인 곳도 있었다. 직원들을 적당하게 고용하고 환자들과 관련된 일 처리에 능숙하게 잘 훈련된 정신과 의사가 있는 캔자스주 토페카시의 메닝거Menninger 형제의 병원처럼 합리적으로 조성된 병원들이 있었지만, 그런 병원들은 그 숫자가 매우 적었다. 대부분의 경우, 입원하는 환자의 수가 많았고 환자의 행동을 관리하는 효과적인 방법의 부재로 인해 심지어 기술을 잘 유지하고 있는 의사들조차도 정신병원의 정신과 의사의 역할은 환자들을 겁먹게 하고 결국에는 병실에 가두는 것이었다.

이후 임상심리학이라고 부를 수 있는 활동들이 몇 군데에서 뿌리를 내려, 1927년 몇 권의 책들이 역사를 기술하면서 임상심리학자의 역할에 대해, 환자의 성격과 다른 정신검사들을 관리하고, 진단 및 처치를 지원하는 다른 과제들을 담당하는 것(예 : Wells, 1927)으로 개요를 기술할 수 있게 했다. 그러나 정신병원에 근무하는 심리학자들은 매우 드물었으며, 있다고 하더라도 그들은 종종 의료진들과 엄격하게 분리되어 있었다. 의학적 장면에서의 자율과 권한은 아직 확보되지 않았었다. 그러나 이 기간 동안 심리학에 협조적인 정신과 의사들(윌리엄 알랜슨 화이트와 아돌프 마이어)은 정신과 의사들과 심리학자들 간의 협업을 장려했으며 이는 궁극적으로는 정신의학과 심리학의 융합을 이끌어냈다. 비록 약을 처방하는 것과 같은 의학적 권한이 완전히 주어지지 않았음에도 불구하고 그러한 협업은 1920년대 초기에 점점 더 약리학과 마찬가지로 논쟁의 요점이 되었으며, 그것은 앞으로 다가올 수십 년간의 치료에서

윌리엄 알랜슨 화이트(William Alanson White, 1870~1937, 미국). 1903년부터 사망 시까지 워싱턴 DC의 조지워싱턴대학교와 세인트 엘리자베스 병원에서 일한 저명한 정신과 의사

더욱더 중요해졌다.

형편이 되고 시설에 수용되지 않은 사람들은 약간의 심리치료를 받을 수 있었다. 제도적인 정신의학과 뚜렷이 구분되는 심리치료는 19세기 말쯤 주로 뉴잉글랜드에서 종교 및 지적인 원천의 합류로부터 나타났다(Taylor, 2009). 그러한 의견 일치는, 환자와 의사('심리치료사', 치료의 과정이 대화를 통해 마음에서 일어나기 때문에 그렇게 불렸다) 간에 어떤 대인적 상호관계가 형성되면서 완화되도록 다루기 쉽고, 치유까지 가능한 정신병의 형태들이 있다는 생각에 의해 형성되기 시작하는 중이었다. 1920년 그런 임상가들이 몇 명 있었고, 또한 프로이트식의 보다 정형화된 심리치료 시스템을 제공하는 다수의 정신분석 훈련가나 정신분석의 영향을 받은 보다 많은 수의 개인들이 있었다. 그 후로도 20년 동안 프로이트의 시스템은 가장 뛰어났으며 문서화가 잘된 시스템이었다. 정신분석과 의료 기관 사이에 모종의 동맹이 형성되었고 정신분석적 실무는 앞으로도 오랫동안 의학박사들의 것이라고 막을 치면서 사실상 심리학자들은 그것에 이르는 다른 길을 찾지 못하면서 심리치료에서 제외되었다. 한 가지 길은 체계적으로 심리치료를 할 수 있는 대안적인 방법을 모색하는 것이었다. 현대의 자동차를 만드는 것처럼 1920년대에 심리치료 브랜드들이 급증하기 시작했다. 전설적인 심리학계의 모험가 머레이는 융과 친분 관계를 맺고 유럽에서 돌아왔고 융의 아이디어가 최소 10년 동안 뉴욕에 있는 예술

헨리 머레이(Henry Murray, 1893~1988, 미국). 하버드 심리학연구소의 모턴 프린스(Morton Prince)의 계승자. 그의 파트너 크리스티아나 모건(Christiana Morgan)과 함께 주제통각검사(Thematic Apperception Test, TAT)를 개발, 출판했으며 1938년 많은 공동 작업자들과 함께 이제는 고전이 된 '성격의 탐험(*Explorations in Personality*)' 출판했다.

계나 페미니스트 집단에 이미 널리 퍼져 있었음(Sherry, 2012)에도 융의 심리 유형을 미국에 소개하는 데 열중했다. 프로이트의 핵심층에서 외면당하고 배척당한 알프레드 아들러Alfred Adler, 1870~1937는 1920년대에 미국에서 강의를 시작했다. 그는 비텐베르크 심포지엄에 참석했다. 세련되고 재치가 있으며 그의 인간사에 대한 실제적인 현실주의는 그를 인기 있는 강연자로 만들었으며 많은 추종자들이 뒤따랐다. 그들은 아들러 연구소를 창립하여 그의 몇몇 원리들을 실제에 적용하기 시작했다. 또한 1920년대에 해리 스택 설리반Harry Stack Sullivan, 1892~1949은 공감적인 심리치료 양식을 개발했는데, 그것은 이전의 모든 심리학자들에게 어떤 것을 신세지고 있었지만, 그 핵심은 심리치료자와 내담자 사이에 친밀한 대인관계를 맺는 것이었다. 설리반은 다른 방법으로는 접근이 불가능한 내담자들과 소통할 수 있는 능력을 갖추고 있었으며, 다른 심리치료 시스템과 자신 및 타인의 실무에서 누적된 경험으로부터 얻은 것들과 더불어, 20세기 중후반 심리치료의 절충적이고 개별화된 치료 양식적 특징으로 그것을 융합시킬 수 있는 다른 사람들에게 이러한 기술을 물려줄 수 있었다.

그러나 임상심리학을 생성해내기 위해 결합시킬 수 있는 많은 요소가 있었음에도 불구하고 아직 그것은 탄생하지 않았다. 심지어 1927년 미국의 모든 심리치료사들이 1년 내내 매주 담당 건수가 꽉 찼음에도 불구하고, 그들이 치료한 총내담자 수는 고작 수천 명에 불과했다. 심리치료는 희귀한 상황이었으며 우울, 불안 혹은 다른 정신직인 문제가 있는 사람은 1920년대 동안 종교나 자가 치료를 통한 전통적인 방법으로 위안을 찾아야만 했다.

가족 이야기 : 두 명의 십 대

로사와 해리는 둘 다 운이 좋게도 그들의 삶에 실질적인 차이를 가져온 심리학을 만날 수 있었다. 로사의 경우, 총명했음에도 불구하고 많은 사람들이 그녀에게 가까이 다가가지 못할 정도로 내성적이고 때로는 고집 센 아이였다. 그녀의 이민자 신분은, 특히 퀸즈에 있는 새로운 학교에서 그녀의 또래들과는 대조적으로 단연 돋보였는데, 그 결과 호의적이지 않은 학교 경험을 야기했을 수도 있는 또 하나의 문제였다. 반면에 해리는 분명히 문제아였다. 그는 15살에 경찰과 여러 번 만났고 오랜 이웃인 로어맨해튼에서 갱단과 어울려 다니기 시작했다. 그것은 젊은이들이 사소하게 공공기물을 파손하고 어슬렁거리는 행위로부터 실제 범죄로 한 단계 나아간 것이었다. 그리고 그것은 아버지의 상실을 이겨내기 위해 애쓰면서 강인함을 키우기 위해 해리가 쉽게 할 수 있는 것 중의 하나였다.

그들은 둘 다 운 좋게도 청소년과 교육에 대한 심리학적인 이해를 어느 정도 갖고 그들을 기꺼이 도와주려는 어른들을 만났다. 그들은 뉴욕에 살고 있었기 때문에 1927년 교육대학이 미국 전역에서 심리학적인 지식을 확산시키는 주요 통로였음에도 불구하고 대학(그들의 경우 각각 콜롬비아대학교)에서 심리학적인 훈련을 받은 선생님을 만날 수 있는 가능성이 미국의 다른 곳보다 더 높았다. 한 추정치에 따르면 당시 심리학 석 · 박사 프로그램 졸업생의 3분의 1은 교사나 가이던스로 교육 분야에 고용되면서(당시 학교생활지도가 보조적인 전문 분야로 급속도로 발전했다) 공공교육 시스템의 많은 부분을 차지하게 되었다.

로사의 경우 그녀를 도와준 사람은 고등학교 영어 선생님이었는데, 그 선생님은 콜롬비아대학교에서 석사학위를 받았으며 결혼을 앞두고 고정적인 수입을 얻기 위해 교사가 되었다. 미국 진보주의 시대의 한 분파인 콜롬비아대학교의 석사교육프로그램은 문해, 건강, 교육을 발전시키기 위한 프로그램 개발을 주도했으며, 그 분야에서 가장 뛰어난 지도자들, 즉 듀이, 손다이크와 함께 오랫동안 교육 분야에서의 심리학적 관심의 중심이 되고 있었다. 1917년 로사의 선생님이 콜롬비아대학교에 입학했을 때, 레타 스테터 홀링워스Leta Stetter Hollingworth, 1886~1939는 선발된 뉴욕의 학교들에서 영재학생들을 위한 프로그램을 도입하려는 계획을 추진하고 있었다. 학교가 종종 가장 재능 있는 학생들을 돕지 못하고 있는 것을 목격한 것은 홀링워스가 처음이 아니었다. 1905년 프랑스의 알프레드 비네Alfred Binet, 1857~1911와 테오도르 시몬Theodore Simon, 1872~1961은 벨기에의 오비드 드크롤리Ovide Decroly, 1871~1932와 함께 모든 능력 수준에 있는 학생들은 자신의 특정 요구에 맞는 교육이 필요하다고 주장한 바 있고, 영재 교육을 개발하기 위한 미국 내 운동은 1914년 미국 전역의 여러 곳에서 진행 중이었다. 1918년과 1922년 사이 뉴욕에서 5개의 이러한 프로그램을 설립함으로써 그녀의 계획은 결실을 맺었다(Pritchard, 1951).

존 듀이(John Dewey, 1859~1952, 미국). 20세기 초 가장 유명하고 영향력 있는 미국의 철학자이며, 교육 이론가 중의 한 명

에드워드 리 손다이크(Edward Lee Thorndike, 1874~1949, 미국). 고양이의 탈출 행동에 관한 실험에 근거하여 학습을 시행착오 과정으로 본 영향력 있는 초기 학습 이론을 발전시켰고, 이후 교육과 가치에 관한 이론가가 되었다.

그러나 로사는 영재들을 위한 이 실험적인 학교프로그램에 참여하는 비교적 작은 집단들 중 하나에 있었던 것이 아니다. 그것은 그녀의 담임교사가 추가로 선택한 심리학의 학점을 받을 수 있으면서, 1920년 강의

과정에서 영재학생들의 심리적 요구에 관심을 갖는 다른 진보적인 교육자들 중 한 사람을 만날 수 있는 심리학에 관심을 가졌기 때문이었다. 그는 자신이 들은 것에 감동을 받은 후 교직에서 일하게 되었을 때 그의 학생들 중 창의력의 조짐을 보이는 학생들에 대해 민감해졌으며, 로사는 그의 통찰력의 초기 수혜자였다. 그는 로사가 지닌 글쓰기 재능의 정도를 바로 알아차렸으며, 그녀가 교실에서 뛰어날 뿐만 아니라 신문과 잡지에도 기고하기 시작하도록 격려했다. 로사는 1986년 회고록에서 그녀가 1926년 같은 주에 유대인 일간지와 뉴욕 타임스에서 출판된 편지를 부쳤을 때 자신이 글쓰기에 "꽂혀 있었다."고 언급했다. 그녀의 선생님은 그녀가 뉴욕대학교에 지원하도록 격려했고 1927년 5월 두 사람은 그녀의 입학 허가 소식을 들었다.

해리는 다른 쪽으로 운이 좋았다. 그가 싱싱이나 다네모라 '교도소'에 가지 않았던 한 가지 이유는 그의 보호자가 부자였고 법률적 · 사법적 자문을 둘 다 구할 수 있었기 때문이었으며, 그는 해리가 1927년 1월 절도죄로 체포된 직후 곧바로 조치에 나섰다. 이러한 관여는 정상참작의 여지를 갖고 청소년들에게 낮은 형량을 선고하도록 권한을 부여받은 사전심리제도에서 해리가 조사받을 수 있게 했다. 사실 해리가 만난 상담자는 오늘날과 마찬가지로 사회복지사였다. 그녀는 인디애나대학교에서 사회복지 학위를 취득했고 1925년 은행 및 보안관리 직업에 종사하는 남편과 함께 뉴욕으로 이사를 온 사람이다. 인디애나대학교에서 그녀가 받은 훈련은 1889년 제인 애덤스Jane Addams, 1860~1935가 시카고에 복지시설 헐 하우스를 설립한 이후 사회복지가 전문직으로 발전해온 미국 중서부의 사회복지교육의 전통에 의해서 크게 영향을 받았을 뿐만 아니라 그 당시 인디애나대학교의 총장인 윌리엄 로위 브라이언에 의해 설립된 심리학의 오랜 전통에 의해서도 영향을 받았다. 사회복지사인 그녀와 그녀를 통해서 해리는 30년 이상 유럽과 미국에서 발전해온 아동 및 청소년 심리학의 수혜자였다. 해리를 맡은 사회복지사는 소년법원의 재판장에게 해리의 사례를 아버지의 죽음과 관련된 슬픔과 상실을 이겨내려고 여전히 애쓰고 있는 비행청소년 중 한 명으로 설득력 있게 설명할 수 있었다. 그녀는 해리의 누나를 증인으로 내세웠으며, 누나 로사는 해리가 지능이 높다는 사회복지사의 소견(그녀는 해리에게 당시 10년이나 되었고 실무적으로 폭넓게 사용되고 있었던 스탠퍼드 비네검사를 실시했는데, 그의 검사 결과는 133점이었다)을 확증해주었다. 결국 로사가 고등학교를 졸업한 같은 주에 해리에 대한 최종 결정이 내려졌다. 해리는 고등학교를 졸업하고, 그때까지 아무 문제도 일으키지 않는다는 조건부 집행유예 선고를 받았다.

윌리엄 로위 브라이언(William Lowe Bryan, 1860~1955, 미국). 1987년 노블 하터(Noble Harter)와 함께 학습의 시간 경과에 대한 결정적인 저작물을 출판한 미국의 가장 초기 실험심리학자 중 한 명으로, 1902~1937년 인디애나대학교 총장으로 봉직했다.

이런 일이 일어날 수 있는 소년법원이 있었다는 것은 해리에게 15년 전이라면 만날 수 없었을지도 모르는 또 하나의 행운이었다. 최초의 소년법원이 앞선 10년 동안 설립된 것은 법과 사회과학 커뮤니티의 많은 다른 사람들과 함께, 심리학자 오거스타 브로너Augusta Bronner, 1881~1966와 심리학자이자 신경심리학자이며 범죄학자인 윌리엄 힐리William Healy, 1869~1963의 단합된 노력 덕분이었다(Boyd, 2004; Young, 2010). 범죄와 수감자로서의 삶을 향해 돌이킬 수 없는 과정에 들어서기 전 단계에서 청소년들을 정상화시키는 데 도움이 되는 프로그램들, 즉 초범들을 위한 상담명령제, 조건부 석방, 지역사회서비스 프로그램들, 그리고 기타 프로그램들이 이어지는 수십 년 동안 널리 활용되었다. 모든 사례에서 좋은 성과를 거둔 것은 아니지만 해리의 경우 그 경험은 범죄의 길로 빠져드는 것을 막고 자신을 통제하기 위한 길을 모색하기 위해 관심을 자신의 내부로 돌리게 했다. 학교를 너무 많이 빠져서 1년 늦어지긴 했지만 그는 1930년 5월에 드디어 졸업했다.

로사의 경험이나 해리의 경험 둘 중 어느 하나도 레슬리의 신경심리학이나 비텐베르크 심포지엄의 이론화와는 연결점이 없었다. 게슈탈트 심리학자들의 발달이론 및 유기체 이론이 연결점을 만들어냈을 수도 있겠지만 이러한 이론들은 이제 막 드러나기 시작하고 있었다. 최초의 종합적인 발달이론 중의 하나인 쿠르트 코프카의 **마음의 성장***The Growth of the Mind*(Koffka, 1925)은 불과 2년 전에 출판되었고, 쿠르트 골드슈타인의 **유기체***The Organism*는 1939년까지는 출판되지 않았다. 확고부동한 자리를 차지하고 있는 심리검사 기술이 로사와 해리 둘 다에게 영향을 미쳤음에도 불구하고 응용심리학의 직업상담이나 조언 활동도 개입하지 않았다. 로사는 1926년 가을 대학 입학원서와 관련하여 대학입학시험위원회에서 보는 가장 초기 버전의 심리검사를 받았으며, 해리의 스탠퍼드 비네검사의 높은 점수는 그에 대한 판결에 앞서 유리하게 작용한 하나의 요인이었다. 그 당시 어떤 임상심리학이 있다 해도 미미했지만, 로사의 선생님과, 재판 절차에서 해리의 상담자 두 사람 다 우리가 오늘날 알고 있는 발달, 학습, 그리고 사회화의 지식을 바탕으로 한 상담기술을 실천했다. 만일 로사의 선생님이나 해리의 상담사가 알프레드 아들러와 친분이 있었다면(아들러는 1927년 인기 있는 강연자로서 미국에서 그의 활로를 막 개척하기 시작하고 있었기 때문에 둘 다 그렇지는 못했다) 아들러는 분명히 해리의 부적응을 개념화하고 아마도 그의 분노와 상실에 대한 보상 능력에 근거해서 그의 미래의 성공을 예측하는 방법을 제안했을 것이다.

이 시대에 로사와 해리에게 심리학이 영향을 미친 점은 그 세대에게 지속적으로 영향을 미치고 있는 몇 가지 심리학적인 활동의 커다란 줄기들의 발전에 있었다. 아동 발달과 청소년 심리는 심리학과 교육학 학생들 모두의 교육과정에서 중심축이 되었다. 영재양성프로그램들은 1920년대부터 1960년대까지 하버드대학교의 프로젝트 제로Project Zero와 존스홉킨스대학교의 영재를 정의하기 위한 줄리안 스탠리Julian Stanley, 1918~2005의 프로그램으로 발전해 왔다. '영재'에 대한 관심은 교육의 큰 그림에서 영속적인 부분이라고 할 수 있다. 청소년들에게 판결을 내리는 방법, 그들에게 권리와 책임을 묻는 방법에 관한 질문은 해리의 복지에 대해 관심을 기울였던 사람들의 생각을 알리던 1927년만큼 지금도 활발하다. 청소년들 위한 재능인정프로그램과 법률자문프로그램은 둘 다 사회복지, 사회학, 범죄학, 그리고 확고하게 자리 잡은 교육 및 법률 전문직들과 함께, 심리학이 만들어내고 유지를 돕는 영구적인 사회적 인프라의 일부인 것이다.

03

1930년대

1930년대 이론심리학

고든 올포트Gordon Allport, 1897~1967는 1939년 9월 미국심리학회APA 회장으로서 연설을 하는 자리에서, 지난 50년 동안 심리학은 순수 분야와 응용 분야(이 책에서는 이론 및 응용심리학 분과로 표현)로 나누어져 왔다고 논평했다. 그는 심리학자들이 그들의 방법론과 개인적인 연구 프로그램들에 갇혀 있는 경향을 못마땅해 했다. 그는 "현재 동물실험으로 그들의 신념에 고정되어 있는 연구자들의 수가 증가하고 있습니다. 우리의 프로그램(1939)은 금년도 학술행사에서 발표된 논문 중 25%가 동물실험에 기초하고 있다는 것을 알려주고 있습니다. 25년 전인 1914년 해당 비율은 11%였습니다."라고 썼다(Allport, 1940, p. 14).

1930년대 심리학은 특히 톨만E. C. Tolman, 1886~1959, 클라크 헐, 그리고 스키너B. F. Skinner, 1904~1990의 행동주의 시스템에 의해 이론적인 것을 특징으로 하여 모두 동물실험에 기초하고 있다. 이들 중, 톨만

클라크 헐(Clark Hull, 1884~1952, 미국). 1920년대부터 1950년대까지 스키너, 톨만과 함께 행동주의의 중심 인물 3인 중의 한 사람. 헐은 모든 행동에 대한 일반적인 수학적 설명을 제안한 최초의 심리학 이론가들 중의 한 사람이었다.

의 연구는 오늘날 심리학에 가장 크게 지속적인 영향을 미쳤다. 톨만은 행동주의자였고 '쥐 사람rat man'이라고 해도 과언이 아니었다. 그는 그의 주요한 이론적인 업적인 **동물과 인간의 목표지향적인 행동***Purposive Behavior in Animal and Men*(Tolman, 1932)을 썼고 노르웨이 쥐를 대상으로 한 실험에 헌신했다. 1930년대 대부분의 행동주의자들처럼 톨만은 쥐와 쥐의 습관에 대한 관심보다는 다른 어떤 것 때문에 심리학에 관심을 갖게 되었다. 그는 짧은 기간 유니테리언교의 성직자가 될 것인지 고려했었고 박사학위 논문 주제(1915)는 기억과 감각적 심상에 관한 것이었다. 하지만 그는 캘리포니아대학교로 옮기면서, 인간 행동은 그것이 심상적이든, 종교적이든, 정서적이든, 혹은 비합리적이든, 그리고 자유로운 선택의 결과이든 아니든, 궁극적으로는 파블로프Pavlov의 조건형성과 연합학습의 형성에 따른다는 증거에 입각한 사실에 따라 제기된 문제들을 해결해야 할 것이라고 인식했다. 30년 전 손다이크Thorndike에 의해 정의된 강화된 결과들의 결과a result of reinforcing consequences로서 측정 가능한 행동의 강화를 의미하는 효과의 법칙은 그때나 지금이나 심리학에서의 과학적 신념에 관한 논문이었다.

올포트는 연설을 계속 이어나갔다. "나의 동료이자 친구 중 한 명이 최근 나에게 그 해결에 있어서 쥐와 관련시키지 못할 심리적 문제가 있으면 한 가지라도 말해보라고 도전을 해왔습니다. 상당히 놀라서 나는 뭔가를 중얼거렸는데 내 생각에는 읽기장애 심리학에 관한 것이었습니다. 하지만 내 마음속에는 인간의 심미적, 해학적, 종교적, 그리고 문화적 행동의 역사적인 문제들로 넘쳐났습니다(원문대로). 나는 사람들이 어떻게 클라비코드[1]를 만들고 대성당을 짓는지, 그들이 어떻게 책을 저술하는지, 그리고 그들이 어떻게 미키 마우스를 보고 배꼽 빠지게 웃어대는지, 그들이 어떻게 그들의 인생을 5년, 10년, 그리고 20년 앞을 내다보며 계획을 세우는지, 자신의 수완으로 일궈낸 정교한 원리체계로 어떻게 자신의 경험의 유용성을 거부하고 뿐만 아니라 그들이 거부하도록 만든 그 원리체계의 유용성마저도 거부하는지를 생각했습니다. 나는 시와 말재간, 선전과 혁명, 주식시장과 자살, 그리고 평화를 향한 인간의 절망어린 희망을 생각했습니다."(Allport, 1940, pp. 14–15). 더 나아가, 그는 "우리가 인간 이하의 유사한 동물들이 우리에게 인간의 행동을 예측하고, 이해하고, 그리고 통제하는 힘을 어느 정도까지 제공할 수 있을지를 발견하기 위해 심포지엄을 개최하는 게 과연 득이 될까요?"라고 질문했다. 그는 계속했다. "우리가 쥐를 갖고 틀을 짠 그 문제가 우리 인간의 것으로 보는 그 문제들과 의심할 여지없이 같은 것인지… 그리고 만일 우리가 인간과는 별도의 연구로 우리의 원리를 검증하도록 강요받는다면, 우리 자신의 유효성이 궁극적으로 남아 있을지는 연구에 달려 있기 때문에 우리가 인간의 태도와 도덕을 연구하는 것을 선호하는 심리학자들을 통렬히 비난할 권리가 있는지에 대해서 우리 자신에게 단도직입적으로 물어볼 필요가 있습니다"(Allport, 1940, p. 15).

밝혀진 대로, 톨만, 헐, 스키너 등 주요 행동주의자들은 모두 특히 그들을 향한 올포트의 도전에서 언급한 독특한 인간 조건을 다루었다. 헐의 시도는 무산되었는데, 그 이유는 그가 늦게 시작한 데다 건강이 나빠

[1] 바로크 시대의 건반악기–역주

졌기 때문이었다. 스키너는 다음 장에서 보겠지만 오직 문화의 변화를 통해서만 인간의 문제가 해결될 것이라고 확신하게 되었다. 하지만 그는 그 과정에, 합리적이든 비합리적이든, 마음을 포함시키는 것을 받아들이지 않았기 때문에, 그리고 인간들은 그 과정에서 어떤 자유로운 선택도 하지 않는다는 외견상 역설적인 생각을 매우 강하게 고집했기 때문에, 오해와 비난을 받았고 적어도 현재 당장은 문화 비평가로서 잊혀졌다. 인간의 마음을 행동과 가까스로 연결한 사람은 톨만이었으며 그는 현대의 심리학을 특징짓는 인지와 행동 간의 통합을 이뤄냈다.

그가 이렇게 할 수 있었던 것은 부분적으로는 그의 인지적 문제에 대한 배경지식에 기인하고, 부분적으로는 해외여행 덕분이며, 부분적으로는 아돌프 히틀러 때문이고, 부분적으로는 그의 영향력 있고 눈에 띄는 학문적 위치 때문이며, 그리고 무엇보다도 모든 심리학 분야에 걸쳐 있는 친구들 덕분이었다. 앞서 언급한 바와 같이, 톨만은 유심론의 언어를 잘 알고 있었다. 그는 미국 심리학에서 잊혀져왔던 천재들 중의 한 명인 레너드 트롤랜드Leonard Troland와 **목표지향 행동***Purposive Behavior*의 첫 페이지에서 유심론적인 용어로 토론을 진행할 수 있었다. 트롤랜드는 하버드대학교에서 그 당시 톨만의 나이 어린 대학원 친구로, 화학과 시력의 과학에서 이미 많은 것을 성취했으며, 물리학 원리에 근거한 마음과 행동에 관한 복잡한 설명을 점점 더 발전시켜 나가고 있는 중이었다. 또한 트롤랜드는 사회주의자였으며, 인간 행복을 최대화시키기 위해 고안된 '행동기술'을 제안했다. 그의 포괄적인 심리적 체제에서, 트롤랜드는 동기의 쾌락이론을 제안했다. 즉, 인간 행동은 그것과 관련된 즐거움의 양에 달려 있다는 것이다. 초기 행동주의자들에게 있어서 습관 형성을 위해 내건

슬로건은 "쾌는 드러내고 불쾌는 근절하라."였다. 하지만 그때도 그랬고 여전히 많은 논평가들이 지적한 바와 같이 '쾌'는 모호한 용어이며, 윌리엄 제임스가 말한 것처럼 행복으로부터 '흥미' 사이에 있는 어떤 것으로, 흥미라는 용어는 제임스가 인간 동기의 원동력이라고 정해놓은 것이었다. 하지만 트롤랜드는 세 가지 방법, 즉 과거의 즐거움(과거 즐거웠던 결과와 행동 간에 저장되어 있는 연합을 의미하는), 현재의 즐거움(즉각적인 감각적 만족을 의미하는), 미래의 즐거움(행동에 관한 가중치 결정 수단으로 사용된, 인지적 · 정서적 계산에 근거하여 어떤 활동으로부터 기대되는 즐거움의 양에 대한 예측을 의미하는) 중 하나로 달성할 수 있는 분명하게 정량화할 수 있는 쾌락의 양을 고안해냈다. 이에 관해, 톨만은 윌리엄 제임스의 견해와 매우 비슷한, 쾌락이 행동의 여파일 뿐이라는 관점에 반대했다. 즉, 가치가 추가되었지만, 행동을 수행할 필요는 없다는 것이었다.

톨만이 이러한 토론을 계속하기로 동의한 것은 그가 쾌락과, 더 나아가 정서나 감정과 같은 정신적인 사건의 존재에 대한 엄청난 관심을 보여준 것이었는데 그들의 쾌락에 관한 대화가 계속 이어지지 않았던 것은 단지 목표 지향 행동이 발간된 바로 그해에 트롤랜드가 43세에 이른 죽음을 맞이했기 때문이었다. 톨만의 행동심리학을 지키려는 마음은 새로운 아이디어를 찾아 독일로 간 마지막 미국 심리학자라는 점을 통해서도 알 수 있다. 보다 이전인 1920년 전 독일은 심리학적 아이디어의 원천이 된 주요한 유럽 국가들 중 하나였다. 1930년 이후 히틀러로 인해 관련 독일인들은 주로 미국으로 추방당했고, 나치의 인종전쟁을 위해 입대하거나(Geuter, 1992), 조국에서 침묵하거나, 목숨을 잃었다. 제1차 세계대전 전 톨만은 독일에서 공부를 하였으며 게슈탈트 심리학자들과 많은 접촉이 있었고 친분을 쌓았었다. 이후에 이곤 브런스윅Egon Brunswik과 특별히 친하게 지냈는데, 그가 나치 정권에서 미국으로 탈출하는 것이 가능하도록 후원자가 되었다.

언젠가 톨만은 미로에서 미국 쥐들은 모든 방향으로 단호하고 신속하게 달리는 반면에 독일 쥐들은 일단 앉아서 다음에 무엇을 해야 할지를 생각하고 있는 것을 씁쓸하게 관찰했다. 이렇게 문화적인 관찰로부터 시작한 것은 아니지만, 1930년 가장 잘 알려진 톨만의 실험은 나중에 상담심리학자가 된 찰스 혼직Charles Honzik, 1897~1968과 공동연구로 진행되었는데, 쥐들이 암묵적으로 의도와 목적을 갖고 그들의 환경에 대한 개념을 형성한다는 것(Tolman & Honzik, 1930)을 보여주었다. 톨만과 혼직은 쥐들이 자유롭게 복잡한 미로를 탐험하도록 하면서, 한 집단은 미로의 끝지점에 도달하면 먹이를 주고, 한 집단은 먹이를 주지 않고, 한 집단은 10일 동안은 먹이를 주지 않다가 먹이를 주었다. 연구자들은 먹이 보상 없이 미로를 가로질러 갔던 마지막 집단이 지속적인 강화를 받은 집단보다 오류의 수가 더 적고 더 빨라지는 것을 발견했다. 이것은 톨만과 혼직이 학습은 미로의 종착점에서 어떠한 음식도 제공되지 않는 기간 동안에도 일어나며, 학습은 쥐들이 최종적인 유인가가 증가하는, 즉시 가장 효율적인 경로를 선택하도록 이끄는 내면화된 미로에 대한 표상을 함축한다고 결론짓게 했다. 이 연구에는 많은 변인이 작용하였으며 그 결과들은 그 당시 수많은 논쟁의 주제가 되었다(Jensen, 2006). 많은 교재는 이 연구가 쥐들의 가설적인 '인지적 지도'의 존재를 입증하는 것이라고 결론짓고 있지만, 그 점에 관련하여 더 많은 영향력을 보인 것은 톨만과 그의 동료들(Tolman, Ritchie, & Kalish, 1946)에 의해 이루어진 이후의 연구에서였다. 그 연구에서는, 쥐들에게 직각의 미로에서 시작 지점에서 출발하여 '북동쪽'으로 강화하는 경로를 학습시켰는데, 처음에는 '북쪽'으로 이끌고 이어서 목표 지점인 동쪽으로 이끄는 식으로 이루어졌다. 그러고 나서 그들이 학습한 경로를 차단하고 대신에 시작점으로부터 여러 방향으로 뻗어 있는 일련의 경로로 대체했다. 톨만의 연구진들은 만일 쥐들이 정말로 목표에 도달하는 특정의 경로 학습과 함께 목표 지점을 향한 일반적인 공간적 방향에 대한 어떤 개념을 형성했다면, 그다음에는 목표를 향한 더 직접적인 경로를 열 수 있는 선택에 직면했을 때 그것을 선택하게 될 것이라고 생각했다. 실제로 그러한 결과가 나타났다(Lombrozo, 2013). 이후 톨만은 '쥐와 인간의 인지지도'(Tolman, 1948)라는 제목의 논문에서 인지개념이 심리학의 핵심이라고 확언하고 새로운 인지과학과 오래된 행동주의 간의 이론적 연속성의 맥락을 제공한 것이라고 연구 결과를 일반화하고자 했다. 즉, 쥐가 정신적 표상을 갖는다면, 인간도 그렇지 않겠느냐는 것이었다.

1933년 독일의 새로운 극우 정부는 자유주의자, 공산주의자, 혹은 유대인들인 많은 수의 독일 내 선두적인 심리학자들의 고용을 즉각 철회했다. 앞서 언급한 바와 같이, 여기에는 아직 떠나지 못했던 게슈탈트 심리학자들과 많은 정신분석학자들, 성격이론가들, 발달학자들, 그리고 간단히 범주화되는 것을 거부했던 쿠르트 레빈Kurt Lewin도 포함되어 있었다. 톨만과 해안지역에 있는 그의 동료 어니스트 힐가드는 그들 자신의 유심론적 사고뿐만 아니라 그들의

어니스트 로피에퀴트 힐가드(Ernest Ropiequet Hilgard, 1904~2001, 미국). 심리학의 역사가 변화한 70년 넘게 조건화에서 최면에 이르기까지 그의 흥미를 지속해온 심리학자. 1945년 APA의 구조변경을 주도했다.

친사회적 태도를 보완하려 온 심리학자에게 어떤 위치를 제공해주고 싶어 했었다. 그들은 둘 다 레빈이 미국에 도착했을 때 그에게 우정과 지지를 제공해주었지만, 1930년대에 새로 자리를 잡게 된 이론심리학자들에게 재정적 지원을 해주는 것은 어려운 일이었다. 훌륭하면서도 정말 호감이 가는 사람인 레빈은 처음에는 몸소 코넬대학교에, 그다음에는 1935년에서 1945년까지 10년간 아이오와대학교의 아동복지연구소에 재취업하는 것이 그에게는 비교적 쉬운 일임을 수많은 사람들에게 보여주었다. 아동복지연구소에서 그는 제2세대 미국 심리학자로서 위엄 있는 심리학 개척자인 학장 카 시쇼어Carl Seashore, 1866~1949의 영향을 받았는데, 그는 20년 전부터 연구소 설립을 위한 기금을 마련하는 일에 중요한 역할을 담당해왔으며, 레빈과 많은 다른 망명 지식인들이 그들의 연구를 계속해나갈 수 있는 길을 닦아주었다.

레빈은, 그리고 특히 그의 학생들(가장 유명한 학생은 레온 페스팅거Leon Festinger로, 그는 가장 오래 유지되고 있는 일반적인 심리학 개념 중의 하나인 인지부조화이론을 창안했다)은 미국 심리학의 모든 영역에서 그의 영향력을 떨치게 했다. 1890년에 독일과 러시아 국경 지대인 갈리시아에서 교양 있는 유대인 가정에서 태어난 레빈은 베를린 대학에서 공부했으며 제1차 세계대전 당시 독일군에서 복무했다. 매우 초기 연구에서부터 그는 지각과 해석의 중요성을 강조했다. 1917년 발표한 그의 첫 번째 논문 '풍경Kriegslandschaft'은 전장에서 삶과 죽음의 차이를 만들어내는 숨겨진 지각 단서를 식별해낼 수 있는 능력을 가진 군인들에 비해, 평화로운 시기에 그것을 바라보는 평범한 관찰자가 마주하는 풍경이 얼마나 다른지에 대해 기술하고 있다 (Lewin, 1917).

레빈은 보통 게슈탈트 심리학자로 분류되진 않지만 선두적인 게슈탈트 심리학자들의 생각과 다르지 않은 개념을 발전시켜나갔다. 예를 들면, 독일에서 1920년대 기간 동안 그와 그의 학생 자이가르닉은 미완성 과제는 완성된 과제보다 더 오래 기억 속에 지속되는 현상을 발견하였는데, 그것이 그 유명한 자이가르닉 효과이다. 레빈의 재능은 직관적으로 접근 가능한 과학적 은유를 창안하는 데 있었다. 레빈은 비유클리드non-Euclidean 기하학과 위상기하학을 끌어들여(그때나 지금이나 많은 심리학자들의 수학적 능력은 매우 뛰어났다), 개인들이 힘의 장field에 위치해 있다가 서로 다른 크기의 사회적인 힘의 벡터에 의해 행동하게 되며 목표 도달을 막는 방해 요인을 극복하기 위해 내적 에너지로 다시 되돌아가는 인간 행동 도식을 고안해냈다. 양적이라기보다는 궁극적으로는 은유적인 것일지라도 그것은 도식적인 것으로, 톨만뿐만 아니라 내적인 힘의 재분배를 보상의 구성 요소로 보았던 아들러 심리학자들 역시 제기했던 것이다. 톨만은 1938년 식물의 빛 지향성을 이론화해왔던 자크 러브와 이와 비슷하게 사람들의 생활 공간에서의 상호지향성에 관한 이론을 펼쳤던 레빈 두 사람 모두로부터 착안하여, 행동 벡터와 원자에 대한 레빈의 언어를 통합한 가설적인 행동 로봇, '도식적인 쥐며느리'(그림 2.1)를 고안해 내었다(Tolman, 1939).

블루마 자이가르닉(Bluma Zeigarnik, 1901~1988, 리투아니아-소비에트 사회주의 공화국 연방). 구소련 심리학자. 일찍이 레빈과의 연구 이후 구소련으로 돌아갔으며, 그곳에서 신경정신병학 발달에 중요한 역할을 했다.

자크 러브(Jacques Loeb, 1859~1924, 독일-미국). 지향성 및 자동적 행동과 관련된 그의 이론으로 잘 알려진 선두적인 생물학자

하지만 레빈을 자극한 것은 이론심리학만이 아니었다. 그는 사회 정

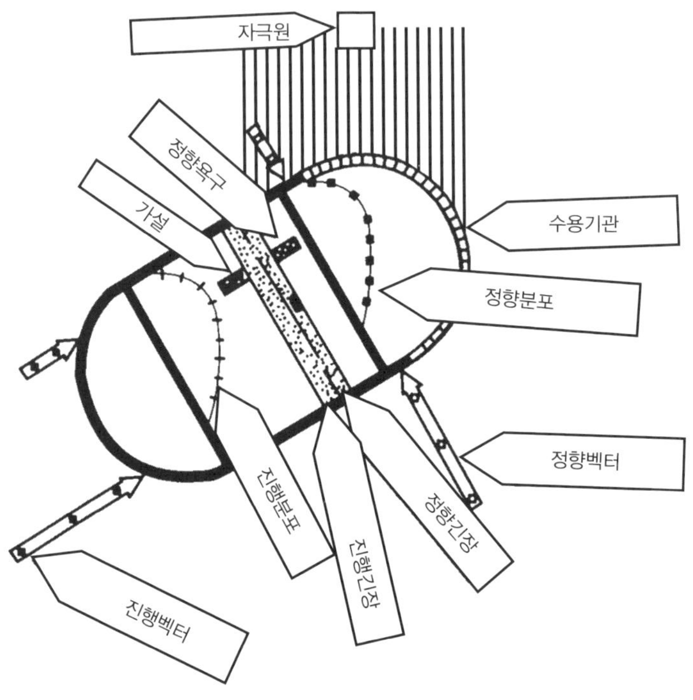

그림 2.1 톨만의 도식적인 쥐며느리

의에 헌신했고 정치에 적극적이었다. 레빈은 그의 삶의 유지뿐만 아니라 평등과 민주사회를 추구하기 위해 미국으로 탈출했던 것이다. 올포트는 1939년 그의 연설이 끝나갈 때쯤 심리학이 정치에 참여해야만 하는지에 대한 생각으로 옮겨갔다. "이후에 미국심리학회의 여덟 번째 회장이 되기 위해 존 듀이John Dewey는 40년 전 바로 이 캠퍼스에서 연설하면서 그 당시 주목할 만한 견해를 피력하였습니다. 그것은 심리학이 정치적인 영향을 받지 않을 수 없다는 것이었습니다. 예를 들어, 그는 인간 본성은 고정적인 것이라는 교조적인 신념이 귀족주의에서 번영하고 민주주의에서 쇠퇴한다고 생각했습니다. 고대 그리스에서 엘리트의 특권과 중세시대 교회의 교리는 그 당시 심리학적 이론을 위한 배경이 되었습니다. 현대적 조건하에서 국가적인 이론들은 중요한 역할을 하고 있습니다."(Allport, 1940, p. 25). 이렇게 말하면서 올포트는 독일심리학에 대해 직접 언급했는데, 독일심리학은 공식적으로 그 역할이 향후 독일의 국가사회주의[2]의 인종과 국가적 교리를 육성하는 것이라고 선언하였다.

곧 드러났듯이 레빈과 대부분의 미국 심리학자들이 미국이 즉시 참전하는 것에 반대하면서 독재적인 파시즘과 군국주의와는 대조를 이루었다. 일례로 1939년 레빈의 제자들 중 한 명이었던 알렉스 바벨라스Alex Bavelas, 1920~는 레빈의 친한 친구인 알프레드 매로우Alfred Marrow의 소유인 하우드Harwood 제조회사 버지니아주 의류공장 현장에서 종단연구 프로젝트를 시작했다. 심리학자(뉴욕대학교 박사, 1937)이기도 한 매로우는 레빈에 의해 개발된 집단역동의 원리가 노동자의 생산성과 사기를 향상시키는지를 알아보고자 했다. 당시 노동자들을 생산 과정에서 다루기 쉽고 거의 말이 없는 부하직원이라고 본 산업심리학에서의 주된 관점과는 완전히 다르게, 바벨라스와 레빈의 학생들과 동료들 중 몇몇은, 예를 들어 생산목표 설정에서의 민주적인 과정의 도입이 사기를 향상시킬 뿐만 아니라 생산성도 향상시킨다는 것을 보여주었다(Marrow, 1970).

1939년의 또 다른 주요 이론은 예일대학교 연구원들이 제안한 것으로, 적어도 그들 중 한 명인 존 달라드는 인종차별이 있었던 미국 남부에서

---

2 나치즘(Nazism)을 의미한다-역주

존 달라드(John Dollard, 1900~1980, 미국). 주로 1930년대 인종적 편견에 관한 문헌에 기여한 사회학자. 1942~1969년까지 예일대학교 심리학 교수로 재직했다.

는 각기 다른 인종집단이 서로 관련되어 있는 것과 같은 방식으로 이미 폭넓은 경험을 했다는 것이다. 그 이론, 즉 '좌절-공격' 가설은 그때나 지금이나 직관적인 호소력을 갖는다. 목표에 좌절한 개인들은 좌절의 원인 제공자, 상황, 그리고 환경에 대하여 공격적으로 행동한다(Miller, 1941). 1939년 9월 7일 올포트가 버클리에 있는 캘리포니아대학교에서 연설을 하던 때로부터 불과 6일 전, 많은 사람 안에 잠자고 있는 좌절감을 일깨우는 데 능숙하고, 정치 권력의 지렛대를 조정하는 데 노련했으며, 좌절되고 인종차별적인 한 개인은 폴란드를 침입하고 홀로코스트와 제2차 세계대전을 일으키기 위한 구실을 날조했었다.

1930년대 응용심리학

트롤랜드는 1932년 5월 27일 로스앤젤레스 윌슨산에서 사진을 찍던 중 사망했다. 350피트의 깎아지른듯한 낭떠러지의 측면을 내려오고 있었는데, 어떤 사람들은 그가 부주의했기 때문이라고 하고 또 다른 사람들은 그가 우울했기 때문이었다고 말한다. 그는 30년대 후반 하버드대학교의 심리학 교수가 아니고, 관객들이 미키 마우스를 선명한 색깔로 즐길 수 있게 해주는 색채화 과정을 발전시킨 테크니컬러코퍼레이션의 수석엔지니어로 그곳에 있었기 때문에 로스앤젤레스에서 사망한 것이다. 트롤랜드가 테크놀로지에 대해 이야기할 때는 그의 개인적인 지식에 기반한 것이었다. 그는 그의 동료들과 함께 13년 이상을 그 공정에 참여해오고 있었다(Zegarac, 2007). 테크니컬러 공정은, 19세기 심리학이 대부분 감각으로 변환되려면 얼마나 많은 물리적 양이 요구되고, 어떻게 감각이 신경체계와 뇌의 감각으로 전환되는지의 문제에만 집중했던 활동의 실제적인 가능성을 실용적으로 현실화한 것이었다. 이처럼 테크니컬러는 심리학적 연구 결과에서 발전된 물리적 장치의 원형이라고 볼 수 있다.

트롤랜드는 단순한 기술 땜장이가 아니었다. 그는 철학을 공부했고 화학으로 학사학위를 받았다. 그는 이론 편에서 언급했듯이 기술적으로 결정된 노선에 따른 사회 개편을 옹호했다. 그리고 그는 20세기의 다른 많은 위대한 심리학자들처럼 초심리학parapsychology을 연구하기도 했다(Devonis, 2012a). 이에 반해 트롤랜드와 거의 동년배인 월터 마일스는 유토피아나 신비주의라기보다는 실용적인 과학자로서, 레빈을 전폭 지원한 칼 시쇼어에 의해 심리학에 입문했다. 마일스는 1913년 출범한 카네기재단의 지원을 받은 연구, 어떻게 알코올이 인간의 심리적 특성에 영향을 미치는지에 대한 과학적 연구로부터 시작하였다. 카네기재단은 가장 빨리 심리학을 후원한 재단의 하나로, 이후 심리학 지원의 주요 원천이 되었다. 그는 생물학자인 프랜시스 베네딕트Francis Benedict와 일찍부터 시각 연구로 잘 알려진 심리학자 레이먼드 도지와 합류했으며 그 후 몇 년 동안 측정된 소량의 알코올 복용이 미치는 영향에 대해 세심하게 주의를 기울인 일련의 연구를 진행했다(Goodwin, 2003). 도지와 베네딕트의 초기 연구들은 알코올 판매 금지를 위한 헌법 개정을 지지하는 증거를 제시하기 위한 부분이었으며, 개정은 1920년에 법적 효력

월터 마일스(Walter Miles, 1885~1978, 미국). 미국의 실험주의자이며 칼 시쇼어와 레이먼드 도지의 후배. 1920년과 1960년 사이의 미국 심리학자들의 활동에 관한 주요 기록이 든 방대한 자료를 남겼다.

을 가졌다. 마일스는 1920년대 내내 알코올 연구를 지속했으며 결국 알코올이 운전에 미치는 영향에 대한 연구에 초점을 맞추게 되었다(Miles, 1934). 마일스는 심리학을 좋아했지만 대중문화에도 폭넓은 관심을 보였다. 50년 전 실험심리학이 시작되었을 때부터 심리학자들은 운동 성과를 측정하는 데 관여해왔었다. 또한 그 기간 동안 미식축구가 미국에서 가장 인기 있는 스포츠로 떠오르기 시작했고, 첫 번째 전국 미식축구리그 포스트시즌 챔피언전이 1933년 12월에 개최되었다. 야구선수들, 복싱선수들, 그리고 다른 운동선수들의 속도와 기술을 측정하려는 다른 심리학자들의 노력과 함께, 1920년대 후반 마일스와 그의 스탠퍼드 석사학생인 그레이브스B. C. Graves는 미식축구에서 선수들이 일제히 달려들어 라인맨을 무너뜨리는 반응시간을 기록하는 장치를 고안했으며 그것은 심리학이 스포츠 분야에서 틈새를 발견하는 계기가 되었다(Green & Benjamin, 2009; Joyce & Baker, 2008).

트롤랜드와 마일스는 이 시기에 두 영역, 즉 인간의 감각과 지각 특성이 도구 및 장치들과 상호작용하는 테크놀로지의 고안에 관한 컨설팅과 다양한 종류의 약물이 인간의 수행에 미치는 영향에 관한 연구에서 지속된 심리학적 응용의 개화기를 대표하는 인물이다. 이러한 것들과 함께 1930년대에는 측정에서 몇 가지 발전이 있었다. 올포트는 1939년 학회장 연설에서 지난 10년간 실험 데이터의 통계적 처치의 양과 복잡함이 급속하게 증가하고 있음에 대해 언급했다. 요인분석과 변량분석이 단순빈도나 상관을 대체했다. 그 시기 가장 두드러진 발전은 1936

스타크 헤스웨이(Starke Hathaway, 1903~1984, 미국). 찬리 매킨리(J. Charnley McKinley, 1891~1950)와 함께 MMPI를 개발한 미국의 임상심리학자이자 심리학 박사학위에 대한 초기 주창자

년 헤스웨이와 매킨리가 다면적 인성검사Minnesota Multiphasic Personality Inventory, MMPI를 개발한 것이었다. 매킨리는 저명한 신경과 전문의이자 정신과 의사였으며 미네소타대학교 의대 학장이었고, 헤스웨이는 심리측정 분야의 전문가로 오하이오주립대학교를 졸업한 젊은이였다.

매킨리는 당시 사용되고 있던 것보다 더 정확한 진단 도구를 원했다. 그 당시 성격검사 도구가 있었지만 그것들은 제작자들의 개인적 편향과 이론적 관점에 의존하고 있었고 일반적으로 표준화되지 않았기 때문에 기술적인descriptive 정신의학의 보조도구로만 사용되고 있었다. 헤스웨이의 귀중한 업적은 정상군(그 유명한 "미네소타 정상인들, 즉 미네소타대학병원의 정신과 병동 입원 환자들의 친구와 친척들로 구성된 750명")의 결과와 환자들의 검사 결과를 대조함으로써 흥미로운 성격 유형을 정신의학적으로 분류하는 검사를 설계한 것이었다. 정상과 비정상적인 성격을 구별하는 사고, 정서, 행동에 관한 504개 문항에 대한 응답 패턴에 대해서는 어떤 선입견도 없었다. 검사를 사용하면서 경험적으로 득점 패턴 간에 차이가 더욱 명확해졌고, 이어서 그것은 11개 하위척도에서 나온 프로파일 점수를 산출하는 열쇠가 되었다. 폴 밀Paul Meehl, 1920~2003은 1943년 출판된 첫 번째 버전의 MMPI를 위해 프로파일 점수의 정확성을 분석했으며, 정신적인 증상을 확인함에 있어서 MMPI의 효과성을 증명했을 뿐만 아니라 즉각적으로 확인하기 어려운 정신병리를 발견할 수 있도록 함으로써 임상심리학의 이론가로서 그의 경력을 시작했다(Hathaway & Meehl, 1951). 그렇게 심리 측정적으로 안정적이고 신뢰할 만한 첫 번째 성격검사가 사람들을 임상과 정신의학적 선상에서 분류하게 될 것이라는 점은 심리학을 위해 운명적이었다. 이처럼 MMPI는 심리평가이론과 실제의 발전에 결정적인 것이었지만, 심리학의 발전이 정신의학 발전과 연결되어 있다는 개념이 더욱 강화되는 데에도 결정적인 역할을 했다.

오늘날의 미국인들은 일상의 사회적인 삶 속에서 강력하고 지속적인 정부의 개입에 대부분 열광하고 안도감을 느끼던 시대와는 거리가 멀다. 미국인들은 1932년 미국 경제를 붕괴시키기 전 세계적인 경기침체의 영향으로 깜짝 놀랐다. 1932년의 대선은 미국인들의 보편적인 불안을 다룰 준비가 된 새로운 정부를 탄생시켰다. 프랭클린 루스벨트는 1933년 히틀러가 독일의 공식적인 지도자가 되기 하루 전날, 그의 대통령 취임 연설에서 "우리는 두려움 자체 말고는 아무것도 두려워할 것이 없다."고 말했다. 미국인들의 불안은 고용 결핍뿐만 아니라 다른 문제들에도 집중되어 있었다. 사람들의 수명은 늘어나고 있었고 미래에 대비하기 위한 그 어떤 신뢰할만한 방법도 찾지 못하고 있었다. 건강보험은 최저 수준이었고 노령연금을 지급받는다 해도 적은 금액이었다. 어쨌든, 불경기는 개인이 가지고 있던 작은 은퇴자금마저 대폭 감소시켰다. 노동조합들과 다른 조직화된 노동 관련 단체들은 임금, 고용, 노동 시간, 그리고 잔류에 대한 공정한 대우에 관한 다른 요구들과 함께 연금 지급을 주장해왔으며 피와 투옥으로 그들의 노력에 대한 대가를 지불했다. 세계 경제대공황은 이러한 문제를 전면으로 부각시켰으며 처음으로 노동자들의 고충이 사회 정책의 중요한 변화를 일으키는 힘을 가진 사람들의 반응을 이끌어냈다. 경제학 배경을 가지고 있지만 또한 사회복지에도 조예가 깊은 프랜시스 퍼킨스Frances Perkins, 1882~1965는 초기의 사회복지 정착과 많은 개선적인 활동에 관여해왔고, 불안의 구조적인 원인을 완화하는 데 효과적이었던 1935년 정부 개입 방안인 사회보장법안을 통과시키는 데 중요한 역할을 했으며, 의미 있게 큰 심리적 효과를 가져왔던 미래 개입 방안에 관한 모델을 제시했다(Social Security Administration, 1979).

저명한 이론심리학자들이 1930년대에 거의 대부분 대학에 자리를 잡아 고용 상태에 있었지만(최악의 경우 그들은 1933년과 1934년에 임금의 15% 혹은 20%가 삭감되었다), 학위를 막 끝마친 젊은 심리학자들이나 산업체나 다른 컨설팅 분야에서 일하기 위해 1920년대 붐이 끝나는 시기에 고용되었던 심리학자들은 대공황 초기에 실직하여 표류했다. 1933년 일반적인 미국의 실업률은 25%에 달했다. 그 당시 경제적 어려움에 대한 수용할만한 반응은 경제 정의를 조직화하고 실현하는 것이었으며, 많은 젊은이들이 그런 일에 참여했다. 즉, 그들은 사회 · 정치적 운동 중 하나에 참여하였는데 그들 대부분은 사회주의적인 성향을 나타내는 진보적인 세계관을 가지고 있었으며 일부는 급진적인 공산주의자이기도 했다. 1930년대 동안 점진적으로 정치적이지 않은 심리학은 존재하지 않는다는 존 듀이의 말이 옳았다고 느끼는 심리학자들이 연합하기 시작했다. 세속적인 사회에 진보적인 종교적 원리를 심고자 하는 종교 지향적인 개인들의 느슨한 연합활동 단체인 '사회복음' 운동에 참여하는 심리학자들, 노골적으로 급진주의적이었던 심리학자들, 그리고 제도화된 빈곤, 인종차별, 아동학대, 다른 사회적인 고질병 등을 포함하여 대공황 이전부터 미국 사회에 내재해 있던 불공정과 불평등 문제에 대해 연구를 해오던 심리학자들은 1936년 사회문제에 대한 심리학연구회Society for the Psychological Study of Social Issues, SPSSI(Finison, 1986)를 만들기 위하여 함께 모였다. 그들의 활동이 검사도구나 물리적인 장치를 고안해내는 입장에서의 응용심리학은 아니었지만, 진보적인 사회 · 정치적인 근거를 지지하는 견해를 펼칠 수 있는 공동의 발표장이었다. 예를 들어, 1939년 인종적 열등감 개념에 도전하기 위해 수년간 자료 수집을 해왔던 SPSSI 초기 회원 오토 클라인버그의 지도 아래 논문 작업을 하고 있던 마미 핍스 클라크와 케네스 클라크는 워싱턴 DC의 격리되어 있는 유치원에 다니는 흑인 아동들에 관한 공동연구를 실시했으며, 아동들에게 단지 피부 색깔만 다른 아동들을 선으로 그린 그림 중 하나를 선택하도록 제안했고, 그들과 가장 비슷하다고 생각하는 그림이 무엇인지를 물었다(Clark & Clark, 1939). 다른 비슷한 연구 결과들과 함께 그들의 연구 결과(흑인 아동들은 4세까지는 더 진한 색의 그림을 선택했다)는 이어진 수십 년 동안 인종 분리에 관한 연방법을 변화시킨 증거의 핵심 요소가 되었다. 1930년대 말엽 심리학은 교육과 심리검사에서 기존의 광범위한 활동을 확장해나갔다. 즉 심리학자들은 테크니컬러에서 인종평등을 위한 투쟁에 이르기까지 역사학자 제임스 캡슈의 말처럼 '행진 중'이었다(Capshew, 1999).

오토 클라인버그(Otto Klineberg, 1899~1982, 캐나다-미국). 인종 간 지적능력의 평등 개념을 발전시킨 총명한 학생[3]

마미 핍스 클라크(Mamie Phipps Clark, 1917~1983, 미국)와 케네스 클라크(Kenneth Clark, 1914~2005, 미국). 심리학 전문가 통합조직을 발전시키는 데 중요한 역할을 한 아프리카계 미국인 심리학자 부부

1930년대 심리치료

1936년 심리학 내에서 심리치료는 꽤 흔한 일이었다. 그 당시 하버드대학교 헨리 머레이Henry Murray 심리학연구소의 연구원이었던 29세의 솔 로

[3] 미국 하버드대학교에서 석사를, 콜롬비아대학교에서 박사학위를 받았으며, 이후 콜롬비아대학교와 파리대학교에 교수로 재직하였다-역주

젠츠베이그는 모든 심리치료는 내담자와 치료자 간에 강력한 유대라는 공통 요인을 공유하기 때문에 효과가 있으며, 그러한 유대는 치유적인 의식을 수반하고, 희망을 불러일으킨다는 것에 대해 확신을 갖고 언급했다(Rosenzweig, 1936). 이때는 프로이트 학파뿐만 아니라 아들러 학파, 융 학파, 클라인 학파, 그리고 알렉산드리아 학파 등이 있었고 프로이트 이론으로부터 파생된 것이 아닌 이론들도 있었다. 즉 설리반의 대인관계이론, 말더듬과 동성애에 관한 나이트 던랩Knight Dunlap의 반대 기법, 그리고 심지어 정치적으로 의식 고양에 영향을 주는 어떤 시도들까지 모두 실행되고 있었다. 그러나 여전히 치료자의 절대적인 수는 적었다. 심리학자들이 여전히 엄격한 의학적 정신치료 자체의 실무로부터 차단되어 있음에도 불구하고, 프로이트식 접근 방식의 혼합종과 마찬가지로 비의학적 심리학적 처치 그리고 '심신의학'과 같은 또 다른 혼합종의 성공에 관한 보고는 점진적으로 의학과 심리학의 경계를 약화시켰다.

솔 로젠츠베이그(Saul Rosenzweig, 1907~2004, 미국). 임상가이자, 실험주의자, 성격이론가, 그리고 심리학 역사가. 이디오다이나믹스(idiodynamics)라 부르는 성격이론을 발전시켰다.

새로운 MMPI에 의해 지지된 것들을 포함한 새로운 진단체계는 가벼운 수준에서부터 심각한 수준, 급성과 만성, 그리고 가장 중요한, 신경증적이거나 정신병적인 것에 이르는 정신장애의 등급을 만들어냈다. 신경증의 분류는 기능적이긴 하지만 최소한 치유하는 심리치료사가 볼 때 치료와 상담을 통해서, 그리고 내담자로서 '걱정스러운 수준worried well의'[4]

---

[4] 의학적 처치는 필요하지 않으나 안심하기 위해서 또는 정서적 문제 때문에 의사를 만나는 사람들에게 사용하는 말(Collins English Dictionary 참조)–역주

이들을 보호하기 위해서 개발된 활동들을 통해서, 그들의 삶을 향상시킬 수 있는 보다 많은 개인이 포함되도록 확장시켰다. 자기 개선에 대한 오랜 문화적 규준은 의학을 끔찍한 것으로 보는 관점으로부터 새로운 형태의 심리학적 의학에 대해 저항을 느슨하게 해주는 데 도움이 되는 것이라는 변화하는 관점에 맞추어 조정되었다. 대학병원과 가끔은 개업병원들이 이러한 중간 영역인 임상심리학/심리치료적 실무의 첫 번째 장소였던 것과는 달리, 심리치료는 의학 실무 관련 법과의 관련이 애매한 영역에서 기능하면서 정신의학과와는 별개로 교두보를 확보하고 확장해나갈 태세를 갖추었다.

심리학 내에서 정신의학과 임상심리 간의 간격을 좁혀줄 적절하고 과도기적인 개인들이 나타나고 있었다. 1936년 콜롬비아대학교에 있던 로렌스 셰퍼는 그의 저서 적응심리학*The Psychology of Adjustment*에서 심리학을 '정신위생' 운동이라고 했다(Shaffer, 1936). 20세기 초 '정신위생'(물론 글자 그대로 '정신건강'으로 변형될 수 있다)은 개인들이 신경증 혹은 정신증의 결과를 가져올지도 모르는 상황을 환경적 · 사회적으로 대처해나갈 수 있는 방법들에 대한 아이디어들로 이루어진, 건강 유지 및 건강증진에 대한 인기 있는 임상적 문헌연구에서 나온 아이디어들의 집합체로 여겨졌다. 대처 혹은 적응의 개념은 치료보다는 덜 위협적이고 덜 외과적이었으며, 내담자에게 책임감을 안겨주었다. 이것은 의학과는 다르게 받아들여졌고, 간호사, 사회복지사, 목사와 정부 관계자들, 그리고 다른 개인들(예 : 교도소 상담자와 학교생활지도 담당자들)을 포함하는 모든 준의료

로렌스 셰퍼(Laurence F. Shaffer, 1903~1976, 미국). 정신의학과 임상심리학 통합에 중요한 역할을 한 인물로, 1953년 미국심리학회 회장을 역임했다.

전문가들이 성공적으로 실행에 옮길 수 있을 만큼 충분히 치료적이며, 심리치료적인 지평을 폭넓게 확장시켜주는 것이었다.

심리학은 정신의학계에 오랜 협력자들을 갖고 있었고, 1930년대에 몇몇 유력자들은 심리학과 관련을 맺고 비의학적 심리치료체제를 병행하여 발전시키고자 하는 목적을 지지하기 시작했다. 이들 중 가장 유명한 사람은 메닝거 형제(칼과 윌리엄)였는데 이들은 몇 년 일찍 미네소타에서 마요Mayo 형제가 대증요법을 위해 설립했던 것과 비슷하게 1919년 토페카에 사설 정신의학 클리닉을 설립했던 정신의학자들이다. 그들의 방법들은 어떤 면에서 이전의 정신요법의 한 특징이었던 공유된 지역사회 접근으로의 회귀였으며, 또한 메닝거 형제들은 캔자스대학교와 그 밖의 다른 대학의 심리학과 학생들을 포함하여 심리치료를 위한 지역사회에 기꺼이 참여하려는 사람들에게 투자했다. 칼 메닝거의 첫 번째 저서, 인간의 마음*The Human Mind*(Menninger, 1930)은 지지적 심리치료의 도움을 받고 있는 혼란에 빠진 개인에 관한 일련의 사례연구였다. 그것은 수천 부가 팔렸고, 그중 그의 아버지의 자살로부터 회복 중에 있던 12살의 폴 밀에게 영감을 주었다. 메닝거와 함께 일했던 1938년 헝가리에서 이민 온 데이비드 라파포트와 같은 사람은

칼 메닝거(Karl Menninger, 1893~1990, 미국). 그의 아버지 찰스 프레더릭(Charles Frederick, 1862~1952)과 형제인 윌리엄(William, 1899~1966)과 함께 마요 클리닉이 의료현대화 당시 의학을 위해 했던 것처럼 미국인들의 정신의학을 위한 연구소인 매닝거 클리닉을 캔자스의 토페카에 설립한 정신과 의사

데이비드 라파포트(David Rapaport, 1911~1960, 헝가리-미국). 영향력 있는 정신역동 정신의학자이자 메닝거 연구소와 매사추세츠 스톡브리지에 있는 오스틴 리그스 센터 소장. 영향력 있는 종합 교재인 '사고의 조직과 병리학(*Organization and Pathology of Thought*, 1951)'의 편집자

독립적인 심리치료전문가로서 임상심리학의 성공을 확인시켜준 핵심 인물이 되었다.

그러나 제2차 세계대전 직전의 미국은 정신질환의 상황이 지난 10년간 거의 변화가 없었다. 그때나 지금이나 100명 중 한 명이 조현병으로, 그들 중 약 3분의 1은 심각한 수준이었다. 1938년 129만 명의 일반 성인 인구 중 최소한 20만 명의 심각한 조현병 환자가 있었을 것이다. 1939년 미국에서 기관에 보호 중인 정신병 환자의 전체 숫자는 46만 7,000명이었고 이들 중 44%(20만 7,000명)는 '조발성치매'(조현병)로 진단을 받은 사람이었다. 뉴욕만 7만 6,000명의 입원 환자가 있었고, 캘리포니아는 2만 5,000명이었다(U.S. Department of Commerce, 1943). 아마도 최소한 환자 수를 파악하고 그들에게 침대를 제공하고 있기만 해도 입원이 잘 작동하는 중이었을 것이다. 그러나 개별적인 진료와 효과적인 치료는 말할 것도 없이 침대 공급조차 부족했다. 사실상 거의 모든 주의 병원이 환자들로 넘쳐났고 환자들 중 27%는 되돌아갔다. 그해, 3만 1,451명의 환자들이 주립병원에서 사망했다. 월터 프리먼Walter Freeman과 제임스 와츠James Watts가 미국에서 처음으로 뇌엽절리술[5]을 시행한 지 3년째 되던 해였다(El-Hai, 2005). 1939년에는 전기충격요법이 인슐린과 메트라졸 경련-유도 치료에 추가되었다.

1939년 8월 빌헬름 라이히Wilhelm Reich, 1897~1957가 미국에 도착했다. 공산주의자이자, 성미가 급하고, 의욕이 넘치며 조증인 그는 레빈과는 대조적인 성격을 가지고 있었다. 그는 환자들과의 신체적 접촉을 전혀 부

[5] 정신질환을 치료할 목적으로 뇌의 일부를 절단하는 수술-역주

끄러워하지 않았다. 그는 정신적 질병을 무장을 하고 있는 것과 같은 것으로, 치료자의 임무는 그 무장을 해제하는 것이라고 보았다. 그는 일반적인 에너지가 우주에 널리 퍼져 있고, 몸은 그것이 이러한 에너지와 조화를 이룰 때 온전하게 치유가 된 것이라는 생각의 씨앗을 자신과 함께 갖고 왔다.

가족 이야기 : 역경에의 적응

로사는 대학에서 좋은 성적을 받았지만 그것에 만족하지 못했고, 그녀 혼자 살고 싶어 했다. 그녀는 여전히 아버지의 사촌, 그리고 그의 대가족과 퀸즈에서 살고 있었는데 많은 젊은이처럼 자신만의 거처를 원했다. 신문사의 필자이자 편집자로서 생계를 유지할 정도가 되자 1929년 봄 그녀는 뉴욕대학교를 그만두고 프리랜서로서 오랜 경력을 시작했다. 그 당시 뉴욕은 500종이 넘는 신문과 잡지가 나오는 출판인들의 본거지였다. 그녀는 단기간에 신속하고 정확한 기자로서뿐만 아니라 일류 편집자로서 명성을 얻었다. 그녀는 1930년 5월 해리의 졸업식에 참석했다. 그들은 싸웠고, 수년 동안 서로 편지를 쓰지 않았다. 그녀는 결코 다시는 그를 보지 않았다. 대공황이 시작되었고 길어졌지만 로사는 더 열심히 그리고 더 오랜 시간 동안 일하는 것 외에는 거의 아무 생각 없이 살았다. 그녀의 고객 목록은 언디웨이 데일리부터 뉴욕 선, 공산주의자들의 신문인 포워드와 데일리 워커에 이르기까지 다양했다. 그러나 로사는 1934년 섬유공장의 노동자 파업 중 경찰이 시위자를 특히 잔인하게 공격하는 것을 목격할 때까지 거의 정치에는 관심을 두지 않았다. 그후 로사는 노동 관련 신문뿐만 아니라 다른 공산당 관련 신문들을 위해 전문적으로 일하였으며, 짧게나마 아프리카계 미국 신문인 **뉴욕 암스테르담 뉴스**에서 일하고 나서야 1938년 국내 주간지 편집부원으로 정규직을 얻었다. 1939년 10월 독일의 폴란드 침공으로 유럽에서 제2차 세계대전이 발발한 지 한 달 후, 로사는 잡지사 동료인 프랜신 밀러와 사랑에 빠졌다.

해리는 졸업 후 1932년에 폐업한 제본소에서 일했다. 해리는 호기심과 방랑벽, 잃을 것이 아무것도 없다는 마음으로 그 시대의 많은 젊은이가 그랬던 것처럼 전국을 여행하기 시작했다. 그는 히치하이킹과 화물기차(기차는 더 느렸고 지금보다 훨씬 더 많은 곳을 갔다)를 타고 전국을 모두 돌아보고 결국 노스캐롤라이나주 롤리에서 여행을 마감하며 담배농장에서 일하기 시작했다. 이 일 저 일을 전전하다 그는 트럭기사로 자리를 잡았고, 초기의 전국화물운송업체 중 한 곳을 위해 버지니아와 노스캐롤라이나 간의 화물을 운송했다. 1937년 무렵 어느 날 그는 조앤 해리스를 만났는데, 시인이자 예술가인 그녀는 많은 예술가, 극작가 및 기타 창조적인 사람들의 관심을 끌면서 그들을 실험적이고 공동체적인 교육 환경 속으로 모이게 했던, 노스캐롤라이나의 실험적인 학교인 블랙마운틴 칼리지에서 수학했다. 해리는 조앤의 지성에 열정적으로 끌렸고, 그녀의 지성은 그 자신에게 점화되어 그의 지적 잠재력을 일깨우기 시작했다. 그들은 1939년에 결혼했고 아들 도널드가 이듬해에 태어났다. 도널드가 태어난 이후 조앤은 처음으로 상당한 우울증을 경험했다. 해리는 그에 대해 놀랐고 혼란스러웠다. 그는 조앤에게 의지해왔었는데 처음 접하는 그녀의 취약성과 아이를 돌봐야 하는 책임감이 부가되면서 불안했다. 1941년 그가 아주 우연히, 버지니아주 하우드 제조회사에서 일하며 민주적인 생산관리 방식을 실천하는 데 관여하고 있던 심리학자 팀의 일원이며, 레빈의 제자 중 한 명을 만난 것은 바로 이런 마음 상태에 있었을 때였다. 실용적이고 과학적인 마음을 가졌던 해리는 계획된 개입의 정확성과 이미 획득된 깔끔한 양적 결과에 강한 흥미를 느꼈다. 그는 그 팀에 합류하도록 초대받았지만 그가 가서 일자리를 위한 인터뷰를 하기 직전 주말에 진주만이 공격을 당했고, 그다음 주 해리는 그의 아내와 아들을 위한 지속적인 고용과 보험의 필요성을 생각해서, 그리고 미국이 자신의 아버지에게 제공했던 것을 갚아야만 한다는 책임감과 필요성에 고무되어 미 육군에 입대했다.

반대로 헬렌은 별 사건을 겪지 않은, 평화롭다고 말할 수도 있는 아동기와 청소년기, 그리고 평범한 대학 시절을 보냈다. 에디 매코널과 결혼하겠다는 그녀의 결정은 상당히 성급한 것으로 보였다. 헬렌과 에디는 급하게 결혼했고 곧장 캘리포니아로 떠나버렸다. 그때가 1940년이었는데, 미국은 이미 '민주주의의 무기고'가 되어야 한다는 것을 깨달았으며 제조업은 전시체제로 옮겨가고 있었다. 에디의 공학훈련은 군 입대 통지서를 받기 2주 전인 1942년 마지막 주에 곧 태어날 캐럴린을 포함하여 어린 자녀가 있는 가정을 위한 조기 방위용 티켓이었다.

적응에 관한 그 당시의 대중적인 심리학의 관점으로 볼 때 흑인인 세 형제자매는 모두 그들의 환경에 효율적으로 대처했고 미국에서 그 어려웠던 10년 동안 그들의 삶을 개선해 나갈 수 있었다. 그들에게 유리했던 점은 그들 개인의 진취성으로, 그것은 그 기간 동안 성장한 심리학자들에게서도 찾아볼 수 있는 것이었다. 해리의 경험은 30년대 젊은 남성들에게 아주 전형적인 것이었고, 로사의 경험은 한 여성으로서 전형적이라고 볼 수는 없으며, 헬렌의 경험은 평균적인 것이었다. 로사와 해리는 1930년대의 경제적 · 사회적인 스트레스에 대해 정반대의 반응을 보였다. 자본주의의 흥망성쇠 중 불황 단계의 사회생활을 현실로 겪으며 살아온 로사는 공공연하게 자신의 견해를 표현함으로써 좌절과 혐오를 표출했다. 이것은 미국의 1930년대 중반과 후반을 대표하는 사회적 변화의 동요에 반영되었다. 미국 최초의 막대한 정부 개입이 일어났고, 빈곤층과 노약자뿐만 아니라 모든 미국인들을 위해 경제적 충격을 완화할 수 있는 시스템, 즉 사회보장제도와 뉴딜 프로그램들을 가져왔다. 1930년대 후반까지, 노조원은 단합된 미국노동자협회와 산업별노동조합회의의 노동자 협상력의 강화를 통해 최고조에 이르렀던 경제 정의를 위한 긴 전쟁을 끝마쳤다. 그 전쟁에는 실제 유혈 사태와 보수우익에 대항하는 급진좌파 야당 정치 권력의 실제적인 주장이 포함되었다. 심리학이 사회변화의 힘이 될 수 있다는 것을 감지한 많은 심리학자를 고무시킨 것은 바로 로사가 그 당시에 일했던 급진적 언론이 북돋운 소요 행동이었으며, 그것은 사회문제에 대한 심리학연구회SPSSI, 그리고 사회 정의를 요구하는 연합체들이 급진적인 미국인들과 최근 나치 유럽으로부터 온 난민들을 흡수한 다른 조직들을 설립하게 이끌었다. 1939년 미국심리학회 회장인 올포트는 미국 심리학자들에게 "우리를 살아갈 수 있게 하는 문명으로 가는 비용을 지불하라."고 권고했다(Allport, 1940, p. 27). 이에 대한 추진은 이 10년 동안 미국 사회의 개인주의 대 집단주의의 균형을 급진적으로 수정해가며 이루어졌다.

해리가 하우드의 팀원들과 만난 기회는 그를 사회적 공익을 위한 심리과학에의 참여를 주창한 가장 훌륭한 학자 중 한 사람인 레빈의 연구 프로젝트와 접촉하게 했다. 하우드 프로젝트는 CEO인 알프레드 매로우와 레빈 사이의 우정에 의해 가능했다. 이전에도 언급했듯이, 레빈은 실제 사회적 상황에서 이론을 행동으로 옮기고자 하는 욕구의 챔피언이었으며, 하우드는 레빈의 개입을 최초로 대학 현장의 한계를 벗어나 현실적으로 실험한 것이었다. 그것은 심리학자들이 올포트가 1939년 연설에서 '실험 대상의 관점'과 '준거 틀'을 고려하도록 요구했던 것을 진지하게 받아들인 좋은 본보기였다. 해리는 직관적으로 누군가에게 폭력을 휘두르지 않고도 통제가 이루어질 수 있는 방법이 여기에 있다는 것을 알아차렸다. 해리는 누나와는 다르게 하우드에서 레빈의 이론이 작동하는 것을 목격했는데, 그 방법은 문제가 외부로부터의 공격이 아니고 개인 내부로부터 나타나는 것이라는 내재화를 통해 지각을 변화시키면서 목표를 달성하는 것이다.

그러나 해리와 미국의 나머지 대다수의 사람들은 힘의 외현화가 세계의 평화와 안정, 주축국들의 연합된 군사력에 가장 큰 위협으로 다가올 때까지 침착하고 냉정한 직장 민주주의의 이행을 기다려야 했다. 해리가 보병 임무를 부여받았던 같은 주에 톨만의 전쟁을 향한 동인*Drives Toward War*(Tolman, 1942)이 발간되었다. 소속부대가 해외로 파견되기 전 휴가로 집에 와 있었을 때 해리는 그 책을 도서관의 '신간' 코너에서 읽을 수 있었다. 그를 알고 있는 누군가에게는 느닷없고 사려 깊지 못한 것 같았던 군 입대 결정에서 해리는, 톨만이 사람들을 전쟁으로 이끄는 행동이라고 기술한 경쟁적인 동기motives와 동인drives의 결과를 보여주었는데, 현재 그는 지난 20년 동안 영장류의 연구 결과에서 나온 사회적 우세에 대한 증거에 근거한 결론을 제시하고 있다(그림 2.2 참조). 해리는 어렸을 때 아버지

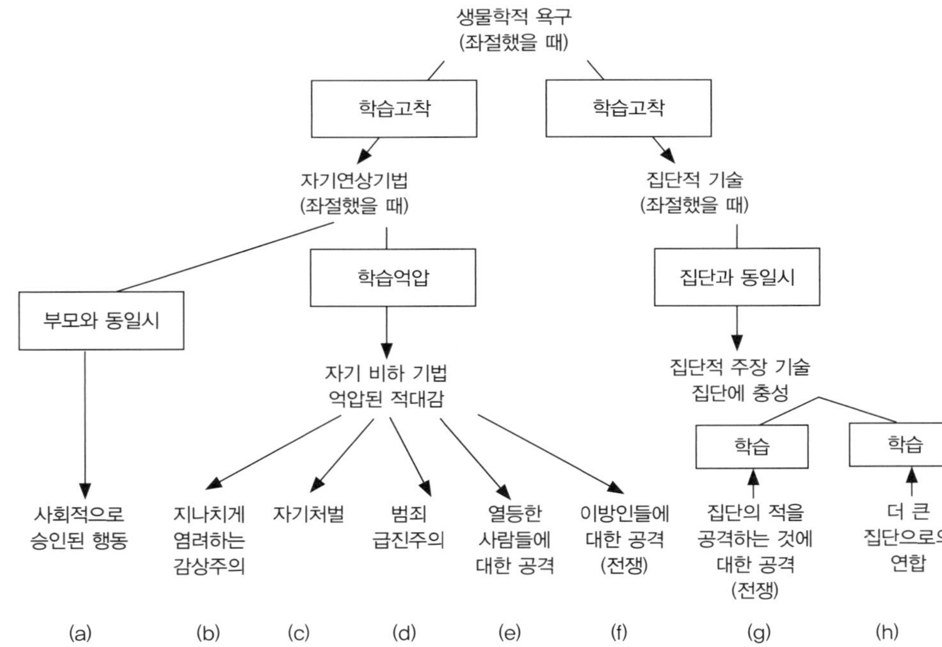

그림 2.2 톨만의 전쟁을 향한 추동에 대한 이론적 도식

의 죽음으로 정신적으로 상처받고 자신을 비하하면서 범죄를 저질렀었다. 해리는 동기를 대치하는 것에 덧붙여 열등한 사람들과 아웃사이더들에 대항할 수 있는 능력을 갖추고 있었는데, 정치적 선전과 주입식 군사교육이 이러한 경향을 강화시켰다.

그러나 해리가 그 책을 읽고 전쟁에 참여하는 동기에 관한 톨만의 또 다른 도표를 보았을 때(그림 2.3), 그는 쉽게 전쟁과 자신을 연결시킬 수 없었다. 그는 자신이 더 개인주의적으로, 혹은 집단주의적으로 사회화가 되었는지 결정할 수 없었으며, 자신을 톨만의 동기 차트 내에 쉽게 위치시킬 수도 없었다. 사실 그는 자신이 참전하는 이유에 대해 전혀 알 수가 없었다. 그러나 그것을 읽었을 때 해리는 현재 전 세계의 전장에서 드러나는 개별 국가들의 증오를 대체하기 위해서는 초국가적인 상태가 필요하다는 데 정말로 동의했다. "이 세계연맹, 혹은 초국가, 혹은 그것을 무엇이라고 부르건, 현재 우리들의 국가가 하는 것보다 더욱더 강하게 우리 모두의 충성심을 요구해야만 합니다. 내가 캘리포니아에 충성하는 것보다 미국에 더 충성하는 것처럼 미래에 나는 미국보다 세계연맹에 더욱더 충성해야 합니다. 그리고 나뿐만 아니라 당신도, 길모퉁이 식료품상, 미국 군인들, 이 전쟁에서 돌아온 소년들, 러시아를 싫어하는 자본가, '후퇴하는' 중국을 경멸하는 러시아인, 힌두교도들, 아프리카인들, 인도네시아인들, 독일인들, 이탈리아인들, 그리고 일본인, 모두, 모든 사람들은 이것을 하나의 더 큰 충성심으로 받아들여야 합니다. 모든 사람들은 더 큰 하나의 전체에 속해 있다는 것을 느껴야만 합니다. 왜냐하면, 만일 그러한 전체가 확립되지 않는다면, 신세대가 전투에 참여하는 연령대가 되었을 때 우리는 또 다른 혹은 더 끔찍한 전쟁을 마주하게 될 것이 거의

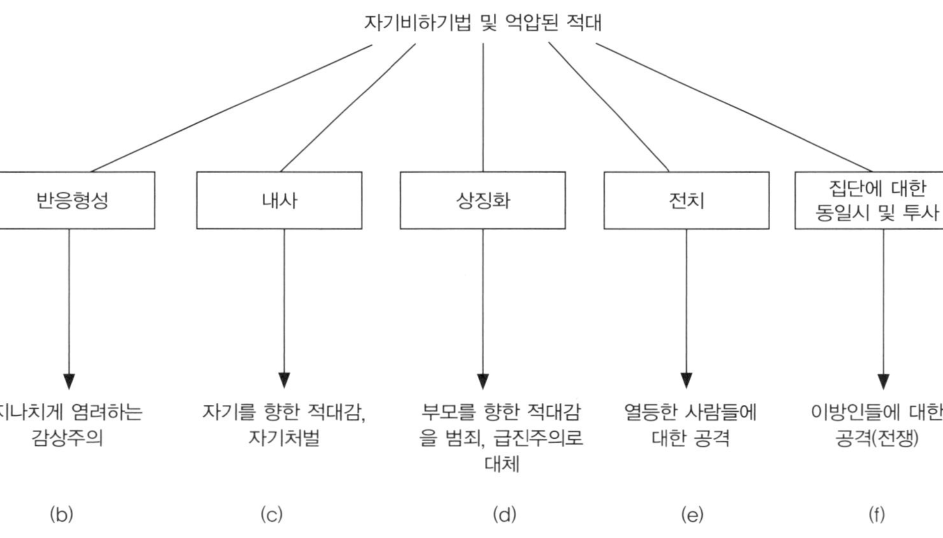

그림 2.3 톨만의 전쟁 동기 시스템의 한 측면에 대한 세부사항 : 자기비하와 전쟁 발발과의 관련성

확실하기 때문입니다"(Tolman, 1942, pp. 108-109). 1942년 해리가 그의 막사에서 혼자 생각에 잠겼을 때, 그는 앞으로 메닝거에게, MMPI에, 그리고 당시 그의 미래의 직업과 개인적인 삶 두 가지 모두와 궤를 같이하고 있는 모든 다른 심리치료들에, 많이 의존하게 될 것임을 어렴풋이 알아차렸다.

1930년대는 심리학에 있어서, 오늘날의 심리학으로 이끌어준 이후 몇십 년간의 사건들을 위한 무대를 마련해준 형성기인 것과 마찬가지로, 로사, 해리, 그리고 헬렌에게 있어서도 형성기였다. 전쟁에 대한 추동은 그 사이 몇 년 동안 가라앉지 않고 있었다. 전쟁의 참가자들과 장소가 변경되었지만 1942년 톨만이 언급했던 것과 같은 요소들 중 많은 것이 여전히 진행 중에 있다. 1930년대의 경제적 시련과 급진적인 정치에 의해 형성된, 정치적으로 중재된 집단주의를 위한 가속도 역시 줄어들지 않고 있다. 그것에 반대하는, 합리적이고 비합리적인 사회 내 세력들 역시 여전히 우리들과 함께 하고 있는 것이다.

04

1940년대

심리학 연합의 결성

제2차 세계대전은 20세기 전 세계적으로 역사적인 사건의 전환점이 되었다. 제1차 세계대전에서 증명된 전쟁에 동원된 기계의 힘은 몇 배 더 강해졌다. 처음으로, 민간인 전체가 마치 공장의 컨베이어 벨트나 조립 라인처럼 체계적으로 죽음을 향해 끌려갔다. 공식적으로 1941년 12월 8일[1] 미국에 시작된 전쟁은(사실상 모든 사람들이 2년 동안 전쟁이 다가오는 것을 봐왔지만), 마찬가지로 대부분의 사람들의 삶에서 가장 획기적인 사건이었다. 수백만 명의 남자들과 좀 더 적은 숫자의 여자들이 몇 개월 내에 제복을 입고, 훈련을 받았으며, 아프리카에서, 대서양 및 태평양 양 대양에서, 유럽에서, 그리고 일본을 향한 태평양 연안에서 싸우기 위해 대서양과 태평양을 가로질러 수송된 막대한 군대에 편성되었다.

미국 내에서 오랜 기간 영향을 미칠 수 있는 주요 사건들이 발생했다. 공장, 광산, 농장, 그리고 모든 수송 수단들은 모두 군비, 의류, 음식 및

[1] 일본군이 하와이 진주만을 공격하고, 미국이 일본에 대해 선전포고를 한 날-역주

기타 전쟁 필수품 생산에 참여했다. 실업이 사라졌다. 사람들이 새로운 산업의 중심지로 이동함에 따라 대량 이주가 발생했다. 수백만 명의 남부 흑인과 백인들이 북쪽의 산업도시로 모여들었다. 수백만 명이 캘리포니아와 그곳의 항공, 조선소가 있는 서쪽으로 더 많이 흘러들었다. 미국 정부는 서해안에 살고 있는 일본계 사람들을 독일 및 동유럽과 궁극적인 목적은 다르지만 형식은 비슷하게 수용소에 강제로 억류했다. 인종 간 긴장과 폭력이 노동폭동을 대신했다. 1943년 7월 디트로이트의 벨 아일에서 흑인과 백인 간 폭동이 일어났으며 그 결과 33명이 사망하고 433명이 부상당했다. 폭동을 진압하기 위해 주 방위군을 파견했고, 사람들은 오랫동안 미국 남부에서 은밀하게 존재해온 인종 간 폭력을 처음으로 미 전역에서 목격했다.

한편, 일본인들로만, 그리고 흑인들로만 구성된 부대가 결성되었으며 최고 수준의 용맹과 용기를 보여주었다. 부분적으로, 모두가 흑인인 앨라배마의 터스키기 연구소의 민간 조종사 훈련 프로그램의 학생들과 스태프로 구성된 전투기 비행중대가 최전선에서 복무하는 모든 부대들 중 가장 훌륭하고 훈장을 많이 받은 부대 중 하나가 되었다. 1944년까지 모든 미국 시민들은 전쟁에 기여할 필요가 있었으며, 이는 남북전쟁 이후 처음으로 여러 인종 집단들이 공동의 목적을 위해 결집하는 효과를 가져왔다. 1944년 사회문제에 대한 심리학연구회SPSSI와 같은 집단들의 지속적인 노력과 함께 스웨덴의 경제학자 군나르 뮈르달의 **미국인의 딜레마: 흑인 문제와 현대 민주주의**(1944)의 출판은 통합이 주는 이익에 대한 실제적인 시위에 지적

군나르 뮈르달(Gunnar Myrdal, 1898~1987, 스웨덴-미국). 반인종주의 조약의 주요 기여자가 되었던, 노벨상을 수상한 경제학자

인 무게를 더했다.

제1차 세계대전이 "심리학을 지도에 올렸다."고 흔히들 말한다. 분명 그 당시 심리학자들이 방심했던 것으로 보이나, 미국이 독일에 선전포고를 한 날인 1917년 4월 6일 이후 그들은 재빠르게 행동했다. 사실상 학계의 모든 심리학자들은 그들의 강의와 실험실을 제복과 맞바꿨고, 장교로 임관하여 사실상 미국 전역에서 응용 활동에 참여했다. 도지R. Dodge는 모의 전투 상황에서 조종사들과 잠수함 선원들의 지각능력을 평가했다. 다른 수백 명의 심리학자들은 군인들과 그들에게 맞는 군복무를 연결시키기 위한 실험과 평가 프로그램에 참여했다. 제1차 세계대전 이후 심리학자들의 관점에서 볼 때, 1917년 6월부터 1918년 11월까지 1년 조금 넘게 지속되었던 이러한 폭발적인 활동은 군대에 심리학이 필수불가결하다는 사실을 긍정적으로 증명한 것이다(Yerkes, 1921). 제2차 세계대전이 끝날 무렵, 심리학자들은 활발하게 활동했고, 전쟁 지원의 많은 분야에 진출해 있었다. 1942년 첫 번째 달까지, 불과 몇 년 전에 유럽을 탈출한 많은 사람들 속에 포함된 심리학자들은 군인들의 체력검사 및 직업 배치뿐만 아니라 암호 해독, 정치 선전 생산 및 분석, 민간인들의 사기 진작을 도모하는 일에도 관여했다. 민간인들의 삶도 근본적으로 바뀌었다. 전쟁 기간 동안 자동차 생산 대수가 줄어들었고 휘발유와 타이어도 식료품과 마찬가지로 엄격하게 배급되었다. 전쟁 지원을 위해 폐기물을 줄이기 위한 체계적인 운전과 고철 수집은 특히 이전에 판매 기법에 대해 광고주에게 조언해왔던 심리학자들의 도움을 받았다. 레빈과 그의 동료들은 보존 노력을 지원하기 위하여 육류의 좋지 않은 부위 및 기타 식품 소비에 대한 주부들의 인식을 전환시키도록 설득하는 프로그램을 고안해냈다

(Lewin, 1943). 다른 엄청난 민간인 효과가 발생했다. 사실상 18~37세 사이의 징병 대상 연령인 모든 남자들은 제복을 입고 있거나 군대에 징집될 예정이었으며, 면제는 거의 허용되지 않았다. 확대되는 산업 현장에 있는 그들의 일자리는 그때까지 미국인들의 삶에서 성차별 분리지역이었던 제조업에서 처음으로 완전하고 동등한 참여가 허용되어 수백만의 여성들로 가득 차 있었다(Gerken, 1949). 제1차 세계대전 동안 학계의 심리학자들 중 그 누구도 민간인들보다 더 큰 위험에 노출된 적이 없었던 반면에, 제2차 세계대전에서는 젊고 아직 경력을 쌓아나가는 단계에 있는 대다수의 심리학자들이 해외에서 많은 전투에 참여해 직접 전쟁을 체험했다. 독서를 통한 자기교육에 관심이 있는 사람들은 군인 수송선이나 최전방에서 휴가 중에 **전사들을 위한 심리학***Psychology for the Fighting Man*(Boring, 1943)을 읽을 수 있었다. 그 당시 하버드대학교 심리학과 과장으로, 끊임없이 심리학을 장려하였을 뿐만 아니라 미국의 선도적 역사가였던 이 책의 저자 에드윈 G. 보링Edwin G. Boring, 1886~1968은 오래전부터 교재를 집필해오고 있었다. 군대를 위해 미국 정부에 의해 발간된 이 작은 책은 수십만 부의 사본이 만들어졌으며, 다른 집단의 사람들과 협력하는 방법에 관한 조언을 포함해서 오늘날 심리학 교재 구조의 많은 부분을 차지하고 있다(Harris, 2013). 1945년 SPSSI 구성원들 중 많은 사람들이 가드너 머피가 편집한 책, **인간의 본성과 지속적인 평화***Human Nature and Enduring Peace*를 공동 출판했다. 그것은 폐허가 된 도시의 재건에서부터 집단적 인간관계 개선에 이르기까지 새로운 전후 세계를 구축하기 위한 심리

가드너 머피(Gardner Murphy, 1895~1979, 미국). 폭넓은 관심과 비전 있는 정신을 가진 심리학자이며, 1929년 여러 번의 후속 판이 발간된, 영향력 있는 심리학 역사서의 저자

학과 행동과학의 역할에 대하여 추측 가능한 많은 제안들을 묶어놓은 총서이며, 조만간 밖으로는 유럽과 아시아뿐만 아니라 안으로는 미국까지도 겨냥한 계획적인 노력의 전조였다(Murphy, 1945). 그 후 얼마 지나지 않아 UN이 설립되었고, 그 직후 일본의 히로시마와 나가사키에 2개의 원자폭탄이 떨어졌다. 전쟁은 끝났고 갑자기 평화가 시작되었다.

1945년 그해에는 1920년대 이후 심리학 분야에서 많은 발전이 이루어져, 2개의 주요 연합이 결성되었다. 그중 첫 번째는 미국심리학회APA의 개편으로 나타났다. 이러한 개편에서 가장 중요한 양상은 이전에는 별도 조직으로 대표되고 각자 분리되어 업무를 수행해온 이론, 응용, 임상 활동이 사실상 단일 학문인 심리학의 모든 부분이라는 합의를 이룬 것이다. 오늘날 여전히 미국 심리학의 관심과 활동의 공식적인 분류체계를 형성하는 APA 분과 구조는 이 시기에 기존의 여러 이론적인 관심 분야들(발달심리학, 심리학교육, 평가 및 측정 심리학, 일반심리학, 실험심리학, 분리된 단체로서 SPSSI를 포함하는 사회심리학, 예술, 성격), 몇몇 응용 분야들(자문심리학, 산업 및 조직심리학, 교육심리학, 학교심리학, 군사심리학), 그리고 이상심리학(제11분과)과 임상심리(제12분과) 등 다른 두 분과들을 하나의 조직으로 통합함으로써 이루어졌다. 이러한 구조를 만들기 위해 많은 세력이 단합했다. 연구 활동은 1900년부터 점진적으로 활발해졌고, 마찬가지로 응용 분야도 다양화되었다. 1944년 베린의 응용심리학 교재인, 실용심리학*Practical Psychology*(Berrien, 1944)은 책의 제목이 미국 사회로 진출하는 심리학자들의 근본적인 실용주의를 반영한 것으로, 학업 효율성, 교실학습, 정신건강 원리, 생활지도,

> 프레더릭 케네스 베린(Frederick Kenneth Berrien, 1909~1971, 미국). 조직 이론체계에 기여한 응용 심리학자

노년기 적응, 고용심리학, 생산 효율성, 근로 의욕 및 보상, 산업재해 및 고속도로 사고, 소비자 및 광고 연구, 범죄 관련 요인들, 증언과 법정, 거짓말 탐지, 범죄자 처우, 취업 가이던스, 그리고 효과적인 말하기 및 쓰기에 관한 섹션을 포함하고 있었다.

심리학의 초기 학문적인 창시자들 중 몇몇은 티치너E. Tichener가 1910년 응용적 연구에서 어떤 가치도 찾지 못했다고 한 말에 동의하면서 응용심리학을 심리학에 포함시키는 것에 반대했다. 그러나 과학에서는 실제적인 문제에 관한 연구로부터 얻은 이론의 선례가 있다. 발효에 대한 파스퇴르의 연구로 와인과 맥주 산업이 시작되었던 것이다. 지난 20년 동안 심리학에서는 심리학적 지식이 상업적, 산업적, 심지어 오락적 관심사와 상호작용하는 많은 방법들을 밝혀왔고, 전쟁은 실제적인 문제들이 실험과학의 결과에 의해 결정되는 방식에 따라 단순하게 작동하기보다는, 그 문제 자체가 현실세계 문제들과 관련 없는 이론에서는 전혀 예상하지 못했던 발견의 원천이 될 수 있다는 것을 보여주었다. 예를 들자면, 전쟁 이전에는 지각을 연구하는 지극히 평범한 학생으로서, 아마도 모호한 형상의 지각과 명명에 대한 정신적 기대 효과를 보여주는 실험(Gibson, 1929)으로 가장 잘 알려진 깁슨James J. Gibson, 1904~1979은 실험실 환경에서 이론적인 문제에 관해 연구하는 것에 매우 만족하는 심리학자였다. 그러다 전쟁이 일어났고 깁슨은 비행기 부대 요원들을 선발하고 훈련시키기 위한 검사를 고안하는 부대에 배치되었다. 복잡한 지형에 둘러싸인 힘든 환경에 있는 활주로에 비행기를 착륙시키는 방법에 대한 문제들, 조종사가 비행 중 그들에게 밀려들어오는 지각적인 입력물들의 배열 방향을 이해할 수 있도록 하는 문제들, 조금 전 보였던 전투기가 가려진 구름에서 벗어날 때 공격수가 예상할 필요가 있는 문제들이, 대학 실험실에서 실시해오던 단순한 현상에 관한 고도의 통제된 연구들을 대신했다. 깁슨과 그의 팀은 헐리우드 영화스튜디오의 애니메이터들의 도움으로 움직이는 사물뿐만 아니라 비행기 이착륙에 관한 지각 상태 시뮬레이션을 평가하기 위한 영상 테스트를 개발했다(Gibson, 1947). 이러한 연구들은 그의 멘토 홀트E. B. Holt가 행동의 '거시적 자극molar stimuli', 즉 지각하는 유기체에 충돌하는 물리적 힘의 복합체로서, 그 유기체의 과제는 그 자극들을 해석하고 그것들에 대해 자동적으로 행동하는 것이라고 명명했던 것에 대해, 그리고 또 다른 멘토인 코프카가 지각의 전체적 특성과 그것의 관계를 해석하는 기능에 관해 가르친 것에 대해, 깁슨의 생각을 바꾸게 했다. 이후 그의 저서들, **시지각의 인식***The Perception of the Visual World*(1950), **지각시스템으로 간주되는 감각***The Senses Considered as Perception System*(1966), 그리고 **생태학적 인식***Ecological Perception*(1970)은 응용 문제에 대한 깁슨의 연구에 뿌리를 둔 것으로, 지금처럼 그 당시 감각을 지각과 구별하고 인지와 다른 것으로 본 이론들에 대한 답이 없는 이론적인 도전으로 인식되었다.

전쟁으로 또 다른 응용 분야가 시스템들과 시스템 이론들에 대한 관심을 불러일으키는 효과를 가져왔는데, 그것은 1940년대 이전 과학의 통일성에 대한 추측과 관련된 철학적 추상화와, 코집스키 백작과 일반 의미론자들의 이론에서 구현된 분야들 간의 상호연결(Korzybski, 1941)에 관한 선견지명 있는 아이디어 둘 다에서 있었다.

알프레드 하방크 스카벡 코집스키(Alfred Habdank Scarbek Korzybski, 1879~1950, 폴란드-미국). 그는 스스로를 백작 코집스키라고 징했으며, 일반의미론운동의 창시자였다. 그의 책 '과학과 온전한 정신(*Science and Sanity*, 1933)'은 여러 세대의 심리학자들에게 영향을 미쳤다.

전투 상황의 방해에도 불구하고 메시지가 얼마나 잘 이해될 수 있는지를 추정할 방법의 필요성은 신호 대 소음 비율의 수학적 이론을 이끌어냈다. 대공무기가 목표물을 자동으로 추적할 수 있는 매커니즘에 대한 개발 필요성은 전쟁 이전부터 개발 중이었던 전산시스템을 완성시켰다. 이러한 개발에 기여한 특별히 영향력 있었던 심리학자는 젊고 박식한 영국인 크레이크였다(Collins, 2013). 1943년 신축된 펜타곤의 조직도로 대표되는 현대 세계대전 관리에 필요한 복합적인 배열은 상호연결과 상호작용 단위의 관점에서 사고하는 데 큰 자극이 되었다. 계산과 프로그래밍을 통해 제어하는 사이버네틱스라는 개념은 수학자 노버트 위너가 그의 저서 **사이버네틱스***Cybernetic*(1948)와 **인간의 인간적인 활용***The Human Use of Human Beings*(1950)에서 연구한 것이 심리학으로 확장된 것이었다. 이후의 연구에서 위너는 "미래 세계는 편안한 그물침대에 누워 로봇 노예들의 시중을 기다리고 있는 것이 아니라, 우리의 지능의 한계에 맞서 훨씬 더 힘든 투쟁을 하게 될 것이다"(Wiener, 1964, p. 69)라고 말했다. 심리학자들은 행동과학에 대한 포괄적인 견해를 복합적인 시스템으로 발전시켰다(예 : Miller, 1955). 모든 것들을 종합해보면, 이러한 흐름들은 커뮤니케이션 및 정보시스템 이론들에 집중되었는데, 그것은 생물학의 유사한 체계적 모델의 발전과 결합하여 향후 몇 십 년 동안 심리학적인 사고에 강하게 영향을 미쳤다.

케네스 크레이크(Kenneth. J. W. Craik, 1914~1945, 영국). 여러 명의 초기 영국 심리학자들 중 크게 성공한 심리학자로, 정보이론과 인지심리학의 창시자로서 일찍부터 유명했다.

노버트 위너(Norbert Wiener, 1894~1964, 미국). 수학자이자 인공두뇌학자

제임스 그리어 밀러(James Grier Miller, 1916~2002, 미국). 1943년 하버드대학교에서 박사학위를 받은 심리학자이자 시스템 이론가, '행동과학(behavioral science)'이라는 용어를 만들어냈다.

정보와 행동의 체계적인 상호연결에 대한 이 거대한 이론들이 APA로 대표되는 새로운 심리학자들의 연합을 구성한 사람들의 속내에는 있었을지 모르지만, 그 조직은 실제 이러한 기준을 평가하지 않았다. 그 분야에 관한 이 조직의 저술가들은 심리학의 목적에 대한 이해를 넓히는 데 도움을 주었으며, 그들은 그 당시 심리학을 구성하는 최선의 방법으로 이론, 응용 및 심리치료 연합을 조직했다. 이것은 심리학을 하나의 특별한 방법을 지지하여 통합하는 데 실패했다는 암묵적인 인정이었으며, 1939년 올포트가 APA 회장직 수락연설에서 심리학은 '편협한' 방법론에 몰두하는 것이 아니라 인간의 사고, 지각 및 행동의 이해에 대한 모든 접근방법에 친숙해야 한다고 표현한 심리학 목적론의 승리였다. 또한 이것은 인지와 행동이 지속적으로 조합을 이루도록 허용했고, 인지와 행동은 지금까지 가장 전형적인 심리학적 접근으로 존재하고 있다.

새로운 APA는 19개의 개별 이익 단체들로 구성된 하나의 집단으로서, 그 분야의 이론적 통합을 유지하기 위해 부분적으로는 조직의 주최 측에 의해 결합되었으며, 여기에는 일부 참전용사들이 제1차 세계대전 이후 심리학을 구조화하려고 했던 보다 이전의 시도들이 영향을 미쳤다. 미국 정부가 전쟁 이후 상당히 많은 규모의 돈을 건강, 과학, 의학 분야의 연구에 할당하였는데, 심리학이 통일된 모양새를 띤다면 자신들의 몫을 위해 더 유리한 위치에서 협상할 수 있고, 연구 방향과 기금을 통제하는 중요한 분야의 임명뿐만 아니라 자원 배분에서도 학회원들의 목소리를 낼 수 있을 것을 확신하였기 때문이었다. 전쟁 이후 록펠러재단 및 메이시 재단과 같은 자선 재단으로부터 받은 기부금 형태의 경제적 지원은 냉전 시작의 촉매제와 결합되었으며, 그것은 심리학을 포함하여 모든 과학 분야에서의 과학적 연구에 대한 국방비 지출을 증가시켰다. 국립과학재단National Science Foundation과 관련 기관들 간의 과학적 연구의 통합, 그리고 국립보건원National Institutes of Health에서의 의학연구의 강화는 지금까지 심리학과 생물물리학 및 의학 간에 많은 연결을 발전시켜왔던 심리학자들이 연구에 참여할 수 있는 더 많은 기회를 제공해주었다. 이와 더불어 정신의학과 심리학의 성공적인 노력은 국립정신건강연구소National Institute of Mental Health의 창설로 건강 분야에 '정신건강'을 거의 동급으로 결합시켰다. 이 굉장한 조직은 심리활동에 대한 공공 및 민간 재정 지원이 무한한 자원인 것처럼 펼쳐 보이면서 과학적 지식의 생산을 산업화하는 자금 지원 인프라를 보장했다. 심리학이 연합전선이라는 인식은 지속적으로 성공적인 전략이었으며, 물리학 및 사회과학의 스펙트럼 내에서 심리학의 존재는 더욱 확고해졌다.

1940년대에는 심리학자들이 기계화된 전쟁에 관여하면서 발전된 이러한 영역들에서의 심리학 이론과 연구 외에도, 게슈탈트 심리학의 영향, 특히 고국에서의 대참사를 피해 미국에서 자리를 잡은 유럽 심리학자들의 영향이 지속되었다. 지난 수십 년 동안 군중심리학과 인류학적 사상이 혼합되어있던 사회심리학은 지각 및 인지적 초점을 도입했다. 특히, 프리츠 하이더Fritz Heider, 1896~1988가 사회적 행동의 해석에 귀인개념을 도입한 반면, 다른 심리학자들, 특히 레빈파와 고든 올포트와 함께 연구했던 1941년 하버드대학교 졸업생인 제롬 브루너는 지각에 '뉴룩New Look'이

제롬 브루너(Jerome Bruner, 1915~, 미국). 인지심리학을 심리학 내에서 또 다른 고유의 영역으로 발전시킨 심리학자 중의 한 사람. 1956년 재클린 굿나우(Jacqueline Goodnow, 1924~), 오스틴(G. A. Austin)과 공동집필한 그의 저서 '사고에 관한 연구(*A Study of Thinking*)'는 이러한 관점에 영향력이 있었다.

라는 말을 도입했다.

그 당시 패션계에서는 '뉴룩'이라는 용어를 넌지시 언급했다. 1947년 프랑스 디자이너 디올은 전시의 칙칙한 여성들의 의상을 밝고, 현대적인 룩으로 대체한, 원뿔 모양의 스커트와 선명한 스트라이프 블라우스로 조화를 이룬 라인을 선보였다. 사회인지에서, 뉴룩의 중심 개념은 개인의 인지, 동기, 기대가 사회적 관계뿐만 아니라 물리적 대상에 대한 지각을 형성하기 위해 상호작용 한다는 것이었다. 브루너와 세실 굿맨Cecile Goodman은 그들이 봤던 빛의 반점이 동전이든 비슷한 크기의 평범한 원반이든 다양한 동전의 액면가 크기에 대한 기억과 일치할 때까지 화면에 비치는 빛의 원반 조리개를 조절하도록 요청하는 연구를 수행했다(Bruner & Goodman, 1947). 연구자들은 평범한 원반 모양에 대한 추정치는 실제 대상과 큰 차이가 나지 않은 반면, 동전 크기에 대한 추정치는 1센트에서 50센트로 증가함에 따라 크게 증가하는 것을 발견하였다(1947년에 브루너와 굿맨의 연구 참여자들과 마찬가지로 정상지능의 10세 아동들에게 25센트가 커다란 액수인 것은 별 의미가 없다. 그때는 콜라를 5센트짜리 동전으로 계산하고 성인 노동자의 평균 연봉이 3,000달러 미만이었던 때였다). 이 시기의 또 다른 연구는 그 효과가 수십 년 동안 이어진 연구로 고든 올포트와 레오 포스트맨의 풍문의 심리학*Psychology of Rumor*에 소개된 것이다(Allport & Postman, 1947). 참여자들은 두 남자가 다투고 있는 사진을 보았는데, 그중 한 사람(백인)은 손가락으로 다른 한 사람(흑인)을 가리키고 있었고 다른 손에는 면도칼을 쥐고 있었다. 올포트는 당시

레오 포스트맨(Leo Postman, 1918~2004, 러시아-미국). 기억의 간섭에 대한 영향력 있는 이론가이자, 1962년 여러 가지 동시대 연구 문제들의 역사적 기록을 담은 '형성 중인 심리학(*Psychology in the Making*)'의 편집자

1954년에 발간된 그의 영향력 있는 저서 편견*Prejudice*에서 요약할 자료를 수집하고 있었는데, 참가자들이 짧은 시간 동안 그 그림을 보고난 후 물어본 결과, 그들의 기억 속에서 무기가 위협받는 남자의 손으로 옮겨진 것이었다. 이러한 연구들은 이후 몇 십 년 동안 사회심리학에서 보다 이전에는 집단에 초점을 맞췄던 것에서 개인의 인지적 강조점으로 전환되는 분위기를 형성했다. 또 다른 영향은 임상 및 성격 두 영역에서 실존주의 이론이 떠올랐다는 것이다. 이전에는 독일 프랑크푸르트 암 마인의 사회조사연구소에 기반을 두었던 마르크스주의 지식인 그룹인 전前 프랑크푸르트 학파의 망명자들은 1940년대에 미국에서 그들의 연구를 지속하고 있었다. 그 그룹의 몇몇 구성원들 중 사회평론가인 테오도르 아도르노와 엘스 프렌켈 브룬스윅(에곤 브룬스윅의 아내로, 유럽을 탈출할 때 톨만이 도와주고 지원해준 사람들)은 1950년 버클리대학교의 다니엘 레빈슨과 네비트 샌포드와 합류하여, 그 당시 권위주의적 성격 특성에 관한 매우 영향력 있는 책으로, 1940년대 세계 정치에서는 부족함이 없었던, 권위주의적 성격*The Authoritarian Personality*을 출판했다.

테오도르 아도르노(Theodor Adorno, 1903~1969, 독일–미국). 독일의 지식인이자 사회평론가로 프랑크푸르트 학파 학제 간 연구의 중심축. 제2차 세계대전 동안 미국에 이주해 있었으며 이후 유럽으로 되돌아 갔다.

엘스 프렌켈 브룬스윅(Else Frenkel-Brunswik, 1908~1958, 폴란드–오스트리아–미국). 심리학자이자 성격이론가, 미국으로 이주한 이후 1938년 에곤 브룬스윅(Egon Brunswik, 1903~1955)과 결혼했다.

다니엘 레빈슨(Daniel Levinson, 1920~1994, 미국). 버클리대학교를 졸업했고 성인발달 분야에서 유명해졌으며, 여자와 남자의 '인생의 사계절(seasons of life)'을 다룬 책으로 알려졌다.

네비트 샌포드(Nevitt Sanford, 1909~1996, 미국). 1950년 충성서약에 서명하지 않은 이유로 해고될 때까지 버클리대학교의 심리학자였다. 1959년에 복직되어 스탠퍼드대학교로 옮겼으며, 이후 1968년에 사회적 요구에 부응할 수 있는 임상심리학자들을 훈련시키는 라이트연구소(Wright Institute)를 설립했다.

또 다른 프랑크푸르트 학파 출신으로는 일찍 망명하여 가장 먼저 미국에서 그의 저서 **자유로부터의 도피***Escape From Freedom*(1941)로 폭넓은 주목을 받은 에리히 프롬이 있다. 프롬은 빌헬름 라이히처럼, 현대의 삶을 기계적이고 이익과 전쟁 지배적인 자본주의 사회에 참여함으로써 자신이 속한 사회와 단절된 사람들에게 제시된 딜레마로 보았다. 파시즘은 이것의 최종 결과물로, 인간이 권위주의적인 지도자들의 유혹을 견딜 수 있을 만큼 충분히 강하지 못한 데서 생겨난 것으로, 따라서 치료 또는 자기이해의 목표는 탈개인화된 세계에서 개인으로 존재하기 위해 필요한 자율성과 개인적 힘을 얻는 것이다. **권위주의적 성격***The Authoritarian Personality*이 잘 팔리기는 했지만, 1950년대에 자신의 마르크스주의를 미국의 자유주의에 적용시켜 사랑에 관한 이론을 펼쳤던, 또 한 명의 프랑크푸르트 학파인 프롬의 견해만큼 성격이론에서 오래가지는 못했다. 중요한 기여를 한 또 다른 망명자는 영화와 예술의 관계에 대한 초기 이론가 루돌프 아른하임Rudolf Arnheim, 1904~2007이었다. 그는 베르트하이머, 쾰러, 레빈과 베를린에서 공부했고, 이후 독일에서 이탈리아로 이주하도록 강요당했으며, 결국 미국에 도착했다. 그의 후원자는 막스 베르트하이머Max Wertheimer, 1880~1943였는데, 그는 당시 망명 지식인들을 매료시킨 장소인 뉴욕시의 사회연구 뉴 스쿨New School of Social Research에서 그가 학문적 위치에 오를 수 있도록 주선했다. 아른하임은 최소한 예술에 민감한 심리학자들 사이에서는 인정을 받았지만, 명확한 유럽의 학문과 뉴욕의 자유로운 공기 속에서 만들어진 미적 감각이

> 에리히 프롬(Erich Fromm, 1900~1980, 독일-미국). 인본주의 심리학 발전에 영향을 미친 사회주의적 인본주의 심리학자. 마르크스와 프로이트 이론을 혼합한 그의 성격이론은 성격이론 조사에 지속적으로 포함되고 있다.

어우러진 훌륭한 저작 **미술과 시지각***Art and Visual Perception*(1954)을 포함하여, 그의 예술심리학에 대한 많은 작업들로 인해 예술가들 사이에서 더 많은 인정을 받았던 것으로 보인다. 한편 그가 그 책을 완성하는 동안, 원형 그대로의 게슈탈트 심리학이 미국 심리학에 미친 직접적인 영향은 1940년 칼 던커Karl Duncker, 1941년 쿠르트 코프카, 1943년 막스 베르트하이머, 그리고 1959년 볼프강 쾰러 등 초기 지지자들의 고령화와 죽음으로 쇠퇴하는 중이었다. 그 후 수십 년 동안 그 정신은 살아남아 인지심리학으로 변형되었다.

제11분과와 제12분과(이 두 분과는 곧 임상심리학이라는 하나의 분과로 통합되었다. 이것이 오늘날 제11분과가 없는 이유이다)의 포함은 정신의학과 동등해지기를 바라는 포부를 가지고, 심리학에 준의학적 임상심리학의 전문성이 존재함을 인정하는 또 다른 절차였다. 이러한 결과를 산출해내기 위해 결합된 요인들 중 일부가 이미 확인되었는데, 심리학자들은 병원 현장에서 연구와 정신검사 수행에 대한 오랜 역사를 가지고 있었다. 즉, 심리학 이론을 그들의 시스템에 도입하고 심리학자들을 동료로 환영해준 정신과 의사들의 지지가 있었고, 정신의학자와 비의학적 심리학자들 모두에게 프로이트 이론이 널리 받아들여져 왔으며, 전시 동안 최전선에 있는 병원에서 정신건강 전문가로 근무한 심리학자들의 좋은 실적에 관한 기록들이 있었다. 여기에 덧붙여 칼 로저스Carl Rogers, 1902~1987는 그의 저서 **상담과 심리치료***Counseling and Psychotherapy*(Rogers, 1942)에서 소개한 비침투적, 내담자중심치료의 좋은 결과를 보고하고, 이 접근을 상담서비스를 제공하는 데 가시적이고 효과적인 방법으로 제안했다. 병원의 과밀수용 및 그들 중 일부 환경에 대한 불만족은, 침투적인 정신의학적 기술들에 대한 급속한 환멸감(1960년대까지 뇌엽절리술, 전기충격, 인슐린 충격이 지속되었지만)과 함께, 대안적인 치료방법 개발을 향한 추가적인 인센티브로 작용하였다. 무엇보다도 연구 및 응용과학과 마찬가지로 임상심리학자들의 훈련을 위한 기부금의 가용성이 전쟁이 끝날 무렵에 엄청나게 증가하였다. 통칭하여 '제대군인 원호법G.I. Bill'으로 불리는 군복무에 대한 여러 가지 보상금 지급이 의회에서 승인, 시행되었다. 실업급여, 할인 금리보장 대출, 그리고 가장 중요한 것은 심리학 연구를 위한 정부 지원이 신규 임상심리학자들의 순위를 급등시켜 놓았다. 참전 군인들의 환자 인구의 증가와 함께, 홀 버튼 법Hall Burton Act으로 지정된 병원들의 확장과 재향 군인VA 병원들의 수와 크기의 증가는 육성 성장 수단을 제공했다.

임상심리학을 위한 당대의 결정적 사건은 1949년 볼더에 있는 콜로라도대학교에 새로 부임한 심리학 조교수 빅터 레이미가 마련한 컨퍼런스였다. 그때 이후로 알려진 '볼더 컨퍼런스Boulder Conference'는 다양한 영역에서 일하는 정신건강 분야의 전문가들, 즉 개업을 하거나 하지 않은 심리학자, 병원에 소속된 심리학자, 재향 군인 및 기타, 즉 간호사, 사회복지사, 그리고 정신과 의사들을 모두 한 자리에 모이게 만들었다(Raimy, 1950). 컨퍼런스의 성과는 임상심리학자를 '임상심리학의 볼더 모델'로 알려진 공식인 '과학자-실무자scientist-practitioner'로 정의한 것이었다. 이것은 뉴욕의 로어이스트의 정착촌 교실에서 '융과 프로이트'를 공부하면서 심리학을 처음 접하고, 임상이론 훈련의 온상지인 매사추세츠 우스터 주립병원에서 수년 동안 연

빅터 레이미(Victor Raimy, 1913~1987, 미국). 콜로라도대학교 임상심리학 교수. 1949년 볼더 컨퍼런스에 심리학자들을 모으는 데 중요한 역할을 했으며, 추후 컨퍼런스 보고서를 작성했다.

구원이자 최초 임상의로 근무했던 심리학자 데이비드 세코우David Shakow, 1900~1981가 몇 년간 만든 계획에 근거한 것이었다(Garmezy & Holzman, 1984). 이 계획에 근거하여, 임상심리학자는 임상심리전문가로서 박사 수준으로 훈련받고, 치료방법 및 기타 정신건강 측면에 대한 과학적 연구를 수행할 뿐만 아니라 심리치료를 포함한 전문적인 임상서비스를 제공하는 데 참여할 것으로 기대되었다(Shakow, 1965).

임상심리학의 확장은 대부분 양적 팽창에 의해 오래된 치료법을 업데이트할 뿐만 아니라 몇 가지 새로운 치료법의 도입과 함께 이루어졌다. 1949년 집단치료가 동해안에 있는 정신분석을 지향하는 개인들에 의해 가끔씩 사용되는 것으로부터 시작되었고 서서히 서해안으로 퍼져나갔다. 서해안에서의 집단치료는 사이코드라마(1910년대 비엔나에서 제이콥 모레노에 의해 개발된)와, 열정적인 대인 간의 조우encounter를 전형적인 특징으로 하는 캘리포니아식 심리치료를 구성한 빌헬름 라이히와 프리츠 펄스의 치료법을 포함하는 다른 표현치료들이 혼합되었다.

제이콥 모레노(Jacob Moreno; 레비라는 이름으로 태어남, 1889~1974, 루마니아-미국). 사이코드라마와 집단치료의 선구자.

프리츠 펄스(Fritz Perls, 1893~1970, 독일-미국). 의학박사이자 심리치료사. 쿠르트 골드스타인과 빌헬름 라이히의 제자로서 심리치료를 소위 '게슈탈트 치료'로 발전시켜 1960년대 미국에서 폭넓은 성공을 거두었다.

1949년 버클리대학교 유니테리언 유니버셜리스트 교회 목사인 레이먼드 코프Raymond Cope, 1905~1988는 만남의 변화 정도를 평가하기 위해 집단구성원들 간의 상호작용을 측정하는 방법을 구안하기 시작한 임상심리학과 학생들(그들 중 티머시 리어리Timothy Leary는 더 나중에 들어왔다)에게 자신의 교회를 사용할 수 있게 했다. 같은 해에 빌헬름 라이히는 성격의 방어막을 없애고 개인의 내부에 있는 부드러움을 드러내는 기술을 묘사하고 있는 그의 주요 이론적 저서인 **성격분석**Character Analysis(Reich, 1949)을 출판했다. 그를 둘러싸고 있는 미국이 변하고 있었다. 즉, 이미 마틴 다이스Martin Dies와 미국 하원 비非미활동위원회[2]가 미국 국민들 가운데 있는 '체제 전복적인' 요소에 대해 공격 준비를 마쳤고, 대부분의 미국인들은 공산주의의 죄악에 대해 그들을 규탄하고, 그들에게 불명예를 안겨주고 침묵시키는 다양한 방법을 강구하면서 그 공격성을 자국민에게로 돌렸다. 대기하고 있던 사람은 조셉 매카시Joseph McCarthy 상원의원으로, '매카시즘'이라고 불린 그의 논쟁적인 스타일은 한동안 미국적 인신공격의 전형으로 정의되었다. 라이히는 그의 분석적으로 유도된 치료법과 함께, 삶의 우주적 에너지의 기반을 점점 더 강조하기 시작했고, 이 에너지에 '오르곤'이라는 이름을 붙였다. 그는 특수하게 제작된 방(문외한의 눈에는 커다란 합판상자처럼 보였다)에서 정신적 · 신체적 치유를 목적으로 이 에너지를 포착하고 집중할 수 있다고 주장했다. 1949년 라이히는 이미 유명한 사람이었다. **뉴 리퍼블릭** 잡지의 기사에서 의료 사기꾼으로 지목하면서, 식품의약국FDA은 그가 오르곤 에너지의 혜택을 만들어냈고, 브로셔를 인쇄해 우편으로 배포했다는 주장에 대해 초점을 두고 조사에 들어갔다(Greenfield, 1974).

1949년 소비에트 러시아가 첫 번째 원자폭탄을 터뜨렸으며 미국인들은 또 다시 외부의 적에 의한 공격의 위협을 느꼈다. 1949년 아이오와 대

---

[2] 1938년 미국 하원에 비미국적이며 파괴적인 활동(예 : 미국 내 파시스트와 공산주의자의 활동)을 조사할 목적으로 만들었던 임시위원회로, 마틴 다이스가 초대위원장이었다(https://terms.naver.com/entry.nhn?docId=1105989&cid=40942&categoryId=40541 참조)-역주

법원은 직전 해 흑인 여성 에드나 그리핀에게 서빙하기를 거부했던 아이오와 디모인의 카츠 드러그 스토어 매니저의 인종차별에 대해 유죄를 인정했다. 그것은 장차 있을 많은 유사한 항의 중 그 첫 번째였다. 그리고 1949년 도널드 헵Donald Hebb, 1904~1985은 **행동조직***The Organization of Behavior*을 출판했다(Hebb, 1949). 칼 레슬리Karl Lashley의 제자인 헵은 학습은 '세포군'을 함께 구성하는 뉴런 간에 형성되는 새로운 연결을 이끈다고 제안했다. 이러한 가정으로 그의 이름은 몇 년 후 노벨상 후보자로 거론되었지만 그는 특유의 겸손으로 그 영광을 거절했다. 하지만 헵의 노벨상은 어느 분야에서 받게 될 것인가? 헵은 항상 심리학자였지 결코 신경학자, 생물학자, 물리학자, 의학전문가 또는 경제학자가 아니었다. 지금은 아니지만 그때는 심리과학에 대한 노벨상이 있었다. 세포군이 반드시 새로운 아이디어는 아니었지만 그 이후 그것은 결코 심리학의 관심 밖으로 벗어난 적이 없었다.

가족 이야기 : 전쟁과 평화

제2차 세계대전 이후 심리학의 성과는 제1차 세계대전 이후의 성과와 완전히 달랐다. 그 당시 심리학자들은 여전히 산업계와 정신의학계에 그들이 쓸모 있다는 것을 증명해 보이기 위해 고군분투했다. 제2차 세계대전 기간 동안 심리학자들은 더 많은 활동 분야에 참여했을 뿐만 아니라 전쟁이 끝날 무렵 더 많은 심리학자들이 있었다. 외적 요인들의 수집이 심리학의 거대한 확장을 위해 조건들을 최적화하기 위해 정비되었다. 처음으로 평화가 찾아온 1946년, 과학, 기술연구에 대한 연방정부의 확립된 양상의 지원과 의학의 기록적인 팽창이 있었다. 더 중요한 것은, APA의 재편성은 임상심리학을 다른 심리학 분과와 동등한 지위를 갖게 했고, 그 지위는 그 자체의 권리를 갖는 하나의 전문 분야로서, 정신의학의 경쟁자로서 자기 주장을 할 수 있도록 허용했다. 이것은 오늘날에도 지속되고 있는 심리학, 의학, 그리고 건강 관련 전문 분야들 간에 오랫동안, 점점 더 논란이 된 관계의 시작이 되었다. 또한 이것은 그 당시 심리학을 좋아하는 해리 같은 사람들에게 매력적인 직업 선택의 기회가 되었다. 대부분 초기 임상심리학자들은 40년대 미국 전역에서 하룻밤 사이에 확장되는 군대와 의료부대, 그리고 재향군인병원의 합류로 제공된 온상에서 첫걸음을 내딛었다. 이는 그들이 실무에 참여할 수 있는 무대를 보장하는 것이었다. 또한 그것은 암묵적으로 전쟁 발발과 행동하는 심리학 간의 또 다른 연결이 유지될 것임을 보장했다.

1940년대에 성숙해진 주요 과학적인 심리학 이론들은 그 시대에 일어난 사건에 따라 달라지고 그에 반응했지만 여전히 흑인 가족의 삶에 직접적인 영향은 거의 끼치지 못하고 있었다. 해리의 경우, 임상심리를 전문분야로 택한 것과, 더욱이 1944년 제대군인 원호법으로 제공된 지원을 통해 대학교육을 받을 수 있었던 것, 두 가지의 융합을 통해 사회문제와 개인적인 심리적 문제에 대한, 그의 내적 · 개인적 접근을 개발할 수 있었다. 해리가 다녔던 노스캐롤라이나대학교와 테네시대학교에 있는 그 누구도 특정 심리학 이론을 정해주지는 않았으며, 그가 선택할 수 있는 범위는 매년 확장되었다. 듀크대학교에는 초월심리학자들도 있었지만 참전용사로서 해리는 보다 현실적인 세계관을 가지고 있었다. 교수들의 지도 아래 해리는 융과 프로이트의 비관론, 설리반과 로저스의 자기 신뢰, 그리고 심리적응 이론가들에 의해 구체화된 회복탄력성에 의해 동등하게 영향받은 초기 절충주의 스타일을 발전시킬 수 있었다. 그것을 현재의 관점에서 보면, 그의 접근 방식은 대부분 실존적인 것으로 특징지을 수 있을 것이다. 해리는 흥미를 갖고 앨버트 엘리스의 경력을 따랐으며, 시간이 흐를수록 합리적정서행동치료의 기법 중 많은 것을 채택하게 되었다. REBT의 '거친 사랑'의 측면(우리는 그들을 오늘날 그렇게 부를 수 있다)은 삶을 냉혹하고 생존 지향적인 방식으로 보았던 해리의 어떤 부분과 맞았다. 해리가 실무자가 된 개인적인 이유도 마찬가지였다.

앨버트 엘리스(Albert Ellis, 1913~2007, 미국). 합리적정서행동치료(Rational Emotive Behavior Therapy, REBT)의 창시자

해리는 심리학 연구에 착수했는데 부분적으로는 많은 참전 군인이 그렇듯이 완전히 개방하고 싶지 않은 자신의 전쟁 경험을 다루기 위해서, 그리고 부분적으로는 아내의 주기적인 우울을 다루기 위해서였다. 해리는 제한적이긴 했지만 병원에 접근할 수 있는 특권을 가지고 있었고 재향군인병원에서 인턴 과정과 초기 실습을 했기 때문에 당시에 인기가 있었던 신체 치료, 전기충격 및 뇌엽절리술의 효과를 평가할 수 있었을 뿐만 아니라 운영이 잘되는 병원과 저조한 병원을 비교할 수 있었다. 그는 그때 이후로 지속되어온 임상심리학의 특징인, 그의 모든 환자들을 위한 추가적인 병원 치료에 헌신하게 되었다. 환자가 부족한 상황은 전혀 없었으며, 임상심리학에 대한 면허제도를 입법화한 첫 번째 주 중 하나인 테네시에서 면허증을 취득한 이후 1953년 개인치료사로서 전문가 활동을 시작했다. 이와 함께 그는 전문적인 가능성의 지평을 넓히고 사례 수를 늘리기 위한 목적으로 참전 군인들을 위한 자문심리학자라는 공식 직

책을 맡았다.

로사와 헬렌 모두에게, 심리학의 공식적인 이론과 실제 간의 관계가 해리의 경우보다는 덜 직접적이었지만 덜 중요한 것은 아니었다. 로사의 외현적 행동주의가 몇 가지 사건들로 누그러졌다. 그녀는 자본가에 대한 노동쟁의가 노동자 편에서 크게 성공적이었던 것으로 지각했다. 또한 1930년대 미국식 공산주의와 약간 관련이 있었던 많은 사람들과 마찬가지로, 소련을 포함하여 모든 면에서의 전쟁의 공포에 대한 자각은 그녀가 갖고 있던 사회주의 유토피아에서의 인간관계에 대한 이상적인 생각을 사라지게 했다. 그녀는 1941년 해리가 노스캐롤라이나에서 만났던 동일 인물들 중 몇 사람에 의해, 1945년에 쓰여진 에세이 **인간의 본성과 지속적인 평화**_Human Nature and Enduring Peace_의 리뷰를 위해 받은 책을 읽고 깊은 감명을 받아 평화주의 입장에 설 것을 결심했다. 이와 더불어 그녀는 40년대 초반을 거치며 점점 나이가 들수록 세심한 주의가 가시적인 것보다 더 좋았다. 그녀는 파트너인 프랜신과의 관계에서 그녀가 그렇게 인정하고 있고 완전히 서로 만족하고 있는 그녀의 동성애에 대한 사회적 지지나 이론적인 설명을 거의 찾을 수 없다는 것을 깨달았다. 그녀는 다른 동료들이 무분별하다는 이유로 취업을 거부당하는 것을 경험하면서 계속 일을 할 수 있을지 염려가 되었는데, 한편으로는 그 일을 사랑했고 다른 한편으로는 프리랜서로 일하는 것이 전시의 경기에서조차 불안정했기 때문이었다. 1943년 그녀와 프랜신이 이사한 뉴욕시의 이웃은 우호적이었고 대도시에서 익명으로 살아갈 수 있었다. 동성애 여성은 말할 것도 없고, 심리학은 그 당시 여성의 존재를 거의 인정하지 않아, UCLA의 에벌린 후커가 겨우 동성애를 조사하기 시작했을 뿐이었다. 1948년 알프레

에벌린 후커(Evelyn Hooker, 1907~1996, 미국). 1950년대 연구를 통해 이성애자와 동성애자 간에 적응과 정신건강에는 차이가 없다는 것을 보여준 심리학자

알프레드 킨제이(Alfred Kinsey, 1894~1956, 미국). '남성의 성행동(*Sexual Behavior in the Human Male*, 1948)'과 '여성의 성행동(*Sexual Behavior in the Human Female*, 1953)'의 공동 작업으로 미국에서 가장 유명한 과학적 성학자가 된 생물학자

드 킨제이의 남성의 성행동*Sexual Behavior in the Human Male*이 커다란 대중적인 호평과 오해를 불러일으켰으며, 여성의 동성애에 대한 규범적인 특징을 확립한 여성의 성행동에 대한 그것의 자매편이 5년 후에 나타난다.

로사는 기업 자본주의와 군사 산업주의에 대해 극찬하지 않는 견해를 표명한 사람들에 대한 미국 보수주의자들의 강도 높은 공격적인 반응이 훨씬 더 큰 문제가 되었다. 보수주의의 마녀사냥의 시작 단계는 이미 1947년에 뚜렷이 나타났다. 결국 토착의, 그리고 이주해온 진보주의자들은 그들의 일자리를 잃게 되고, 빌헬름 라이히의 경우는 그의 자유를 잃게 될 것이었다. 영구적인 전쟁 상태에 있는 것으로 보이는 것은 문제에 도움이 되지 않았고, 로사는 평화운동을 촉진하는 단체들과 긴밀한 관계를 유지했지만, 1948년 공적인 활동에서 완전히 물러났다.

헬렌의 경우, 1943년 에디의 입대는 인생 초기의 25년 동안 그녀가 안주해왔던 틀을 산산조각 내버렸다. 혼자서 갓 태어난 딸을 데리고 남편의 엔지니어 봉급에 의지해 사는 대신 군대 수당을 받으면서, 주간보호시설에 아기를 맡기고(다행히 그 당시에는 사람들이 서로 도왔고 그 도움을 받을 수 있었다), 이전에는 모두 남자들이 도맡아 일했던 곳인 로스앤젤레스 부근 폭탄 공장에서 일하면서 친척들의 지원 없이 가정을 꾸려나갔다. 초기에 한바탕의 공포심 이후에 그녀는 직업이 부여해준 독립성과 이전에는 '남

자의 일'로 생각했던 것을 하고 있다는 자신감을 좋아할 뿐만 아니라 즐기고 있다는 사실을 발견했다. 그러나 1945년 12월 에디가 돌아오고 전시에 그녀가 하던 일이 끝나자 옛 패턴으로 돌아오는 것은 어렵지 않았다. 냉전이 가열되고 있었고 한국전쟁이 발발할 조짐을 보였다. 에디는 다시 돌아가기에는 너무 나이가 들었고, 승진과 번영으로 남부 캘리포니아의 목가적인 전원생활을 하게 되었다. 하지만 미래 페미니즘으로 가는 연결의 씨앗은 심어졌고, 이런 이유로 몇 년 후 결국 열매를 맺게 될 것이었다.

05

1950년대

심리학 연합의 첫 10년

1950년대는 미국 사회뿐만 아니라 심리학에서도 자유 대 억압, 그리고 순응 대 창조라는 두 쌍의 양극단을 특징으로 한다. 앞의 장들에서 언급했듯이, 오랫동안 지속되어온 편파적인 적대감뿐만 아니라 소련에 원자력의 우수성을 빼앗긴 데 대한 새로운 분노로 인해, 50년대 초 공산주의자들로 의심되는 사람들과 다른 좌파 성향을 가진 사람들에 대한 억압이 본격화되었다. 1949년 말 제2차 세계대전 당시 동맹국이었던 중국도 적이 되었는데, 중국의 공산주의로의 전향과 1950년 6월의 도발로 이번에는 한국에서 미국이 가장 강력한 적인 중국과 또 다른 전쟁에 돌입하는 결과를 낳았다. 이로 인해 제2차 세계대전 참전용사들의 재배치뿐 아니라 또 다른 청년들의 징병이 이루어졌다. 미국이 여전히 공격받고 있다는 생각은 미국 사회에 스며들어 있던 공포와 의심의 기운을 불러일으켰다. 제2차 세계대전이 모든 사람들을 참여시키고 공동 희생, 집단적인 공격, 그리고 공동 목표에 초점을 둔 태도를 촉진시킨 반면, 한국전쟁은 미국의 국토 방위 의식을 고취시켰고, 한동안 시민들의 충성심에 초점이 맞추어졌다. 예를 들어, 캘리포니아에서는 입법부가 주에 고용된 모든 직원들에게 미국과 미국 정부 및 헌법에 대한 충성 맹세 서약서에 서명하도록 요구했으며 그것은 주 내의 대학들에 고용된 지식인들을 분열시켰다. 이러한 요구를 자유에 대한 침해와 이전 전쟁 기간 동안 싸워왔던 것의 무효화로 보고 서명을 거부한 사람들의 계약이 해지되었다. 그 중에는 E. C. 톨만이 포함되어 있었으며, 1950년 8월 그의 해직 이후 정리된 사무실 사진이 TV 사진 자료를 인용해 라이프지에 실렸다. 티머시 리어리의 대학원 지도교수인 휴버트 코피도 해직되었다. 이것은 1950년대 초반 점점 더 미국 전역으로 퍼져나간 억압의 반영이었으며, 과거 1930년대에 사회운동가로서 급진주의 집단에 가입하도록 이끌어왔던 사람들을 옥조이는 결과를 낳았다.

휴버트 코피(Hubert Coffey, 1910~1988, 미국). 버클리대학교 임상심리학 교수. 레빈과 그의 동료뿐 아니라, 아이오와대학교 지도교수인 베스 웰만(Beth Wellman)과의 사제 관계를 통해서 그리고 IQ 점수 향상에 대한 환경의 영향에 관한 웰만의 아이디어로부터 영향을 받았다.

24년 만에 처음으로 공화당이 집권한 1952년 드와이트 아이젠하워 대통령 선거는 사회의 근본적인 대의가 보수적이며, 사회적 행동은 대안적이고 간접적인 방식으로 수행될 필요가 있다는 신호였다. 결국 공산주의자들에 대한 내부 숙청은 상원의원 조셉 매카시가 육군이 공산주의자들에게 은신처를 제공해주고 있다는 부당한 고발을 했을 때 끝났지만 이것이 방어에 대한 초점을 약화시킨 것은 아니었다. 대중들의 두려움은 핵 공격의 가능성으로 옮겨갔다. 방사성 낙진 지하대피소가 미국의 건축 어휘로 등장했고, 유도 미사일 뱅크가 대부분의 미국 주요 도시의 외곽과 대평원 지하격납고에 설치되었다.

통칭해서 '냉전'이라고 불렀던 잠재적 갈등에 대한 인식이 높아진 것과 동시에 소련이 처음으로 인공위성을 궤도에 진입시킨 1957년 10월 4일 미국인들은 국가적 우월감에 치명타를 입었다. 즉각적으로 막대한 돈과 인력이 경쟁적인 위성, 보다 진보된 로켓, 그리고 1959년 그들의 정체성이 밝혀지자 모든 잡지 표지의 상징적인 인물이 된 우주 비행사가 탈캡슐을 구축하는 '우주개발경쟁Space Race'을 위해 투입되었다. 우주비행사들은 남자들일 뿐만 아니라 군인들이었다. 즉, 우주 개발에서의 경쟁력은 군사적 목적을 유지하고, 또한 그러한 목적에 부합하는 새로운 생산 영역을 창출하기 위한 다른 냉전시대 활동들과 통합되었다. 드와이트 아이젠하워는 대통령직을 떠나기 직전 이른바 '군-산업 복합체military-industrial complex'와 그것이 미국의 목표와 가치에 잠재적으로 미치는 왜곡된 영향에 대해 경고했다.

하지만 역설적이게도, 미국은 이러한 위협과 불안을 유발하는 개발과, 동시에 평화의 모든 혜택을 가져오는 비대한 개발 상태에 들어서고 있었다. 아이젠하워 대통령은 맥카시의 '마녀사냥'의 반대자이자 시민권의 지지자로서 정치적 중립을 표방했다. 교육과 주택에 대한 값싼 대출 지원으로 가족이 형성되고 인구가 급격히 증가했다. 그것이 가져온 '베이비붐'은 주택, 학교, 병원, 그리고 특히 소비재 수요를 엄청나게 증가시켰다. 독일 주둔 미군들이 아우토반의 효율성을 관찰한 경험과 최소한 부분적으로는 심리학자들에 의해 수행된 미국 고속도로 안전에 관한 연구들의 결합은 유례없는 이동성을 제공하고, 출입 제한이 있는 거대한 고속도로 네트워크 건설로 이어졌다. 아이젠하워 대통령은 이들 고속도로 건설 자금지원을 위해 통과된 1956년 연방지원고속도로법Federal-Aid_Highway Act을 제정하는 데 중요한 역할을 했으며, 1990년 조지 H. W. 부시 대통령은 주간(洲間) 고속도로 시스템의 이름을 아이젠하워 주간 및 국방 고속도로 시스템Dwight D. Eisenhower National System of Interstate and Defense Highways으로 변경하는 법률에 서명했다. 강력한 노조의 성공적인 협상의 결과로 소득과 수당이 증가했기 때문에 제조업은 제1의 중산층 직업으로 자리잡았고 전반적으로 보다 밝은 미래에 대한 기대치를 상승시켰다. 나치 시대에 독일에서 디자인된 폭스바겐은 전후 독일에서 만들어진 가장 초기의 제품들 중 하나였으며 1949년 미국에 처음 수입되었다. 9년 후 토요타의 첫 차 287대를 수입했다. 주택자금 지원이 증가하였으며 단독주택이 들어선 교외지역이 도시 주변의 농지로 확대되기 시작했다. 건강 및 우주 항공을 위한 연방예산의 기하급수적인 증가로 인해 퇴역군인을 위한 방위 및 지원 자금이 증가했다. 1953년에는 심리학 연구의 상당한 부분이 국방 관련 예산으로 지원되었다. 새로운 근로자들과 연구들 둘 다를 산출해낼 것으로 확인된 대학들도 규모가 확대되었으며, 대학 교육은 점점 더 이례적이기보다 일반적인 일이 되어갔다. 예를 들어, 1944년과 1960년 사이에 캘리포니아대학교는 3개의 캠퍼스, 즉, 1944년 산타바바라, 1954년 리버사이드, 1959년 데이비스를 추가했으며, 곧이어 1960년 샌디에이고, 1965년 어바인과 산타크루즈가 뒤를 이었다. 병원과 의료 연구시설도 마찬가지로 인구를 따라가고 동시에 연구 및 개발을 위한 의회의 명령을 수행하기 위해 지속적으로 확장되었다. 정신병원이 계속 확장되어 1955년에는 환자가 역대 최고 인구인 56만 명에 이르렀으며, 같은 해 디즈니랜드가 캘리포니아 애너하임에 처음으로 문을 열었다.

1950년대는 새롭게 설립된 이론, 응용, 임상심리학의 연합에 있어서 확장과 기회의 시기였다. 심리학이 그때나 지금이나 한 목소리는 아니었다. 사실상 연합의 아주 초창기, 그 분야의 통일성 같은 것을 상상할 수 있던 1946년에만 가능했을 것이다. 미국심리학회APA가 1952년 **출판지침서**와 1953년 **윤리강령** 제1판을 발간하면서 심리학자들 간의 공통성을 확립하기 위해 열심히 노력했지만, 1950년대가 지날수록 연합 파트너들 간에 있었던 예전의 긴장감이 다시 떠올랐다. 1959년 '순수과학자들'과 응용 및 임상 동료들 간의 첫 번째 단절로 사이코노믹학회Psychonomic Society가 형성되었다. 그 이전에도 심리학자들은 신경과학, 사회사업의 각 분야, 그리고 심리치료 양식들에 대한 그들의 구체적인 관심을 반영하는 APA 외부에 있는 조직들을 찾기 시작했다. 분열의 일반적인 양상이 나타나기 시작했다. **과학으로서의 심리학***Psychology as a Science*이라는 여섯 권짜리 책의 편집을 맡았던 지그문트 코흐는 1959년 편집을 마감했을 때, 심지어 이론적 영역 내에서조차 '심리학'은 없고 다만 '심리학적 연구들'의 컬렉션만 있다는 의견을 피력했다. 그가 반복해서 이러한 입장을 표명했지만(Koch, 1993), 심리학 연합은 계속되었다.

지그문트 코흐(Sigmund Koch, 1917~1996, 미국). 실험심리학자이자 과학적 심리학에 관한 포괄적인 연구의 편집자. 결국에는 과학적 심리학에 대한 인본주의적인 비평가가 되었다.

그 이상의 분열은 근본적인 철학적 원리의 수준에서 나타났다. 자유의지에 관한 해묵은 질문이 1955년 APA 연차대회 토론에서 정점에 달했고, 그 내용이 **사이언스***Science*지에 실렸다(Rogers & Skinner, 1956). 이때 스키너와 칼 로저스는 인간이 성장의 방향을 선택함에 있어서 본질적으로 결정된 것이냐 자유로운 것이냐에 대한 질문을 놓고 맞섰다. 당시 일어난 사건들의 배경을 볼 때 냉전시대의 미국에게 가장 의미 있는 것 중 하나는 스탈린주의 정부에 대항한 반공산주의 헝가리인들의, 용감했지만 궁극적으로는 실패한 반란이었는데, 그 전투는 일시적으로 로저스에게로 갔다. 스키너가 강압적이고 제한적인 환경에 결코 찬성한 것은 아니었지만 인생은 단지 사건에 반응하는 과정이라는 그의 견해는 심리학자들을 대상으로 한 당시 청중의 절반 정도, 그리고 일반 대중은 그보다 더 적게 납득시켰다. 일원론적 물리주의에 공감할 수 있었던 지식인들 또한 1956년까지 선택할 수 있는 훨씬 더 다채로운 운명론을 갖고 있었는데, 결국 그때는 비트 철학자[1]들과 프랑스 실존주의자들의 시대였다.

사람들의 지적이고 정서적인 필요에 따라서 이들 철학과 많은 다른 것들이, 모든 유형의 내담자들(빠른 속도로 증가하고 있는 볼더 모델 임상가들이 개업 현장에서 만나는)이 접하는 치료로 전환되었다. 자신의 통제와 선택을 소중하게 여기는 사람들은 로저스를 선택할 수 있었다. 즉, 그들의 삶을 종교적인 수준에서 세상과 연결할 필요가 있었던 사람들은 영적으로 지향된 치료 방법들의 스펙트럼으로부터, 융에서부터 선불교에 이르기까지, 목회상담자들에 의해 임상실무로 변환된 다양한 이론에 기초한 철학에 이르기까지 선택할 수 있었다. 자신의 인생에서의 실수나 내적 공허함에 직면함으로써 혜택을 누릴 수 있는 사람들은 합리적정서행동치료, 열등감에 대한 부적응적인 반응에 대한 아들러식 분석, 또는 다양한 실존치료 방식들을 통해 스스로에 대해 도전할 수 있었다. 프로이트의 정신분석이 다양한 방식으로 폭넓게 사용되었으며, 1950년대 대부분의 치료자들은 적어도 약간씩은 프로이트에 빠져 있었다. 혼자보다는 다른 사람들과 더 잘하는 환자들은 집단치료를 선택할 수 있었다. 전혀 결정할 수 없

[1] 제2차 세계대전 후 비트세대의 철학-역주

는 사람들을 위하여 치료자들은 이 모든 것과 더 이상의 것을 적용할 수 있는 절충적 접근법을 개발했다. 일반 내담자들의 이야기는 달랐다. 주요 정신질환(조현병과 조증)의 관리 측면에서 1950년대의 주요 사건은, 1949년 조증약물 리튬, 1950년대 초 다양한 종류의 항불안제, 그리고 같은 시기에 항정신병의 클로르프로마진(토라진)과 같은 향정신약물의 갑작스런 도입이었다. 이전 연대의 비효율적이고 종종 잔인한 치료법들과 비교해, 이러한 약물의 도입은 치료가 가능해지고, 적어도 1950년에는 생각할 수 없었던 정신병원의 폐쇄가 50년대 중반쯤 실제로 가능할지도 모른다는 상상까지 가능케 했다. 1950년대 말 고전적 조건화와 토큰강화에 근거한 행동주의적 방법들의 도입은 결정론-자유의 척도 선상에서 행동주의적인 측면에 관한 긍정적인 증거로 점수가 더해진 것이 또 다른 희망적 요소였다. 1960년 치료법들의 완전히 현대적인 상호보완이 각 치료법을 지지하는 증거와 함께 사용 가능하게 되었다. 모든 치료들의 효과가 동일하다[2]는 로젠츠베이그 주장은 1952년 아이젠크가 단호하게 비판적인 의견을 다시 제시했지만

> 한스 아이젠크(Hans Eysenck, 1916~1997, 독일-영국). 지능과 성격에 초점을 두고 연구한 심리학자. 전공분야, 특히 임상 쪽에 대해 종종 신랄하게 반대 의견을 제시한 비평가

---

[2] 로젠츠베이그가 자신의 논문을 통해 모든 심리기법은 비슷한 효과를 가진다고 주장하고, 소설 이상한 나라의 앨리스(루이스 캐럴 작)에 나오는 도도새 판결(dodo bird verdict, "모두가 이겼으니 모두가 상을 받아야 한다."는 판결)이라는 용어를 채용하였다. 이후 이와 관련된 많은 연구 결과들이 등장하면서 다양한 심리치료기법의 효과성에 대한 논란이 본격적으로 점화되었고, 이후 이러한 주장은 각 치료기법의 특수요인보다 여러 이론의 공통요인의 치료효과를 입증하는 연구로 발전되었다. 또한 특정 장애에 대해서는 특별히 효과적인 기법이 있다는 연구 결과도 이어졌다(https://terms.naver.com/entry.nhn?docId=3440272&cid=40942&categoryId=31531에서 2018년 12월 18일 자료 얻음)-역주

(Eysenck, 1952) 계속해서 유효했다. 일반 대중들이 심리치료의 존재에 대해 더 많이 인식하게 되면서 개업치료자의 수가 점점 더 늘어났다.

이러한 것들이 임상심리학자들의 호황기처럼 보였지만 앞으로 다가온 위험 신호가 있었다. 한 예를 든다면, 의학과 심리치료 간의 암묵적 동의가 한계에 이르고 있었다. 그들 사이의 유대감 형성에 중요한 역할을 했던 많은 사람들이 사망을 했거나 은퇴 후 다른 데로 관심을 돌렸으며, 새로운 세대의 정신과 의사들은 임상심리학자들이 의료면허 없이 정신과 의사로 일하는 것의 자질에 대한 의문을 제기하면서 등장했다. 이에 대한 반응 중 하나는 임상심리학자들의 면허 취득을 추진하는 것이었으며, 그것은 1950년에 시작되어 10년 내내 박차를 가했다. 1967년까지 단 3개 주, 즉 인디애나주, 노스캐롤라이나주, 그리고 하와이주만 면허법을 발효하지 않았으나 곧 그 주들에서도 모두 시행되었다. 면허법은 볼더에서의 정의definition를 실천에 옮긴 것이었다. 즉, 임상가들은 박사학위를 취득하거나 면허가 발효되기 전 몇 년 동안 1차적인 직업으로 심리치료 경력을 제시해야 했다. 그 후로도 몇 년 동안은 석사학위 소지자 또는 학문적 훈련을 제대로 받지 않은 일부 '기득권grandfathered' 임상가들도 있었다. 또 다른 압박은, 다음 10년까지는 심각하게 인지되지 않았을지라도, 치료와 관련하여 정신과 의사와 향정신약물의 처방전에 대해 과도하게 통제하는 의학박사들 간의 투쟁이 시작된 것이다. 다른 싸움은 병원 실무의 특권과 허용된 직책에 포함시키는 것에서 시작되었다. 박사학위를 받은 임상가가 광고에서 자신들을 '의사'로 표시할 수 있는가? 그리고 법에 따라, 어떤 서비스를 광고할 수 있는가? 대부분의 이러한 갈등들은 적어도 단기적으로는 의사들에게 우위를 주는 타협으로 해결되었지만, 그것은 심리학자들이 개척해놓은 틈새시장에 적응할 수 있게 했다. 주와 정부기관에서는 실무에 대한 제약을 거의 받지 않았다. 주에 따라 임상심리학자들은 군대, 교육적 환경, 특히 교정교육, 그리고 교도소 및 기타 교정시설에서 그들의 서비스에 대한 가치를 인정받았다. 노인요양시설을 규제하는 연방법은 인구과밀의 주립병원에서 가장 먼저 퇴원시키는 대상인 노인들을 위해 새로운 시설들을 건설하도록 했으며, 2개의 새로운 APA 분과, 즉 제20분과인 성인발달 및 노화 분과와 제22분과인 재활심리학 분과가 신설되어 1950년대 말 노인 문제에 관심을 갖는 심리학자들의 숫자가 날로 증가하고 있다는 것을 보여주었다. 박사과정에서 이용할 수 있는 다양한 원천으로부터의 지원 역시 심리학과의 대학원 공부를 매력적인 제안으로 만들어주고 있었다.

이론심리학의 관점에서 50년대를 요약하는 한 가지 방법은, 인간의 행동이 인지적이냐, 행동적인 것이냐에 대한 질문의 답이 단연코 인지로 결정된 10년으로 보는 것이다. 자기self나 대행자가 없는 이론들은 그들의 타당성이나 유용성을 심리학자들에게 확신시킬 능력을 상실했으며 다시 회복되지 못했다. 게슈탈트, 톨만, 레빈, 또는 생물학적 원천에서 나온 이론들은 계속 발전하고 확산되었다. 심리학의 초점이 행동보다는 인지로 전환된 이러한 변화는 몇 가지 결과로 이어졌다. 그중 한 가지는 지난 10년간 사회심리학이 외현에 초점을 둔 활동주의자activist 심리학에서 내면으로 전환한 것이다. 동료, 학생들과 매사추세츠공과대학교MIT로 새롭게 옮겨간 쿠르트 레빈은 개인-환경 기능주의에 근거한 전략을 실행함으로써 변화를 실현하려는 야심찬 계획을 세웠다. 예를 들어, 이러한 계획들 중에는 통합주택과정에 관한 연구, 1940년대에 약간의 관심을 끌었던, 부분적으로는 사회적인 의제인 인종 수용에 대해 연구하려는 계획들이 있었다. 지금까지도 "좋은 이론만큼이나 실용적인 것은 없다."는 말과 연관되어 있는 레빈은 그가 실행연구action research라고 부른 시스템을 제안했는데(Lewin, 1946), 그 시스템은 나선형으로 올라가는 긍정적 변화를 만들어내기 위하여 기존 사회 시스템의 개입을 감시하고 수정하는 것이다. 그와 그의 동료들은 여러 인종 통합프로젝트에 참여했으며, 1947년 2월에 레빈이 갑자기 사망했을 때 이러한 작업을 하고 있었다. 돌이켜보면, 그의 사회주의 경향은 냉랭한 반향을 가져올 수도 있었기 때문에 그가 살 수 있는 만큼만 살았다는 것은 행운이었을 수도 있다. 레빈의 사후, 레빈 그룹은 사회운동에서 다소 멀어졌다. 대부분의 구성원들은 미시간으로 옮겨갔고 대학에서 안락하게 자리를 잡게 되자 현장 중심이 아닌 실험실 중심이 되었다. 대학에서 인종적으로 또는 문화적으로 통합된 학생집단에게 접근했던 운동권 사회심리학자들의 수가 줄어듦에 따라 통합과 관련된 작업도 줄어들었다. 주거지의 인종통합작업이 계속 진행되었지만, 50년대에 들어서면서 도시재개발과 교외지역 및 그들에게 접근할 수 있는 넓은 고속도로의 건설과 함께 깨지기 쉬운 통합의 다리가 연결해왔던 모든 것이 서서히 사라졌다. 미 연방대법원이 '분리하되 평등'한 교육시설의 합법성에 대해 문제 제기를 받아들여 1954년 브라운 대 교육위원회 판결에서 분리정책은 만장일치로 헌법에 위배된다는 판결이 내려졌음에도 불구하고, 백인 중산층이 새로운 교외지역으로 이주하는 '백색 비행white flight'[3]은 가속화되었다.

[3] 백인들의 도시 탈출–역주

그 당시 법원에 영향을 미치는 사회과학 및 심리학 연구는 이미 15년 가까이 되었다. 브라운 판결이 내려진 시기에 사회심리학 연구는 전반적으로 개인의 내적인 태도, 사고 및 행동에 따라 집단을 나누고 그 효과를 조사하는 것으로 바뀌었다. 이러한 전환의 전형은 제2차 세계대전 동안 버지니아의 하우드 공장에서 레빈 그룹 구성원들이 진행한 현장작업이었다. 그곳에서 실행연구가 시험대에 올랐고, 코흐와 프렌치(Coch & French, 1948)에 의해 출판되고 그 후 몇 년 동안 인용된 그 연구 결과는, 작업 목표 설정을 위한 민주적 절차와 작업 관리의 다른 기능의 실행 가능성이 사기와 생산성 증대를 증진시킬 것이라는 명제에 대해 매우 유망한 것이었다. 그럼에도 불구하고 결국 교과서에는 그것의 요약된 결과만이 실렸을 뿐이었다. 1953년 출판된 집단역동Group Dynamics은 미래 발전을 위한 본보기를 제공하기보다는 과거의 성공적인 연구에 대한 회고를 더 많이 보여주고 있었다. 대신 1950년대 사회심리학의 주요 패러다임(애쉬의 동조에 관한 연구와 페스팅거의 인지부조화cognitive dissonance에 관한 연구)은 개인이 집단으로 흡수되는 것보다는 집단 내에서의 개인 및 집단에 대한 개인을 강조하고 있다. 이러한 경향은 사회심리학의 렌즈로 보면, 사회가 점점 악의적인 방식으로 개인들에게 영향을 미치고 있는 것으로 보이는 다음 10년 동안에도 계속되었다.

솔로몬 애쉬(Solomon Asch, 1907~1996, 폴란드-미국). 동조 실험에 대한 유명한 연구를 수행한 게슈탈트 지향적인 사회심리학자

레온 페스팅거(Leon Festinger, 1919~1989, 미국). 인지부조화에 대한 아이디어를 고안한 박식한 심리학자. 경력 후기에는 인류학에 몰두했다.

1946년 보링E. G. Boring은 동부심리학회 연차학술대회에 모인 심리학자들 앞에서 연설을 했다(Boring, 1946). 그는 다소 조롱하는 말투로 청중

들에게 "감자는 어떠한 자질을 의식할 필요가 있습니까?"라고 질문했다. 그 당시 60세로 동료들에 의해 이미 '미스터 심리학'으로 알려진 보링은 많은 초기 심리학자들에게 기여했던 그 옛말을 잘 알고 있었다. 그는 심리학이 처음에는 그것의 영혼을, 그다음에는 그것의 정신을, 또 그다음에는 그것의 의식을 잃어버렸다고 말했다. 보링은 이어서 "그것은 여전히 잘못 가고 있다."고 말했지만, 심리과학의 최후의 수단을 묵살해버리기보다는 기능들을 추가할 수 있는 로봇에 대한 아이디어를 덧붙였다. 그는 가상의 감자-로봇(보링은 6년 앞서 이미 미스터 포테이토 헤드 Mr. Potato Head[4]로 등장했다)의 등장으로, 기억, 동기, 목적, 선택, 주의, 그리고 그가 알고 있는 다른 '유심론적인' 용어들이 전부는 아니어도 많은 행동주의 시대의 청중들을 괴롭히게 될 것이라고 소개했다.

그 당시 보링은 스키너나 헵D. O. Hebb 중 한 명을 자신이 심리학과 학과장으로 있는 하버드대학교로 영입하고자 노력하고 있었으며, 그의 연설은 그의 입장을 분명히 표현하고 행동의 내적기제의 역할에 대한 그들의 의견을 떠보기 위해 설계된 것이었다. 헵은 일언지하에 그의 요청을 거절했으며 몬트리올에 남아서 3년 후 정교한 신경이론을 발전시켰다. 반면 스키너는 그 제안을 받아들였고 단호하게, 두뇌가 머리에 있을지라도 강화의 역사를 아는 한 그것은 알만한 가치가 없다고 주장하기 시작했다. 사실 기계화된 마음의 은유적인 확장인 보링의 로봇은 30년 전 심리학자들에 의해 그려지고 때로는 심지어 미니어처로 만들어졌던 것으로, 그것은 1956년 9월 11일 다트머스에서 열린 첫 번째 인공지능 컨퍼

---

4 멍청이라는 의미로도 사용되는 말-역주

런스에서의 조지 밀러George A. Miller, 1920~2012의 견해를 따라서 인지과학이 상상하고, 태어난 방식과 아주 흡사했다. 밀러가 유명한 논문 '마법의 수 7(±2)'를 심리학 리뷰*Psychological Review*지에 게재한 것이 바로 그해였는데(Miller, 1956), 그 논문에서 그는 모든 인지작업에서 주의와 기억에 접근할 수 있는 정보의 양에 수학적 규칙성이 있다는 누적된 증거를 제시했다. 밀러는, 1930년대 주파수 변조FM의 음향심리효과를 연구해왔던(스탠리 스미스 스티븐스Stanley Smith Stevens와 레슬리도 함께 연구했다) 보링의 제자인 도널드 람스델과 활동한 앨라배마대학교에서 티머시 리어리와 연구를 시작했는데, 그는 전자통신 문제를 연구하는 하버드 대학원생으로 제2차 세계대전을 보냈으며 이후 벨 연구소와 록펠러대학교로 자리를 옮겼다. 그곳과 미국 전역의 다른 많은 곳에서 물리학자, 수학자, 논리학자, 통신이론가 및 전자전문가들이 최신의 디지털 컴퓨터를 완성하기 위해 그들의 재능을 결집시켰다. 최초로 대량 생산된 컴퓨터인 IBM 650은 1954년 판매 제안을 받아 450대가 팔렸다.

도널드 람스델(Donald Ramsdell, 1904~1965, 미국). 앨라배마대학교에서 조지 밀러와 티머시 리어리의 멘토였다. 하버드대학교에서 정신물리학자로 훈련을 받았으며, 나중에는 보스턴 부근 재향군인들을 위한 심리서비스의 책임자가 되었다.

1963년 만화cartoons를 조사한 결과에 의하면 만화가들, 그리고 더 나아가 일반 대중들은 심리학자들의 60%를 틀림없이 카우치를 사용하는 치료사로 인식했지만 20% 이상은 전자뇌를 프로그래밍하는 '광적인 과학자들'로 인식하고 있는 것으로 나타났다(Ehrle & Johnson, 1963). 1959년 예일대학교 소통 및 설득 전문심리학자 칼 호브랜드Carl Hovland, 1912~1961는 프로그래밍, 알고리즘, 그리고 의사결정 구조와 같은 컴퓨터 과학의 전문용어를 사용하여 컴퓨터 사용과 사고 간의 정확한 유사성을 요약할 수 있었다. 현대의 심리학 역사에 대한 날카로운 관찰자인 하워드 켄들러는 머리에 모자를 씌우고, 그 선을 TV에 연결해서, 화면으로 마음이 작동하는 것을 지켜볼 수 있는 것이 1950년대 심리학자들의 꿈이었다고 특징짓고 있다. 몇 년 후 폴 밀은 뇌 속의 생각을 읽을 수 있는 '자가뇌관찰기autocerebroscope'를 가정했다(Meehl, 1966).

하워드 켄들러(Howard Kendler, 1919~2011, 미국). 에이브러햄 매슬로우와 솔로몬 애쉬의 학생으로, 그 분야의 역사학자이자 과학과 행동주의를 혼합한 비평가

1950년대는 찰리 파커의 색소폰 비행[5], 마일스 데이비스의 트럼펫 연주기법인 매력적인 프로브와 퀘스천, 오스카 피터슨의 피아노 연주 등 음악적으로 재즈가 풍미했다. 다양한 종류의 재즈가 지난 30년 동안의 모든 대중음악을 추월했었다. 즉, 재즈의 영향을 받지 않은 것을 라디오로 듣거나 춤을 추는 일은 거의 있을 수 없었다. 심지어 그 시기의 오케스트라 작곡가들까지도 재즈에서 나오는 음색과 리듬의 새로운 가능성에 매료되었다. 재즈의 본질은 미지로의 창조적인 도약, 기존 멜로디의 재구성, 계획되지 않은 대화체의 대화 등 어떤 행태로든지 즉흥연주이다. 이러한 현상에 대해 심리학은 크게 침묵해왔다. 음악에 관해 말했던 많은 것은 19세기 독일의 실험심리학 및 음향학과 밀접한 관계가 있었다. 칼 시쇼어와 막스 마이어 같은 심리학자들은 기본적인 음색의 인식과 조합을 추구했다. 즉, 시쇼어의 제자인 밀턴 메트페셀은 1920년대에 진동을 분석할 수 있는 독창적인 촬영 기술을 고안했다. 하지만 고전적이든

[5] 새를 연상시키는 속주. 파커의 애칭이 새(bird)-역주

즉흥적이든 어떤 종류의 작곡에 대한 관심도 미지의 대륙이었다.

밀턴 메트페셀(Milton Metfessel, 1901~1969, 미국). 아이오와대학교에서 칼 시쇼어의 박사과정 제자였다. 심리학적이고 문화적인 측면에서 사고에 관한 심리학과 음악에 관한 글을 썼으며, 시각장애인을 위한 자동판독기를 개발하기 위한 방법으로 '철자가 있는 연설(spelled speech)'를 개발했다. 캘리포니아 대홍수로 사망했다.

이러한 질문을 제기한 몇 안 되는 심리학자들 중 한 명이 스키너였다. 스키너의 아이디어가 무르익는 데는 수년이 걸렸다. 그의 1970년대 글인 '창의적인 아티스트 만들기'(Skinner, 1970)는 그것이 회화든, 소묘든, 뮤지컬이든 구성을 시작하는 문제에 대해 있는 그대로 잘 설명하고 있다. 그러나 그것은 예술적인 구성에서는 한 단계는 다음 단계를 뒤따르며, 가장 중요한 단계는 다른 모든 단계가 의존하는 첫 번째 단계라는 언급을 하지 않았다.

하지만 이것은 정확히 어떤 단계가 첫 번째 단계 다음에 선택될 것인지에 대해서는 많이 말해주지 않는다.

즉흥연주의 구성에서 감각이 통하는 소리들의 새로운 배열 순서의 출현(그들의 게슈탈트, 즉 배열, 혹은 '전체 형태'는 게슈탈트에 대해 지금까지 발견된 가장 근접한 번역이다)은 신비롭게 느껴진다.

그러나 스키너에게 있어서 이것을 설명하는 데는 아무 문제가 없었다. 스키너는 모든 행동은 적법하고 개인의 강화 역사에 의해 결정된다고 주장했다. 스키너는 자신과 동료들의 실험실에서 비둘기와 쥐의 예측 가능한 반응 패턴으로부터 추정하여, 그의 이론서 **유기체의 행동***The behavior of Organisms*(1938)과 **과학과 인간행동***Science and Human Behavior*(1953)에서 이전의 강화에 대한 이러한 의존은 모든 이질적인 형태의 행동을 함께 연결해주는 공통된 특징이라고 주장했다. 1934년과 1957년 사이에, 스키너는 언어에 많은 관심을 기울였고, 언어로 하는 개인적인 발언을 그들의 이전의 강화로부터 예측할 수 있는 방법들에 대한 복잡한 설명을 발전시켰다. '즉흥성improvisation'이라는 용어는 과학과 인간행동의 458페이지에서 찾아볼 수 없었고, "즉흥적으로 하다improvise."라는 용어는 정확히 한 번 나온다. 스키너는 모방에 대해 다음과 같이 논의하였다.

> '모방한' 레퍼토리는 새로운 사례들이 자동적이고 연속적으로 출현하는 분야에 접근할 수 없다. 어느 정도, 숙련된 무용수들은 마치 테니스 선수가 새로운 공격적인 책략에 대한 적절한 반응을 어느 정도 자동적으로 소유하고 있는 것처럼, 한 사람이 일련의 단계를 도입하고 다른 사람이 뒤따르는 춤을 즉흥적으로 출 수 있지만, 실제 모방으로 행동의 복제를 제공하는 분야는 없다(Skinner, 1953, pp. 121-122).

겉으로 보기에는 계획되지 않은 일련의 행위에서의 행동에 대한 그의 개념과 일관되게, 즉흥성의 정의는, 실제로 그것의 강화된 결과들뿐만 아니라 이전의 강화에 의해 형성된 결과들에 의해서 통제된 것으로, 즉흥댄스나 테니스 발리(맞받아치기)가 공식적인 모방의 특별하고 명백한 예외적인 사례이며, 그것은 명백하게 숙련된 수행을 보여주는 기준인 것이다. 아마추어 재즈 트럼펫 연주자들이 그들이 되지 않고도 그들을 모방하기 위하여 녹음된 루이 암스토롱의 솔로곡들과 빅스 바이더벡의 음반들을 수년 동안 구입해 왔던 것은 스키너에게서 이해받지 못했다. 여전히 그는 매우 복잡한 언어행동의 에피소드들은 이전의 어떤 강화사건에 의해 추적이 가능하다는 자신의 의견을 끝까지 고집했다.

1948년 언어에 관한 그의 윌리엄 제임스 강연에서 스키너는 새롭고, 계획되지 않은 일련의 행동이 모방의 맥락에서 나타났다는 어떤 에피소드를 기술했다. 그는 9세 소녀의 피아노 연습 세션을 기술하고, 그녀의 행동과 일련의 언어적 표현 과정 모두를 기록했다. 실수를 한 이후 스키너는 건반과 언어행동 간의 상호교환 과정을 도표로 만들었다.

> 아냐, 기다려!(정확하게 연주하고 곡의 마지막에 도달한다.) 하! (새로운 곡을 몇 소절 연주한다.) 보자. 이게 맞나? 그걸 다시 한 번 연주할 거야. (그 곡을 마친다.) 아, 이제는 다른 걸 해볼 수 있어…(다른 실수를 한다.) 모두 다시 시작해야 해. (어려운 곡을 연주한다. 몇 번 어이쿠 소리를 낸다. 계속 어려운 구절을 연주한다.) 아, 내 손가락, 너무 아파! 그렇지만 난 그걸 해낼 거야! …에이! (시계를 본다.) 어서 해! (시계를 조정한다. 옆 방에 있는 아빠를 부른다.) 아빠, 제가 이 시계가 천천히 가게 했어요. 연습할 시간이 없거든요. 1시간 정도 돌려놨어요. 꽤 많이 연습했어요(Skinner, 1948/2009, pp. 155-156).

1957년 스키너는 오늘날 우리가 '자기대화'라고 부르는 위에서 제시한 예들로 가득한 **언어 행동***Verbal Behavior*을 출판했다. 그것의 출판은 인지과학 역사에서 가장 의미 있는 사건이었는데, 왜냐하면 그것이 펜실베이니아대학교의 젊은 언어학자인 노엄 촘스키(Chomsky, 1959)의 비평을 불러일으켰기 때문이었다. 그 비평에서 촘스키는 이전의 강화사건으로부터 언어적 생성을 예측할 수 있다는 스키너의 주장을

> 노엄 촘스키(Noam Chomsky, 1928~, 미국). 언어학자, 철학자, 정치 활동가이자 비평가

체계적으로 다뤘다.

촘스키의 비판의 본질은, 스키너의 분야와 같은 행동과학은 사전 자극, 강화된 결과, 그리고 강화 상황에서 나타나는 행동의 안정성과 반복 가능성을 확립할 수 있어야만 한다는 것이다. 촘스키는 언어가 강화될 수 있는 가능성을 인정했다. 즉, 그는 언어에 의해 중재된 자기동기와 자기통제의 역할을 인정했지만, 그는 표현의 정확한 형태와 그것들이 생성된 맥락과의 통합이 관찰 가능하고 측정 가능한 선행조건으로 되돌아가는 경우는, 설령 있다고 하더라도 거의 찾아볼 수가 없다고 확고하게 주장했다.

위의 예에서와 같이 복잡한 연결 순서가 그것을 설명하는 자극과 반응의 한 세트에 대한 기술이 아니라 우리가 해결해야 할 문제라는 것을 보여주기 위해 촘스키가 요청한 심리학적 증거의 주요 부분은, 행동과 뇌의 관련성 문제에 관한 1950년 심포지엄에서 칼 레슬리에 의해 전달되었다(Lashley, 1951). 레슬리는 20년 전 뇌에서의 학습의 표시를 설명하는 문제의 방대함에 대해 밝혔으며, 그는 몇 가지 가능한 해결책을 사용할 수 있다면 행동 결과를 산출하기 위해 이제 정확하게 어떤 순서의 신경활동이 선택될지 하는 질문으로 맞붙었다. 사실 이것은 구성의 문제이다. 즉, 악보를 재조합할 수 있는 무한한 가능성들 중에서 어떻게 말러의 9번 교향곡이 나왔는가? 혹은, 위의 예에서, 연습시간 문제에 대한 약간 창조적인 해결책(시계를 재설정 하는 것)이 어떻게 운동행동 및 자기대화의 앞에서 말한 패턴으로부터 나타나는가? 행동과 그에 따른 동기를 부여하는 구문들은 왜 그들이 하는 그 순서대로만 나타나는가? 음악적인 요소를 보면, 어떻게 즉흥연주의 비행이 가능한가? 그리고 가장 중요한 것은,

왜 그것은 오류가 없는 것처럼 보이는가? 촘스키는 아이들이 항상 언어를 모방하고, 즉흥적으로 따라하며, 최소한의 관찰 가능한 강화로 언어의 문법 규칙과 구조를 배우는 것을 관찰했다. 그는 본질적으로 스키너가 설명하려고 시도했던 언어와 상호 연결되는 학습과정을 가속화하고 자동화하면서, 학습된 언어를 신속하게 자동 수정하는 두뇌 기반 컴퓨터 시스템을 상정했다. 지각처럼 언어학습은 환경과의 상호작용을 관찰 가능한 순서대로 분석하기 위해 포착하기에는 너무 빠르고, 대부분의 언어는 내적이고 관찰이 불가능하다. 촘스키의 비평은 적어도 행동주의가 사고를 설명할 수 있다는 아이디어에 종지부를 찍었다. 1940~1960년 사이 모든 심리학적 사고는 두뇌가 매개한다는 아이디어로 집중되었다. 저명한 영국의 기억 연구자인 프레더릭 찰스 바틀릿 경Sir Frederic Charles Bartlett은 그의 경력이 끝날 무렵인 1958년 그의 저서 **사고: 실험 및 사회연구***Thinking: Experimental and Social Study*를 출판했다. 그 책에서 그는 사고를 주어진 조건에 적응하기 위해 신속과 완벽을 기하는 테니스에 비유했다. 훨씬 이전에 윌리엄 제임스는 사고를 여기저기서 휴식을 취하지만 항상 그 사이에 몸짓을 취하는 새의 비행과 비교했었다. 1950년대 즉흥적 재즈는 그 시간 이후 사고와 언어 모두에서 즉흥성의 신경경로에 대한 심리학의 지속적인 연구를 지원하는 반주인 것이다.

> 프레더릭 찰스 바틀릿 경(Sir Ferederic Charles Bartlett, 1886-1969, 영국). 1932년 출간된 '기억하기: 실험적, 사회적 심리학 연구(Remembering: A Study in Experimental and Social Psychology)'라는 책에서 재구조화 기억 이론에 대한 연구로 잘 알려진 심리학자

인지와 내적 상태 역시 동기이론의 1950년대 버전에서 나타났다. 이전 1920~1940년 기간 동안, 동기는 매우 단순한 생리학적인 용어로 간주되

었다. 사람들은 기아, 갈증, 성 및 기타 생리학적인 또는 생물학적인 욕구의 내적 '추동'(구체화되지 않은 정확한 매커니즘들)때문에 움직였다. 1940년대 후반에 위스콘신대학교의 에이브러햄 매슬로우Abraham Maslow의 대학원 멘토인 해리 할로는 이러한 어떤 생리학적인 자극 없이 오로지 호기심의 만족에 기초하여 겉으로 보기에 동기화된 탐색적 행동에 대한 관찰 결과를 발표하기 시작했다.

해리 할로(Harry Harlow, 1905~1981, 미국). 비교 심리학자이자 영장류 학자로 사랑의 생물학적 기초에 대한 실험 연구를 수행했다.

1953년 맥길대학교의 헵과 밀러의 연구소에서 일한 제임스 올즈James Olds, 1925~1976는 우연히 전기 자극이 주어졌을 때 행동조작 공간에서 끊임없이 막대기를 누르는 행동을 일으키는 쥐의 두뇌 영역을 발견했다(Olds & Milner, 1954). 올즈와 그의 동료들이 특정한 정서 상태라기보다는 강화라는 측면에서 그 현상에 대해 말하는 것에 대해 주의를 기울이는 동안, 사실상 모든 사람이 올즈가 '쾌락중추'를 밝혀냈다고 말할 준비가 되어 있었다.

1930년대 동안 하버드 심리학클리닉의 헨리 머레이는 그와 크리스티나 모건Christina Morgan이 함께 설계한, 그림도판의 주제통각검사Thematic Apperception Test, TAT에 대한 반응 분석을 근거로, 각각 'N'으로 시작하는 인식 가능한 인간 욕구의 복잡한 시스템을 상정했다. 1950년대 중반 데이비드 맥크렐랜드도 하버드에서 TAT 분석을 통해 이러한 욕구들 중의 하나인 성취욕구N ach를 구분해냈으며, 머지않아 그가 발견한 것을 근거로 초보 기업가들에게

데이비드 맥크렐랜드(David McClelland, 1917~1998, 미국). 하버드대학교의 심리학자이며, 성취동기의 제창자

성취욕구 및 경제적 향상을 증가시키는 방법을 가르치기 위해 인도로 갔는데, 이것은 행동 변화를 위한 인지전략의 성공적인 사용에 대한 초기 사례이다(McClelland, 1961). 1953년 나타니엘 클레이트만이 수면의 단계를 발견했고, 1956년 한스 셀리에는 스트레스 반응단계를 확인했으며 이 둘은 동기의 어휘뿐만 아니라 의식과 정서의 어휘까지도 확장시켰다.

나타니엘 클레이트만(Nathaniel Kleitman, 1895~1999, 러시아-미국). 수면에 관한 획기적인 연구를 발표한 심리학자이자 REM 수면의 발견자

한스 셀리에(Hans Selye, 1907~1982, 헝가리-캐나다). 스트레스에 대한 반응 이론인 일반적응증후군(General Adaptation Syndrome)을 제안한 것으로 잘 알려진 내분비학자

모든 분야의 응용심리학자들은 쉬지 않고 활동을 계속했다. 즉, 검사자들은 검사를 했고, 상담자들은 상담을 했고, 그리고 자문가들은 자문을 했다. 국방과 50년대 후반 항공우주에 대한 초점은 새로운 부류의 심리학으로 훈련된 디자이너들을 탄생시켰으며, 그들은 곧 APA에서 또 다른 분과, 즉 제21분과인 공학심리학 분과를 발족시켰다.

1950년과 1959년 사이에 500개 이상의 새로운 심리검사가 부로스 정신측정연감Buros Mental Measurements Yearbook에 추가되었다. 개업한 임상심리학자이자 과학철학의 중추인물이었던 폴 밀은 1954년 임상심리학과 응용 심리측정의 경계선상에서, 돌이켜보면 가장 선견지명이 있었던 것으로 보이는 저서 **심리통계와 예측**Statistical vs Clinical Prediction in Psychology(Meehl, 1954)을 출판했다. 그 책 속에서 그는 임상가의 판단과 심리검사의 예측 간의 비교에 대해 그때까지 알려진 것을 요약했다. 임상적 판단이 심리검사 결과의 예측과 비교될 수 있었던 20개의 연구 중 19개에서 심리검사가 보다 우월한 것으로 입증되었다. 이러한 발견은 수십 년 동안 부인

하는 결과를 낳았지만 궁극적으로는 50년 후 변함없이 타당한 것으로 다시 떠오르고 있다.

1955년과 1957년 심리학자들은 지금은 잊혀져버린 창의력에 관한 2개의 주요 컨퍼런스를 개최했다. 기억 속에 더 확실하게 남아 있는 것은 1950년대의 특징이 순응하라고 강하게 압박했던 시기라는 것이다. 즉, 사회과학과 연관이 있었던 그 시대의 베스트셀러들은 **조직인간***The Organization Man*, **회색 플란넬 양복을 입은 남자***The Man in the Grey Flannel Suit*, 그리고 **고독한 군중***The Lonely Crowd*이었다. 1957년 빌헬름 라이히는 우편사기혐의로 유죄판결을 받고 그의 많은 저서들이 불태워진 이후 펜실베이니아 루이스버그의 연방교도소에 수감되었다. 라이히는 어떠한 종교도 갖고 있지 않다고 말했지만 불굴의 용기와 신념을 갖고 있었다. 그는 자신의 버전으로 "하늘로부터 온 예술, 우리의 사랑/삶…"과 같은 기도문으로 기도했다. 자유로운 오르가즘을 전파하고자 했던 라이히는 문화나 심리학에 의해 강요되는 합리성을 넘어서기 원했던 오토 랭크나 칼 융처럼, 비트 시인들과 문학가들에 의해 사랑을 받았으며, 1957년 11월 3일 60세의 나이로 루이스버그에서 심장마비로 사망했다. 그의 죽음의 정황은 오직 커다란 개인적 위험에 의해서만 건널 수 있는 심리학의 사회적 · 문화적 한계를 상기시킨다. 1년 전 로버트 린드너Robert Lindner, 1914~1956도 41세의 나이로 볼티모어에서 갑작스런 심장마비로 사망했다. 린드너는 분석과정에 관해 가장 대중적으로 접근하기 쉬운 작가들 중 한 사람으로 알려져 왔었다. 그의 책 **50분의 시간***The Fifty-Minute Hour*(Lindner, 1954)은 미국 국민들에게 치료의 잠재력을 일깨워준 방법들 중 하나였다. 린드너는 학문적인 출발을 루이스버그에서 시작했는데, 교도소에서가 아닌 버크넬

대학교에서였으며, 실험심리학에서 곧바로 정신과로 갔다. 그는 1939년 코넬대학교에서 박사학위를 취득했다. 그는 박사학위를 마친 후 의학박사 학위를 취득하는 동안 루이스버그 연방 교도소에서 일하면서 그가 고안한 기법인 '최면 분석'의 결과에 관해 서술한 책으로 가장 잘 알려졌다. 그는 재소자의 아동기와 청소년기의 경험이 그들을 수감생활에 처하게 했던 방식에 가장 관심이 많았다. 1955년 제임스 딘과 살 미네오가 청소년의 혼란과 비극을 그린 영화에 출연했는데, 그 영화는 린드너가 루이스버그의 연구들을 요약한 1944년 저서에서 내용을 취한 것은 없었지만 그 책의 제목 이유없는 반항Rebel Without a Cause을 사용하였다. 1950년대 미국은 표면적으로는 평온했지만 안으로는 끓어오르는 불만이 가득했기 때문에 1960년에 성인이 되기 직전에 있었던 청소년들은 필연적으로 반항을 해야만 했을 것이다. 곧 그들은 충분한 이유를 갖게 될 것이었다. 그 사이 경제적 지표는 냉전의 긴장과 함께 상승했다. 1960년 APA에 새로운 분과, 즉 제23분과인 소비자심리학 분과가 생겼다.

가족 이야기 : 제트기 시대 패턴 유지하기

1950년대 흑인가의 형제자매와 그들의 가족들은 심리학과 그들 주변에서 일어난 사건들로부터 다양한 정도의 단절을 겪었다. 헬렌의 남편인 에디는 1950년대에 만들어진 응용인지심리학에 관심이 있었고 그는 가끔 해군연구소Office of Naval Research와 계약을 맺고 일하는 항공심리학자들이 쓴 논문을 읽었다. 로사, 해리, 헬렌은 모두 스트레스를 경험하고 있었지만 당시에는 중년기 스트레스를 심리적 구인으로 보기 어려웠다. 해리는 아내의 계속되는 우울증에 대처해야 했고 그 10년이 끝나갈 무렵 그녀의 첫 번째 사건이 터졌다. 그의 아들은 그만큼 범죄에 연루되지는 않았지만 해리 자신이 했던 것과 거의 같은 방식으로 성년이 되어갔다. 1950년대의 십 대인 도널드는 30년 전에 심리학이 정의했던 다루기 힘든 젊은이의 완벽한 전형이었으며, 이 시기에 청소년기에 관한 풍부한 이론이 있었지만 그것이 도널드와 해리의 관계에 전혀 도움이 되지 못했다. 해리는 지나치게 예약을 많이 받아 늦게까지 일하는 경향이 있었으며 괴로움을 극복하기 위해 일하는 것으로 보호막을 쳤다. 또한 사회적 인식과 자기기만에 관한 새로운 이론들도 해리 자신처럼 많은 문제를 가진 매일 만나는 내담자들로부터 흥미로운 전환 그 이상의 것은 아니었다. 해리는 부조화 감소를 위한 자신의 버전을 발전시켰으며, 50년대 후반에 접한 인지부조화 과정에 대한 페스팅거의 설명을 통해 자신을 인식했다. 그렇지만 그때쯤 해리는 더 내면적이고 더 비관적이 되어 있었다.

해리가 주변으로부터 동떨어져 있는 것은 명목상은 아니어도 실질적으로 일상적인 치료실무의 고됨으로 인해 이후 세대의 심리학자들이 '소진burned out'으로 명명할 상태였고, 로사와 헬렌은 완벽하게 자신의 패턴을 유지하고 있었다. 프랜신과 로사는 서로를, 직업을, 그 도시의 많은 활동들을, 그리고 그들의 은밀한 관계의 비밀을 공유하는 작은 규모의 친구들 모임을 갖고 있었으며 하루하루가 지나 몇 년이 되었다. 헬렌은 부모님의 말을 잘 듣고, 원칙적이며, 거의 문제를 일으키지 않는 캐럴린에게 헌신했다. 헬렌과 에디가 그랬듯이, 풍요로운 중산층에게 1950년대 로스앤젤레스는 나쁜 소식이 거의 들려오지 않는 냉방이 잘 되는 섬이었다. 캐럴린은 반 누이스에 있는 고등학교에서 유일한 흑인이었다. 몇 마일 떨어져 있는 흑인 공동체 파코이마와는 전혀 다른 세상이었다. 북쪽으로 샌프란시스코 커피하우스에서 혁명의 소문이 있었지만 '비트 세대'는 캘리포니아의 유유자적함에 대해 거의 두려움이 없었다. 비트 문화는 로사가 시사주간지를 편집하기에 좋은 기삿거리였지만 더 멀리 가지는 않았으며, 1963년 캐럴린이 버클리의 캘리포니아대학교를 선택하고 입학허가서를 받았을 때 그녀의 부모는 만족했고 자랑스러웠다.

미국에서 20세기의 가장 중대한 사건들이 꿈틀거리기 시작한 것은 이러한 중년기의 사람들, 중산층의 피로, 철수, 그리고 태평함의 배경에 반하는 것이었다. **브라운 대 교육위원회 판례**는 고든 올포트의 편견에 대한 연구와 함께 심리학 내에서 큰소리를 내고 있었다.

미국에 인종적 정의justice를 가져온 것은, 심리학 및 사회학의 조사 결과들이 중요하긴 했지만, 그것들보다 훨씬 더 많은 시간이 걸렸다. 그것은 수천 명의 용감한 개인적 행동(1955년 앨라배마 몽고메리 주에서 로사 파크Rosa Park가 시내버스에서의 인종차별적 좌석 제한에 따르는 것을 거절함), 군사적 강제(1957년 인종차별 철폐를 위해 리틀 록 고등학교에 국가방위군 배치), 그리고 궁극적으로는 영적인 수준에서뿐만 아니라 지적인 수준에서 작동하는 풀뿌리 운동을 전개하게 했는데, 그 운동은 인종평등운동에 활기를 불어넣은 마틴 루터 킹Martin Luther King Jr 박사의 연설을 듣기 위해 1963년 워싱턴 DC에 수십만 명의 사람들을 모이게 했다. 킹 박사의 많은 영향 가운데는 철학자이자 신학자인 헨리 넬슨 위먼Henry Nelson Wieman이 있었는데, 그는 킹 박사가 보스턴대학교에서 박사학위를 위해 그의 사상을 연구했던 사람이다. 위먼은 심리학에 깊은 뿌리를 가지고 있었다. 그는 박사과정 동안 윌리엄 제임스가 몰두했던 근본적인 주제인 흥미의 본질에 대해 연구했으며, 나머지 경력은 각자 다른 인간의 흥미가 공동선common good을 위해 어떻게 결속할 수 있는지를 이해하는 데 전념했다.

심리학자들은 킹 박사로부터 심리학의 종교적 뿌리와 이렇게 깊은 연관성을 알아차리지 못했다. 1950년대 대부분의 심리학은 심리학의 종교적 기원으로부터 벗어나 있었다. '영혼 없는 과학'은 전문성을 위해 선호되어온 이상ideal이었다. 해리가 종교적인 전통을 가진 또 다른 심리학자인 칼 로저스를 세속적이라고 해석한 것은 이해할 만한 일이었다. 해리의 무종교는 깊어갔다. 그의 아버지는, 아이들이 할아버지의 전통적인 유대교와 무관하게 키워졌고, 아이들을 데려간 사촌은 무관심하게 지켜보기만 했다고 주장했다. 로사도 헬렌도 모두 종교와는 어떤 특별한 연결이 없었다. 로사, 해리, 그리고 헬렌은 그 당시 가장 위대한 사회적 투쟁의 종교적 함축에 대해 거의 듣지 못했다. 로사와 해리는 때때로 공개적으로 표현되고, 그들이 뉴욕에서 자라면서 갖게 된 편견들에 의해서도 방해를 받았다.

하지만 해리와 헬렌의 아이들인 도널드와 캐럴린은 세상을 그들의 부모와는 다르게 지각했다. 평등을 위한 투쟁이 앞으로 수십 년 동안 심리학뿐만 아니라 그들 각자의 삶을 정의하는 핵심이었다.

06

1960년대

1960년대의 심리학 연합

1960년대에는 미국에 TV가 도입되었다. 15년 전만 해도 별로 호기심을 끌지 못했던 TV가 1960년에는 사실상 거의 모든 가정, 모든 술집, 모든 모텔, 모든 정신병원, 모든 교도소 어디에서나 화면을 깜빡거리고 있었다. 1961년 당시 미연방 통신위원회 위원장이었던 뉴턴 미노는 TV를 '거대한 황무지'(Minow, 1964)라고 표현했다. 게임과 퀴즈쇼, 틀에 박힌 시트콤, 드라마, 위협적인 광고로 가득한 TV에서 외견상 그 어떤 사회적 가치도 찾아볼 수 없었다. 그 후 수십 년 동안 심리학자들은 TV 속 폭력이 사회적 영향력을 갖는지에 대해 결론 나지 않는 논쟁에 참여하게 된다. 그러나 TV는 문화 전반을 통해 신속하게 당시의 정치적 · 사회적 사건에 대해 분명한 메시지를 전달하는 지점까지 발전했다. 1964년 커뮤니케이션 이론가인 마셜 맥루언은 "매체는

뉴턴 미노(Newton Minow, 1926~, 미국). 1961~1963년 미 연방통신위원회의 법률대리인이자 위원장을 역임했다.

마셜 맥루언(Marshall McLuhan, 1911~1980, 캐나다). 폭넓게 읽히고 인용되는 1960년대와 1970년대 커뮤니케이션과 미디어 이론가

메시지이다."라고 말했다(McLuhan, 1964, p. 7). TV는 그 특성상 이미지들을 그림으로 제시하기 위해 그것이 표현하는 이미지들을 구조화할 것이고, 그 이미지들은 각각 다르고, 그리고 계속 흘러가고 있는 현실과도 다를 것이다. 1952년 TV는 화질이 가물가물한 대통령 전당대회를 선택된 거실로 전달했다. 1960년 TV는 두 후보자들의 면대면 논쟁을 미국의 거의 모든 거실로 전달했다.

1970년 흑인 재즈 시인인 길 스콧 헤론Gil Scott Heron, 1949~2011은 스크린의 비현실적 이미지와 실제로 거리에서 펼쳐지는 현실 사이의 단절에 대해 "혁명은 TV에 방송되지 않을 것이다."라고 말했다. 그때나 지금이나 라디오, 신문, TV에 편견과 증오에 찬 저널리즘이 존재했지만, 3개의 주요 미국 방송 네트워크 뉴스 평론가들인 프랑크 레이놀즈, 에릭 세바레이드, 쳇 헌틀리, 데이비드 브링클리와 월터 크롱카이트는 대부분 정확하게 당시의 사건에 대한 객관적 관점을 대변했던 존경받는 인물들이었다. 물론 뉴스는 선택적이고, 완전한 공정성은 불가능하다. 불완전한 화면을 통해서이지만, 그것을 통해서 누설된 이미지들은 국제관계에 대한 재개념화의 씨앗이 전후 공산주의에 대항하는 반응으로 심어졌으며, 65년 전 플레시 대 퍼거슨Plessy v. Ferguson[1] 판결에서 대법원이 사회정책에 대해 '분리하되 평등separate but equal'이라고 권한을 준 판결로 심어진 인종불평등의 개념에 대한 혁명이 뿌리를 내려 빠르게 성장하고 있었다.

[1] 1896년 인종에 따라 열차 칸에 승객을 분리해서 수용하는 차별을 합헌 결정해 '분리하되 평등' 원칙을 확립한 판결, 이후 브라운 대 토피카 교육위원회(Brown v. Board of Education of Topeka, 1954) 판결로 그 원칙이 파기되었다. 임지봉(2014). 법과 인권이야기. 서울 : 책세상 참조-역주

이러한 이미지들 중에는 1962년 10월 쿠바를 향해 항해하는 동안 긴 파도를 일으키고 있는, 미사일과 핵탄두를 갑판에 장착하고 있는 러시아 선박의 항공 사진들이 있었다. 며칠간 긴장된 협상이 진행되었다. 배가 방향을 바꾸었을 때 나라 전체가 안도했다. 이후 1970년대와 1980년대에 이 사건의 성공적인 해결 단서가 심리학자들에 의해 분석되었지만, 그 당시에는 단지 이 세상에서의 불확실하고 두려운 삶의 실상을 보여주는 또 다른 지표일 뿐이었다.

이듬해인 1963년 7월, 존 F. 케네디 대통령은 소련의 공산주의와 미국의 개인주의 간의 분열의 상징인 베를린 장벽 옆에 서서 "나는 베를린 사람이다Ich bin ein Berliner."라고 선언[2]하면서 통일된 독일에서 자유로운 베를린을 위해 결속하겠다고 약속했다. 1963년 8월, 카메라는 미국에서 가장 유명한 연설 중의 하나인 마틴 루터 킹 주니어의 "나는 꿈이 있습니다I Have a Dream." 연설을 듣기 위해 워싱턴 DC의 몰Mall에 운집한 수십만 명의 사람들을 훑어가며 보여주었다. 이후 1960년대 중반과 후반에, 카메라는 좌절이 지속적인 공격으로 이어진 로스앤젤레스, 디트로이트, 클리블랜드, 뉴어크 및 기타 미국 도시들의 흑인 빈민가에서 불타고 있는 상점과 주택의 충격적인 불빛을 포착했다. 혁명의 이 부분은 적어도 TV에 방송되었다.

1963년 11월 24일은 카메라가 아노미적인 사이코패스의 총에 맞아 사

---

[2] 서베를린 시민들은 1961년 소련의 지원하에 베를린 장벽이 세워진 후 소련과 동독의 침략에 대한 공포와 불안을 느끼고 있었다. 1963년 미국의 케네디 대통령은 서베를린을 방문해서 시민들을 격려하며 "모든 자유인은 그들이 어디에 있건 베를린의 시민이라 할 수 있으므로, 저 또한 자유인의 한 사람으로서 베를린 시민임을 자랑스럽게 생각합니다.", "나는 베를린 시민입니다."라는 명연설을 한 바 있다–역주

망한 미국 제35대 대통령인 존 F. 케네디의 길고 느린 장례식 행렬을 따라가기 바로 전날이었다. 이날 수백만 명의 미국인들은 화면을 통해 실시간으로 잭 루비가 댈러스 경찰서 지하 주차장에서 케네디 암살범을 총으로 쏘아 죽이는 장면을 목격했다. 1968년 4월 4일[3], 그의 암살 이후 멤피스의 로레인 모텔 발코니에 서있던 마틴 루터 킹의 측근들의 화난 표정을 잡기 위해 카메라 팀들이 도착했다. 카메라는 1968년 6월 5일, 캘리포니아주 예비선거에서 승리를 거둔 존 F. 케네디의 동생인 로버트가 로스앤젤레스의 앰배서더 호텔 주방에서 총에 맞아 사망했을 때의 혼란과 공포를 포착했다.

1965년, 매일 저녁 시간 시작하는 모든 방송망은 베트남에서 그 군대와 함께 지상에서 찍힌 새로운 장면을 보여주었다. 일렬종대의 군인들이 논길 따라 높이 자란 갈대 사이로 지나갔고, 병사들은 초계정을 타고 강을 거슬러 올라가는 동안 카메라를 지나면서 손을 흔들었고, 그리고 베트콩 공격을 받은 비행장 내 포위된 부대 위로 폭발과 연기가 피어올랐다. 한편 TV는 신문이나 잡지에 보도된 것을 거실로는 방영하지 않았는데, 즉, 남베트남 정부에 항의하는 불교 승려의 분신, 폭탄이 투하되는 동안 마을에서 벌거벗은 채 달리는 소녀, 반대쪽에서 잡은 포로를 향해 총을 쏘는 남베트남 육군 장교와 같은 사진들이었다. 아마도 유일하게 포착되지 않은 이미지는 전쟁에 항의하기 위해 펜타곤의 미 국방부 사무실 아래서 분신한 볼티모어 출신의 퀘이커 교도인 노먼 모리슨의 사진이었을 것이다. 그를 영원히 기억하게 하는 것은 시인인 조지 스타벅George

[3] 마틴 루터 킹 주니어가 멤피스 한 호텔에서 총격으로 숨진 날-역주

Starbuck, 1931~1996의 몫이었다(Starbuck, 1971).

공식적으로 심리학 연합은 1960년대 내내 시민평등권과 베트남에 관한 공영방송과는 무관한 것처럼 나아갔다. 심리학이 시민평등권과 관련해 뒤처진 데는 여러 가지 이유가 있었다. 한 가지 이유는 심리학이 1960년대 투쟁의 도화선에 불을 붙이는 데 기여해왔지만, 1960년까지 많은 백인들은 사이드라인으로 비켜나갔다. 케네스 클라크Kenneth Clark가 그의 아내 마미에 핍스 클라크Mamie Phipps Clark와 함께 한 연구는 **브라운 대 교육위원회 판결**에서 분리정책 결정을 번복하게 만든 사회과학 논쟁의 주요 요소 중 하나였는데, 그는 1963년 존 F. 케네디 대통령의 동생인 로버트 케네디 법무장관과 대화하기 위해 미국 흑인문화권의 최고위급 대표 몇 명과 함께 백악관에 초대되었다. 클라크는 **패전트지**_Pageant magazine_와의 인터뷰에서 상기하기를 1955년 또는 1956년에 그는 시위와 폭동이 일어날 것이라고 예측했었는데, 그 이유에 대해 "나는 그것만이 회피에 대응하는 유일한 방법이라고 생각했다."(Clark, 1963, p. 726)고 말했다. 그는 "내가 예측하지 못했던 것은 예를 들면 리틀 록, 뉴욕, 보스턴, 오클라호마에서 온건한 백인들이 정착할 수 있었던 것처럼 아주 적게 정착할 것이라는 사실이었다."(Clark, 1963, p. 726)고 말을 이어나갔다. 그는 노동조합, 교회 및 교육기관의 반응에 초점을 맞추어, "나는 그들이 얼마나 서툴고, 도덕적으로 비어 있는지에 대해 인식하지 못했다"(Clark, 1963, p. 726)라고 덧붙였다. 개별적인 백인들이 남쪽으로 행군을 하고, 눌러앉고, 심지어 대의를 위해 죽을지라도, 조직화와 시위에 대한 부담은 흑인 자신들에게로 돌아갔다. 주로 백인과 남성인 심리학자들이 시민 권리의 대의를 위해 적극적으로 나서거나 동조하는 사람들 중에 포함되어 있었다. 또한 심리학은 사회적 목표 달성을 위한 비폭력 시위든 대중의 공격적인 항의집회든 동원을 지지할 수 있는 연구 결과가 크게 축적되지 않았었다. 사실 지난 50년 동안 많은 심리학 연구와 사고는 통합보다는 개인차와 집단차를 강조하고 강화해왔었다. 연구 방법을 통한 차별의 암묵적인 강화 외에도 솔직히 분리주의자이자 인종차별주의자인 심리학자들이 있었다. 결국 1930년대부터 이어져 온, 심리학자들의 학문적인 분리, 그들의 문화적 배경, 그리고 직접적이고 대규모적인 사회변화를 관리하기보다는 적응과 동화에 의한 개인들의 통합에 둔 그들의 초점은, 적어도 피부 색깔과 관련해서는 심리학을 시민 권리의 주변부로 밀어냈다. 미국 내 인종 간의 대화를 변화시킨 행진, 시위 및 분쟁에 수천 명의 다른 미국인들과 함께 참여했던 사람들은 개인들, 젊은이들, 아주 젊지 않은 일부 사람들, 이상주의적인 심리학자들, 대학원생 및 학부생들, 교수들 및 실무자들이었다.

심리학 전문지인 **미국심리학회지***American Psychologist*에서는 1960년대 후반 미국 생활의 주요 특징이었던 베트남 분쟁의 흔적을 거의 찾아보기 어렵다. 그 이유는 베트남이 미국 문화에 영향을 미친 방식에서 찾아볼 수 있다. 미국인들은 베트남이 오고 있는 것을 그들이 앞선 전쟁들을 예상했었던 방식으로 보지 못했다. 미국 정부는 만일 남베트남이 공산주의인 북베트남에 빠지면 동남아시아 주변국들이 공산화되어가는, 이론적으로 일어날 가능성이 있는 '도미노 효과'에 대해 언급하면서 대중들에게 그것이 전략적 필요라는 것을 확신시키려고 노력했지만 미국인들은 믿지 않았다. 계획되지 않은 임신처럼 불편한 시기에 전쟁이 일어났다. 물론 일부 사람들에게는 그것이 의무소집으로 인식되었다. 당시 징병제가 있었고, 1953년 한국전쟁 휴전 이후에도 징병제가 효력을 갖고 있었기 때문에 젊은이들은 마땅히 징집영장에 응했다. 물론 자원입대한 사람들도 있었다. 모든 전쟁에서 그렇듯이 어떤 사람들에게 그것은 만나야 할 개인적인 도전으로 간주되었다. 또 다른 사람들에게는 베트남으로 가는 것이 제2차 세계대전에서 그들의 아버지들이 빚진 조국에 대한 충성과 봉사의 부채를 갚는 것으로 여겨졌다. 어떤 사람들에게는 그것이 1960년대 초와 시민권리 시대 초기에 미국에 펴졌던 일반적인 이상주의의 연장이기도 했다. 여전히 대부분의 젊은이들은 전쟁에 나가는 것을 선택하지 않았고 대신에 징집영장을 기다렸다. 지난 10년 동안 징집은 목숨을 걸고 미국, 독일, 또는 아시아 지역에서 2년 동안 복무하는 것을 의미했다. 처음부터 베트남 전쟁은 의지가 굳고 지략이 있고 종종 숨어 있는 적들을 상대로 매복하기 쉬운 지형의 나라에서 싸운 피비린내 나는 지옥이었다. 곧 베트남이 영광스러운 영웅주의로 가는 길이 아니라는 사실이 확실해졌고, 징집 대상 연령의 젊은이들은 잘 정립된 심리적 원리에 따라(그들이 심리학 교재에서 정보를 찾은 것은 아니지만), 이 불쾌하고 원치 않는 사건을 피할 수 있는 다양한 대응방법을 개발했다. 베트남을 회피하는 한 가지 방법은 채널을 바꾸는 것이었다. TV 화면에서뿐만 아니라 생활 속에서도 크게 번영한 1960년대의 미국에서 그렇게 할 수 있는 기회는 많았다. 많은 흥미롭고 재미있는 일들이 진행되고 있었다. 사람들은 스위치를 베트남으로부터 1969년 뉴욕 콘서트를 위해 그들의 비행기를 이륙하는 비틀스나 우드스톡 페스티벌 장면을 보기 위해 돌릴 수 있었다. 화려한 라스베이거스나 자니 카슨의 코미디로 스위치를 돌릴 수 있었다. 사람들은 만일 징집 연령에서 벗어날 수만 있다면(26세 이상), 부자가 될 수 있을 것 같았다.

결혼을 하면 징집을 피할 수 있었기 때문에 1965년 8월에 빠져나갈 구멍이 닫히기 전에 많은 사람이 결혼을 했다. 징병유에 상한연령이 1967년 24세로 변경될 때까지 학교에 들어가면 징집을 피할 수 있었기 때문에 학교는 장기적인 해결책이 될 수 있었다. 물론 이것은 학문적으로 급성장 중인 심리학에도 적용되었다. 1966년 학부생으로 심리학과에 입학한 18세 학생들은, 성적이 우수한 학생에 한해서 4년 과정 프로그램을 너무 잘 이수해서 4년보다 빠르게 과정을 끝내는 '불운'을 겪지만 않는다면 1972년까지 징병으로부터 법적인 보호를 받았다. 의학 또는 박사학위 과정 5년차에 재학 중인 대학원 학생들도 면제대상이었다. 이러한 제도는 1960년대 초 심리학과에 입학한 많은 학생이 군복무의 부담 없이 대학원 과정을 계속할 수 있게 허용했다. 사람들은 필수적인 고용직에서 일할 수 있었는데, 예를 들어 무기 제어시스템 설계 및 구축 또는 국방 관련 실험심리 계약 분야에서 종사하는 것으로 자격을 부여받을 수도 있었다. 불공평한 결과가 벌어지고 있었다. 대학이나 직업학교에 갈 여유가 없는 사람들, 즉 일반적으로 가난한, 많은 흑인들이 불균형적으로 지상군으로 파견되었다. 이후 수십 년 동안 전투에 참가한 심리학자들의 수치에 대한 통계를 찾아볼 수는 없지만, 아마도 그 비율은 1940년대 전투에 참가했던 심리학자들의 수에 비해서는 적었을 것이다. 제1차, 제2차 세계대전과는 달리, 국내 지명도에서 상위에 속해 있는 심리학자들과 그들의 대학원생들이 집단행동을 보이는 일은 없었다. 1965년을 기점으로 징병유예에 대해 더 많은 제한이 있었고, 매일 저녁 거실 양탄자 위로 던져지는 전쟁의 추악한 현실과 함께, 잠재적 전투원으로 그리고 전쟁을 혐오하는 시민으로 전쟁에 의해 직접 영향을 받을 수도 있는 사람들 사이에서 전쟁에 반대하는 거대한 국민적 정서가 일어났다. 국민들 사이에서 전쟁 찬반에 대한 격렬한 충돌이 일어나기 시작했다. "전쟁은 어린이와 다른 생명체들에게 해롭다."라고 쓰인 범퍼 스티커는, '강경파hawkish' 세단의 뒤쪽 창문에 부착된 유비쿼터스 국기 스티커와 경쟁했다. 일부 전쟁 반대파들은 그들의 양심에 따라 캐나다, 스웨덴 또는 다른 나라로 떠났다. 1968년 보건교육복지부 장관은 존슨 대통령 행정부의 전쟁 수행을 더 이상 지지할 수 없기 때문에 사임했다. 전쟁은 1968년 대통령 선거운동의 핵심 쟁점이 되었고 시카고 민주당전당대회 밖의 시위자들에 대한 경찰의 공격은 국가적 긴장을 불러일으켰다. 전쟁 찬 · 반론자 간의 갈등은 여러 다른 해방운동가들의 관심사를 전쟁에 연계시킨 급진적인 학생단체들이 가세한 대학으로 옮겨졌으며, 학생들은 시위하고, 파업하고, 심한 경우 기물 및 개인에 대한 폭력을 행사했다. 1968년 유럽에서도 비슷한 급진적인 혁명들[4]이 일어났으며, 그것은 한동안 일반적인 혁명이 전개되고 있다는 인상을 심어주었다. 그러나 그 기간은 길지 않았다. 1970년 5월 4일 오하이오의 켄트주립대학교에서 질서를 유지하기 위해 소집된 주 방위군 군대가 캠퍼스 내 미국 주 방위군의 주둔에 반대하는 시위를 한 학생들에게 발포해 4명이 사망했고, 9명 이상의 학생들이 부상을 입었다. 이것이 고의에 의한 것인지 아닌지, 또는 사망한 학생과 부상당한 학생들이 모두 시위에 참여하고 있었는지는 분명하지 않다(Lewis & Hensley, 1998). 이 시점에서 혁명의 물결이 최고조에 달했다가 그 물결이 수그러들었다. 1971년 복권 당첨과 같은 징병제도가 발효되어, 1973년까지 더 이상 전

[4] 1968년 '프라하의 봄'으로 널리 알려진 체코슬로바키아의 자유민주주의 운동, 그해 5월 사회변혁을 요구하며 일어났던 소르본 대학시위 등이 있었다-역주

투 병력이 베트남에 파병되지 않았다. 한편 그러는 동안 참전용사들은 전투 복무를 마치고 집으로 돌아오고 있었다. 그들은 무관심에 부딪쳤고 때로는 노골적인 적의에 부딪쳤지만 모든 전쟁 참전용사들이 그렇듯이 대부분은 자신의 삶으로 복귀하는 데 성공했다.

베트남에서 군대가 무력했던 이유는 여러 가지가 있었다. 육군이 선발, 훈련 및 제한된 범위 내에서 신병 모집을 위한 상담에 충분한 심리적 지원을 제공했지만 베트남에 도착한 군대는 종종 인력이 부족한 지역으로 보내졌고, 후방에서 활용할 수 있는 심리적 지원인력이 거의 없거나, 설사 있다고 하더라도 그 군대는 거의 즉각적으로 전투에 투입되었다(Huffman, 1970). 어떤 전쟁에서의 살생 방법도 인도적이라 할 수 없지만, 베트남의 경우는 특히 끔찍한 특징을 띠고 있었다. 때때로 가학적인 사령관들은 전쟁의 규칙에서 벗어나 군인들에게 민간인들을 사살하도록 명령했다. 화학전과 가스포화에 의한 파괴가 흔히 있었다. 마약과 술을 자유롭게 구할 수 있었다. 분쟁이 종식된 이후 상영된 가장 인기 있는 영화들 중 '풀 메탈 자켓', '묵시록', '귀향'에서 담아낸 실존적으로 어두운 전망은 베트남 전쟁 경험의 특징을 나타내고 있었다. 베트남 참전용사들은 복귀 후, 아마도 모든 인구의 사회적 수준 및 경제적 수준에서 골고루 선발되었던 다른 전쟁들의 참전용사들보다 더 많이 심리적 문제의 위험에 처할 가능성이 높았다. 1960년대에 심리학자들은 이에 대해 거의 준비하지 않았던 것으로 보인다. 상담심리학자들은 일반 시민들의 문제에 집중했고, 병원 임상가들은 새로운 지역정신건강시스템을 도입할 방법을 개발하기 위해 노력했다. 그 기간 동안에 개최된 미국심리학회APA 연차대회에서의 학술발표에 기초해서 살펴보면 군사심리학자들은 전투,

유지 또는 민간인 생활로의 복귀가 아니고 훈련 및 선발과 관련된 문제에만 중점을 두었다. 사실상 그 당시에 원년 연합 멤버의 하나인 제19분과, 즉 군사심리학 분과를 폐지하자는 결의안이 다른 APA 분과에 의해 제기되었다(Gade & Drucker, 2000).

다시 돌아와, 심리학은 숫자와 활동 측면에서 폭발적이었다. 1960년대 임상심리학에서의 경험은 지난 20년 동안 그랬던 것처럼 연방법과 제도에 의해 형성되었다. 향후 10년 동안 특수교육 및 장애 아동을 위한 프로그램 개발에 대한 그의 업적으로 '아동들의 옹호자'로 유명했던 교육 및 발달심리학자 니콜라스 홉스가 1961년 새로 선출된 케네디 행정부의 첫 번째 활동 중의 하나로 새롭게 설립된 평화봉사단을 위한 자원봉사자 선발담당관으로 선출되었다(Hobbs, 1963). "조국이 여러분을 위해 무엇을 할 수 있는지 묻지 말고, 여러분이 조국을 위해 무엇을 할 수 있는지 물어보십시오."는 그해 1월 케네디 대통령의 취임연설에서 기억에 남을 만한 구절이었다.

니콜라스 홉스(Nicholas Hobbs, 1915~1983, 미국). 특히 장애아동에 초점을 둔 발달심리학자

그해의 중간쯤에 그 첫 번째 신병모집이 오래전 **전쟁과 동등한 도덕적 노력***The Moral Equivalent of War*에서 윌리엄 제임스가 상상해왔던 프로그램을 시작하는 현장에서 있었다. 그는 군인은 자연이 인간에게 제시한 악과 도전에 맞서 싸우기 위해 입대했다고 말했다. 2년 후, 10년 전까지만 해도 정신적으로 심각한 장애가 있는 사람들뿐만 아니라 발달장애, 간질, 특히 노인성 치매환자들을 돌보는 표준이었던 감금형 대규모 정신병원의 폐쇄를 서두르면서, 1963년 지역사회정신건강법이 통과되었다. 1964년과 1965년 케네디 행정부에서 시작되었던 프로그램들이 린든 존슨Lyndon

Johnson 대통령이 내건 위대한 사회Great Society 계획의 일환으로 적극적으로 입법화되었다. 투표권과 다른 시민권의 보호는 유아교육(헤드스타트 프로젝트)에서의 개입, 빈곤 퇴치 프로그램, 특히 미국인들의 수에 영향을 미친다는 점에서, 노인의료보험제도인 메디케어, 그리고 빈곤층을 위한 기본적인 수준의 건강돌봄 서비스를 보장하는 메디케이드를 포함하는 교육개혁과 연결되어 있었다. 여기에 다음 2년 동안 국가예술기금과 공영방송공사가 추가되었다.

이러한 프로그램들의 컬렉션 설계자 중 한 사람이면서, 보건교육복지부 장관으로 1965년부터 1968년까지 3년간의 임기 동안 최고위 관리자였던 사람이 존 W. 가드너John W. Gardner. 1912~2002였는데, 그는 존슨 내각에서 근무하기 전에는 사회과학의 진보적인 프로젝트를 위한 주요 자금원인 카네기재단의 책임자로 일한 바 있는, 미국의 지적 생활에서 다재다능한 인물이었다(McFadden, 2002). 뉴딜정책을 발전시켰던 1930년대의 노동부 장관이었던 프랜시스 퍼킨스Frances Perkins처럼, 가드너는 사회과학에 대한 지적인 배경을 가지고 있었다. 그는 스탠퍼드대학교 학부와 대학원에서 심리학을 전공했으며, 1938년 버클리 캘리포니아대학교에서 박사학위를 받았다. 이를 종합해보면, 향후 몇 년 동안 이 프로그램들은 검사개발 및 새로운 교육자재, 소비자제품테스트 및 심의, 그리고 심지어 예술에 관심 있는 심리학자들을 위한 기금의 증가와 함께, 임상 및 응용심리학이 발전해나갈 수 있는 광범위한 영역을 제공해주었다.

지역사회정신건강법 및 위대한 사회의 의료프로그램의 결합된 효과는 급속하게 발전하고 있는 임상심리학에 에너지와 자원을 더 많이 투입하게 했다. 폴밀은 1962년 APA 회장 연설에서 특별히 정신의학적인 주제인 조현병을 다루었으며(Meehl, 1962), 임상심리학은 의학과 심리학 간의 경계뿐만 아니라 심리서비스에 대한 보험 적용 범위를 놓고 논쟁을 계속해오는 동안 전통적인 정신의학의 실행 가능한 대안으로 발전해왔다. 사회적인 문제들을 정신적인 문제들의 근원으로 규정하는 메닝거를 따랐던 심리학자들은 지역사회 현장에서 혁신적인 정신건강 서비스를 제공할 수 있는 가능성에 대해 만족스러워했다. 즉, 낙관적인 기운이 감돌았다. 가족체계치료가 여전히 확장 중인 혼합적 치료법에 추가되었으며, 특히 캘리포니아에서는 집단치료를 집중적인 거주치료 경험(때로는 현대적인 개인 오두막과 수영장이 완비된 놀랄만큼 아름다운 자연경관에 둘러싸인 곳에서)과 결합시킨 프로그램들(예 : 정서장애 치료를 위한 에살렌Esalen 프로그램과 마약중독을 위한 시나논Synanon의 마약중독치료프로그램)이 운영되기 시작했다. 1955년 인지와 행동 간의 현대적인 통합을 추구했던 톨만은 APA 연차대회에서 프로이트 이론의 인지체계에서의 기제가 무엇인지에 대해 발표했다. 프로이트는 인지와 결합되었다. 벡Aaron Beck의 사설 학술지에서의 발견에 근거해서, 이제 우리는 임상심리학, 인지행동치료에 가장 오랫동안 영향을 미칠 1960년대 치료법 개발의 원리들이 프로이트로부터 나왔다는 것을 알고 있다(Rosner, 2012). 1969년 이바 로바스Ivar Lovaas, 1927~2010는 심각한 자폐증 아동에 대한 집중적인 행동적 개입이 성공적이었음을 보고했다. 1968년 **정신장애진단 및 통계편람, 2판***DSM-II*의 출판은 심리학자들과 정신과 의사들에게 현재 친숙한 임상 진단 매뉴얼의 첫 번째 현대식 버전을 제공해주었으며, 다양한 치료 접근법에 체계화와 표준화 수준을 추가했다.

학문적으로 1960년대 심리학은 뇌의 시대로, 신경생리학이 생물심리

데이비드 허블(David Hubel, 1926~2013, 캐나다-미국). 신경생리학자이며, 토르스텐 비젤과 함께 망막의 세부 특징 탐지기를 공동 발견했다. 1981년 토르스텐 비젤, 로저 스페리와 함께 노벨 생리·의학상을 공동 수상했다.

로저 스페리(Roger Sperry, 1913~1994, 미국). 지각을 위한 뇌 조직에 관한 획기적인 연구를 수행한 신경과학자. 1981년 분할 뇌에 관한 연구로 데이비드 허블, 토르스텐 비젤과 함께 노벨 생리·의학상을 공동 수상했다.

퍼트리샤 골드먼 래킥(Patricia Goldman-Rakic, 1937~2003, 미국). 뇌의 전두엽의 구조와 기능에 관한 지식을 크게 발전시킨 신경과학자

릴라 글라이트먼(Lila Gleitman, 1929~, 미국). 펜실베이니아대학교와 오랫동안 제휴한 발달 심리언어학자

리처드 앳킨슨(Richard Atkinson, 1929~, 미국). 심리학자이며 캘리포니아대학교 시스템의 전 학장으로, 그의 학생 리처드 시프린(Richard Shiffrin, 1942~, 미국)과 함께 영향력 있는 기억이론 교재를 집필했다.

앨런 배들리(Alan Baddeley, 1934~, 영국). 작업기억과 관련하여 가장 많이 인용되는 기억이론가

학의 기초로서 비교심리학을 대체했던 시기이다. 데이비드 허블과 토르스텐 비젤Torsten Wiesel의 대뇌피질의 원주형 조직에 대한 연구, 로저 스페리가 분할 뇌의 두 가지 의식에 대해 발견하여 1968년 10월 미국심리학회지에 발표한 것(Sperry, 1968), 그리고 전두엽 회로에 관한 퍼트리샤 골드먼 래킥의 연구가 시작된 것이 중심 사건이었다.

1960년대는 또한 인지심리학이 성장한 시기였고, 언어학, 인지심리학, 그리고 발달심리학이 융합되기 시작한 시기로, 릴라 글라이트먼의 연구를 예로 들면, 그녀는 아동 언어의 구조적·기능적 특징을 연구하기 시작했다. 가설적인 정신적 과정에 대해 컴퓨터 과학에서 영감을 얻은 박스형 흐름도인 'boxologies' 안에서 마음의 모형들에 관한 형식적인 표현이 아주 풍부해졌다. 즉, 1968년 앳킨슨과 시프린의 기억의 세 가지 구조box 모형(감각기억, 단기기억, 장기기억)이 나타났고, 6년 후 앨런 배들리의 '작업기억working memory'에 대한 가정이 덧붙여졌다. 1967년 율릭 나이서의 저서 인지심리학*Cognitive Psychology*이

출판되어, 이후 그 분야의 많은 교재 출판을 선도했다.

율릭 나이서(Ulric Neisser, 1928~2012, 독일-미국). 최초의 현대 인지심리학 분야의 전문가이자 그가 쓴 '인지심리학'(1967)은 그 당시 현장에서 표준 교재로 사용되었다.

성격심리학이 1960년대 심리학 연구의 초점으로 진가를 발휘했다. 이전에는 프레더릭 라이먼 웰스Frederic Lyman Wells와 같은 이상성과 진단에 관한 이론가나 가드너 머피Gardner Murphy, 고든 올포트Gordon Allport와 같은 종합적인 이론가들이 있었지만, 성격이론들의 각 교재들을 모을 수 있을 만큼 충분한 성격발달 이론들이 나타났다. **성격심리학술지***Journal of Personality*가 이미 수년 동안 독자적으로 출판되고 있었다. **이상 및 사회심리학술지***Journal of Abnormal and Social Psychology*의 제목이 1965년 **사회 및 성격학술지***Journal of Social and Personality*로 바뀐 것은 성격의 하위분야의 성장과 확장의 빠른 속도를 상징한다. 성격의 새로운 교재들에는 통제소재의 개념이 포함되었는데, 이 이론은 1954년 줄리안 로터Julian Rotter, 1916~2014가 창안하였고, 1966년 하나의 성격이론으로서 완전한 형태로 출판되었으며, 사회학습을 성격 특성 발달의 결정인자로 보았다. 앨버트 반두라Albert Bandura, 1925~의 상징인 '보보인형' 연구는 1961년부터 시작되었으며, 1963년 그의 포괄적인 진술이 담긴 **사회적 행동과 성격***Social Behavior and Personality*이 출판되었다(Bandura & Walters, 1963). 1960년대 말경에, 성격의 상황적 결정요인, 강화에 대한 기대 및 자기통제의 원리가 월터 미셸Walter Mischel, 1930~에 의해 1968년 그의 저서 **성격과 평가***Personality and Assessment*에서 종합 정리되었다. 오늘날까지도 가장 포괄적인 다중이론 성격교재들은 1960년대의 심리학자들에게 유용했던 설명적 이론들의 박물관이다. 그들이 종종 제외시키는 것에 주목하는 것은 흥미로운 일인데, 그것은 빌헬름 라이히의 에너지론, 권위주의적 성격, 그리고 티머시 리어리가 1957년 성격의 대인관계 진단: 성격평가를 위한 기능적 이론과 방법론*The Interpersonal Diagnosis of Personality: A Functional Theory and Methodology for Personality Evaluation*을 출판하면서(Leary, 1957), 해리 스택 설리반Harry Stack Sullivan의 이론체계를 확장한 것 등이다. 이러한 제외는, 1950년대에 라이히의 운명에서도 보여주는 바와 같이, 심리학을 둘러싸고 있는 사회의 집단적 자기인식에 의한 심리학의 한계뿐만 아니라, 심리학의 범주가 무엇이어야 하는지에 대한 그 사회의 인식을 보여준다. 심리학이 그 무엇이든, 그것은 우주적이 아니라 오히려 현실적이어야 한다. 그것은 권위에 도전하지 않아야 하고, 집단적이 아니라 개인적이어야 한다는 것이다.

1950년대와 1960년대에는 심리학이 주변 사회에서 어떻게 인식되고 있는지에 대한 질문이 상당한 관심을 끌었다. 1960년대의 세 가지 예는 당시 10년 동안 기하급수적인 성장을 경험했으며 이론 및 실제적인 활동을 거의 현재의 차원으로까지 확장시킨 심리학이, 어떻게 성장의 한계에 부딪쳤는지 그리고 어떻게 현재의 형태를 취했는지를 보여준다. 그 사례들은 1963년 스탠리 밀그램Stanley Milgram, 1933~1984의 연구, 즉 권위에 대한 복종에 관한 첫 번째 출판물(그리고 그것의 후기 고심작은 인기 있는 짧은 사회심리학 보충교재 1974년 판 권위에 대한 복종*Obedience to Authority*에 요약되어 있다), 에이브러햄 매슬로우Abraham Maslow, 1908~1970의 절정 경험과 인간 경험의 최적화에 관한 1960년대 이론, 그리고 티머시 리어리Timothy Leary, 1920~1996의 향정신성 약물실험 등이다.

밀그램은 유대계였기 때문에 그는 완전히 홀로코스트와 그 여파에 대한 의식 속에서 성장했다. 그는 전체주의 사회에서 어떻게 사람들이 다른 사람들에 대한 엄청난 공격을 촉발시킬 수 있는지에 대한 연구를 선택했다. 그는 내집단에 의해 외집단에게 표현된 공격에 초점을 둔 것이 아니라(당시에는 그것이 쉬운 방법이었지만), 합법적인 지시에 의해 다른 개인에게 개별적으로 고통을 가하도록 요구받은 상황에 배치된 개인의 행동에 초점을 두었다. 그는 피츠버그대학교의 아놀드 버스가 고안했던 공격 연구 패러다임(Buss, 1961)을 이용했는데, 그것은 종래의 실험실 전자장치의 하나처럼 보이고, 피험자의 관점에서 보면 눈에 보이지 않는 다른 개인에게 고통스럽고 매우 위험한 충격을 가하는 장치이다.

아놀드 버스(Arnold Buss, 1924~, 미국). 공격성에 관해 중요한 초기 연구를 수행한 실험심리학자로, 그의 '공격성 장치'는 스탠리 밀그램의 복종실험에서도 사용되었다.

밀그램의 연구 결과는 잘 알려져 있다. 그때나, 현재의 반복 실험에서도 그 명령권이 합법적인 것이라고 인식하면 다른 사람에게 고통스러운 결과를 전달하도록 지시받은 개인들은 대부분 거리낌 없이 그렇게 한다. 밀그램의 연구는 인간이 다른 사람들에게 조금도 동정심이 없는 것으로 보여주는 경향이 있는 그 시대의 다른 연구들과 일치했다. 예를 들면 사람들이 공적인 상황에서 곤경에 처한 다른 사람들을 무시하는 것이 얼마나 쉬운지를 보여주고 있는 방관자 연구나 개인들이 아무도 보는 사람이 없다고 생각할 때 일어나는 공공기물 파괴행위에 관한 연구들이다. 이러한 연구들은 불일치에 관한 연구로부터 게임이론의 채택, 예를 들어, 죄수의 딜레마 상황 그리고 개인적인 이익을 위해 다른 사람들에게 해를 끼칠 수 있는 다른 상황들로 이동하고 있었던, 사회심리학적 실험이라는 시대적 취지에도 맞는 것들이었다.

한 세대 더 앞선 사람이긴 하지만, 매슬로우는 밀그램과 배경이 비슷한 사람이었다. 1930년대에 그는 위스콘신대학교의 해리 할로Harry Harlow와 함께 원숭이의 공격적이고 경쟁적인 추동을 연구하는 연구원으로 인정받았으며 궁극적으로는 사회적 지배에 대한 연구로 유명해졌다. 그러나 그는 그의 관심을 대인 간의 지배에서 개인의 탁월성으로 바꿨다. 1940년대와 1950년대에 걸쳐 그는 인간적 한계를 초월하고 자신의 잠재력을 충분히 발휘할 수 있는 능력을 가진 뛰어난 개인의 삶과 특성적인 차원들에 관해 연구했다. 그는 동기와 성격*Motivation and Personality*(Maslow, 1954)의 마무리 장에서 왜 심리학이 협착(동맥이 좁아지는 것처럼 '좁아짐'을 의미하는 생리적 용어)을 겪고 있는가라는 질문을 던지고 있다. '긍정심리학을 향하여'라는 그 책의 마지막 장에서 그는 왜 심리학자들은 사람들을 4피트 높이의 방에 넣은 다음 4피트가 넘는 사람들은 아무도 그 방에 서 있을 수 없다고 말하는지 물었다[이것은 에임스가 에임스의 방을 고안하여 지각적 착각을 연구했던 그 당시의 새로운 연구들을 암시한 것이었을까(Behrens, 1994)? 그러나 아마도 아들러의 유사한 표현을 다른 말로 바꾸어 말한 것에 더 가까워 보인다].

아달베르트 에임스(Adalbert Ames, Jr., 1880~1955, 미국). 심리학의 많은 분야에 공헌한 과학자로, 하나의 제한된 유리한 위치에서만 정상적인 시각으로 보이도록 만들어진 방에서 구현된 착각을 구조화한 것으로 유명하다..

1960년대를 통해서 인간은 그들의 현 상태보다 매우 다르고 자유로운 환경에서 살 수 있다는 매슬로우의 아이디어는, 개인과 사회 해방을 향한 많은 충동을 하나로 결합시켰던 심리학에서의 인본주의적 운동의 성장과 잘 맞아떨어졌다. 유토피아에 대한 일반적 생각이 심리학 전반에 퍼져나가기 시작했고, 한 예로 공동체 생활 조직에서 구체적인 형태를 취하기 시작했다. 1956년 스키너와 로저스 간의 논쟁으로 인해서 이론적으로 반인본주의 캠프로 밀려난 스키너 이론의 지지자들은 1960년대에, 1948년 스키너가 쓴 선량한 지역사회를 위한 계획서 **월든 II**Walden II에 담겨 있던 공동체적이고 유토피아적인 아이디어에 근거한 지역사회를 설립했다. 매슬로우는 무엇보다 직장에서 인간의 모든 긍정에너지를 해방시켜줄 수 있는 '심리적으로 건강한' 차원의 작업조직을 제안하는 경영컨설턴트가 되었다. 그는 캘리포니아에서 누드 심리치료를 시행하기 시작한 폴 빈드림Paul Bindrim, 1920~1997의 후원자가 되었다. 매슬로우는 나체주의에 관해 폭넓은 글을 썼고, 그것을 초월해야 할 인간 본성의 또 다른 경계로 보았으며, 그는 1967년과 1968년 APA 회장직을 역임하면서 임상가들이 누드 심리치료를 반대하며 제기한 윤리적 문제에 대해 빈드림을 감싸고 돌았다(Nicholson, 2007).

리어리는 아일랜드계 가톨릭을 배경으로 성장해서 최소한 죄의식에서는 밀그램이나 매슬로우와 같은 점이 있었다. 그는 1941년 웨스트포인트 육군사관학교에서 첫 1년을 보냈으며, 앨라배마대학교의 그와 조지 밀러의 학부강사인 도널드 람스델Donald Ramsdell의 중재로 1943년 전투에 투입되는 것을 가까스로 모면했었는데, 대신 그는 리어리에게 펜실베이니아 군병원의 일자리를 주었다. 이후 이 책에서 이미 다룬 바와 같이 그는 1950년대의 선두적인 이론 임상전문가 중의 한 사람이 되었다. 1957년 **대인간 성격진단**Interpersonal and Diagnosis of Personality의 출판은 일찍이 직업적인 성공에 정점을 찍었음에 틀림이 없으며, 그 시대 대부분의 이론심리학자들의 목표이기도 했던 성공한 학문적인 이론기로서의 경력이 구축될 수 있는 플랫폼이 되었음에 틀림없다. 그러나 1955년 그의 아내의 자살에 대한 슬픔은, 그가 경력과 학문적 연결을 모두 끊고 유럽을 여행하면서 깊은 절망으로 빠져들게 했는데, 그의 내면에 있는 잠재적인 탁월함을 보았던 데이비드 맥크렐랜드에 의해 구조되었고, 그에 의해 하버드대학교 연구소에 복직하게 되었다. 1960년 리어리는 창의성 연구원이자 버클리대학교 친구인 프랑크 배런으로부터 실로시빈psilocybin[5]을 소개받았고 인생을 바꾸는 깨달음을 얻었다.

프랑크 배런(Frank Barron, 1922~2002, 미국). 티머시 리어리의 친한 친구이며, 창의성 연구에서 중요한 심리학자

리어리는 이미 '회색 플란넬 정장'의 순응을 거부하면서 마음의 확장과 모든 개인의 뇌 안에 갇혀 있는 무한한 창조적인 힘에 대해 그 자신이 확인했던 경험의 차원들을 실험적으로 조사하기 시작했다. 그의 학부학생 중 한 명인 월터 판케Walter Pahnke는 1962년 성금요일에 하버드 신학대학의 학부 및 대학원 학생들과 함께 통제연구를 수행하였으며, 환각제의 섭취가 실제로 초월적인 경험을 생성해내기 위해 종교적인 분위기의 환경과 상호작용한다는 것을 실증하였다. 하버드의 강력한 적들은 그가 곧 해고되었다는 것을 알았으며, 그 후 리어리는 개인적인 정신 해방에 대한 자신의 발견을 모든 사람에게 알려주기 위해 개인적인 운동에 들어갔는데, 그것은 10년 전 육군이 LSD를 발견했던 것처럼 개발 중인 약물 문화와 잘 맞는 것이었다. 리어리는 하룻밤새에 하버드 교수에서 LSD 전문가로 바뀌었고 그의 부주의로 결국 캘리포니아 감옥에 수감되었다가, 1970년 그곳에서 탈옥하여, 2년 후 아프가니스탄에서 체포되었고(!) 다시 감옥에 수감되었다(그의 동료 수감자 중 한 명은 당시의 유명한 정신병적 대량 살인자인 찰스 맨슨이었다). 무정부처럼 보이는 것에 대해 법과 질서를 회복하겠다고 약속을 내건 캠페인으로 1969년 미국 대

[5] 멕시코산 버섯으로부터 추출된 환각유발물질. 김춘경 외(2006). 상담학 사전. 서울: 학지사 참조-역주

통령에 당선된 리처드 닉슨은 리어리를 '미국에서 가장 위험한 인물'이라고 선언했다(Devonis, 2012b).

이 세 개인들의 운명은 사회가 심리학에 부여하는 한계들 중의 일부를 반영하며, 1960년대에 그 한계는 명확해졌다. 인간의 잠재력에 대한 매슬로우의 찬사와 1972년 APA 분과 지위를 획득한 인본주의 심리학 운동은 어려움에 처해졌다. 매슬로우의 복잡한 이론은 이후 동기 피라미드라는 공식으로 축소되었으며, 그것은 오늘날 기업문화를 지배하고 있는 인간의 탁월성에 대한 경영적 요긴함을 위해서 인간의 다중적인 잠재력에 대한 그의 풍부한 이론적인 특성들을 축소시키는 것을 주재하는 고독한 기념비처럼 서 있다. 1960년대 공동체주의의 흔적은 거의 남아 있지 않다. 역사적으로, 미국은 공동체의 창설에 대해 호의적이었지만 그들의 지속적인 존재에 대해서는 그렇지 않았다. 누드 심리치료나 그와 유사한 것들은 현재의 APA 윤리강령의 해석의 맥락에서 지금은 상상조차 어려운 것이다. 심지어 매슬로우 자신도 1960년대 편지와 일기에서 사람들이 아무런 노력 없이 성취하기를 기대하면서 자기실현의 이득에만 초점을 두는 방식에 실망하고 있었다. 당시 '위대한 사회'라고 불린 프로그램들에서 구체화한 이상 중의 하나는 빈곤과 결핍(해방을 달성하기 위해서 직면하게 되는 도전에 대한 매슬로우의 체계적인 분석 요소 'd' 수준)이 미국의 풍경에서 사라지리라는 것이었다. 공식적으로 '빈곤과의 전쟁'이 선포되었으며 위대한 사회라는 깃발 아래 앞으로 나아갔다. 그러나 아직까지는 심리학이 현재의 경제 전망의 재구조화나 초월을 위한 운동을 이끌지는 못할 것으로 보인다.

리어리는 1976년 사면 후에도 계속해서 자신을 '변화를 위한 치어리

더'라고 불렀으며, 1980년대에는 디지털의 상호연결로 다가올 이점을 홍보하기 위해 전국을 순회했는데 물론 그의 마약 사용에 대해서는 뉘우치지 않았다(그렇지만, 왜 그는 그것에 대한 사회적 처벌을 지불했어야만 했고, 지불해왔는가?). 판케의 성금요일 실험과 유사한 실험이 다시 실시되어 비슷한 결과를 산출할 때까지 44년이 걸렸다(Devonis, 2012b). 마약 및 의식과 연관된 중요한 현상학적이고 윤리적인 문제들을 다루는 데 있어서 심리학이 이렇게 굳게 입을 다물고 있었던 것은 그 연구가 여러 가지 암묵적인 메시지를 전달했다는 것을 시사한다. 그러한 메시지 중 하나는 개인의 초월이 약물 경험과 분리될 필요가 있다는 것이다. 즉, 종교는 괜찮지만 인위적인 종교는 허용되지 않는다. 또는 아마도 보다 더 정확하게는, 미국 사회에서 종교의 위치와 관련하여 지난 40년간 일어난 것을 보면, 약물 사용과 다른 형태의 사회적 과잉은 처벌하는 반면 초월을 허용하는 종교는 사회적으로 용인되는 것이다. 죄가 되는 금기사항에 대한 어떠한 위반도 의심을 받는다. 사회적인 관습과 법률이 실험적으로 검토할 수 있는 것과 할 수 없는 것에 대한 경계를 설정할 것이라는 추가적인 메시지 또한 분명하고 명확하다. 리어리의 경험은 이러한 것들이 당시의 법과 상충될 때 미국에서 심리학적인 발견들의 의도하지 않은 결과들을 드러내게 하였다. 리어리는 의도하지 않게 미국 정부의 입법 및 서비스의 초점을 빈곤과의 전쟁에서, 1960년대 직후에 시작되어 지속적으로 사회에 해로운 영향을 끼쳐왔던 마약과의 전쟁으로 변화시키는 데 그 어떤 심리학자보다 더 많은 역할을 했을 것이다.

밀그램의 발견은 심리학 안팎에서 아마도 1960년대에 그 영향이 가장 오랫동안 지속되었을 것이다. 복종에 대한 연구뿐만 아니라 사회적 친밀감에 대한 그의 후기 연구들('6단계 분리' 이론으로부터 나온 모든 변형을 생각해보라)은 심리학이 주제가 될 때 가장 먼저 떠오르는 것 중의 하나다. 사람들이 어디까지 권위에 복종해야 하는지에 대한 주제가 1960년대 미국 사회에 근본적인 방식으로 꺼내어졌다. 심지어 심리학 내에서도 밀그램은 그의 연구로부터 나온 결론에 대한 저항에 부딪혔다. 가장 날카로운 저항 중 하나는 발달임상심리학자인 다이애나 바움린드(PhD Berkeley, 1955)로부터 나왔다.

다이애나 바움린드(Diana Baumrind, 1927~, 미국). 부모양육태도 이론으로 알려진 발달심리학자

> 나는 밀그램이 기술한 정서적 장애가 미래에 그 피험자의 자아상의 변화 또는 성인의 권위를 신뢰하는 능력에 쉽게 영향을 미칠 수 있기 때문에 잠재적으로 해로울 수 있다고 생각한다(Baumrind, 1964, p. 422).

법의 외적인 힘에 의해서가 아니라 동료들로부터 나온 신랄한 비평은 밀그램이 사회적으로 대립이 적은 연구로 그의 목표를 전환하게 이끌었다. 심리학 밖에서, 셀 수 없이 많은 밀그램의 변형된 연구가 지속되고 있는 것은 반직관적인 것처럼 보인다. 왜 지금까지 복종과 감시에 더 많은 투자를 해온 사회가 그의 본질적인 메시지가 연민이나 상식에 맞지 않는 법에 저항하는 것인, 한 심리학자에게 관심을 가져야만 하는가? 아마도, 1970년 이후 과잉처벌을 해온 사회적 맥락에서, 권위에 대한 저항의 개념은 지하로 후퇴해왔으며, 남아 있는 것은 사회적 행동의 근본적인 규칙은, 정해진 것은 아닐지라도, 사실상 복종이라는 긍정적인 증거로 해석되는 밀그램의 연구인 것이다. 밀그램의 연구를 읽는 방법 중의 하나

는 사회가 통치하는 사람과 통치를 받는 사람, 지휘하는 사람과 지휘를 받는 사람들, 그리고 필연적으로 누군가와 보조를 맞춰나가는 사람들로 구성되어 있다는 사회에 대한 정의definition를 지지하는 것이다. 종합하면, 1960년대에 심리학자들이 제기한 사회 질서에 대한 이 세 가지의 도전은 궁극적으로 뜻하지 않게 미국 사회의 반응과 억압을 향한 미래의 경향성을 강화시켰을 수 있다.

그러나 1960년대에는 그러한 암울한 결과를 예상할 수 없었다. 조지 밀러는 1960년대 말 APA 회장직 연설(Miller, 1969)에서, "심리학을 나눠줘라!"라고 말하면서 참석한 회원들에게 도전을 제안했다. 그는 지난 수십 년 동안 심리학이 심리학 그 자체와 심리학회 구성원들에 의해 발전해왔다는 것을 알고 있었다. 심리학은 공식적인 회원들의 수가 수천 명으로 늘어났고 인간 생활의 모든 측면에 개입하는 전문지식을 개발하는 전문직이 되었다. 심리학이 임상, 이론 및 응용 분야에서 25년간 공존한 것은 밀러의 관점에서 보면 엄청난 지식과 전문성을 쌓은 것이었다. 그러나 1892년에 설립되어 1925년에 법인화된 APA의 헌장에 따르면, 조직 목표 중의 하나가 인간 복지를 향상시키는 것이 아니었는가? 심리학자들은 확실히 심리학자들 자신의 복지를 향상시켜왔지만, 주변 사회의 복지는 어떠한가? 특히 1960년대 후반의 맥락에서 이러한 질문들이 제기되었는데, 그 당시 사회는 모호한 방법으로 기존의 질서에 대한 심각한 도전인 '변화'를 추구하는 젊은이들로 어수선했다. 밀러는 심리학자들이 해야 할 일은 심리학이 사회적 변화와 관련될 수 있는 방법을 발견하는 것이며, 그것들을 가장 잘 활용할 수 있는 사람들, 즉 지역사회 활동가들, 교사들, 의료 종사자들, 선출직 공무원들, 그리고 지금까지 축적되어온 인간 행동의 원인과 결과 간의 관계를 아는 것으로부터 혜택을 받을 수 있는 모든 다른 사회 구성원들에게 심리학의 서비스와 연구 결과를 제공하는 것이라고 말했다.

1970년은 심리학의 최근 활동에 대한 이러한 해석의 중간 지점이다. 심리학을 나눠주기 위한 도전은 앞으로 수년간 계속해서 반복되었다. 심리학이 그것을 얼마나 잘 이해하고 반응했으며 주변 사회가 심리학의 선물을 얼마나 잘 받았는지는 이어지는 3개의 장에서 다루게 될 것이다.

가족 이야기 : 격변의 시기

1960년대는 사회가 나아갈 방향을 형성한다는 측면에서 20세기에서 가장 다사다난한 10년이었다. 사건들과 이론 사이의 시간적 지연이 단축된 시기였으며, 심리학은 사회 생활과 정치 생활을 구성하는 이념과 활동에 대한 지속적인 대화의 일부를 담당했다. 그러나 로사, 해리, 헬렌은 대부분의 경우 의식적으로는 정치적이라고 느끼지 않았다. 그 대신 마치 사건들이 그들을 움직이고 있는 것처럼 그들은 그 시대를 살고 있었다.

1938년 스키너가 **유기체 행동***The Behavior of Organisms*을 출판한 이후 조작적 행동주의가 어떤 형태로 존재해왔지만, 해리처럼 개인 실무를 담당하는 일선 임상가들은 대체로 그것을 무시하거나 자신들의 실무 속에 매우 드물게만 그것을 포함시켰다. 내담자의 행동을 도표화하고, 계획하고, 관리해야 한다는 개념에 대해 해리는 '파시스트'라는 말을 내뱉으면서 맹비난했다. 해리는 이제 노스캐롤라이나에서 정식 면허증을 받았고 평상시 10~12시간 정도 근무하고 있는 중이었다. 보다 남쪽 지역에서 시민권 운동의 폭력 사태가 가열되고 있는 중이었지만, 산발적인 사건들이 발생했음에도 불구하고 그가 사는 노스캐롤라이나주에서는 그렇게 분명하지는 않았다. 경제적 · 사회적 경계로 그가 실습을 시작할 때부터 그는 아프리카계 미국인 환자를 보지 못했고, 그래서 그는 삶의 전체적인 영역을 보는 눈이 모자랐다. 반면에 그의 아들 도널드는 처음부터 시민권 운동에 대해 알고 있었다. 그는 졸업반이었던 1961년에 노스캐롤라이나대학교를 그만두고 떠나서 결국 1962년과 1964년 사이에 최남부에서 연좌농성에 참여하고 있는 대학생 집단에 합류하게 되었다. 아버지와 아들은 더욱 멀어졌고 그 당시 해리의 결혼 생활은 마침내 붕괴되어 1963년에 파경을 맞았다. 해리는 52세에 내담자들과 홀로 있었다.

만일 그가 에릭슨의 발달단계를 알았다면, 그 당시 최고의 인기를 누리고 있던 에릭슨 이론 중 후기 단계에 따라 그는 자신의 마음 상태에 대한 틀을 짤 수 있었을지도 모른다. 그가 자신에 대해 객관적으로 볼 수 있었더라면, 그는 한 남자가 그의 우울하고 불안한 내담자들에게 지치게 하는 인내심과 가끔씩의 통찰 이외에는 거의 아무것도 제공하지 않으면서 그 동작들을 살펴보는 것을 보았을 수 있다. 그러나 해리는 이론에는 별로 관심이 없었다. 윤리강령이 완전히 개발되기 전인 이 시기에는 해리의 입장(오늘날 우리는 그를 "손상되었다."고 말할 것이다)에 있는 치료자가 스스로 치료를 찾는 어떠한 공식적인 요건도 없었다. 1964년 처음으로 해리는 그가 전문가의 도움을 요청하는 수준의 어려움을 경험하고 있다는 것을 알아차렸다. 그는 그 당시 새로운 가족치료 훈련과정을 막 끝마친 젊은 치료자를 선택했다. 대인관계 역동에 관한 언어는 40년대 후반과 50년대 초반에 그가 받은 훈련의 유산인 분석심리학 및 시스템 이론의 배경지식 덕분에 해리에게 잘 연결되었다. 그보다 더, 뒤이어 2년 이상 매주 진행된 회기는 그의 직접적인 가족 상황뿐만 아니라 그가 지금까지 달려왔던 자신의 인생의 과정을 조망하는 데 필요한 휴식과 기회를 제공해주었다. 도널드가 해병대에 입대하여 베트남으로 향하고 있었던 때가 바로 1965년 바로 이 때였다.

로스앤젤레스의 헬렌과 에디는 자신도 모르는 사이 중년기에 접어들었고, 딸 캐럴린은 버클리에서 좋은 성적을 거두고 있었다. 그해 버클리는 교실과 거리 양쪽에서 온갖 종류의 정치 및 사회 사상의 중심지였으며, 캐럴린은 1963년 졸업 후 새로 창설된 평화봉사단에 가입하여 에콰도르에서 일하기로 결심했고 그곳에서 거의 2년간 머물렀다. 1965년 3월 친구들 무리와 함께 이사하여(그 시대의 전형적인 공동체 생활) 해안가 지역으로 돌아왔을 때 그녀는 미국으로 그녀를 따라오지 않은 에콰도르 남자의 아이를 임신한 지 5개월째였다. 헬렌과 에디는 전전긍긍하면서 임신 과정을 지켜봤다. 1965년 5월 31일 캐럴린의 딸 후아나가 조산아로 태어났다. 1965년 12월 7일 에디가 사망했다.

이 시점에서 캐럴린과 헬렌은 둘 다 수년 동안 그들을 위한 장소가 만들어지지 않았던 사회에서 여성으로서 자립했다. 다시 한 번 헬렌에게 행운이 찾아왔다. 즉, 에디는 적절하게 보험에 가입했고 또한 그녀가 딸과 손녀가 가까이 있는 샌프란시스코 해안가로 이주하기에 충분한 금액의 연금도 남겼다. 캐럴린도 그 당시 캘리포니아에서 살 수 있을 정도로 운이 좋았는데, 특히 해안가 지역은 활동가 페미니즘의 뿌리와 잘 연결되어 있었다. 이론적인 페미니즘이 한동안 그들 주변에 있었지만(캐럴린과 그녀의 친구들 대부분은 두 번째 성과 여성적인 신비*The Second Sex and The Feminine Mystique*를 읽었다) 지금 그녀와 그녀의 아기와 그녀의 엄마가 필요로 하는 것은 지원과 지지였으며, 그들은 이 모든 것을 누릴 수 있었다. 헬렌은 리치먼드에 있는 전기장비 제조업체에서 일자리를 구했다. 베트남 전쟁이 본격화되었고 25년 전과 마찬가지로 전시에는 정부 계약과 전쟁 특수가 있었다. 이로 인해 그녀는 캐럴린, 후아나, 그리고 자신을 위한 아파트를 마련할 수 있었고, 샌프란시스코 캘리포니아대학교에서 사회복지학 야간과정을 시작했다. 그녀는 1967년 사회복지학 석사학위를 받았고 캘리포니아주의 사례관리 사회복지사로 고용되었다. 그녀는 캐럴린이 인쇄소에 안정된 직업을 갖고 후아나가 '열쇠를 가지고 다닐 수 있는' 나이가 될 때까지 6년을 더 해안가 지역에 살았다. 캐럴린은 치카노 민권Chicano Rights[6] 운동가와 한동안 살았지만 곧 그녀 자신이 똑똑하고 호기심 많은 딸과 그녀의 친구들과 함께 여성 공동체에서 그녀 자신이 되고 싶어 한다는 것을 발견했다.

이 무렵 헬렌은 형제들에게 편지로 연락을 취했다. 해리의 반응은 친절했지만 침착했고, 그녀는 그가 홀로 지내는 것을 더 좋아하는 것을 알아차렸다. 반대로 로사는 30년 동안 보지 못했던 여동생의 소식을 듣고 기뻐하는 것 같았다. 1969년 8월 헬렌에게 보낸 답장에서 로사는 7월에 뉴욕의 동성애 신문에 기고했던 칼럼의 사본을 보내왔는데 그것은 그녀가 20년 넘게 써왔던 것의 첫 번째 칼럼이었다. 그것은 동성애 공동체에 의해 뉴욕시의 스톤월 여관에서 6월에 일어난 바로 그 사건, 즉 동성애 억압에 대해 최초로 자연스럽게 일어난 폭력적인 항쟁에 대한 것이었다.

---

[6] 멕시칸 민권운동 – 역주

"정당성이 입증되었는가?" 그 칼럼은 이렇게 말했다. "아니, 정당성은 입증되지 않았다. 나는 해방감을 느낀다."

이 점에서 미국 심리학의 현대사에서 살아 움직이고 있는 2개의 평행적이면서 거의 상호작용이 없었던 역사들이 존재한다는 것이 분명해진다. 한쪽은 인지신경과학의 점진적인 발달이고, 또 다른 한쪽은 심리학의 발전을 이끌고 있는 사건들의 힘 현상이다. 1950년대에 형성되기 시작한 시민권리 운동은 1960년대에 가속도가 붙어 평등운동을 활성화시켰고, 이 모든 것은 지난 수십 년 동안 활성화를 위한 준비를 갖추고 있었다. 아주 많은 것들, 즉 인종에 대한 인식, 여성의 사회적 역할, 성역할gender roles, 가족의 정의definition를 한꺼번에 변화시킨 1960년대의 속사포 같은 사건들은 이후 다가오는 수십 년 동안 그것에 관한 이론과 실제가 개발될 필요가 있다는 일련의 기정 사실들을 심리학에 제시해주었다.

07

1970년대

1970년대의 심리학 연합

1970년대와 1980년대 심리학은, 현재 미국 문화의 모든 영역에서 골고루 분포되어 활동하고 있는 심리학자들의 수적 증가를 나타내는 지표, 즉 APA 회원들 스스로 지칭하는 전문직함의 지속적인 상승적 변화로 그 특징을 알 수 있었다.

1970년 APA에 회비를 낸 분과 회원 수는 3만 7,000명이었다. 이들 중 3,544명이 제12분과 임상심리학회의 회원들이었으며, 1,944명은 제17분과 상담심리학회의 회원들이었다. 심리치료학회인 제29분과가 막 형성되었고 2,040명의 회원 수를 점유하고 있었다. 이와 비교해서, 교육심리학회인 제15분과는 가장 인기 있는 응용분과로 회원 수가 3,094명이었다. 1997년 총회원 수는 8만 7,437명이었고, 임상 6,662명, 상담 3,040명, 심리치류 5,679명, 정신분석(이 학회는 제39분과로 1980년에 새롭게 조직되었다) 3,520명이었다. 한편, 교육심리학회의 회원 수는 2,257명으로 1,000명 가까이 줄어들었다. 이 숫자에 대해 약간의 추가적인 정보를 제공하자면 1970년 미국 인구는 약 2억 300만 명이었고, 2006년에는 3억 명에 달했으며(NBC 뉴스는 이것이 "경제에 좋다."고 했다), 2014년에는 3억 1,700만 명에 도달했다. 이에 대해 인구가 너무 느리게 증가한다는 불평들이 있었다.

1970년, 약 1만 5,000명의 회원 수를 보유한 '다른' APA, 즉 미국정신의학협회American Psychiatric Association가 있었다. 임상, 상담 및 심리치료의 결합이 거의 겹치지 않은 미국심리학회의 회원 수를 대변한다고 가정한다면, 정신과 의사들이 약 이 대 일 정도로 심리학자들보다 많았다. 전문조직의 회원 수로 실무에 종사하는 개인들의 수를 완전히 헤아릴 수는 없다. 언제나 심리학자들의 수를 산출하기는 어렵지만 특히 1970년대에 계속해서 생겨나고 있는 경쟁적인 정신치료 전문가 및 상담 전문가의 수를 함께 헤아리는 것은 어려운 일이었다. APA라는 단어는 이때부터 그 회원 자격을 기술할 목적으로 사용되기 시작했고, 전체적으로 그것은 회비를 낸 분과학회 회원들의 통계치가 처음으로 기록된 1948년의 가용 인원보다 훨씬 더 큰 노동력이었다. 그때 APA의 전체 회원 수는 5,391명이었으며, 임상심리학 회원이 787명, 상담심리학 회원이 466명이었다. 흥미롭게도 연합을 결성한 거의 초기부터 임상가들이 스스로를 엄격하게 과학적인 연구에 종사하는 사람으로 보는 것은 말할 것도 없고, 그들의 관심사가 다른 실무자들의 관심사를 들리지 않게 한다는 불평이 거듭 제기되었다. 1959년 사이코노믹학회Psychonomic Society가 APA로부터 분리되면서 '순수 과학자들' 중 일부가 빠져나갔으나, 1970년대까지 임상, 상담 및 동종의 심리치료 분과의 회원들의 비율이 사실상 1948년에는 학회의 4분의 1에서 1970년에는 약 6분의 1로 감소했다. 다른 학회에 가입하거나 가입하지 않는 것 역시 선택사항이었다.

1970년대에 심리학은 자리를 잘 잡았고 수익성도 좋은 전문가들의 연합체가 되어 있었다. 1970년대 나머지 기간 동안 연합체 활동 중 일부는 이타적인 공공서비스를 향한 도전으로 이해될 수 있지만, 대부분의 심리학자들은 경력 개발에 관심이 있었다. 1969년 APA의 조지 밀러 회장은 이 노동인구를 향해 '심리학을 나눠줄 수 있는', '획기적인' 잠재능력을 확보하라고 권했었다. 심리학을 나눠준다는 아이디어는 1970년대와 그 이후까지 이어졌고, 공식적인 APA 문서 내에서 지속적으로 사용되는 수사학적인 특징으로 지금까지 남아 있다. 그러나 그 아이디어는 심리학이 지금까지 발전해왔던 방식, 그리고 커다란 관료체제의 타성적 특징과 직접적인 갈등을 빚었다. 1970년까지 심리학자들은 모든 수준의 사회행정 및 교육행정과 조화를 잘 이루고 있었다. 그들은 발전하는 의료보험제도에 가입이 되어 있었고, 그것은 현재 그것의 특징이 된 결속과 집단화의 첫 번째 신호였다. 2개의 APA(미국심리학회와 미국정신의학협회)는 자체적으로 구조를 더욱더 조직화하여, 회장과 소수의 참모진, 그리고 이사회를 가진 전문조직에서, 회원 대표로서의 회장과 반영구적인 CEO들을 가진 조직으로 발전하였다. 미국심리학회의 경우 1962년부터 아서 브레이필드 주니어에 의해 시작된 최고경영자CEO의 자리가 존재했다.

> 아서 브레이필드 주니어(Arthur Brayfield, Jr., 1915~2002, 미국). 미네소타대학교의 도널드 패터슨의 박사 제자로 인사 및 상담 전문가. 캘리포니아 클레어몬트 대학에서 최우수 논문상을 수상했다.

발전해온 APA 윤리강령이 무료 서비스를 제안하고 있고 치료가 임상심리학이 발전시켜온 서비스의 일부로 보편화되고 있는 중일지라도, 어떠한 조직도, 특히 서비스가 재임 기간으로도 계산되는 교수직에 있는 임상전문가들 사이에서도, 공식적으로 무료 정신의학서비스 및 심리치료서비스를 의무화하기 위한 계획을 진전시키지는 못했다. 그러나 전통은 서비스 비용보다 적은 어떤 것도 반대했으며, 임상심리학과 관련된 지난 20년 동안의 APA의 주요 활동들은, 전문적 활동의 범위를 정신과와 나란히 심리서비스 개인 영업을 위한 공간을 확보하고, 의료보험제도의 발판을 마련하는 것을 목표로 했다.

심리학 연합의 다른 분야들도 유사하게 심리서비스를 기부할 수 있는 장치를 갖추고 있진 않았다. 대학에 기반을 둔 교수들과 연구자들은 연방 및 재단 보조금을 얻기 위해 이전보다 더 많은 경쟁을 하고 있었다. 대규모의 과학, 또는 적어도 더 큰 규모의 연구가 소규모의 과학을 대체하고 있었다. 대학들이 지속적으로 팽창해나가긴 했지만 1970년대 중반쯤 경제적 열기가 식었고 대개는 자원을 확보하는 데 보다 공격적으로 대응하면서 '재정 삭감'이 해결을 위한 현실이 되었다. 훌륭한 협상기술을 갖추고 있고 일반적으로 사회적 상호작용에 정통한 심리학자들은 어느 정도 규칙적으로 대학 행정직으로 옮겨갔다. 그들의 자금 결정 및 자원 배분에 대한 영향력과 통제력은 학문적인 영역에서 심리학의 존재가 성장하는 데 이점으로 작용했지만 동시에 이타적인 태도에 위배되는 것이었다. 응용심리학자들은 수십 년 동안 기업, 교육, 군대, 그리고 미디어 및 광고기관에서 자리를 잡았으며, 그들은 이처럼 이익을 창출하는 분야에서 경쟁할 필요성에 대해서 학술연구자들이나 임상전문가들보다 더 잘 적응하고 있었다.

심리학을 나누어주자는 아이디어에 대한 저항의 기울기는 심리학이 인생의 대부분 동안 독점적인 것만은 아니라는 사실에 의해 어느 정도 반박되었다. 저작권의 통제와 심리치료서비스의 분배에 대해 주장하는 날은 빨리 왔지만, 망막의 반응 또는 치료기술에 대한 발견, 또는 협상가나 영업사원 훈련시스템은 특허를 따내지 못했다. 심리검사의 경우 저작권은 이미 잘 확립된 원칙이 있었다. 물론 아이디어는 과거에도 자유로웠고 지금도 자유로우며 아이디어를 적용하고자 하는 사람은 누구든 심리학적인 개입을 설계하는 데 도움이 되는 많은 자료를 행동 및 집단역동 문헌에서 찾을 수 있었다. 그러나 기업경영, 어린이 관리 또는 교실경영을 돕기 위해 심리학으로 처음 전환한 사설의, 심리학자가 아닌 개인들의 숫자는 아마도 대부분의 심리학자들이 생각하는 것보다 더 적었을 것이다. 밀러는 교실이나 지역사회에서의 개입을 일반적으로 적용할 수 있도록 보다 알기 쉽고 활용 가능하게 만들 것을 제안했으나 그 당시 논평자들은 실험실에서 학교교육 현장까지, 궁극적으로 최종 사용자인 학급교사에게 전달되는 지식 문서에 모호한 부분이 상당히 많이 있었다고 지적했다.

이것을 복잡하게 만든 것은 1960년대 후반 준전시 호경기에서 경제 불황의 시기로 경제가 갑작스럽게 변화한 것이었다. 처음으로 미국 사람들은 필수 에너지의 필요가 차단되는 경험을 했다. 1973년 중동의 원유에 대한 석유수출국기구OPEC의 통상금지령은 그것으로 인해 지갑과 연료탱크가 조여든 미국인들에게 치명타가 되었다. 갤런당 약 11마일의 연비를 갖춘 항공모함 같은 평평한 후드가 달린 거대한 자동차들은 갑자기 골칫거리가 되었다. 휘발유 소매가가 300% 상승했고 자원 부족과 불확실성의 시대가 시작되었다. 미국 내부의 정치적 상황도 마찬가지로 불안정했다. 1973년 여름부터 1974년 8월까지의 뉴스는 미국 대통령 리처드 닉슨이 사주했을 가능성이 있는 정치적 경쟁자들에 대한 첩보 활동과 관련된 불법 활동의 조사에 관한 내용으로 가득 차 있었다. 결국 닉슨은 탄핵을 피하기 위해 사임했고, 그 뒤를 이은 제럴드 포드는 그가 했을지도 모르는 무엇인가를 위해 1976년 닉슨을 사면했다. 1973년과 1975년 사이 미국의 에너지 자원의 취약성에 대한 폭로에 덧붙여 베트남으로부터의 철수에 의해 초래된 미국인들의 무적함대라는 인식에 대한 타격이 결합되면서, 닉슨 대통령 사건은 미국의 보수주의에 수치심을 안겨주었을 뿐만 아니라 보수파들에게는 민권법의 시행 탓으로 지각된 데서 온 분노의 감정까지 가중되었다. 이러한 세력들의 결합은 미국 정치에서 보수적이고 반자유주의적인 경향을 강화하게 만들었으며 민권에 반대하는 남부 백인들이 민주당에서 공화당으로 옮겨감을 의미했는데, 그러한 변화는 1948년 노스캐롤라이나의 스트롬 서먼드[1] 의원의 공격적인 주 권리 정치 states' rights politics와 함께 시작되었다. 이러한 보수주의로의 전환은 앞으로 수십 년 동안 관련 의제들이 등장하는 시작이 되었고, 지속적으로 해결되지 않는 인종 관계와 군사적 패배에 대한 지속적인 탐색의 배경이 되었다.

보수주의자들의 더 많은 좌절감의 원천은, 1965년에 이미 성취한 것을 넘어 그 이상의 평등주의적 목표를 실현시킨 입법화와, 정책 결정을 이끌어낸 진보주의자 다수가 상원과 대법원에 자리를 차지한 데서 기인했다. 이러한 법안 중 하나는, "법에 따라 권리의 평등은 성별로 인해 미합중국이나 주에 의해서 거부 또는 제한되지 아니한다."고 명시함으로써

---

1 민주당의 민권정책에 반발하여 탈당해서 '주 권리 정당(States' Rights Party)'을 창당한 인물로, 민권법안에 반대하여 상원의원 중 가장 길었던 필리버스터로도 유명하다. 그의 정치 구호는 "인종차별이여 영원하라."였다고 한다. 김평호(2015. 6. 29). 아버지의 유산을 물려받는 방법. 뉴스타파 칼럼 참조 – 역주

남녀평등헌법 수정안의 형태를 취했다. 그것은 1923년 이래 모든 의회에서 꾸준히 제안되다 마침내 1972년 3월 22일에 통과되었고 1년 이내에 30개 주에서 비준되었다. 1973년 로 대 웨이드Roe vs. Wade 판결에서 낙태는 태아가 생존 가능할 때까지 합법적이라는 대법원 판결은 보수적인 좌절감을 악화시켰다. 이후 수십 년 동안 낙태는 성 평등을 향한 저항, 특히 여성의 독립을 향한 저항을 위한, 아기들의 이미지로 가득한 보호색이 되었다. 1972년 보수적인 사회철학의 또 다른 핵심 교리인 사형제도가 위헌으로 선언되었다(1976년 다시 회복됨).

1969년 6월 클리블랜드 쿠야호가 강이 가끔 그래왔듯이 불이 났다. 재빨리 불을 껐지만 생물학자들과, 인구전문가들, 그리고 자원분석가들에 의해 제기된 여러 가지 다른 경고들의 맥락에서 그것은 환경운동을 촉진하는 역할을 했고, 그 상징적인 출생은 1970년 4월 22일 첫 번째 지구의 날에 일어났다.

1970년대 이러한 정치적 · 사회적 사건에 대한 심리학의 공식적인 반응은 지난 20년 동안과 다를 바 없었다. 즉 APA의 새로운 분과로서 반영된 추가적인 이해 집단들이 형성된 것이다. 예를 들면, 환경주의에 대한 여러 아이디어가 합쳐진 주제들에 관심을 갖고 있던 여러 부류의 심리학자들이 있었다. 미학과 예술 분야에 속해 있던 일부 심리학자들은 풍경의 경관과 아름다움, 도시의 건축, 그리고 자연과 건축 환경의 특징에 관심이 있었다. 다양한 분야의 또 다른 심리학자들은, 살충제가 현재의 미국 내 생물군에 미치는 영향에 대해서 소름끼치게 묘사한 레이철 카슨의 1962년 침묵의 봄*Silent Spring*과, 개릿 하딘이 기하급수적으로 증가하고 있는 인구에 의해 규제되지 않는 자원의 소비가 미치는 영향에 대해 신-맬

레이철 카슨(Rachel Carson, 1907~1964, 미국). 생물학자이자 생태학자로, 과학적인 주제의 저자로 유명하다.

개릿 하딘(Garrett Hardin, 1915~2003, 미국). 생태학자이자 인구이론가

더스 학파의 시나리오에 기초해서 작성하고 사이언스지에 발표한 논문인 '공유지의 비극'(Hardin, 1968)과 같은, 임박한 환경 재앙을 경고하는 출판물로부터 호기심을 자극을 받았다. 그들은 1973년 제34분과인 인구 및 환경심리학 분과를 결성했다. 그보다 앞서 1970년에는 인간 잠재력에 대한 집단적이고 포괄적인 비전과 인간의 선택의 자유를 강조하는 심리학에 대한 현상학적 접근에 헌신하고 있는, 다양한 그룹의 심리학자들이 제32분과인 인본주의 심리학 분과를 형성했다. 이들 두 분과는 그러한 아이디어들이 문화 속에 등장한 지 약 10년 후에 심리학자들이 집단을 형성한 예이며, 1974년 여성심리학 분과가 APA의 제35분과로 형성된 것도 전형적인 패턴으로 볼 수 있다.

제35분과 형성을 부추긴 내부적 원인은 학회 내 여성들의 역할에 대해 조사하기 위해서 APA 지도부에 의해 소집된 특별 조사단이 1973년 1월 발표한 보고서였다. 그러나 그 추진력은 1960년대부터 문화 속에서 형성되어오고 있었다. 1955년 크라이슬러 자동차 계열인 닷지는 '위풍당당, 미국 여성'에게 헌정하는 자동차를 특별 생산했다. 전체가 장미, 라벤더, 화이트 색조의 화장 거울, 화장품 칸, 그리고 모자 상자가 딸린 짝을 이룬 수하물 칸이 비치되어 있는 닷지 라 팜 자동차는 제2차 세계대전 이후 여성들이 사회에서 남성들의 장식품 역할로 되돌아왔음을 상징했다. 그러나 그때도 많은 철학적 · 윤리적 세력들은 이혼이 증가하고 있는 현실과 중산층의 새로운 소비 지향의 생활 방식을 관리하기 위해 2개의 수

입이 필요하다는 인식을 겸비하고 있었다. 1960년대 초 베티 프리단Betty Friedan, 1921~2006의 여성의 신비*The Feminine Mystique*가 출판되었고, 그것은 곧 성차별에 내재된 불평등을 구체적으로 다룬 몇 권의 다른 책들로 이어졌다. 1969년 여성해방운동이, 게이해방운동, 치카노[2]와 라티노/라티나[3] 해방운동, 그리고 다른 운동들과 함께 함께 신문, 잡지, 대중가요 및 눈에 띄는 공개 시위로 등장했다.

제35분과의 형성은 또한 얼마간 심리학에서 발전해왔던 변화를 승인한 것이었다. 50년 동안 APA의 회장을 지낸 여성은 없었다. 1972년과 1973년에 여성이 선출되었고(각각, 앤 아나스타시와 레오나 타일러), 그 이후로 10명의 여성이 APA 회장직을 맡았다. 어떤 면에서는 여성의 회장 취임이 시작된 이래 뒤늦게 여성이 심리학 발전에 기여해온 역할에 대해 인식하게 되었다. 이러한 역사적 시기에 여성들은 산업컨설팅 조직의 직원들 중 많은 부분을 차지하고 있었고 심리검사자로서 교육 및 생활지도 현장에도 매우 많이 고용되어 있었다. 그러나 더 권위 있는 학문적 지위에는 종종 손이 닿지 않았다. 때때로 여성들은 남편 또한 저명한 심리학자였기 때문에 학계에 자리를 잡을 수 있었다. 스탠퍼드대학교의 대학원 학생으로서 루이스 터먼Lewis Terman과 함께 연구했고 터먼과 함께 자주 인용되는 천재에 관한 연구(유명하세는 베토벤, 워싱턴, 그리고 다른 역사적 인물들의 IQ 추정치를 포함하고 있는)의 공동 연구자인 캐서린 콕스는 월터 마일

앤 아나스타시(Anne Anastasi, 1908~2001, 미국). 심리측정 전문가이자 지능검사의 이론과 실제에서 높이 평가받은 교재의 저자. 1972년 APA 회장을 역임했다.

---

[2] 멕시코계 미국 시민 – 역주

[3] 라틴아메리카계 미국 시민 – 역주

스Walter Miles와 결혼했으며, 캐서린 콕스 마일스Catharine Cox Miles, 1890~1984로서 1930년대에 시작하여 예일대에서 뛰어난 경력을 쌓았다(Ball, 2010). 그러나 같은 시대에 플로렌스 리처드슨 로빈슨Florence Richardson Robinson, 1885~1936은 사실상 여성을 배제하는 반 친족 등용의 규칙 때문에 그녀의 남편인 에드워드 S. 로빈슨Edward S. Robinson과 함께 학문적인 위치에 오르는 것을 거부당했다(Froese & Devonis, 2000). 1976년 네비트 샌포드Nevitt Sanford는 1930년대 후반과 1970년대 버클리대학원의 연구물들 간의 차이를 비교한 논평에서, 대학원에 입학한 여성들이 남성 동료들에 의해 받아들여졌음을 발견했다(Sanford, 1976). 그렇지만 문제는 얼마나 많은 여성 박사들이 대학 취업에서 비슷하게 받아들여졌을까? 이것은 지역 조건에 따라 달랐다. 예를 들어, UC버클리대학교의 호의적인 남성 교수진은 조지 말콤 스트라튼이 20세기 초 여성들의 대학원 경력을 장려한 이후로 여성들이 학문적 환경에서 중요한 자리를 차지하는 것을 가능하게 해주었다. 티머시 리어리의 멘토 중 한 명인 장 맥팔레인은 버클리대학교에서 박사학위를 받은 두 번째 여성이었으며, 1940년대에 그 대학 임상훈련 프로그램의 책임자였다. 그러나 이것이 보편적인 경우는 아니었다. 그 당시 하버드대학교에서는 지배층에 있는 남성들이 여성의 참여를 단호히 반대했다. 1951년까지도 E. G. 보링은 여성들은 시간과 남성의 업무량을 감당

> 조지 말콤 스트라튼(George Malcolm Stratton, 1865~1957, 미국). 지각 연구의 역사에서 그에게 영원한 자리를 얻게 해준, 반전된 렌즈로 본 시각을 연구한 미국의 초기 실험주의자로, 이후 그는 분쟁 해결과 평화주의에 대해 광범위한 글을 썼다.
>
> 장 워커 팔레인(Jean Walker Macfarlane, 1894~1989, 미국). 캘리포니아대학교에서 여성에게 두 번째로 수여한 박사학위 소지자로, 버클리의 임상심리학 전공의 책임자이자 생활지도연구, 중요한 발달에 관한 종단연구의 책임자였다.

할 수 없기 때문에 남성과 경쟁할 수 없다고 썼다(Boring, 1951).

과거 불평등을 내부적으로 시정해가는 이러한 변화에 발맞춰 심리학 연합 내에서 여성을 또 다른 집단으로 공식 인정한 것은 심리학 내에서 과학과 정치가 결합된 또 다른 사례를 반영했다. 예를 들면, 남편 다릴 벰Daryl Bem과 함께 심리적 양성성을 측정하는 도구 개발로 잘 알려져 있는 산드라 립시츠 벰의 초기 경력 기여를 인정한 1977년의 인용문은 그녀의 양성성 조사연구로의 전환이 정치와 연구적 관심사의 조합을 반영한 것(APA, 1977)이라고 명시하고 있다. 여성을 대표하는 분과 설립 또한 심리학 학부생과 대학원생 학습 모두에서 성 동등성이 증가하고 있다는 무언의 인정을 반영했다. 이후 15년간 심리학은 비록 공평한 것은 아니지만 완전한 성 동등성에 도달하는 최초의 과학 또는 의료 분야가 될 것이다.

> 산드라 립시츠 벰(Sandra Lipsitz Bem, 1944~2014, 미국). 평등주의 발달이론가이자 양성성을 측정하는 성역할척도(Bem Sex Role Inventory)의 개발자
>
> 데이비드 로젠한(David Rosenhan, 1926~2012, 미국). 스탠퍼드대학교에서 법과 심리학에서 이중 발령을 받은 법심리학자

임상심리학은 정신질환 치료에서의 권위를 놓고 정신의학과 계속 경쟁했다. 데이비드 로젠한의 연구 '정신병원에서 제정신으로 지내기On Being Sane in Insane Places'(Rosenhan, 1973)도, 폴 밀의 1973년 전집인 심리진단*Psychodiagnosis*의 '왜 나는 사례회의에 참가하지 않을까'(Meehl, 1973)도 둘 다 그 사업에 큰 신뢰를 주지 못했다. 로젠한은 정상적인 대학원 학생들에게 '텅 빈 듯한' '공허한' '쿵' 소리가 들린다고 말하도록 훈련시켜서 정신병원에 보냈다. 모두 입원 허락을 받았고 진단을 받았고, 한 명은 49일 동안 병원에 입원해 있었다. 밀은 동료들의 형편없는 논리와 통

계적인 추론에 대해 기억에 남을 만한 조롱을 했다. 그 혼합에 새롭게 추가된 것은 일리노이대학교와 필라델피아의 하네만대학교에서 실시하는 최초의 심리학 박사학위PsyD 프로그램이었다. 심리학 박사학위는 볼더모델이 작동하기 시작한 직후 상상해 왔던 것이었다. 폴 밀의 멘토이자 MMPI의 개발자인 미네소타대학교의 스타크 헤터웨이Starke Hathaway는 1958년 논문에서 정신과 동료들은, 진단이나 검사 지원이 필요할 때 의료진에 의해 뜻대로 '켜고 끌 수' 있지만 치료가 시작될 때는 해산할 수 있는 것과 비교해, 심리학자들은 언제나 '2등 시민'이 될 것이라고 지적했다(Hathaway, 1958). 헤터웨이와 다른 사람들이 말했던 그 이유 중 하나는 볼더의 과학자-실무자형 임상가들이 경험적인 박사학위 연구를 하느라 대학원에서 공부에 너무 많은 시간을 보내서 치료적 유능성을 구축하는 데 충분한 시간을 할애하지 못했다는 것이다(예를 들어, 해리는 50년대 테네시대학교에서 조증의 MMPI 프로파일의 선택된 측면과 로르샤하 검사 점수를 비교하는 박사학위 논문을 쓰는 데 1년 반 이상이 걸렸다. 그는 그것이 훌륭한 논문이라고 생각했지만, 지도교수는 논문 출판 전 더 많은 데이터와 분석이 필요할지도 모른다고 생각했고, 그래서 그는 박사학위 취득 후 출판을 포기했으며 내담자의 검사 점수를 해석하는 데 필요한 것 이외에는 더 이상의 경험적 연구를 하지 않았다). 대신에 헤터웨이와 다른 사람들은 의학박사들의 순환제 집중 실습 경험과 유사한, 심리치료 실무의 핵심 내용을 포함하는 학습과정을 도입하는 것이 연마된 기술을 가진 정신과 의사들과 경쟁할 새로운 실무자에게 신뢰를 제공할 것이라고 제안했다. 1973년 베일에서 열린 컨퍼런스에서 이 아이디어가 승인되었고 심리학 박사학위가 확산되기 시작했다. 그동안에 확립된 임상심리학 전반에 걸쳐 1960년대의 동향이 지속되고 있었다. 인본주의치료를 더 자주 접하게 되었고, 집단치료 및 가족치료도 번성하였다. 그리고 대규모적인 입원이 지역사회 기반 치료 쪽으로 계속 변화하면서, 심리학자들은 이전에 주립병원에서 제공했던 서비스를 대체하기 위해 생겨난 다양한 중독 관련 시설뿐만 아니라 노인복지 및 재활분야에서 일자리 찾기를 지속하였다. 사설 '재활농장'이 치료적인 풍경의 모습으로 자리 잡았다.

고등교육이 이전의 10년 동안만큼 빠르게는 아니지만 1970년대를 거쳐 계속 팽창해 나갔다. 미국 전역에서 지역 단과대학들이 엄청난 성장을 거두는 동안, 4년제 대학과 단과대학이 광범위하게 설립되면서 정기적으로 교수진을 확충했다. 지역 단과대학들은 보다 많은 학구적인 심리학자들에게 기초 심리학을 가르치는 일자리를 제공하고, 입문 과정 제공에 대한 주립대학교의 부담을 다소 덜어줌으로써 더 큰 대학교들에서 연구를 확장해나갈 수 있도록 하는 경감 가치를 제공해주었다. 이 시기에 장학금과 출판이 점점 더 의무화되었고, 연구 결과를 받아들이기 위해 학술지 지면이 확장되었다. 심지어 1940년에도 전문적으로 세분화되는 것을 피할 수는 없었다. 1970년 즈음해서 심리학과 내의 여러 하위 전문 분야와 연구 결과의 질감은 더욱 섬세해졌다. 다시 지난 10년과 마찬가지로, 연구 결과의 풍부함과 복잡성에 대해 겨우 그 윤곽만 표본추출을 통해 나타낼 수 있었다. 심리학의 모든 분야에서 '인지적인 전환'이 우위에 있었고, 이러한 현상은 집중적인 연구 초점을 유아 및 아동의 언어 습득에 둔 발달심리학에서 확연했다. 이 분야의 연구자들은 이미 미국의 인구통계학적 변화를 감지하고 조기 이중언어 경험에 집중적인 관심을 쏟았는데, 그러한 경험은 일반적으로 언어 발달뿐만 아니라 추론 발달에도 유익함을 발견하였다. 지난 20년간 신경심리학 분야에서 신경전달물질의 분리와 약물효과에 대한 경험적 연구 결과는 두 가지의 연구 동향, 즉 첫째 신경전달물질계의 해부학적인 분포와 기능적인 역할에 관한 일련의 정제된 이론들, 둘째 새로운 신경전달물질계의 발견에 관한 것이었다. 이 중 가장 눈에 뜨이는 것은 1973년 캔데이스 퍼트와 솔로몬 스나이더가 이룬 엔돌핀의 발견이었다. 파블로프에서 헵에 이르기까지 학습에 대한 뇌 표상에 관한 이론가들이 가정해왔던 대로, 연상학습이 이루어지는 동안 뇌 신경 구조와 기능이 물리적으로 변화했다는 결과를 보여준 캔달과 그의 동료들의 많은 연구 발표들에 의해 이 주제는 70년대가 끝날 무렵 역사적인 종지부를 찍게 되었다(Walters, Carew, & Kandel, 1979).

캔데이스 퍼트(Candace Pert, 1946~2013, 미국). 솔로몬 스나이더(Solomon Snyder, 1938~, 미국)와 함께 뇌의 아편성 수용기를 발견한 신경약리학자. 이후에는 전체론적 의학을 위한 여러 가지 접근법의 지지자가 되었다.

에릭 캔달(Eric Kandel, 1929~, 호주-미국). 저명한 신경심리학자이자 이론가, 그리고 근래에는 심리학과 예술의 관련성에 관한 사학자. 2000년 노벨 생리의학상을 수상했다.

생물과학 분야에서 5명 이상의 연구자 집단은 이 시기에 일반적인 것이 되었으며, 이는 대규모의 실험실 개념이 발전했을 뿐 아니라 그것이 대학마다 퍼져나갔음을 반영하는 것이었다. 발달심리학과 마찬가지로 인지심리학에서도, 언어학이 일반적인 행동을 이해하기 위한 스토리 문법과 스크립트에 대한 연구를 이끄는 방법을 주도했다. 지각연구도 인지적인 전환을 취했으며, 1940년대 후반에 그랬던 것처럼 1970년대에도 이 두 분야 사이에 상당한 혼선이 있었다. 스탠퍼드대학교의 로저 셰퍼드는 이미지의 정신적 순환에 대한 연구 결과를 출판했고(Shepard & Metzler, 1971), 뉴욕주립대학교 버펄로캠퍼스의 어빙 비더맨Irving Biederman은 복잡한 자연경관에서의 이미지 인식에 관한 연구를 시작했다(Biederman, Glass, & Stacy, 1973). 이 연구는 기하학적 모양 분석, 자연주의와 게슈탈트 같은 보완물에 의한 그의 대상 재인이론으로 이어지는데, 그것은 세부 특징 분석과 같이 수용체와 피질 수준에서의 매커니즘에 대한 지각과 중앙 결정적 색 착시 같은 현상에 대한 연구로 확대되었다. 군나르 요한센(1973)은 제한된 정보로부터 종의 중요한 패턴(이음매에 있는 발광 점 패턴)을 해결하는 지각시스템 능력인, 생물학적 운동을 실증해 내었다. 1978년 제임스 커팅이 포인트 라이트 디스플레이를 생성하는 컴퓨터 프로그래밍을 해냈는데, 이러한 작업을 확장하는 것이 당시 하나의 추세로 나타났다. 이 무렵 컴퓨터는 인지와 지각실험실에 비치되어 있는 필수품이 되었다(Cutting, 1978). 인지과학과 컴퓨터 과학 간의 접속이 빠른 속도로 진전되었다. 1970년대 후반부에 최초의 실용적인 개인용 컴퓨터가 등장해서 신속하게 심리실험실에서 활용되었다. 배선기술과 전기회로 기술은 거의 하룻밤 사이에 프로그래밍 전문지식에 비해 인기가 떨어졌다. 1980년대까지 어느 심리학과에서든, 버려져 있는 아날로그 타이머들, 10와트 표시 전구들이 달린 버튼 누르기 판, 1940년대 전시 잉여전자제품 캐비닛으로 가득찬 방을 볼 수 있었다.

로저 셰퍼드(Roger Shepard, 1929~, 미국). 예일대학교 칼 호블랜드(Carl Hovland)의 박사 제자(1955)로, 특히 공간적 관계의 정신적 표상이론으로 인정받은 다작의 인지심리학자

군나르 요한센(Gunnar Johannsen, 1911~1998, 스웨덴). 심리학자이자 지각전문가로, 그의 연구 관심사는 사건 인식과 생물학적 움직임을 포함한다.

제임스 커팅(James Cutting, 1947~, 미국). 움직임에 대한 지각과 예술과 심리학의 관계 두 주제 모두에 폭넓은 관심을 가진 지각심리학자

스키너 상자와 비둘기를 사용한 행동분석은 이전의 궤적을 따라 계속 되었지만, 톨만 이후 인지행동의 통합 방식을 편안하게 받아들였던 대부분의 심리학 연구자들에게는 별다른 매력을 끌지 못했다. 실제로, 스키너이론 행동주의 심리학자들 중 파벌 간 분열이 있었으며, 일부는 창안자인 스키너가 순수하게 강화 기반 사업을 오염시키는 종 특유의 행동을 불합리하게 인정하는 것에 대해 비난하기도 했다. 스키너는 그의 입장에서, 자신은 행동에 대한 유전 및 신경기질의 역할을 결코 부인한 적이 없었고, 종 특유의 행동은 실험실에서 행동을 연구하는 사람들에게는 오래된 이야기라고 말함으로써 그것에 대해 대답했다. 한동안, 정통 스키너 학파 중 일부는 동물의 소위 '정신적인' 행동이 복잡한 강화계획에 의해 설명될 수 있다는 것을 증명하기 위해 비둘기 상자에서 '통찰'을 모의실험 하는 데 많은 노력을 기울였다(Epstein, Kirshnit, Lanza, & Rubin, 1984). 그러나 설명에 대한 인색함은 1970년대의 유행이 아니었다. 대학생들은 과거 전시戰時로부터 충분히 회복되어 다른 비교심리학자들과 함께 1970년대 인기를 누렸던, 콘라트 로렌츠에게 각인된 새끼오리 영화에 더 많이 매료되었다.

콘라트 로렌츠(Konrad Lorenz, 1903~1989, 오스트리아). 비교심리학자이자 종 특유의 행동연구를 전문으로 하는 생태학자. 니코 틴버겐(Niko Tinbergen), 카를 폰 프리슈(Karl von Frisch)와 함께 1973년 노벨 생리의학상을 공동수상했다.

해리 할로(Harry Harlow, 1905~1981, 미국). 비인간 영장류의 동기와 애착을 연구한 심리학자이자 영장류학자. 에이브러햄 매슬로우의 멘토

해리 할로의 동기에서의 안락함comfort in motivation의 역할에 관한 연구(1950년대 후반의 헝겊 엄마와 철사 엄마 연구), 1960년대 프랑크 비치의 개별 동물 간 성생활에 대한 설명과 수많은 유인원의 언어연구는 둘 다 조작된 우리 속에서의 연구와는 의인

화된 대조를 이루었다. 허버트 사이먼처럼 이미 존경받는 경제학자들이 되지 못했던 행동주의자들은 사회 비판으로 옮겨갔다. 즉, 배리 슈워츠는 70년대의 복잡한 정치 · 사회적 행동에 대한 분석을 시작했고, 스키너는 이때부터 문화를 서로 다른 강화 기간의 기능으로 설명하는 것(Skinner, 1970, 1978)에 관심을 돌렸다. 1980년대와 그 이후 가장 영향력 있는 행동연구의 하나는 60년대 후반과 70년대 초에 시작되었다. 리처드 솔로몬의 대학원생이었던 마틴 셀리그먼Martin Seligman은 1967년 펜실베이니아대학교에서 박사학위 논문 시기와 70년대 중반 사이에 '무기력'(불쾌한 상황을 피하기 위해 행동하기를 싫어함)은 스스로 학습된다는 견해가 널리 받아들여지는 데 기여한 연구를 했다. 간단히 설명하면, 그는 개들을 두 칸으로 나누어진 상자에서 전기충격을 피하는 행동을 하도록 훈련시켰으며, 그런 다음 행동을 통해 피할 수 없는 전기충격을 가했다. 이러한 상황에 처하게 되자 개들은 과거 실험적 형태의 신경증을 유도하기 위해 유사한 상황에 놓이게 했던 다른 유기체들과 마찬가지로 처벌을 수동적으로 받아들이게 되었다. 처벌의 효과에 대한 연구는 오랫동안 심리학에서 진행되어왔고 처벌은 보통 무시되고, 회피되고 공격적이라는 것을 보여주는 경향이 있었다. 처벌은 지속적이고 치명적이기까지 한 정서적 영

프랑크 비치(Frank Beach, 1911~1988, 미국). 여러 종들에 걸친 성행동을 연구한 미국의 비교심리학자

허버트 사이먼(Herbert Simon, 1916~2001, 미국). 정치학자, 경제학자이자, 인지적 경제 모델을 개척한 심리학자. 1978년 노벨 경제학상을 수상했다.

배리 슈워츠(Barry Schwartz, 1946~, 미국). 인간 행동의 경제적 · 사회적 결과에 대해 폭넓게 글을 쓴 행동주의 전통에서 작업하는 심리학자

리처드 솔로몬(Richard Solomon, 1918~1985, 미국). 생리심리학자로, 마틴 셀리그먼은 그의 학습된 무기력의 연구에서 솔로몬의 충격-회피 패러다임을 채택했다.

향을 줄 수 있다는 셀리그먼의 결론(Seligman, 1975)은 그렇지 않았다면 낙관적이었을 행동수정 문헌에 무기력의 개념을 추가하게 했다.

1970년대 사회 및 성격 분야에서 지금까지 가장 기억에 남을 만한 연구는 필립 짐바르도Philip Zimbardo, 1933~의 연구였는데, 그는 활동적임에도 이전 몇 년간은 눈에 뜨지 않았다가, 1971년 수행한 스탠퍼드교도소 연구(Haney, Banks, & Zimbardo, 1973)로 세계적인 주목을 받았다. 오늘날까지도 기초심리학에서 필수적으로 다루는 이 연구는, 병리적인 문제가 없는 학부 남학생들을 2개의 동질집단으로 나누어 한 집단은 죄수 역할을, 다른 한 집단은 교도관 역할을 맡게 했다. 가능한 한 그 당시에도 활발했던 사회심리학 현장연구의 정신ethos을 지키는 가운데, 조서 작성, 감옥, 그리고 교도소 상담 상황 등 설득력 있는 물리적 시뮬레이션을 제공할 수 있는 조건들을 구조화하였다. 학생 죄수들은 팰로앨토 경찰의 실제 경찰차로 연행된 후 옷을 벗기고 수감번호와 죄수복을 배정받았다. 학생 교도관들은 반사되는 선글라스, 카키색 유니폼 및 배지를 받았다. 결과는 잘 알려져 있듯이, 짐바르도와 그의 동료들은 상호작용이 교도소 사건들을 모의했던 것보다 더 사실적으로 이루어졌기 때문에 2주간의 실험을 6일 만에 중단해야만 했다. 이 연구는 사회심리학에 의해 지난 20년에 걸쳐 얻어진 인식을 가중시킨 것으로, 밀그램이 촉발시킨 복종의 힘과 유사하게, 개인에게는 억제력에 의해서만 저지할 수 있는 내재되어 있는 잔혹성의 경향이 있다는 것이다. 이것이 암묵적으로 프로이트의 견해를 강화시켰다는 것은 프로이트 심리학이 그렇지 않으면 인지적, 행동적, 그리고 주로 의식에 초점을 둔 시기를 거치면서 활력을 유지했던 이유였을지 모른다. 짐바르도의 연구는 심리학 연구가 공공정책 및 역사적 흐름과 상호작용하는 몇 가지의 방법들에 대한 하나의 예이다. 연구가 끝난 직후 뉴욕의 아티카 주립 교도소에서 폭동이 일어나 잔인하게 진압되는 장면이 전국적으로 방송된 것은 아이러니한 일이었다. 몇 년 내에 흑인들과 다른 소수민족들에게 불균형적으로 영향을 준, 마약과의 전쟁과 마약범죄에 대한 처벌적 장기형량 선고로 인해 교도소 내 인구가 증가하기 시작했으며, 그것은 1990년대와 그 이후 미국을 특징짓는 교도소 건설 및 투옥 산업의 폭발적인 증가로 이어졌다. 정신병동의 폐쇄는 교도소를 정신건강 관리에 허점이 있는 지역사회 망을 탈출한 조현병 환자들과 정신질환자들의 궁극적인 도착지가 되게 함으로써 수감자가 늘어가는 추세를 더욱 악화시켰다. 교도소 건설의 또 다른 결과는 캘리포니아주처럼, 심리학자들과 정신과 의사들이 적절한 협력관계를 형성한 주들에서 심리학자들을 위한 더 많은 취업 기회가 창출된 것이었다. APA에 교정심리학 분과가 형성되지는 않았지만 광범위한 투옥 옵션에 맞추어 제18분과인 공공서비스 분과 회원들이 증가했다(Baker, 1996). 교도소 생활에서 예상 가능한 잔인함을 보여주었던 짐바르도 연구에서 투옥의 증가를 저지하기 위한 해석은, 혹 있었다 해도 매우 적었다.

새로운 연방법은 응용심리학이 더욱 확장될 기회를 제공해주었다. 즉, 1970년 직업안전보건청Occupational Safety and Health Administration의 창설, 1970년 최초의 연방 청정 대기법Federal Clean Air Act뿐만 아니라 모든 학습자들은 시설에서 동등한 권한을 누리도록 한, 1975년 미국장애아교육법PL 94-142의 통과는, 규정준수전문가, 환경디자이너, 그리고 특수교육자와 같은 심리학적 배경을 가진 사람들에게 많은 새로운 일자리 기회를 만들어주었다. 심리학자들은 일찍부터 교육에 참여해왔으며 미국장애아교육법은 1965

년 교육법이 통과된 이후 교육에서 요구되는 심리서비스에 대한 관심을 한층 더 증가시켰다. 특수교육과 보충적인 조기교육은 1970년대 초반부터 중반까지 심리학에서 제기한 논쟁과 교차했으며 변형을 거듭하면서 오늘날까지 계속되고 있다. 그 논쟁은 버클리캠퍼스의 캘리포니아대학교 교육 및 심리측정 전문가인 아서 젠슨이 1969년 하버드교육리뷰*Harvard Educational Review*지에 'IQ와 학업성취도를 얼마나 높일 수 있는가?'라는 제목의 논문을 게재하면서 시작되었다(Jensen, 1969). 간단히 소개하자면, 젠슨은 가난한 사람들의 교육 기회와 성취에 대한 빈곤과 차별의 영향을 상쇄시키기 위해 연방정부에서 인가한 조기교육프로그램인 헤드스타트의 초기 데이터를 포함해 이용 가능한 데이터를 수집했다. 그는 이러한 프로그램의 부정적인 결과에 대해 관심이 없다고 보고했지만, 관찰된 교육적 성취에서의 지속적인 차이가 근원적인 유전적 요인에 기인할 수 있다고 덧붙였다. 그것은 시민권 시대 이후의 심리학이라는 맥락에서 공공연하게 적대적인 비판을 초래했고, 그중 일부는 젠슨 개인을 향한 것이었다(예 : 몇 군데 캠퍼스에서는 그를 인형으로 만들어 불태웠다).

아서 젠슨(Arthur Jensen, 1923~2012, 미국). 지능 연구, 특히 지능이 어떻게 유전되었는지에 대해 중요한 공헌을 한 버클리대학교의 교육심리학자

이 사건은 조기 보충교육에 뿌리를 두고 있었던, 미국에서 인종과 지능에 관한 모호함의 오랜 전통과 관련되고, 미국 응용심리학의 기초인, 심리검사 기능과 연결된다. 원래 비네-시몬Binet-Simon 검사는 20세기 전환기에 프랑스의 프로그램을 지원하기 위해 고안되었으며 통합교육프로그램에서 지적으로 어려움이 있는 학습자를 지원하기 위한 것이었다. 이 검사가 대서양을 건너 물리적으로는 영어로, 그리고 은유적으로는 미국

문화에 맞게 번역되었을 때 부분적으로는 교정이 필요한 학생인지, 또는 보다 적은 경우지만 1920년대의 로사처럼 증가된 교육적 개입이 적절한 학생인지를 식별하는 원래의 목적대로 활용되었다. 그러나 그것들은 이민자를 배제하는 데 기득권을 갖고 있는 심리학 내의 개인들과, 명백하게 인종차별주의자인 개인들에 의해 재빨리 받아들여졌다. 1976년 로버트 거스리Robert V. Guthrie, 1930~2005의 저서인 **쥐도 백인**_Even the Rat was White_(Guthrie, 1976/2003)은 마치 그때까지 완전하게 숨겨져 왔던 한 역사가 20세기 초 미국에 진출하면서 심리학에서 비롯된 흑인들과 다른 소수민족들에 대한 증오의 깊이를 자세하게 묘사했다. 인종 이론에 대한 헌신과 자신과 다른 인종들의 열등함에 대한 근본적인 신념을 갖고 있는 1920년대와 1930년대의 백인 심리학자들과 생물학자들은 빠르게 IQ와 집단 간의 차별적인 수행이나 성취를 근본적인 인종 차이에 대한 절대적인 진술로 보여준 다른 테스트 결과로 돌아섰다. 이러한 이론들은 가까스로 반박되었으나 1930년대 말까지 관찰된 차이의 대부분이 환경적인 영향에서 기인했다는 것을 보여주는 데 충실한 문헌이 성장해 있었다. 공공연한 인종차별주의자, 또는 의도적으로 그렇게 한건 아니더라도 개념적으로 IQ에 대한 유전적 해석 및 교육의 결과적인 실패에 대한 유전적 해석을 반대하고, 보충교육이든 아니든 그 차이를 수정하는 노력에 참여했던 사람들 중에는, 다른 분야의 인종 간 연구에서도 활동했고 교육에서 인종분리를 폐지하는 데 도움이 된 사회과학적 증거를 찾는 데 기여한 심리학자들이 있었다. 그러나 1954년 **브라운** 판결 이후에도 여전히 변할 수 없는 인종 간의 지적인 차이 가설에 대해 최소 몇 가지 견해를 고수한 심리학자들이 있었다. APA의 전前 회장1946년도 버지니아의 헨리 헨리 개릿(Henry Garrett, 1894~1973, 미국). 심리학 실험에 관한 유명한 저서, '심리학의 위대한 실험(*Great Experiments in Psychology*)'의 저자. 1946년 APA 회장을 역임했다.

개릿과 같은 극소수의 사람들은 그러한 사실을 인정한 소란스럽고 뉘우치지 않는 인종차별주의자들이었다.

그러나 다른 사람들은 은밀한 사회적 태도나 보고된 과학적 자료의 편에서 중립적인 입장을 취하며, 젠슨에 대한 즉각적인 반응은 사실에 관한 과학적 담론이 아니라 신랄한 독설전이라고 괴로워했다. 1972년 7월 **미국심리학회지**American Psychologist는 젠슨에 대한 항의로 '과학자들이 저지른 물리적 위험'을 개탄하면서 수행의 차이에 대한 유전적 설명이 통계적으로 신뢰할 만할 뿐만 아니라 근본적인 신체적 차이까지 반영했을 가능성에 대해 서명자들의 약속을 강조하는, 50명의 개인이 서명한 편지를 담았다(Page, 1972). 서명자에는 노벨상 수상자 크릭F. H C. Crick(1953년 DNA 공동 발견자 중 한 사람), 자크 모노Jacques Monod(당시 저명한 미생물학자), 또한 폴 밀(이 책에서 지금까지 가장 자주 접하게 되는 임상가이자 철학자)이 포함되어 있었다. 이 논쟁에 대한 격렬함은 당시 심리학자들 사이에서 발전되어 유전적 관점에 반대하는 사람들은 집단 성취에 대한 환경과 유전 사이의 상호작용에 대한 증거뿐만 아니라 반사실적counterfactual 증거들을 모았다. 또한 어떤 사람들은 그들의 공동 견해로 볼 때 상대방이 사회과학 실무와 분리될 수 없는 도덕적 · 윤리적 문제에 둔감하다고 혹평했다(Kamin, 1974). 그 논란에 직접적으로 관련되어 있는 당사자들과 동떨어진 곳에서 반향을 불러일으킨 이 폭발적인 이슈는 이 시기에 적어도 피상적으로는 화합해 있던 연합에 커다란 균열을 낳았다.

1973년 두 명의 저명한 심리학자가 몬트리올에서 열린 APA 연차학술대회에서 강연을 했다. 심리검사와 응용 직업가이던스 분야에서 30년 이상 활동해왔고 1925년 학부과정부터 심리학에 뿌리를 두고 있던, 레오나 타일러Leona Tyler, 1906~1993가 심리학회 회장으로서 연설을 했고, 반면 헵은, 그의 세포집합체 이론과 그와 관련된 '개념적 신경학'이 그가 25년 전에 그것을 제안한 이후 신경심리학 연구의 방향을 제시해주었는데, 두 사람은 모두 심리학자들이 나아갈 방향을 안내하고 격려하고자 의도된 요청을 제시했다. 타일러(1973)는 "우리 자신의 본성에 대한 개인적 · 집단적 이해를 증진시키고 다른 사람들과 함께 지금까지 알고 있던 것보다 더 풍부한 인간관계의 구조를 구축하는"(Tyler, 1973, p. 1029), '희망적인' 심리학을 창조할 수 있는 잠재력에 대해 연설했다. 그녀가 언급을 한 맥락에는 1971년 스키너의 널리 읽혀진 저서이자 근간인 자유와 존엄을 넘어*Beyond Freedom and Dignity*가 있었다. 그 책에서 스키너는 안정되고 좋은 문화는 단지 혼란스럽거나 예측 불가능한 행동을 낳을 수 있는, 개인의 자발적인 선택의 합의된 결과가 아니라 오히려 설계에 의한 결과라는 견해를 진전시켰다. 환상적이고 자율적인 내적인 자신보다 오히려 적절하게 배열된 강화의 원천이 행동의 과정을 결정한다. 예를 들어, 더 좋은 음악을 원하는 문화는 음악을 만드는 사람들뿐만 아니라 그것을 연주하고 듣는 데 참여하는 사람들을 강화시켜야만 한다. 스키너는 자유는 합리적인 통제 시스템을 넘어 혐오스러운 통제로부터의 회피를 위한 또 다른 이름이며, 자유를 강조한 문화는 궁극적으로 관리가 잘못된 강화 시스템으로 인해 파괴될 위험에 처해 있는 것으로 보았다. 그는 행동으로부터 강화를 받는 것과는 무관한 로또와는 친하지 않았다(우연이든 아니든 1971년과 1972년에 여러 주에서 로또를 운영하기 시작했다). 그의 불유쾌한 통제의 필요성에 대한 강조도 기분 좋은 미국a feeling good America과 잘 맞지 않았다. 그리고 그는 인간은 너무 많은 선택권을 가지고 있고, 이것 때문에 너무 많은 형편없는 선택을 한다는 의견을 제시하며 현대 미국의 특징이기도 한 탐욕스러운 소비주의와 대립했다.

이상적인 경제는 계획되는 것이라는 스키너의 함의는 그 당시까지 형성되어왔던 미국 문화의 모든 측면에 역행하는 것이었다. 그는 파시스트라든가, 더 나쁜 혹평을 받았고, 한동안 심리학이 영원히 대답할 수 없는 질문 중 하나, 즉 우리는 얼마나 자유로운가? 그리고 우리는 얼마나 자유로워야 하는가라는 질문이 크게 부각되어 대중적 관심을 받게 되었다. 타일러는 윌리엄 제임스의 전통에서, 그가 자유의지가 환상이라고 주장했을지라도 오직 신념만은 여전히 유용하고, 심리학자들에게 발달된 심리적 · 사회적 문화에 위배되는 여러 가지 것들을 자유롭게 선택할 것을 촉구했다. 그녀는 심리학자들은 연구에 참여하여 그로부터 이익을 얻을 사람들과 협력하여 연구를 설계해야 한다고 말했다. 이 말을 하면서 그녀는 밀그램과 짐바르도 연구에 뒤이어 일어난 APA 윤리강령의 최근 변화에 대해 언급했는데, 이것은 윤리위원회에 연구에 대한 보다 엄격한 정밀조사 권한을 부여했다. 임상심리학자들은 심리학에서 상용어가 되어버린 '의학적 모델'을 포기해야만 했는데, 그 모델에서는 심리학자들이 문제에 놓여 있는 개인들을 정상 수준으로 회복시키기 위해 개입했었다. 그녀는, 대신에 그들은 그들이 살고 있는 곳에서 개인들을 만남으로써 회복을 촉진해야 하며, 같은 문화 내 치료자, 예를 들면 중독을 극복하는 데 있어 자신의 경험을 토대로 알코올 중독자를 돕는 사람으로부터 단서를 얻어야만 한다고 제안했다. 그녀는 심리학자들이 사회적 조건을 개선하기 위해 사회 모든 수준의 개인들과 협력할 수 있는 기회를 적극적으로 찾아야만 한다고 말했다. 이것은 1969년 "심리학을 나눠주자."던 밀러의 도전을 상기시켰으며 적어도 더 나은 사회를 염두에 두고 희망을 선택한 심리학자들에게 가능성 있는 개입 양상에 대한 윤곽을 그리게 했다.

헵(Hebb, 1974)은 이와는 대조적으로 인간 행동은 결정적이라는 스키너의 의견에 동조했다. 즉, 그는 이것이 '미스터 심리학'인 보링과 윌리엄 제임스를 포함하여 그때까지 심리학에서 중요한 모든 사람이 인정해왔던 작은 사실이라고 말했다. 헵은 "나는 게으름을 피우기로 선택할 수 있지만 그것이 자유의지론은 아니다."라고 말했다. 헵은 게슈탈트와 심리학에 관해 생각하는 체계들 양쪽을 상기시키는 용어를 선택해서 언급했다. 그는 심리학은 생물심리사회적으로, 행동을 결정하는 상호 연결된 하나의 과학적 관계망이라고 말했으며, 그리고 그는 모든 심리학자들, '쥐의 뇌 배관공'뿐만 아니라 사회운동가와 인지전문가는 그들 노력의 근본적인 통일성을 인식하라고 호소했다. 그러나 헵은 심리학의 목적이 무엇인가라는 질문에 대해, 심리학이 마음과 행동의 과학이라고 말하고 있는 현대보다 훨씬 더 오래 전으로 되돌아가서 심리학은 궁극적으로 마음에 관한 학문이라고 말했다.

심리학에 관한 가장 오래된 개념은 세 부분으로, 1945년부터 심리학연합을 구축한 사람 중 한 명인 어니스트 힐가드Ernest Hilgard는 1980년에 그것을 '마음의 3요소', 즉 인지cognition, 애정affection, 능동conation[4]으로 요약했다(Hilgard, 1980). '인지적'과 '행동적'('능동'의 보다 간결하고 현대적인 개념)

---

[4] 한국심리학회 용어사전 번역을 따름(https://www.koreanpsychology.or.kr/psychology/glossary.asp)–역주

은 심리적 활동을 기술하는 데 동등하게 수용되는 형용사가 되었다. 그러나 세 번째 용어인 '애정'은 정서 관련 전문용어가 항상 그렇듯이 1970년대에도 여전히 자리잡지 못했다. 애정은 정서의 한 측면을 나타내는 말이다. 그런데 심리학은 오래된 3요소 중 가장 최근 판에서 삶의 정서를 유발하는 어떤 측면을 선택하게 될 것인가? 1974년부터 이러한 아이디어들의 결합, 즉 공익을 위한 사회적 행동, 행동의 결정적인 본질, 그리고 마음의 탁월함이 심리학을 위한 하나의 개념적 문제로 등장했다. 실질적으로 말하면, 그것은 지난 50년 동안 발전해왔던 심리학적 활동의 모든 주요 차원의 통합을 따라가는 방향을 선택하는 것으로 해결될 것이었다. 마음 더하기 의학 더하기 공익이라는 방정식의 해결은 의학과의 동맹이 강화되는 결과를 낳았다. 이에 대한 가시적인 결과는 1978년 제38분과인 건강심리학 분과의 결성이었다. 심리학은 그 3요소를 인지, 행동, 건강으로 수정했으며 그것은 심리학 연합의 공식 조직인 APA가 향후 10년 동안 절정에 오르는 데 원심력으로 작용했다.

1970년대 가족 이야기: 끝, 중간, 그리고 시작

1969년 10월 15일 이른 오후 긴 차량 행렬이 헤드라이트를 킨 채 노스캐롤라이나 95번 주간 고속도로 위에 줄지어 가고 있었다(요즘처럼 낮 시간 헤드라이트 사용이 자동화되어 있는 차량들이 흔하지 않았기 때문에 이것은 보기 드문 일이었다). 운전자들은 베트남 전쟁 중단을 위한 전국적 시위를 지지하기 위해 라이트를 켰지만, 지상군의 역할이 서서히 축소되고 그 활동이 공중전으로 바뀌었음에도 불구하고 전쟁은 여전히 몇 년째 계속됐다. 해리는 전쟁 중단 때문이 아니라 그날이 바로 도널드가 샬럿에서 응급 정신건강 치료를 받기 위해 첫 번째 강제수용 명령서에 서명을 해야만 했던 날이었기 때문에 그날을 기억할 것이다. 그때는 이러한 일을 비교적 실행하기 쉬웠지만, 3년 내에 미국 대법원은 노스캐롤라이나주를 포함한 기존의 강제법상 적법한 절차에 따라 수용된 정신질환자들의 권리가 침해당했는지의 여부에 관해 문제를 제기했다. 1975년 오코너 대 도널드슨 O'Connor vs. Donaldson 판결 이후에는 강제명령서 발부가 훨씬 더 어려워졌다(Vrana, 1991).

해리는 1969년 6월 두 번째 베트남 참전에서 미국으로 돌아온 아들의 증상과 같은 전후 반응이 낯설지 않았다. 그는 우리가 현재 정신장애진단 및 통계편람, 제5판*Diagnostic and Statistical Manual of Mental Disorders, 5th edition; DSM-5*의 진단기준을 통해 외상후 스트레스장애로 판단하고 진단하는 약물, 알코올 중독 및 일련의 지속적인 정서행동 증상을 갖고 돌아왔다. 당시에는 *DSM-II*가 있었으나 그러한 상태에 대한 DSM상의 진단은 없었다. 해리가 참전했던 베트남 전쟁은 대중적으로 받아들여지기 어려웠고, 제대로 된 지원을 받기도 어려웠으며, 해리는 결코 그 전쟁에서의 경험에 대해 이야기하는 것을 원치 않았다. 어떤 사람들은 베트남 참전용사들이 가정에서의 지지가 부족하거나 그들이 떠났었다는 것에 관심조차 없었던 곳으로 다시 되돌아왔다는 깨달음 때문에 그들의 경험에 대한 반응으로 고통받을 가능성이 더 많다고 말했다. 해리는 도널드가 현재 경험하고 있는 것이 전투를 경험해본 사람이라면 누구에게나 흔한 일이며, 도널드가 많은 일을 경험하고 왔다는 것을 알고 있었다.

해리가 막 실무를 시작했던 15년이나 20년 전에는 강제진료가 주립병원에서 상당히 오랜 기간 동안 입원해 있는 것을 의미했지만 현재는 1970년대였고 정신건강서비스가 크게 변화했다. 1963년 지역사회정신건강법이 제정된 지 10년이 지났고, 그중 가장 가시적인 증거는 정신건강 병상의 급격한 감소와 전국에 산재한 시설의 폐쇄였다. 동의 없이 무기한으로 개인을 억류하는 친척들이나 법 집행 당국의 권한을 제한하는 법률이 책에 나타나기 시작하고 있었다. 노스캐롤라이나는 최대 단기억류기간을 명령하기 시작했으며, 그 후에 시간의 연장을 위해서는 법원명령이 필요했다. 도널드는 재향군인병원, 공립병원들, 사설병원들을 전전하기 시작했다. 그는 고용과 태만의 기간을 왔다 갔다 했다.

해리는 도널드의 복합적인 문제들을 관리하기 위하여 자신이 전문적으로나 개인적으로 준비되어 있지 않다는 것을 깨달았다. 그들은 도널드가 나이가 들면서 점점 더 멀어졌고 둘 다 서로를 이해할 수 있었을 때 도널드도 해리도 35세에 아버지 슬하에서 살고 있는 것이 좋지 않다고 생각했다. 도널드는 공공지원기관이나 교도소에서 보내는 기간이 더욱 잦아졌고 일하는 시간은 점점 줄어들었다. 베트남 참전용사들에 관한 문헌을 통해 활용 가능한 것들이 광범위하지는 않았지만(Brady & Rapoport, 1973), 해리는 그것에 대해 연구하고 물질남용 치료법을 찾고자 했다. 해리의 전문성은 그 외에 안정된 개인들이 논리적이고 합리적인 입장에서 개인 내적인 문제나 대인 간 문제에 대처하도록 돕는 데 있었다. 자신의 이혼과 치료경험을 바탕으로 그는 합리적정서행동치료 관점을 점점 더 많이 채택했으며, 그것은 그가 아들의 문제로부터 어느 정도 거리를 유지할 수 있게 해주었다. 그러나 도널드는 합리적이지도, 치료에 적응하지도 못했으며 몇 년 후 어떤 경제적 또는 사회적 안정도 유지할 수 없었다. 해리는 1950년대 이후 새로운 성장을 경험한 거주형 알코올 및 약물 치료에 도널드를 두 번 보냈지만, 둘 다 오래가지 못했다. 첫 번째 치료는 견딜 수 없는 메스꺼움을 일으키는 알코올 길항제에 대한 부작용 때문이었고 두 번째 치료는 내파치료 과정 이후 직원에게 폭력을 행사하고 도망쳤기 때문이었다. 1980년까지 도널드는 노숙자로 생활하면서 남부와 남서부 대도시 여기저기를 떠돌았다. 해리는 아들의 운명에 단련되었고, 그의 사고에서 큰 부분을 차지하지만 대부분 무의식적인 상태가 되어버린 슬픔을 모르는 척 넣어두는 커다란 저장고 안으로 다시 밀어 넣었다.

로사는 나이가 들어 1974년에 65세가 되었고, 그녀의 파트터인 프랜신은 이미 세 살이나 위라는 것을 인정해야만 했다. 로사도 프랜신도 어떠한 의학적 개입도 필요하지 않을 만큼 양쪽 다 상당히 건강했다. 로사와 프랜신 둘 다 사회보장과 의료 혜택을 누릴 수 있었는데, 그것은 뉴딜정책과 위대한 사회the Great Society의 유산이면서 모든 사람들이 공동으로 발전할 필요성을 강조한 사회과학에서, 그 부분의 영향을 반영했던 프로그램들이었다. 또한 그들은 향후 오랫동안 맨해튼 남부 지역 아파트의 임대료 인상을 억제하고 아파트 관리비를 통제하는 프로그램의 혜택을 받았다. 미국에는 항상 부패하고 탐욕스러운 개인주의의 가능성이 있었는데 그들에게는 이러한 면이 차단되어 있었다는 것이 행운이었다. 로사는 1974년 닉슨 대통령이 탄핵으로 사임했을 때 매카시 시대로 돌아간 것에서 작은 기쁨을 누렸다. 1960년대에 시민권리법과 다른 변화들의 필요가 등장했을 당시에는 로사나 대부분의 사람들이 냉담한 정치권의 반응을 예견하기 어려웠으나, 그것은 1970년대에 시작되었고 현재까지도 매번

싸울 필요로 인해 끊임없이 계속되고 있다. 로사는 1969년 스톤월 사건에 대한 그녀의 칼럼을 통해 비공식적으로 '커밍아웃'했으며, 일종의 유명 작가이며 연사로서 70년대 초 그 수가 더 많아지고 가시화된 동성애 해방 행사에 초청받곤 했다. 그녀와 프랜신은 그들의 관계로 인해 결코 차별받은 적이 없으며 그들의 행동이나 결합을 어떤 방식으로든 병리적으로 본 적은 없었지만, 81개 단어로 된 진술문이 *DSM-II*의 정신장애 목록에서 동성애를 제거(Glass, 2002)했을 때 기뻐했다. 이 일은 1973년 1월 장차 많은 정치적 논쟁을 일으킬 전조로 떠오른 낙태와 관련하여 생식 결정에 대한 개인의 선택권을 보장해주는 **로 대 웨이드**Roe vs. Wade 판결과 거의 동시에 일어났다. 많은 심리적 개입의 유익한 효과와 마찬가지로, 심리학이 로사의 삶에 미친 가장 중요한 영향은 이처럼 주목받지 못했다. 1968년 전 세계적으로 전쟁과 인간사에 대한 기업의 지배에 저항하는 시위가 최고조에 달했을 때, 로사는 한 친구로부터 비정치적인 배경에서 다른 사람들과 반전주의 견해를 공유하고 친분을 쌓을 수 있는 자유주의 종교모임에 초대를 받았고 마침내 그 모임의 일원이 되었다. 1970년대 초 이 신도회는 최근 심리학 고급과정을 수료했고, 특히 노인들의 사회적 참여와 노년기의 긍정적인 태도에 관해, 증가하고 있는 문헌뿐만 아니라 젊은이들이 나이 든 사람들과 활동을 공유하고 상호 만족하는 활동을 통해 가까워진다면 그들은 노화에 대해 보다 긍정적인 개념을 형성할 수 있을 것이라고 제안한 문헌(Botwinick, 1970)을 공부한 사람을 종교단체 활동의 책임자로 고용했다.

> 잭 보트위닉(Jack Botwinick, 1923~2006, 미국). 세인트루이스에 있는 워싱턴대학교에서 심리학과 신경학에 중복 배속된 심리학자이자 노인심리학자

그 책임자는 그 시대의 중요한 사회적

사건들에 대한 토의집단에 그 신도회의 노년층과 젊은 구성원들을 참여시킬 계획을 세웠고, 연령에 관계없이 상호 보완적인 관심을 갖고 있고 서로 시너지 효과를 내면서 배울 가능성이 있는 개인들이 한데 어울리게 만드는 조각 맞추기jigsaw 접근방식을 드러나지 않게 사용하는 집단 형성 계획을 수립했다. 이 집단들은 참여자들, 그들 중 로사를 매우 만족스러워했으며 그녀는 자신이 기대했던 것보다 더 많은 세션에 자원했다. 사회적 접촉을 위한 이러한 새로운 접근은 프랜신 및 다른 친구들과 지속적으로 맺고 있는 지지 관계와 함께, 로사의 성공적인 은퇴로의 전환에 도움이 되었으며, 그녀는 1976년에 공식적으로 은퇴했다.

헬렌에게 1970년대는 이전의 20년과는 매우 달랐다. 그녀는 1968년 학위과정을 마친 뒤 쉴 새 없이 바빴고 항상 그것은 마치 차를 타고 고속도로를 달려 어디론가 가는 중인 것만 같았다. 후아나는 자라고 있었고 늘 캐럴린의 삶의 일부였지만, 1974년 이후 캐럴린은 정규직으로 자리를 잡았고 후아나는 여덟 살이 되어 학교와 다른 많은 활동에 참여하게 되면서, 때마침 헬렌이 로스앤젤레스로 돌아갈 수 있는 적기인 것처럼 보였다.

로스앤젤레스에서는, 괴로움을 호소하는 학생들에게 시의 적절한 지원을 제공하기 위하여 학교 내에서 정신의학서비스와 심리서비스 간, 그리고 생활지도프로그램과 배치프로그램 간에 조정자의 역할을 하는 공립학교의 정신건강증진 코디네이터로 일을 시작했다. 후아나가 많은 다양한 개인들과 스페인어 및 영어의 두 언어로 상호작용할 기회를 많이 가지고 있다는 것을 확인하는 것을 포함해서, 캐럴린이 후아나의 이중문화성을 격려했던 캐럴린 그리고 후아나와 함께 한 헬렌의 경험은, 로스앤젤레스 학교체제를 위해 다문화 정신건강관리를 담당하는 지위로 승진하게 이끌었다. 이것은 심리학 이론의 발전이 그녀의 활동에 직접적으로 영향을 미쳤다는 것을 입증하는 것으로, 이때는 학계에서 건강과 탄력성 촉진에 대한 포괄적인 전망이 확립되면서, 실무적인 실행으로 구현되고 있는 시기였기 때문이다. 헬렌은 대부분의 주민들보다 더욱더 친밀한 방식으로 점점 더 증가하고 있는 로스앤젤레스시 다문화 주민들과 일상적인 접촉을 가졌으며, 그녀는 그 일을 통해 활력을 얻었다. 그녀는 자신이 60살이라는 것을 거의 느끼지 못할 정도로 그녀가 수년간 경험했던 것보다 더 많은 성취감을 느꼈다. 그녀는 단지 도전과 기회, 보완해야 할 서비스 제공에서의 단점, 시정해야 할 불공정, 그리고 더 큰 지역사회로의 진입이 요구되는 소수집단만 보며 살았다.

캐럴린에게 있어서, 70년대 초반은 행복하고 만족스러운 시간이었다. 그녀는 1977년 하비 밀크Harvey Milk[5]를 샌프란시스코 시의원으로 당선시킨 연합체의 일원으로, 그것은 흥미진진하고 행복감을 느끼게 하는 경험이었다. 무엇보다도 그녀는 밝고 호기심이 많은 딸인 후아나와 함께 지내는 것을 즐겼다. 아마도 심리학의 가장 직접적이고 긍정적인 효과는 TV 프로그램 '세서미 스트리트'를 세 살부터 2학년이 될 때까지 꾸준히 시청한 후아나의 초기 경험에 있었을 것이다. 세서미 스트리트는 미디어 경험이 어린이들에게 최적화되어 있지 못한 데 대한 반응으로 여겨졌다.

'세서미 스트리트'의 원작자 중의 한 사람은 심리학자인 로이드 모리셋으로, 그는 1950년대에 예일대학교에서 칼 호블랜드의 제자로 커뮤니

---

[5] 샌프란시스코 시 동성애자들의 집단 거주지역인 카스트로 거리의 카메라 상으로, 동성애자로는 미국 내 첫 시의원으로 당선되었다. 영화 '밀크'의 주인공이다.

케이션 이론 및 실험심리학을 공부했고 (Hovland & Morrisett, 1959), 미디어의 힘에 대해, 그리고 의도된 수신자를 겨냥한 최상의 커뮤니케이션 과정에 대해서 정통한 사람이었다. '세서미 스트리트'의 다양성, 포괄성 및 다언어성에 대한 강조는 후아나의 환경에 큰 기여를 한 것은 아니지만, 후아나가 다문화 환경을 편안하게 느낄 수 있도록 해주려는 그녀의 엄마와 엄마 친구들의 노력을 강화시켜준 한결 같은 프로그램이었다. 1978년 정신적 문제가 있는 정치적 적수에 의한 하비 밀크의 암살은 35세의 캐럴린과 13세의 후아나 두 사람 모두에게 상실감과 취약한 느낌을 남겨주었다.

로이드 모리셋(Lloyd Morrisett, 1929~, 미국). 마음이 수행에 미치는 영향에 대해 연구한, 예일대학교 칼 호블랜드의 박사 제자

08

1980년대

1980년대 : 포괄적 연합체

1981년 많은 사람들이 '소통의 달인'이라는 별칭을 붙여주었던 로널드 레이건이 미국 대통령에 취임했다. 어떤 면에서 그는 관리자형 대통령이었다. 그러나 그가 행동으로 나서자 그의 행동은 선거정책의 근본적인 변화와 대중의 의견을 공공정책으로 바꾸면서 속마음을 드러냈다. 1927년과 1969년 사이에 자유주의 사회정책, 즉 사회문제에 대한 정부의 개입과 규제에 동조하는 행정부가 42년 중 28년 동안 직무를 수행해왔고, 그 기간 중 나머지 3분의 1은 더 보수적인 당이 최소한 심리학의 목적에 따라준 전임자들이 만들어놓은 구조를 해체하기 위해 굳이 애쓰지는 않았다. 예를 들어, 정부가 인종차별을 철폐하는 첫걸음을 내디딘 시기는 바로 비교적 보수적이었던 아이젠하워 때였다. 1970년과 1980년 사이, 권력은 주루 의회에 있었고, 닉슨 대통령은 스캔들로 운신하지 못했다. 짧은 기간 동안 그의 후임자로 재직했던 포드 대통령과, 1976년 선거에서 민주당 우승자이며 인도적이지만 특별히 사회적 비전을 제시하지 못했던 지미 카터 두 사람 모두 이어진 에너지 위기와 상대적으로 열악한 경제 상황이 그들의 노력에 장해가 되었다. 1960년대에 제정된 규칙, 법률 및 정책이 그 자체의 힘으로 유지되고 있었다. 그러나 레이건의 선거는 주로 보수 세력이 법률과 정책을 좌지우지한 기간이 시작될 때였다. 1980년 이후 공화당은 33년 중 20년 동안 대통령직을 유지해왔고 그들의 반대파는 자유주의 사회원칙과 대립하는 훨씬 더 보수적인 의회와 경쟁하고 타협해야 했다.

레이건 대통령 취임 2년 전 이란의 이슬람교도의 혁명은 모하마드 레자 샤 팔레비 국왕의 독재 정권을 축출했다. 거기에, 오일 정책과 국가적 자기결정권의 내부 정치는 국가 권력을 통합할 수 있는 수단으로서 종교에만 의존했다. 이란에 이슬람 공화당 정부를 설립한 결과 중 하나는 여러 명의 미국 시민권자들이 인질로 잡혀갔고, 그것은 카터 대통령 재임 동안 미국의 군사력으로 해결할 수 없는 상황이었다. 레이건이 정권을 장악한 날 인질들이 석방되었다. 이것은 그가 사건의 수혜자였던 좋은 예로, 그에게 문제 해결사라는 위상을 안겨주었다. 그는 임기 시작 2개월 만에 일어났던 암살 시도에서 살아남았고 그것은 그에게 무적의 인물이라는 기운을 안겨주었다(그의 암살 미수범은 그 이후로 정신병원에 있었으며, 57세가 된 2013년에 10일간의 가족 방문이 허가되었다). 그의 대통령 재임 기간 중, 아프가니스탄에서 광범위한 유혈 사태로 약화된 소련은 중앙 유럽에 남아 있던 소비에트연합 국가들과 함께 결국 붕괴되었다. 레이건 대통령은 1987년 유럽 순방길에 베를린 장벽에 서서 비교적 진보적인 새 러시아 대통령인 고르바초프에게 장벽을 허물라고 촉구했고, 그러한 사건은 결국 부시 대통령 재임 기간인 1989년 11월에 일어났다. 지난 10년간 평화협상과 독일에 기지를 둔 미국 미사일에 의해 전달되는 핵무기 대참사의 위협을 번갈아 조정해 나간 외교의 대가 헨리 키신저의 노력으로 공산주의의 해체가 어떤 측면에서 가속화된 것은 의심할 여지가 없었다.

레이건에 대한, 소비에트 연방과의 오랜 냉전의 정면 승부에서 큰 성공을 거두었다는 인식으로 그의 행정부가 한 일부 다른 거래들이 가려져 버렸다. 1980년대 지중해 동부 지역은 변동성이 심했는데, 미국은 그 지역에서 이웃들과 계속해서 갈등 중인 동맹국 이스라엘을 지원하기 위해 레바논에 주둔시킨 병력을 유지하고 있었다. 1983년 레바논에서 일어난 급진적인 반이스라엘 세력에 의한 미국 해병대 병영의 파괴는 그 지역의 긴장감을 고조시켰으며, 그곳에서는 지속적인 인질 납치가 더욱 증가했다. 미국의 경제적 이익에 호의적인 중앙아메리카의 압제 정권을 지원하는 데에도 헌신적이었던 레이건 정부는 니카라과 동맹국들을 지원하기 위해 흘러들어갈 것으로 보이는 이란의 자금을 위해, 이스라엘의 중개로 의회 권한으로 금지되어 있는 이란에 대한 불법 무기 교환을 추진했다.

미국의 대외관계에 대한 이러한 긴 요약은 심리학과 무관한 것으로 보일 수도 있지만, 사실상 그것은 미국이 세계 문제에서 군사적으로 다시 얽히게 되었다는 것을 강조하는 것이다. 이러한 대외적인 활동들은 그 기간 동안 국내에서 일어났던 느리면서 미묘한 많은 변화로부터 주의를 돌리게 하는 역할을 했다. 레이건이 외부 세계를 향해 공격적인 자세를 취한 결과로 미군이 증강되었으며, 그것은 항상 그래왔던 것처럼 1980년대 초 부진했던 경제에 활기를 불러일으키는 데 도움이 되었다. 그 시대에 특별한 의미를 담은 영화 중 하나는 소비에트연방과 미국 간의 핵전쟁이 미국인들의 일상생활에 미치는 영향을 묘사한 TV 영화, '그날 이후The Day After'였으며, 그것은 1983년 11월에 방영되었다. 그래픽과 흥미진진함으로 인해 레이건 대통령도 그 영화를 보고 깊은 감동을 느낀 것으로 전해지고 있다. 그렇지만 그 영화는 미군의 군사 활동에 대해 대규모적인 항의를 불러일으키지는 않았다. 그와는 달리 미국은 대통령과 정부에 대해 더 신뢰하고 의문을 덜 제기하는 분위기로 변했으며, 대리만족이 확실하지만 미군의 실제적인 승리감이 한 푼의 비용도 치르지 않고 달성되었다. 이러한 정신적인 안도감은 레이건 시대의 자유방임적 자유시장 정책에 의해 촉진된 가장 핵심적인 활동, 즉 사적인 부의 축적에 대해서만 집중하게 했다.

1987년 영화 '월스트리트Wall Street'의 등장 인물인 증권거래인 고든 게코는 "탐욕은 좋은 거야."라고 공언한다. 그는 지난 40년 동안 사회법으로 구현된, 병든 자와 가난한 자를 위한 공동의 목적과 공유된 책임감이라는 이상과는 다른, 미국 사회의 주류적 변화를 상징적으로 나타내는 사실적인 사업가를 상징했다. 80년대 미국인들은 여전히 발명가들에게 찬사를 보냈고, 그 시기 발명가들 중 가장 두드러진 사람들은 개인용 컴퓨터를 만든 사람들이었다. 그러나 그 과찬의 대부분은 그 발명이 자신을 부자로 만들어주었다는 사실 때문이었다. 비즈니스 스쿨이 자금과 면적 크기로 봤을 때 사회 및 행동과학연구소 수준으로 확대된 시기가 바로 1980년대로, 사실상 학생 모집과 대학에 영향력을 끼치는 측면에서는 훨씬 더 이상이었다. 경영학 석사MBA 과정이 선택적인 대학원 과정으로 시작되었고 당시 MBA와 심리학 박사 학생 비율이 50:1에 이르렀다(Maital, 2013). 미국 경제 자체가 급격하게 변화했다. 1987년 리처드 닉슨은 존 아담스가 쓴 오페라인 '중국의 닉슨Nixon in China'으로 미국 대통령의 낮은 순위에 등장했다. 닉슨 대통령과 영부인은 1972년 베트남 전쟁 중 공식적으로 중국을 방문했다. 그 방문은 베트남에서의 탈출구를 협상하는 과정 중 주요 단계인 구소련과 중국 간의 갈등을 조장시키는 효과를 가져왔지만 무엇보다 중요한 것은, 이 방문은 근대 역사상 처음으로 중국 전체를 잠재적인 경제 시장으로 문을 연 것으로, 1세기보다 더 이전에 페리제독의 지휘하에 도쿄만에 미국 선박을 진입시킨 것에 비교될 만한 행동이었다. 이 역사적인 방문의 근본적인 특징은 1980년대 후에야 분명해졌으며, 그때는 미국 경제 정책이 정부, 경영진, 노동조합 간에 협상된 임금 및 노동조건을 갖고 국내 생산 지원에 초점을 맞추던 것으로부터 필요한 모든 수단을 동원하여 이익을 창출하는 정책으로 변화된 시기였다. 이것은 미국의 제조업 경제를 '서비스업 경제'로 대체하는 시작이 되었다. 공장을 채우기 시작하면서 증가하고 있는 인공지능로봇 군단에 그 일이 할당되지 않을 경우, 위험하고, 더럽거나, 또는 보상까지 잘되고, 깨끗하고, 반복적으로 돌아가는 공장 작업은 상대적으로 낮은 임금으로 그 일을 할 수 있는 사람들이 있는 나라들로 보내지기 시작했다. 이것은 역사적인 미국 공장들이 점점 폐쇄되는 결과가 되었다. 가장 먼저 사라진 것들 중에는 남부의 섬유 및 의류 제조업체였고, 40년 전 버지니아주 매리언시에 있는 민주적인 작업과정에 대한 레빈의 실험이 실시된 하우드 제조회사였다. 저비용 환경으로 생산을 옮기는 것이 유리한 세금 및 경제정책이 실시된 몇 년 뒤, 1992년 8월 31일 하우드 제조회사는 마침내 문을 닫았다(Barlett & Steele, 1996). 라디오와 TV 제조, 제철 및 기타 기술 산업체들이 일본과 서유럽에 건설되었다. 우호적인 환율정책은 역사적으로 미국 번영의 기반인 전자제품뿐 아니라 심지어 자동차의 수입까지도 크게 증가하는 결과를 가져왔다. 도시의 주요 지지기반이었던 공장들이 떠났고 광활한 미국 도시 지역들은 황폐화되었다. 잃어버린 제조업을 대체하기 위해 떠오른 직업은 청결하고 사업적으로 적합한 환경, 즉 보통은 변호사들과 함께 하는 판매, 모든 종류의 '경영', 정보시스템, 그리고 금융 및 은행업과 같은 것들이었다. 미국의 이상적인 노동자는 농부의 역사적인 인물들(농장 고용은 80년대에 3% 이하로 떨어졌다)과 공장 노동자가 아니라 경제 시스템을 가장 유리하게 안내할 수 있는 경영전문가로 변화했다. 1981년 항공관제사 노조의 파업에 대응하여 레이건은 그들을 하룻밤 사이에 대체 관제사들로 교체하면서 노동조합에 효과적으로 맞섰고, 이는 노동조합의 효율성이 급격히 떨어지기 시작하는 것을 시사했다. 이전에는 부수적으로 심리학에 유리했던 교육 및 건강상의 이익에 관한 협상이 필수적이었던 노동조합이 정치적 과정에서 제외되는 일이 증가했다. 1980년대 미국 경제 생활에서 그 위상이 크게 높아진 부동산 시장의 참여는 계급 및 인종에 맞추어 조정되었으며, 교외로의 '백색 비행'은 그 속도를 늦추지 않았다(Wilson, 1987). 1980년 레이건의 캠페인은 이전에 민주당 후보들에게 투표했던 백인 남부 진영으로부터 전환한 사람들을 확고한 공화당 지지자들과 통합하면서 당의 노선에 따라 인종적 · 문화적 평등에 대한 저항을 재정비했는데, 이는 평등주의적인 미국의 이상에 대한 저항(종교, 문화, 또는 역사에 기초한)의 정도에 따라 결국 미국 전역의 지역사회를 분열시키는 전략이었다. 예측할 수 있듯이, 이러한 새로운 환경에서 1972년에 승인되어 1년 이내에 30개 주에 의해 비준되었던 여성평등개정안인 남녀평등헌법수정안Equal Rights Amendment은 네바다, 애리조나, 유타 및 다소 놀랍게도 북부의 일리노이주와 함께 남부 연합의 모든 주에서 그것에 반대했기 때문에 1982년 부결되었다. 80년대에는 공식적으로는 불법이지만 놀랍도록 관대했던 미국으로의 이민이 꾸준히 증가했다. 1980년대 말, 주거, 교육 및 일상생활의 모든 다른 측면에서의 통합을 상상해왔던 미국에 쇼핑몰과 '대형 박스' 스토어 밀집 지역이 조성되었고, 이러한 지역으로 가는 도중 여기저기 있는 빈민가를 지나는 7차선 고속화 도로 주변에는 반짝반짝 빛나는 새로운 중심도시 금융타워들이 들어섰다. 1988년 월마트가 97%의 백인 인구로 구성된 지역인 미주리주 워싱턴에 최초의 대형 쇼핑센터를 열었다. 한편, 소매업자들과 식품점들은 가난한 이웃들로부터 멀어졌고, '식량 사막'이 나타났다.

이러한 배경에 맞서 미국 심리학은 적응적이고 유연하게 나아갔고, 학생들뿐만 아니라 실무자들의 수가 증가하고 있었다. 산업심리학자들은 인원 감축이나 해외 업무 위탁으로 감축된 노동자들을 상담하는 새로운 기술을 개발했다. 미국인들의 지적인 삶의 일반적인 상태는 외부 현실로부터 잘 격리되어 있었다. 많은 관심이 포스트모더니즘 쪽으로 쏠렸는데, 그것은 주로 프로이트와 마르크스 사상을 페미니즘과 조화시키기 위한 시도로 권력, 성별, 성, 의식을 한데 얽어놓은 이론의 집합체였다. 몇몇 이론가들(그들 중 가장 두드러진 인물은 미셸 푸코Michel Foucault였다)은 가부장적 자본주의를 이론적으로 해체하려는 (느슨하게 말해, 공식적인 현실 안과 뒤에 있는 다양한 세부 사항들을 분석하려는) 시도를 넘어서, 개인의 자기표현에 대한 공권력의 주도권과, 사회에서 여러 가지 원치 않는 요소들을 삼금하고 억압할 것을 필요로 하는 궁극적인 출처들(Foucault, 1977)에 관해 보다 공격적인 자세를 취했다. 그것은 정말 불필요하게 난해한 언어로 쓰여졌다. 이 무렵 유태인 대학살 역사의 실상에 대한 전체 기록물은 그것을 읽고

자 하는 사람이라면 누구나 접근 가능했으며, 그리고 새로운 감금 구조를 건설하는 실행 과정이 순조롭게 진행되어 고속도로로부터 잠시 눈을 돌릴 수 있는 사람들은 일리노이주, 뉴욕, 오하이오주, 캘리포니아주, 그리고 여러 곳에서 레이저 탐지기와 면도날 같은 철책으로 둘러싸여 가벼워 보이기까지 하는 새로운 교도소가 불쑥 나타나는 것을 볼 수 있었다. 앞 장에서 언급했던 공공서비스 분야의 심리학자들은 그것의 운영 및 설계의 모든 단계에 참여하게 되면서 이 새로운 교도소 현실에 적응했다. 짐바르도의 1971년 연구에 참여한 크레이그 해니는 1980년대에 교정심리학자이자 궁극적으로는 교정과학에서 이론과 응용을 아우른 몇 안 되는 심리학자 중 한 사람이 되었다(Haney & Zimbardo, 1998).

> 크레이그 해니(Craig Haney, 1947~). 필립 짐바르도의 교도소 시뮬레이션 연구의 참여자이며, 지금은 죄수의 권리에 대한 옹호자이자 사형제도에 반대하는, 캘리포니아대학교 산타크루즈캠퍼스 심리학과 교수

미국심리학회APA에서 포스트모더니즘의 부상의 또 다른 반향은 처음으로 제39분과에 심리학 연합의 공식회원으로 정신분석학자들을 포함시킨 것이었다(정신분석의 의학으로부터의 점진적인 분리를 반영). APA는, 인지 및 뇌 연구 양쪽 분야에서의 발전을, 심리학자들을 위해 받아들일 수 있는 의료지원직업으로 해석한 또 하나의 전문분야, 즉 임상신경심리학 분과를 추가 설립하였다. APA는 심리학자들이 변호사나 판사의 역할을 할 수는 없지만 사법제도에 대한 자신들의 기여 능력에 대해 관심을 기울여온 오랜 역사를 반영하는, 법과 심리학 분과를 추가 설립했다. 이 분야에서도 폴 밀은 실무를 개척하고, 임상심리학과 법적 실무 사이의 관계에 대해 분석했다. 그의 논문 '법과 난롯가의 귀납법Law and the Fireside Inductions'(Meehl, 1971)에서는 심리학자들의 연구 결과

가 어디까지 기존의 법률 문화를 뚫고 들어갈 수 있는지에 대해 그답게 신랄한 논평을 했다. 경험적 측면에서, 1970년대의 인지심리학자들은 형법의 기본이고 의심의 여지가 없는 원칙 중의 하나인 목격자의 진실성에 의문을 제기하는 증언에 관한 응용심리학을 구축했다. 80년대 심리학자들은, 고객들에게 배심원들 앞에서 자신을 대변하는 최상의 방법에 대해 유료자문을 해주고, 대단한 성공은 거두지 못했지만 보다 접근하기 쉽고 이해하기 쉬운 방향으로 법률 언어에서의 변화를 권장하고, 정신과 의사가 최소한 한 세기 동안 해왔던 것처럼 고객의 정신 상태에 대한 전문가의 증언을 제공하는 등 점점 더 일자리를 늘려갔다. 법에 관심이 있는 심리학자들은 APA에서도 일자리를 찾을 수 있었는데, 80년대에 APA는 눈에 띄는 대정부 로비활동 및 자문조직으로 발전을 지속해, 한편으론 사회문제에 대한 법정의견을 제공하고(APA, 2013), 다른 한편으로는 의회에서 심리학 친화적인 법을 위해 협상을 해왔기 때문이다. 기업의학과 점점 더 경쟁이 치열해지고 있는 대체요법 치료자들 시대에 개업심리학자들의 상태에 대한 불안을 반영하는, 개업실무 분과가 등장했다. 1980년대 중반까지 임상사회복지사, 임상간호사, 그리고 목회상담가가 모두 잘 자리를 잡았으며 사람들의 아직 치료되지 않는 요소들을 찾기 위해 경쟁하고 있었다. 임상적인 응용의 세분화 및 전문화가 더욱 더 진전되어, 가족심리학 분과가 새롭게 형성되었고, 관심은 이전까지는 잠재적인 치료 분야의 주변 영역이었던 곳으로 옮겨갔다. 1980년대 중반기에는 거식증과 폭식증이 대중적인 관심의 초점이었으며, 청소년 정신과에 대한 새로운 관심과 맞물려 특히 이러한 문제를 전문으로 하는 클리닉의 증가를 이끌었다.

수년 동안 심리학은 통일된 패러다임이나 일련의 원칙을 추구하면서, 각자 분리되어 있는 개인의 새로운 연구 결과를 통합하거나 새롭게 배열함으로써 발전해오고 있었다. 그렇게 집요한 생산적인 통합 중 하나가 1940년대 톨만의 행동과 인지의 합성이었다. 또 다른 통합은 1950년대 헵의 개념적 신경학이었다. 1980년대는 이러한 종류의 일련의 통합이 나타났는데, 그중 일부는 성공하지 못했고 일부는 지속되었다. 1980년대 알버트 반두라의 **사고와 행동의 사회적 기초***Social Foundations of Thought and Action*(Bandura, 1986)는 사회학습이론의 기본 원리인, 대리강화, 관찰학습, 예측 가능한 지식, 실행 학습, 유인동기, 자기조절 행동, 자기효능감, 인지조절자를 통해 인간 행동의 모든 스펙트럼을 담아내려 했다. 삶의 주기 어느 시점, 어떠한 인간의 행동도 이러한 요인들의 조합으로 기술할 수 있고, 그 행동은 이러한 각 요인들이 일어날 행동에 대해 각기 다른 정도로 영향을 미침으로써 결정되는 잠재적 경로의 발생에 의해 예측될 수 있다. 마지막에 소개된 '인지조절자cognitive regulators'에는 행동을 위한 경험적이거나 규범적인 지침으로서 내면화된 법과 도덕적 기준이 포함되어 있다. 1980년대에 처음 등장한 또 다른 통합은 로버트 치알디니의 **영향력: 설득의 심리학***Influence: The new Psychology of Modern Persuasion*(Cialdini, 1984)이었다. 치알디니는 개인의 행동이 어떻게 타인에 의해 형성되는지를 보여주기 위해 사회심리학 연구에서 25년 이상 축적해온 여러 가지 원리들, 즉 유사성, 자동화, 사회적 검증, 매력과 호감, 권위, 호혜성, 일치성과 대조성 등의 원리로부터 증거를 구조화해서 제시하였다. 이러한 일들은 각각, 사회심리학

로버트 치알디니(Robert Cialdini, 1945~, 미국). 사회심리학자, 애리조나주립대학교의 심리학 및 마케팅 명예교수

자들 사이에서 타인에 대한 개별적인 지각자들의 마음에 초점을 두기 위해 내면으로 방향을 전환하는 단계들로 보일 수 있다. 그렇지만 치알디니의 설명에 의하면, 그것들은 성공적인 영향력의 기본 원칙으로 노골적으로 의도되고 상품화된 것이었다(또한 그러한 원리들은 이후 25년 동안 그 책을 여섯 번 더 개정하는 것으로 입증한 바와 같이 매우 성공적인 마케팅이었다). 치알디니는 광범위한 독자층을 확보해왔다. 심리학보다는 마케팅 분야에서 더 유명해졌고, 그의 책은 마케팅 전문가들로부터 찬사를 받았다. 반두라의 모든 책을 읽은 사람은 거의 없었다. 치알디니도 반두라도 그들 이론들의 집합을 통해 어떤 특별한 예측들을 제공하지는 않았다. 사실 치알디니는 어떤 이론들에 대해 말로 표현한 적이 전혀 없었다. 치알디니가 그 시대에서 거의 온전히 살아남은 이유는 몇 가지 요인들 때문이다. 첫째, 그것은 구체적인 최종 목표, 즉 설득의 성공적인 성취를 포함하고 있다. 둘째, 반두라가 대량학살, 인종편견 및 반사회적인 인간 행동에 반대하는 권고로서 일련의 '인지 조절' 사례들을 제시했던 것과는 다르게, 치알디니는 그가 제시한 다기능적 도구의 사용에 대한 직접적인 권고나 예상을 피했다. 그것을 받아들인 마케팅 담당자들이 판매와 경영 환경에서 당장 유용한 것으로 본 것은 의도와 다른 것이었으며, 그들에게 달갑지 않은 일이었다. 마지막으로, 치알디니는 간단하게 반두라가 쓴 3분의 1의 길이에, 행동 원리의 정확하고 구체적인 예들로 가득한 설득력 있는 문체로 썼다.

이 시기에 등장한 건강심리학의 이론적 모델은 반두라와 치알디니 둘 다의 특성을 공유하고 있다. 건강심리학은 환경심리학에서 시작되었는데, 그것의 가장 초기, 가장 완벽한 이론적 설명의 하나는 선도적인 환

앤드류 바움(Andrew Baum, 1948~2010, 미국). 다작의, 박학다식한 환경심리학자

경심리학자인 앤드류 바움, 그의 동료들인 데이비드 크랜츠David Krantz, 닐 그런드버그Neil Grundberg가 미국국립보건원과 미국국립군의관 의과대학교의 후원으로 1985년 심리학개관연보*Annual Review of Psychology*에 발표한 것이었다(Krantz, Grunberg, & Baum, 1985). 그것은 지난 30년 동안 심리학에서 발전해온 일종의 시스템 기반 모델링에 대한 하나의 예시였다. 건강행동을 채택함에 있어 개인적 효능감에 대한 믿음을 포함하여 다양한 요인들, 즉 과거 행동의 경험에 근거를 둔 기대, 그리고 사회적 지원, 모델 및 건강행동과 관련하여 타인으로부터 배울 수 있는 기회의 존재 여부가 건강의 결과를 예측하는 통합모델로 결합되었다. 이런 종류의 모델들은 오늘날에도 지속되고 있다. 예를 들어, 선도적인 건강심리학자이자 교수이론가인 레이건 구룽Regan Gurung은 명시적으로 자신의 모델을 '생물심리사회적biopsychosocial' 모델이라고 불렀는데, 그것은 유전학과 강화의 역사들, 기대들, 건강한 행동을 산출해내는 것에 대한 사회적 지지를 포함한다(Gurung, 2013). 건강심리학 모델은 행동의 방향뿐 아니라 모델들의 효율성, 그리고 통제에 대한 개인적 신념의 가치를 결정하고 성과에 대한 자기결정(반두라가 '효능감'이라고 불렀던)을 하는 인지적 · 사회적 학습요인들을 강조하는 반두라의 접근과 유사하다. 그들은 또한 구체적인 목표를 포함하는 치알디니 모델을 따르고, 더욱이 그 모델은 정치적 또는 사회적 신념과는 무관하게 일반적으로 하나의 절대 선an absolute good으로 인정된다. '건강심리학'은 결정론과 마음의 역할 모두를 존중하면서, 책임감 있고 적절하게 우선순위가 부여된 선택을 결합하기 위해 지난 10년 동안 제기된 도전에 답하는 방식으로 등장했다.

그것이 행동과 인지적 요소 모두를 포함한 것은 마지막의 두 요소를 만족시킨다. '건강'에 초점을 둔 것은 최소한 피상적으로는 인종과 계급에 관한 구체적인 진술이 포함되는 것을 피하고, 대신에 보다 안전하고, 논쟁의 여지가 적고, 가능한 보다 사회적으로 포괄적인 목표로 대체한 것이었다. 2001년 APA의 미션 진술문에 인간복지의 증진과 함께 '건강'을 포함시킨 것은 심리학 연합에서 오랫동안 표류하던 건강추구의 마침표였다.

초기 건강심리학의 상당 부분은 연구에 기반하고, 역학연구 또는 지역사회치료연구를 지원을 하거나 치료규정 준수를 가장 잘 관리하는 방법을 조사하는 데 초점을 두었다. 건강 행동에 관한 생물심리사회적 규제와 관련된 일반적인 모델의 이런 저런 것들이 노인학 분야에서, 애도 상담자들 또는 중독 관련 현장에서 시행되었다. 건강심리학은 이어지는 10년 동안 건강보험계획에 첨부된 소수의 선구적인 건강관리 프로그램 외에는 대규모로 실제적인 적용을 받지 못했지만, 그럼에도 '건강'과 '심리학'의 명시적인 연결은 비유적으로 말해서 심리학을 '건강관리health care'라는 사회 분야의 한 영역으로 규정한 것이다. 그리고 이것은 지난 수십년 동안 심리학 분야에서 해온 투쟁의 대부분이 정의, 목적, 이론적 심리학, 응용심리학, 그리고 심리치료라는 연합의 존재에 대해서조차 싸워온 전쟁터임을 확인시켜주고 있다. 1980년대 동안 미국건강관리 시스템이 확대되어 기업 합병 및 통합의 초점이 되었으며, 의사 중심의 전문직에서 미국 최대의 산업으로 변화하였다. 임상심리학자, 정신과 의사 및 제3자의 보험료를 받을 자격이 있는 다른 유형의 치료사들 사이에서 보험 혜택을 위한 끊임없는 경쟁은 실무에 대한 점점 더 증가하는 공적 규제의 영향뿐만 아니라 비용을 최소화하기 위해 건강유지기관HMOs이라고 불리는 확장된 보험조합의 압력을 느끼기 시작한 모든 분야의 의사들과 마찬가지로 개업한 심리치료사들 사이에서 논쟁의 초점이 되었다. 이전, 즉 대부분의 심리치료가 일종의 정신역동 지향적이었던 1950년대와 1960년대에는 정신과 의사나 심리학자들이 보통 주 단위로 수개월 또는 수년에 걸쳐 환자들을 정기적으로 볼 수 있었다. 우울증에 대한 인지행동치료뿐만 아니라 불안장애에 초점을 둔 행동치료의 도입은 치료 시간을 단축시켰는데, 그것은 사실상 회계사들에게 손해될 게 없었다. 정신과적 문제를 치료하기 위한 처방약 사용의 지속적인 증가는 이전에는 1년이 소요되었을 치료가 약을 점검하기 위해 추후 짧은 유지 관리 방문으로 몇 개월 내로 단축될 것이라는 기대로 이어졌다. MD 정신과 의사는 언제나 억제약물을 처방할 수 있는 법적 권리를 가지고 있었기 때문에 처방전 특권의 부재는 언제나 종속적인 지위라는 오명과 임상가들이 우려하는 주요 초점이 되었다. '건강함wellness'과 예방의학이 치료를 완전히 피할 수 있는 방법으로 널리 알려지면서, 보험회사와 HMO는 실제로 그 모델에 적합하고 연구 환경에 관여하지 않은 소수의 신진 건강심리학자들이 건강을 관리하고 프로그램을 선별하며, 임상가들로부터 약간의 청구서를 줄일 수 있는 역할을 할 수 있다는 사실을 발견하였다. 이 모든 것은 1987년 우울증에 대한 선택적 세로토닌 재흡수 억제제, 즉 프로작의 도입과 함께 정신의학적으로 효과적인 약에 대한 처방 특권과 공립 및 사설 정신과 병상 수가 감소하는 것을 위해 병원 출입 권한을 요구하면서 그 직업 운동을 가속화시켰는데, 그러한 움직임은 이후 10년 동안에도 계속 이어져 각 분야에서 몇 가지 제한된 이득을 가져왔다. 여전히 개인적으로 비용을 지불할 여유가 있는 환자들은 그렇게 했고 80년대 후반의 호황기에는 이를 이용하는 내담자들이 있었다. 보수적인 정치인들이 지난 20년 동안 제정된 다른 사회적 법안을 뒤집기 위해 부지런히 노력하는 동안에도 건강 관리뿐만 아니라 건강 관련 연구를 위한 자금은 일정하게 유지되거나 증가했다. 전반적으로, 심리치료는 강력한 이윤 지배 환경에 있는 많은 전문직과 마찬가지로 치료자와 내담자 사이에 발전되어야 할 관계는 더 줄어들었고 치료자 측에서 생존을 위한 투쟁을 더 많이 하는 환경으로 변하고 있었다. 변화는 점진적이었고 부정적인 영향은 시간과 함께 적응되었다. 그 사이, 심각하게 정신적 문제가 있는 사람들은 노숙자 쉼터, 길거리, 감옥 및 교도소로 강제 수용되는 일이 지속되었다. 1973년 이후에는 치료 제공의 필요성이 있으면 정신건강시설로 강제 연결하고, 각 개인들은 법적 대리인을 가질 권리와 자신의 강제적인 억류에 항의할 권리를 보유하게 되었다. 많은 사람들이 단기억류시설에 계속 반복해서 들락거리면서 지역사회로 되돌아오게 되었다. 장기적으로 보면, 심각한 조현병 환자가 장기간 치료를 받을 수 있는 유일한 방법은 범죄를 저지르고 난 후, 예전의 정신병원처럼 그 체제 내 누군가를 위해 항상 그곳에 있었던 교도소 의료시스템에 의지하는 것이다. 이것은 주로 지속적인 약물치료로 이루어졌으며 개인적인 치료적 접촉은 거의 없었다(Pfeiffer, 2007).

80년대 중반 심리학 연합은 외형상 강해 보였다. 분과 회원 수가 계속해서 증가하고 있었고 학생들이 계속해서 4년제 대학 및 지역단과대학의 심리학 과정에 몰려들어서 퇴직하는 교수진을 정기적으로 대체하고 심리학 교수진을 늘려 나갔다. 현재의 형태를 이루고 일반적인 학습 안내를 포함하는 입문 심리학 교재가 급격히 증가했는데, 그 교재들은 전문적으로 고안된 지침서, 문제은행, 심지어 일부는 교수 책상 위에 등장한 새 개인용 컴퓨터 대용량 플로피디스크 형식으로 포맷되어 있었다. 이론 분야에서 의식consciousness은 지속적으로 흥미를 불러일으켰다. 1974년에 객관적 설명에 대한 주관적 경험의 환원 불가능성을 주장한 '박쥐가 된다는 것은 무엇인가?'(Nagel, 1974)라는 도발적인 논문을 쓴 토마스 네이글과 같은 철학자들은 1985년 한 논문에서 심리학의 '구성요소적 문제'는 의식이라고 주장한 조지 밀러와 같은 심리학자들의 의견에 동의했다. 신경과학은 1970년대 중반에서 후반에 양전자단층촬영PET 및 MRI 스캔의 시작을 보여주었던 뇌 이미지의 레퍼토리를 확장했고, 신경전달물질 유형에 기반한 경로 매핑을 그때까지 사용 가능했던 것보다 훨씬 더 정확하게 개발하기 시작했다. 인지심리학에서의 80년대는 인지적 착각의 10년이었다. 대니얼 카너먼과 아모스 트버스키는 위험에 대한 인간의 잘못된 평가와 논리적 관계에 대한 오인이 만연함을 입증했으며, 다른 것들 중에서도 비판적 사고 기술을 훈련시키는 것에 대한 관심을 불러일으켰다(Tversky & Kahneman, 1986). 도널드 노먼은 인간-기계 인터페이스와 그들의 약점(Norman, 1988)에 대해 지속적으로 재미있는 글을

토마스 네이글(Thomas Nagel, 1937~, 미국). 과학과 마음에 관한 미국의 철학자

대니얼 카너먼(Daniel Kahneman, 1934~, 이스라엘-미국)과 아모스 트버스키(Amos Tversky, 1937~1996, 이스라엘-미국). 인지심리학에 중대한 공헌을 한 심리학자들로, 인지적 편향으로 가장 자주 인용된다.

도널드 노먼(Donald Norman, 1935~, 미국). 디자인과 인지의 인터페이스의 문제에 대해 폭넓고 재미있는 글을 쓰고 있는 심리학자

제임스 맥크렐랜드(James McClelland, 1948~, 미국)와 데이비드 루멜하르트(David Rumelhart 1942~2011, 미국). 신경망 및 연결주의 이론의 개척자들

썼다. 변화하는 환경적 입력에 대해 시뮬레이션된 신경망의 적응에 의한 학습의 이론적 모델은 맥크렐랜드와 루멜하르트(1988)에 의해 기억이론, 언어학, 신경통합이론을 통합하는 연결주의의 일반적인 이론으로 제안되었다.

광학적 흐름을 계산하기 위한 여러 모델이 구축되었고 연결주의와 광학적 흐름은 양쪽 다 지능시스템을 설계하여 즉각적인 실제 적용, 예를 들어 경험을 통해 그들의 기능을 '학습한' 그 당시 모든 차량에 나타나기 시작한 모듈들, 항공기 헤드업 디스플레이의 디자인 및 시공 등이다. 이러한 아이디어들은 컴퓨터 기반의 애니메이션 제작에 의해서도 알려졌고 사용되었다. 1986년 APA 연차학술대회에서 참가자들은 로저 셰퍼드의 대학원생인 제니퍼 프리드Jennifer Freyd가 함께 발표에 참여한 세션을 선택할 수 있었는데, 그녀는 '표상적 모멘텀representational momentum'에 대한 품위 있는 설명으로 세퍼드 교수의 정신적 심상에 대한 아이디어를 한 걸음 더 나아가게 했다. 표상적 모멘텀은 예상된 미래의 움직임에 대한 정신적 경로의 존재에 대한 설명으로, 그것은 이미지의 정지해 있는 위치를 기준으로 예상된 움직임 대 예상하지 못한 움직임과 관련된 변화의 정도를 나타내는 이미지에 대한 반응 시간의 비교를 기반으로 드러낼 수 있다(Freyd & Finke, 1985). 사람들은 이미 창조성과 평범한 생활의 의미에 대한 초기 연구(Csikszentmihalyi & Rochberg-Halton, 1981)로 높이 존경받고 있었던 미하이 칙센트미하이Mihalyi Csikszentmihalyi, 1934~에 대해 들었을 수 있는데, 그는 1984년 리드 라슨과 함께 청

리드 라슨(Reed Larson, 1950~, 미국). 미하이 칙센트미하이와 함께 1984년 '청소년기(*Being Adolescent*)'의 공동 저자이다. 긍정적 청소년 발달 및 청소년 발달에 대한 과외활동과 지역사회활동의 영향에 대한 이론가

소년들의 경험 표집의 결과를 요약하고 '몰입flow'이라는 새로운 개념을 소개한 **청소년기**Being Adolescent를 발간했다. 몰입은 과업에 몰두함으로써 주의가 집중된 정신상태로, 새로운 방식으로 인지와 정서가 연결된 상태이며, 그는 '최적의' 경험이라는 용어를 사용했다(Csikszentmihalyi & Larson, 1984). 또는 별도의 안내장으로 소개된 특별 세션에 참석할 수도 있었는데, 그곳에서 마틴 셀리그먼은 생명보험 판매원의 설명 스타일과 그것이 지속성에 미치는 영향, 학습된 무기력의 동물 모델에 관한 그의 초기 연구 결과, 그의 낙관주의 이론 형성을 향한 한걸음(Seligman & Schulman, 1986)에 대해 강연할 것이라고 소개되어 있었다. 그 당시 그의 작업의 초점은 스트롱 직업흥미검사의 제작자인 에드워드 켈로그 스트롱Edward Kellogg Strong, 1884~1963의 작업을 상기시키는 것이었는데, 스트롱은 60년 전 이미 생명보험의 판매가 1986년까지도 심리학에 생기를 불어넣는 여러 주제들, 즉 설득, 인지, 정서를 결합시키는 매력적인 연구 주제라는 것을 발견했었다(Strong, 1922). 연구비 지원이 가능했는데, 레이건은 실용주의적 보수주의자였고 세금 인상을 반대하지 않았다(1986년 세법 개정으로 처음으로 대학원생의 급료에 세금이 부과되었다). 또 다른 위스콘신주 출신의 상원위원, 민주당의 윌리엄 프록시마이어William Proxmire가 10년 전 사랑에 대한 연구보조금으로 8만 4,000달러 이상 지불한 것에 대해 미네소타대학교의 엘렌 버샤이드와 논쟁한 일이 있었지만, 지금 이것은 재정적 기아의 징후이기보다는 소중한 일화가 되었다.[1]

엘렌 버샤이드(Ellen Berscheid, 1936~, 미국). 대인관계 연구를 전문으로 하는 미국의 사회심리학자

[1] 윌리엄 프록시마이어 상원위원이 사랑을 심리학적으로 연구한 공로로 일레인 햇필드Elaine Hatfield와 엘렌 버샤이드에게 황금양모상을 수여하는 자리에서 과학으로 이해

여러 심리학 및 과학 관련 출판물을 읽어온 독자들이 1988년 연차학술대회가 시작되기 이틀 전 많은 수의 비임상연구 과학자들이 APA로부터 한꺼번에 탈퇴해서 그들만의 협회인 미국심리과학협회*American Psychological Society, APS; 이후 Association for Psychological Science*를 만들었다는 소식을 접한 것은 약간 놀라운 일이었다. 표면상의 이유는 과학자들이 임상실무자들의 이득에 쏟는 관심의 양이 증가하는 것에 낙담했고, 특히 이것이 정신의학 또는 건강보험회사와의 관계와 관련이 있기 때문이었다. 그들은, 그리고 응용심리학자들은 1987년 APA 내의 과도기적인 하위집단 사람들과 동맹을 맺고, 과학 및 응용심리학자 협회가 APA 내에서 개정되고, 독립된 지위를 가질 수 있도록 협상했지만 그들의 제안은 거부되었다. 모든 이혼이 그렇듯이 복합적인 이유들이 있었고 그 모든 것들이 분명히 설명될 수는 없다. 그 당시 밝혀진 불만 중의 일부는 이론적 심리학 연구 대 임상 및 실제 문제에 대한 옹호의 상대적인 양과 관련이 있었다.

1986년 APA 연차학술대회에는 44개 분과가 참가했다. 가장 최근 분과는 레즈비언, 게이, 양성애 및 트랜스젠더에 관한 심리학적 연구 분과인 제44분과였다. 1981년에 처음 나타난 에이즈만큼 1980년대를 정의한 것은 아무것도 없다. 1980년대 말경에는 미국의 거의 모든 사람들이 에이즈에 굴복한 누군가를 알고 있거나, 개인적으로 누군가를 알고 있었다. 그것은 예술을 거쳐 넓은 영역을 가로질렀다. 에이즈는 포스터모더니즘

될 수 없는 것이 사랑이라고 놀렸으나, 훗날 두 사람은 사랑에 관한 과학적 연구로 엄청난 기여를 하여 미국심리학회와 심리과학협회로부터 명예로운 상을 수상했다. K. Sternberg(2014). 사랑의 심리학 101(이규미, 손강숙 옮김). 시그마프레스의 저자서문 참조 – 역주

의 중추적인 이론가인 미셸 푸코를 데리고 갔다. 나의 박사 심사위원 중 한 명인 역사가 도널드 윌콕스Donald Wilcox, 1938~1991와, 마침내 나의 고등학교 졸업생 대표였으며 당시 **뉴욕타임스**의 부편집장이었던 제프리 슈멀츠Jeffery Schmalz, 1954~1993의 목숨을 앗아갔다. 1988년 10월에 발간된 **미국심리학회지***American Psychologist* 에이즈 특별호는 그 당시 전형적인 표지 색인 진한 청색 대신 검은색 표지를 사용하는 기회가 되었다. 에이즈는 동성애를 심리학적 담론으로 끌어들었으며, 그때까지 30년 넘게 연구들이 실패했었던 것을 심리학 연합이 공식적으로 인정하도록 만들었다. 또 하나의 뒤늦은 인정은 1986년 8월 연차학술대회에서 흑인, 히스패닉계, 아시아계, 미국 원주민 심리학자들을 대표하는 소수민족 주제연구 분과인 제45분과[2]의 설립을 확정한 공식적인 선거였다. 이것은 1963년 SPSSI의 위원회와 1968년 흑인심리학자협회에 의해 시작된, 협회의 23년간의 공식적 청원의 정점을 보여주었다. 돌이켜 보면 고든 올포트가 1939년 버클리대학교에서 개최된 APA에서 거의 모두 북유럽 혈통의 남성들인 몇백 명의 회원들에게 연설한 이래 50년 만에 일어난 그 변화가 얼마나 대단한 것인지 알 수 있다. 1989년까지 심리학은 전체로서의 사회society as a whole뿐만 아니라 '사람들의 심리학'(Bronstein & Quina, 1988)의 창조에서, 최소한 원칙적으로 모든 종류의 사람들을 포함시키기 위해 관여해왔던 수십년간의 집단적인 사회적 노력을 반영해왔다.

[2] Society for the Psychological Study of Culture, Ethnicity, and Race

가족 이야기 : 자기 발견

해리에게 있어서 1981년 도널드의 자살은 하나의 전환점이 되었다. 70세의 나이에 그는 오랫동안 계속되어왔던 건강 문제로 고생하고 있었다. 비록 그가 과거 몇 년 동안 아들과 실제적인 접촉은 없었을지라도 도널드가 살아 있는 동안은 최소한 가족 그리고 과거와 여전히 연결된 느낌이 있었지만 그 당시는 그 아무도 없었다. 고립되어 일에만 몰두해온 그는 지쳐버렸고, 수십 년 만에 처음으로 일에 대한 초점과 흥미를 잃기 시작했다. 이를 깨닫자 그는 1982년에 일을 그만두었다. 처음에는 완전히 방향 감각을 잃었고 거의 아무것도 생각할 수 없었지만 한참이 지난 후 그는 32년 동안 묶여 있던 마구에서 풀려나 기지개를 켜기 시작했다. 그는 제본소에서 일했을 때부터 언제나 책 읽기를 즐겼으며, 직접 그렇게 말한 적은 없지만 책의 숭배자였다. 그는 성공적인 전문직에 따르는 많은 다른 과시적인 요소들, 즉 현대적인 가구, 오디오와 비디오 장비 그리고 1961년에 시골 교외 지역에 맞춤형으로 지은 집을 축적해왔지만 오랜 세월 독서를 제외하고는 앞에서 나열한 것뿐 아니라 다른 감각적 즐거움에 관심을 두지 않았다. 시간이 흘러 그를 둘러싼 모든 것이 울창한 시골로 뻗어나갈 때가 되어서야, 그는 심리학자로서의 삶에서 그에게 일어났던 일들을 되돌아보기 시작했다.

어느 날 저녁 해리는 자신의 경험을 되돌아보다가 심리학이 그의 삶과 교차한 모든 과정들, 직업 선택이 어떻게 그에게 영향을 미쳤는지에 관해 생각했다. 그의 출발을 기억했고 그가 젊은 시절 두 번째 기회를 잡았던 것이 얼마나 행운이었는지를 기억했다. 그는 자신이 마음을 잡았던 일과 여행에서의 모든 경험을 기억했다. 즉, 조앤과의 처음 며칠간의 사랑을 기억했고, 하우드 공장에서 진행되어왔던 것과 같이 심리학이 자신과 모든 사람들의 성취를 위한 치유적인 길이 될 수 있을지도 모른다는 깨달음으로 날아갈듯 느꼈던 행복감을 기억했다. 그는 그의 경력에 대해 되돌아보았다. 그는 세상에서 무엇을 했었는가? 급성적인 또는 만성적인 고통과 위기에 처한 개인을 돕는 방법이 그들의 성장이나 행동을 저해하고 있는 즉각적인 상황에 있는 것들을 뛰어 넘어 치과의사나 의사가 제공한 것 이상이었는가? 아마도 그렇지는 않았을 것이다. 해리는 현실주의자였으며 윌리엄 스코필드가 말한 것처럼(Schofield, 1964), 그가 대부분의 경우 희귀품인 우정을 팔고 있었다는 것을 알았을 때 미소를 지었다. 그는 미네소타 대학교의 위대한 과학의 철학자이자 임상가인 폴 밀이 쓴 임상실무에 관한 에세이 모음집인 **정신진단**Psychodiagnosis을 읽었고, 그 모든 내용에 동의하는 자신을 발견했다. 그가 자신의 경력에서 했던 일은 요리책(Meehl, 1956)에 나온 조리법을 따르는 데 불과했다는 것을 알았다. 그러나 그는 좋은 요리책을 사용했고 유능하게 일했고, 상황을 있는 그대로 받아들였다. 그는 임상가로서 배웠던 모든 것들 중에서 내담자가 자신 및 타인의 죽음에 대해 돕도록 하는 데 최선을 다했다고 느꼈다. 처음부터 해리는 삶은 모든 면에서 죽음과 얽혀 있고, 죽음은 도처에 웅크리고 있어서, 항상 가까이 있다는 것을 알고 있었다. 그것은 그가 배운 프로이트의 자아와 이드에서 나온 것으로, 그는 모든 삶의 목표가 죽음이며 중대한 과제는 그것에 직면하여 견뎌내는 것이라는 것을 알고 있었다. 그는 이것이

윌리엄 스코필드(William Schofield, 1925~2006, 미국).심리치료자이자 40년 동안 미네소타 대학교의 임상심리학 교수로 재직했다.

운명이고 그가 그 일부의 원인을 제공했지만 동시에 다른 부분들은 그가 예측하거나 통제할 수 있는 능력을 훨씬 뛰어넘는 것이었다는 사실을 깨달으면서, 그의 아들에 대해, 그리고 그가 도달할 수 없고 치료할 수 없는 고통에 대해 생각했다. 지금은 그가 떨어져 나와 있는 그 세상에 대해서 생각했다. 그것은 좋은 세상이었는가? 그렇다. 그것은 아우슈비츠에서, 미라이에서, 시엠 리아프에서 인간의 악에 의해 도전받았고, 히로시마, 나가사키, 네바다와 시베리아 사막에서 핵무기로 폭파되기도 했다. 그는 인간적인 연민과 법으로 구현된 이상적인 평등을 보기 위해 살았고, 그러한 법은 인간들이 현재 그것을 보고 이해할 수 있는, 세상의 방식인 증오와 처벌의 세력에 의해 지속적으로 공격받았다. 그럼에도 불구하고 세계 인구는 그가 태어났을 때의 인구보다 두 배 이상이나 되는 상상할 수 없는 숫자가 되었고, 그들 대부분은 어떤 종류의 완전성, 전체성, 자각을 위해 노력하고 성취하고 있는 중이었다. 그는 그 일을 돕기 위해 자기 역할에 충실했다. 그는 자신이 좋아하는 시, 예이츠의 '벤 블랜 아래에서', 릴케의 '바보의 노래', 그리고 그것의 후렴구를 기억해 내었다 ―얼마나 좋은가. 자신에 대한 성찰이 끝나갈 무렵 그는 위로 올려다보았다. 뇌우가 지나갔고 그 주위의 세계는 황금빛으로 가득 차 있었다. 세상이 얼마나 아름다웠는지, 얼마나 아름다운지, 얼마나 아름다울지, 해리는 만족했다. 그는 자신의 성찰을 임상적인 삶에 관한 에세이로 썼으며 그것은 해리가 죽은 후 헬렌에게 보내졌고 그의 재산은 흩어졌다. 이후 일은 빠르게 진행되었다. 그의 건강이 급속히 나빠졌고 그는 집을 팔았다. 다행히 1983년까지 사회학적 노인학과 심리학적 노인학이 생활 지원을 위한 환경공동체를 만들만큼 발전했고, 해리는 그중의 하나로 이

사해서 그의 오랜 고독에서 벗어나 친구를 사귀기도 하면서(심지어 미망인인 교사와 아주 가까운 친구로 지냈다), 1986년 5월 평화롭게 잠들었다.

1980년대의 짧은 기간 동안 헬렌은 로스앤젤레스에 있는 학교에서 일하면서 자존감 강화를 위해 캘리포니아주에서 소집한 특별위원회(California Task Force, 1990)의 컨설턴트로 임명되었다. 표면상으로 보면, 이것은 유토피아적이고 실현 불가능한 생각인 것처럼 보였는데 어쩌면 그 당시의 냉소주의 때문일 수도 있다. 지각을 수정하는 그런 프로젝트를 상상하고 계획할 수 있었던 것은 1980년까지 심리학과 심리학 관련 분야들이 공공정책 토론에 중요한 기여자들로 간주되었다는 생각과 강하게 맞아떨어지는 것이다. 지금까지 역사 이야기에 나타난 것처럼, 물론 그러한 사례는 교육과 사법 분야에서 오랫동안 존재해 왔다. 그렇지만 캘리포니아주의 자존감 달성계획에서 새로웠던 것은 의식을 고양시키고, 정서를 자극하고, 전체 인구의 생각과 행동을 활성화시키기 위한 것, 특히 대규모적인 심리적 개입이었다. 자존감의 뿌리는 20세기의 전환기에 심리학의 시작으로 다시 거슬러 올라간다. 즉, 윌리엄 제임스와 함께 시작한 초기의 많은 심리학자들은 자기the self를 심리학의 핵심으로 택했고 1950년대와 1960년대에 널리 사용된 자존감 척도의 개발은 그 개념에 신뢰도를 부가해주었다. 1980년대 캘리포니아주의 상원의원인 존 바스콘첼로스는 자신이 인본주의 심리학 발견을 통해 개인적인 고통과 혼란을 극복하는 방법을 발견했다고 말했다(Vasconcellos, 2001). 80년대 초 심장발작 이후에는 그의 주민들에게 그들이 자신의 동맥을 깨끗하게 청소하고 있다는

존 바스콘첼로스(John Vasconcellos 1982~, 미국) 2004년 은퇴할 때까지 38년 동안 캘리포니아 실리콘 밸리를 대표한 예지력 있는 정치인

생각을 해달라고 부탁했던 사람으로(그것이 효과가 없어서, 그는 다이어트와 운동으로 계획을 수정했다), 그는 캘리포니아 주민들의 전반적인 자존감 수준을 높이는 것이 사회의 모든 분야의 개선으로 이어질 것이라는 생각을 촉진하기 위해 버클리대학교의 저명한 사회학자인 닐 스멜서와, 베트남의 미 육군 약물치료프로그램의 전직 책임자였으며, 이후 캘리포니아주의 알코올 및 약물프로그램의 주요 책임자가 된 앤드루 메카와 손을 잡았다. 그것은 심지어 사람들이 더 생산적이고 더 많은 세금을 내도록 이끌 수 있을 것이다(Mecca, Smelser, & Vasconcellos, 1989). (하지만 캘리포니아 보수당은 이미 국민 투표에 의해 세금 상한을 정했고 향후 20년 넘게 전국적으로 재정수입을 점진적으로 옭죄기 시작했다.)

닐 스멜서(Neil Smelser, 1930~, 미국) UC 버클리대학교 사회학 명예교수이자 학제간 사회학자

앤드루 메카(Andrew Mecca, 1947~, 미국) 베트남 전쟁 당시 미군의료봉사단의 약물치료서비스 책임자. 캘리포니아 자존감위원회의 책임자(1986~1989). 캘리포니아주 알코올 및 약물프로그램 책임자(1991~1998)

후아나는 자라면서 자신의 역사에 대해 흥미를 느끼게 되었고, 고등학교를 다닐 때 미국 국제학생교환프로그램이 후원하는 교환학생으로 에콰도르에서 1년을 보낼 수 있었다. 그곳에 도착하자 그녀는 마치 전에 그곳에 살았던 것처럼 느꼈다. 그녀가 머물렀던 부유한 에콰도르 가족은 대도시에서 친척들, 친구들과 어울려 지냈지만, 그렇다 해도 후아나는 이제 막 석유 붐을 탄 나라에서 부자와 빈자들 사이에 큰 격차를 느낄 수 있었다. 그녀는 또한 이중언어의 장점을 가지고 있었기 때문에 모든 것을 읽고 모든 사람과 이야기할 수 있었다. 돌아온 후 그녀는 17세인 1982년 로스앤젤레스에 있는 대학에 입학했는데, 그것은 그녀가 속해 있던 해안가 지역 학군의 심리학자들의 관찰 결과 그녀가 1971년보다는 1970년에

1학년을 시작하도록 승인받은 결과이다. 결국 후아나는 심리학자가 되기로 결심했고, 그래서 그녀가 그런 결정을 하도록 이끈 몇 가지 경험을 살펴보는 것은 흥미로운 일이다. 그녀는 노스캐롤라이나에서 심리학자로 활동했던 할머니의 남자 형제에 대한 이야기를 듣긴 했지만 접촉이나 교류가 없었기 때문에 그가 무슨 일을 하는지를 상상할 수 있을 뿐 그녀의 마음에 큰 부분을 차지했던 것은 아니다. 그녀는 열린 마음으로 대학에 입학했고 그곳에서 첫 학기 동안 심리학 과정을 이수했다. 교수는 빅토르 베나시가 쓴 강사지침서가 있는 교재(Houston, Bee, Hatfield, & Rimm, 1979)의 초판을 사용하고 있었는데, 그 당시 그는 심리학 교사들을 위한 훈련자로서 이후 오랜 경력의 초기에 있었고, 그 수업이 풀타임 교수로 가르친 첫 수업이었기 때문에 자주 자문을 구했다. 그 교재의 저자 중 일레인 햇필드는 엘렌 버샤이드의 동료로 이미 사회적 관계와, 사랑의 형성에서 매력의 역할에 대한 권위자였다.

빅토르 베나시(Victor Benassi, 1947~, 미국). 뉴햄프셔대학교 심리학과 교수이자 학장을 지냈으며, 2003년 APA로부터 탁월한 심리학 교수상(APA Distinguished Teaching of Psychology Award)을 수상했다.

일레인 햇필드(Elaine Hatfield, 1937~, 미국). 사랑, 성, 매력이 주요 초점인 사회심리학자(1963년 스탠퍼드대학교에서 박사학위 취득). 남편 리처드 랩슨(Richard Rapson)과 학술연구 및 소설을 공동 작업했다.

그 교재와 교육과정이 충분히 흥미롭긴 했지만 후아나의 관심을 더 많이 끄는 다른 것들이 있었다. 그녀의 언어 그리고 특히 사회학 수업은 자신의 문화적 배경에 대해 더 깊이 생각하게 이끌었다. 1985년 3학년 봄, 그녀는 가을에 제공되는 사회학 과정을 위해 지도교수부터 추천을 받았다. 강사는 6년 전 **히스패닉 행동과학지** *Hispanic Journal of Behavioral Science*(Padilla, 2003)를 창간한 심리학자들의 동료 중 한 명이었다. 후아나가 지난 몇 년간 생각해왔던 모든 것을 연결시켜준 경험을 한 것은 그 과정 동안이었다. 강사는 중남미에 있는 그의 동료를 방문했고 이그나시오 마틴 바로Ignacio Martín-Baró가 엘살바도르의 정신건강 컨퍼런스에서 준비해서 나눠준 자료의 복사본을 갖고 돌아왔다. 1942년 보수적인 스페인 가정에서 태어난 마틴 바로는 예수회 신부가 되어 엘살바도르에 파견되었는데, 그곳에서 그는 가난하고 억압받는 사람들의 대변인이 되어야 한다는 그의 미션을 깨달았다(Portillo, 2012). 그는 1970년대 시카고대학교에서 심리학 박사학위를 받았지만 그가 머무르고 글을 쓴 곳은 엘살바도르였다. 강사가 그녀에게 읽어보라고 건네준 '전쟁과 정신건강War and Mental Health'이라는 제목의 글은 엘살바도르 내전이 한창일 때 쓴 것으로, 한 면에는 마틴 바로와 그의 동료들이 더 잘살게 하기 위해 노력하고 있는 가난한 농민들과 노동자들이 있었고, 다른 한 면에는 미국이 크게 지지한 반혁명 세력이 있었다. 잔학행위가 매일 일어나고 테러에 대한 공포가 온 나라에 퍼져 있었다. 그 글은 스페인어로 되어 있는데 이곳에서 마틴 바로의 글(Martín-Baró, 1984/1994, p. 120)을 처음으로 모아서 번역한 앤 월리스Anne Wallace의 영문판을 발견할 수 있다. 후아나는 훗날 그 글이 그녀의 삶과 특권으로 무엇을 할 것인지 깨닫게 해주었다고 말하고 있다.

후아나와 그녀의 할머니 헬렌이 1988년 여름에 나눈 대화는 이러한 배경에 대한 것이었다. 후아나는 문화적 통합, 특히 이민에 관한 문제에 관심이 많았기 때문에 심리학, 문화인류학, 공공정책학을 포괄하는 하이브리드 프로그램인 남미연구소에서 다학제 간 프로그램의 대학원 과정을 시작했다. 캘리포니아의 변화하는 문화적 혼합에 대처하고 있는 그녀의 어머니와 할머니의 경험, 그리고 그녀 자신의 다문화적 본질에 대해 매료된 후아나는 1986년 대학원 과정을 시작한 이래로 벌써 에콰도르와 멕시코에서 여러 차례 장기적인 체류를 하는 인턴십에 참여를 하였다.

후아나가 할머니와 나눈 대화는 그녀에게 강한 인상을 남겼고 문화심리학 과정을 수강하는 동안 계속 써온 일기장에 다음과 같이 그것을 적어두었다.

1988년 8월 23일

나는 오늘 할머니와 이야기를 나눴다. 할머니는 자존감 특별위원회 회의로 몹시 화가 나 있었다(할머니는 학교에서의 위치 때문에 그 모임에 참석해야 할 것이다). 그녀는 왜 캘리포니아의 모든 사람들이 자존감을 증진시킬 필요가 있는지를 이해할 수가 없다. 그들은 이미 문화의 최상위에 있지 않은가! 그녀는 사람을 기분 좋게 만드는 것이 그들을 행동하게 만든다고 생각하는 모든 사람들이 미쳤다고 말한다. 나는 당연히 동의한다. 즉, 윌리엄 제임스가 말한 대로, 사람들은 행동하기 이전이 아니라 행동한 이후에 기분이 좋아지기 때문이다. 그들의 기분을 변화시키는 것은 그들이 무엇을 하는가이다. 이 문화심리학 과정에서 우리가 읽어왔던 것이 그것에 꼭 들어맞는다. 마르틴 바로는 사람들이 불평등을 정복한 후에만 심리적으로 안녕감을 느끼므로, 교육과 행동을 취하라고 말한다. 피올로 프레이어Paolo Friere는 억압받는 사람들은 자각하고 행동할 필요가 있다고 말하고 있다. 자각은 느낌이 아니다! 또는 최소한 자신에 대한 좋은 느낌이 아닌 것이다.

그것은 앤지와 같다(앤지는 HIV 양성반응을 나타낸 양성애 남성과의 무방비한 섹스로 작년에 에이즈에 감염된 후아나의 친구였다)—치과의사가 건강 문제 때문에 그녀가 받을 권리가 있는 무료 치료를 거부하자 그녀의 치료사therapist가 그녀에게 HIV 양성 반응을 보이는 몇 사람들과 그곳에 쳐들어가서 진료실을 지옥으로 만들어버리라고 말해주었다. 그들에게 무슨 일이 일어났겠는가, 에이즈로 고통받고 있는 사람들을 체포할까? 그들이 그날 고통받고 있는 사람들처럼 보이지는 않았지만 앤지는 그렇게 한 게 그녀를 진짜 기분 좋게(좋은 느낌을 느끼도록) 만들어주었다고 말했다… 나는 내가 기분이 좋지 않게 느낄 만한 문제를 경험해본 적이 없다는 것을 알고 있다. 나는 내가 어디서 잘하는지 아닌지 알아챌 필요가 없었다. 내가 해야 할 일은 기분이 좋지 않은 사람들을 이해하고 그 이유를 발견하는 것이다. 그들은 우울한가? 그것이 그들의 환경 때문인가, 그들 앞에 놓인 부당함과 장벽 때문인가?

8월 27일

할머니는, 그녀의 가장 큰 도전은 사람들에게 정신건강 개입이 필요하다는 것을 이해시키는 것이라고 말씀하시는데, 나는 그 말씀을 믿는다. 자존감에 문제가 있는 사람들에게 색만 입혀 가게 할 수는 없다. 당신은 해결책을 가지고 지역사회에 들어와서 그것을 사람들에게 강요할 수 없다. 사람들 스스로 그것을 원해야 한다. 즉, 그들이 그것으로 더 나아질 것이라는 것을 이해시켜야만 한다. 나는 캘리포니아주에서 자존감 세미나를 하는 것이 우리의 삶을 변화시킬 것이라고 생각하지 않는다.

09

1990년대

1990년대와 그 이후의 심리학 연합 : 분열되었는가, 또는 회복되었는가?

1996년은 비교적 평온한 90년대의 전형적인 한 해였다. 그해는 1984년 동계올림픽 개최 도시였던 보스니아의 사라예보가 파괴적인 3년간의 포위에서 놓여난 해였으며, 티머시 맥베이가 오클라호마시에 있는 연방 건물을 폭격하여 218명의 사상자가 발생한 해였고, 6명이 사망한 뉴욕시의 세계무역센터의 폭탄테러가 일어난 지 3년이 지난 해였다. 7월 17일 보잉 747, 편명 TWA 800이 뉴욕 롱아일랜드 센터 모리치스에서 이륙한 지 28분 만에 폭발해 230명이 사망했다. 그것이 결국은 연료탱크 중 하나에서 일어난 불꽃으로 인해 일어난 화재로 알려졌지만 어떤 사람들은 그 비행기가 미국 미사일에 의해 파괴되었다고 말하고 또 다른 사람들은 그것이 테러리스트의 공격이라고 말했디(그들은 1988년 스코틀랜드의 로커비 상공에서 팬암 747 비행기가 리비아 극단주의자들에 의해 엄청나게 폭발했던 것을 상기했다). 그해는 미국에서 또 하나의 올림픽이 개최된 해였는데, 올림픽 기간 동안 7월 27일 애틀랜타 센테니얼 공원에서 폭발물이 터져 한 명이 사망했다.

애틀랜타 경찰은 즉시 무고한 용의자를 좇아서 공개적으로 굴욕감을 주었다.

그해는 심리학에 있어서 번영의 한 해였다. 조지 H. W. 부시 대통령이 1990년대를 '뇌의 10년'으로 규정한 선언문이 나온 지 6년이 된 해였다. 미국심리학회APA가 차기 10년을 '행동의 10년'이라고 선언하기 4년 전이었다. 또한 APA 회원은 사상 최고로 절정에 달했다. 8월 9일부터 13일까지 토론토 컨벤션에 51개의 APA 분과가 참가했으며, 가장 최신 분과는 남성과 남성성 분과였다. 1990년 이후 평화심리학(제48분과), 집단심리학과 집단심리치료(제49분과), 중독심리(제50분과)가 추가되었다. 북미 자유무역협정(NAFTA)이 2년 동안 시행되었고, 이민율도, 중남미와 아시아로의 제조업의 흐름도 둔화되지 않았지만, APA는 아직 공식적으로 국제분과가 없었다(그것은 2년 후에야 생겼다). 1976년 러트거스대학교에서 심리학 박사학위를 취득한 도로시 칸토어Dorothy Cantor가 APA의 회장이었다. 회장으로서 그녀의 추진사업 중의 하나는 건강보험회사가 목표로 하는 제한에 맞서서 심리치료 접근의 기본 원칙을 수립하는 것이었다. 또 다른 하나는 APA 회장이 주최한 소규모 학술대회로, 그 주제는 '새로운 도시 이야기: 도시 지역 미국에 대한 심리학의 대응'이었으며, 각 세션에는 '도시 어린이들: 큰 기대 또는 제한된 기회', '도시 학교들을 위한 심리학의 많은 약속들', '도시 미국에서 직업의 변화 양상', '우리 도시의 이웃들과 정신건강', '새로운 도시건설: 미래를 위한 심리학의 청사진'이 포함되어 있었다. 또한 이것은 1996년 닐 스미스가 계획을 추진하는 과정에서 이주자들에 대한

닐 스미스(Neil Smith, 1954~2012, 스코틀랜드-미국). 인류학자이자 지리학자. 도심 지역 개발의 최고급화에 관한 이론가

대비책은 거의 하지 않은 상태에서 도심지가 교외 거주자들에 의해 재개발되는 과정을 그린, **새로운 도시개척: 최고급화와 실지탈환도시** *The new Urban Frontier: Gentrification and the Revanchist City*의 출판과 거의 같은 시기에 있었다.

인간 게놈프로젝트가 인간 게놈 전체를 그려내는 과정의 절반쯤에 와 있었다. 15년 이내에 생물행동과학의 진정한 혁명인 후생유전학, 즉 유전자의 발현에 대한 환경의 영향에 대해 언급하는 것은 흔한 일이 될 것이었다. 1996년 2월 율릭 나이서는 의장으로서 유전학에 의해 결정된 불평등에 관한 오랜 논쟁을 재조명한, 리처드 헌스타인과 찰스 머리의 저서 **종형곡선** *The Bell Curve*(1994)의 출판에 대해 반응하기 위하여 APA의 과학위원회에 의해 소집된 특별위원회의 결과를 보고했다(Neisser et al., 1996).

리처드 헌스타인(Richard Herrnstein, 1930~1994, 미국). 미국의 조작적 행동주의자

찰스 머리(Charles Murray, 1943~, 미국). 정치적인 과학자이며 자유주의적인 사회비평가

이것은, 무엇보다도 또 다른 서명된 편지를 낳았고, 이번에는 지능검사 점수에 근거한 인종적 차이의 불변성을 주장하는 글이 **월스트리트저널**에 출판되었다(Gottfredson, 1997). 그 서명자 중 몇 사람은 1972년 **미국심리학회지** *American Psychologist*에도 서명했던 사람들이었다. 결론적으로 나이서와 위원회는 문화집단 간 지능검사에서의 점수 차이 문제에 관해 다음과 같이 썼다.

> 많은 문제가 해결되지 않았고 많은 질문에 답을 얻지 못하고 있는 분야에서, 이러한 주제들에 관한 대부분의 논쟁의 특징이 되었던 자신감 있는 논조는 분명히 적절치 않다. 지능에 관한 연구는 정치화된 주장이나

맞대응을 필요로 하지 않는다. 즉, 그것은 자제력, 반성, 그리고 더 많은 연구를 필요로 한다. 남은 과제는 사회적으로뿐만 아니라 과학적으로도 중요하다. 그것들에 답할 수 없다고 생각할 이유는 없지만 답을 찾는 데는 공유되고 지속적인 노력뿐만 아니라 실질적인 과학적 자원의 투입이 요구될 것이다. 바로 그러한 헌신이야말로 우리가 강력히 요구하는 것이다(Neisser et al., p. 97).

오랫동안 지능에 대해 확고하고 돌이킬 수 없는 인종적 차이에 대한 주장을 단호하게 지지해온 사람인 캐나다 퀸즈대학교의 러시턴J. P.Rushton, 1943~2012은 많은 다른 사람들과 함께 특별위원회의 보고서에 대해 반응했으며, 나이서는 1997년 1월 미국심리학회지American Psychologist의 서신 섹션에서 그에게 다음과 같이 답했다.

나는 러시턴이 지적한 모든 것에 대해 반응할 여지도 마음도 없다. 특별위원회가 많은 중요한 증거들을 "비켜갔다."는 그의 주장은 그 증거에 대한 자신의 평가를 반영한 것일 뿐 그것이 결코 유일하게 가능한 평가는 아니다. 그것은 또한 그 자신의 매우 독특한 견해를 반영하고 있다. 즉, 어떤 이유로 러시턴은 다양한 기준에 따라 인종집단의 순위를 정하는 것이 가장 중요한 문제라고 생각하고 있다. 다행히도, 우리들 대부분은 그러한 우선순위를 공유하고 있지 않다.

이 무렵 빅 파이브 성격이론Big Five Personality Theory이 널리 인정받아 사용되기 시작했다. 일리노이대학교의 도브 코헨과 미시간대학교의 리처드 니스벳이 명예로운 남부 문화에 대한 책을 출판했다(Nisbett & Cohen, 1996).

그들과 그들의 동료들인 노스웨스턴대학교의 브라이언 보들Brain Bowdle과 미시간대학교의 노버트 슈워츠Nobert Schwarz는 이에 뒤이어 명예로운 문화구성원들이 보여준 공격성의 차이에 대해 실험적으로 입증해 보였는데(Cohen, Nisbett, Bowdle, & Schwarz, 1996), 이것은 베트남 전쟁 중 민간인과 전투 참전용사 간의 폭력에 대한 지각의 차이에 대한 브래디Brady와 라포포트Rapoport의 연구 결과를 떠올리게 한다.

도브 코헨(Dov Cohen, 1950~, 미국). 일리노이대학교의 사회문화심리학자

리처드 니스벳(Richard Nisbett, 1941~, 미국) 인지, 결정 및 추론 과정과 민족지학에 대해 폭넓은 관심을 가진 사회심리학자

톰 피진스키와 동료들은 공포관리이론Terror Management Theory을 개발하고 있었다. 이 이론은 삶은 죽음을 향한 그리고 특히 죽음에 저항하는 의식과 반응에 의해 형성된다는 생각이 중심을 이룬, 심리학자 어니스트 베커의 저서에서 발전된 것이다. 폭넓은 독자와 퓰리처상을 수상한 죽음의 부정에 표현된 베커의 핵심 아이디어는, 죽음에 직면한 인간들은 마치 그들이 상처받지 않은 것처럼 삶을 영위할 수 있게 해주는 비논리적이고 비현실적인 태도를 취한다는 것이다. 이에 대해 베커는 심리치료의 많은 부분과 실제로 정신건강의 전체 개념에 대한 급진적인 비평가인 그의 멘토, 정신과의사 토마스 사스를 따랐다.

톰 피진스키(Tom Pyszczynski, 1954~, 미국). 사회심리학자, 동료들과 함께 실험적 실존심리학을 개발했다..

어니스트 베커(Ernest Becker, 1924~1974, 미국). 저서 '죽음의 부정(*The Denial of Death*)'(1973)으로 가장 잘 알려진 문화인류학자

토마스 사스(Thomas Szasz, 1920~2012, 헝가리-미국). 정신과의사. 정신질환은 주로 근거 없는 믿음이라는 주장으로 잘 알려진 평론가

공포관리이론의 이론적 용어를 사용한 연구들이 나타나기 시작했는데, 그 이론

은 죽음의 근접함, 심지어는 죽음에 대한 고조된 생각이나 죽음 현저성mortality salience이라고 부르는 심상은, 비합리적 순응, 고정관념 형성, 해리, 그리고 자기, 타인들, 사회를 향한 권위주의적 태도의 증가로 이어질 수 있다고 제안했다. 이와 더불어 죽음 현저성은 실존적 위협으로부터 자기를 긍정적으로 방어할 수 있는 능력을 증가시키는 것으로 나타났고 삶의 의미에 대한 의식도 증가하게 했다. 그 외에 심리학 연합의 학문적 산물은 오늘날 우려할 만한 것과 상당히 일치했다. 1996년 토론토에서 열린 연차학술대회에서는 토요일 오후(오후 4:00~4:50)에 포스터와 심포지엄이 열렸으며 알프레드에 있는 SUNY 기술대학의 초이치로 야타니Choichiro Yatani가 '1990년대 반이민운동: 탈냉전 시대에 관한 새로운 시각'을, 뉴욕주립정신의학연구소의 의학박사 로버트 스피처Robert Spitzer가 'DSM의 역사와 철학'을, 국립약물남용연구소의 앨런 레슈너Alan I. Leshner가 '행동과학과 약물남용: 생산적 협력의 반세기'에 대해 발표했으며, 페이스대학교의 로레인 알데르만Loraine Alderman, 준 치좀June Chisholm, 그리고 플로렌스 덴마크Florence Denmark가 '(태아) 유산으로 인한 여성과 그들의 가족들의 심리적 경험'에 대한 포스터 발표를 했고, '민영화된 의료보험제도와 심리학자를 위한 기회'라는 주제의 심포지엄이 있었고, 평가, 측정 및 통계분과인 제5분과에서는 학회장인 미네소타대학교의 마크 다비슨Mark L. Davison이 '다차원척도 흥미 및 적성 프로파일: 개별 사례 차원, 보편적 요인들'에 대한 강연을 했고, 제17분과인 상담심리학 분과에서는 레오나 타일러상의 수상 강연이 있었으며(발표자 목록이 없음), 스포츠 및 운동심리학 분과인 제47분과의 비즈니스 미팅과 10주년 축하행사가 있었다.

1990년 저서 몰입*Flow*을 출판한 이후 가장 유명한 미국 심리학자 중 한 사람인 미하이 칙센트미하이는 1999년 "자본주의의 풍요로움을 선도하고 있는 사람들이 잠들기 위해서, 잠에서 깨기 위해서, 날씬함을 유지하기 위해서, 지루함과 우울증을 피하기 위해서 점점 마약에 중독되어 가고 있는 이유는 무엇인가? 국민들에게 실질적인 안전을 제공하기 위해서 최고의 사회주의 원칙을 적용하고 있는 스웨덴에 자살이나 외로움과 같은 문제가 존재하는 이유는 무엇인가?"라는 궁금증을 제시하였다(Csikszenmihalyi, 1999, p. 822). 이 질문은 쾌락과 정서에 빠져 있던 1920년대 후반기 심리학의 또 다른 재현으로, 행복의 근원을 찾고자 한 90년대 중반기의 유행을 반영한 것이었다. 그 당시의 선도적인 입문 교재 저자들 중 한 명이며, **행복의 추구***The Pursuit of Happiness*(Myers, 1993)의 저자인 데이비드 마이어스David Myers 역시, 다작으로 유명한 에드 디너Ed Diener를 포함하여 칙센트미하이나 다른 저자들과 마찬가지로, 사회적인 안정, 가족 응집력, 종교적 신념, 또는 열정적인 지적활동 변인들을 인위적인 행복과는 반대되는 진짜 행복과 연결시키기 위한 증거들을 모으고 있었다. 좋은 삶의 근원을 발견하기 위한 운동은 마틴 셀리그먼과 칙센트미하이에 의해 만들어진 '긍정심리학'이라는 신조어(Azar, 2011)와 함께 1988년 심리학연합에서 절정에 달했다. 입문교재의 저자들은 그들의 교재에 앞다투어 용어를 추가하고, 지금은 보통 3년 주기로 그리고 가끔은 2년 주기로 개정판을 반복해서 내고 있다.

잘 알려진 **심리학 사전***Dictionary of Psychology*의 저자이자 암묵적, 무의식적인 인지처리과정에 관해 여러 연구를 수행한 아서 레버는 1996년 **초보 도박사의 바이블: 카지노와 도박에서 이기는 방법***The New*

> 아서 레버(Arthur Reber, 1940~, 미국). 암묵적 학습과 의식 및 도박에 관한 전문가

Gambler's Bible: How to Beat the Casinos, the Track, Your Bookie and Your Buddies(Reber, 1996)을 출판했다. 1996년 5월 31일 마음을 바꾸는 것을 그만두는 날부터 당신은 늙기 시작하는 것이라고 말한 티머시 리어리가 췌장암으로 사망했다. 그는 2년 전인 1994년 APA 학술대회의 대인 간 성격이론을 다룬 세션에서 심리학 연합의 자리로 돌아온 것에 대해 환영을 받았었다. 그는 극저온 보존 처리를 고려했지만 공화당 행정부 기간에 다시 돌아오지 않을 구체적인 지시사항을 유언으로 남겼다. 이듬해에 그의 유골은 우주로 날려 보내졌다.

나는 대학교에서 종신교수가 된 이후, 제자들이 교육과정의 방향과 조언뿐만 아니라 그들의 학부 심리학 프로그램을 지원할 수 있는 큰 전문조직에 연결될 필요가 있다고 생각했기 때문에 2000년 3월, 46세로 심리학연합에 가입을 했다. 내가 미국심리협회American Psychological Society(나중에는 심리과학학회Association for Psychological Science, APS로 변경)에 가입하지 않은 이유는 우리의 소규모 교수진 전체를 고려하여 전문가 회원의 균형을 맞춘다는 생각에 더 영향을 받았기 때문이었다. 전임교수들 중 절반 정도에 속하는 나의 동료들은 APA에 가입했을 뿐만 아니라 APS 회원이었다(지금도 여전히 회원이다). 아마도 어떤 무의식적 결정 수준에서 나는 참여율의 균형을 맞추기 위해 더 큰 조직과 함께 가기로 결정했던 것 같다. 또한 그 당시 나는 동질집단으로서의 심리과학자들 집단이 아니라 심리학 연합에 속해 있는 모든 것들에 대해 친밀감을 가지고 있었는데, 즉 나는 심리치료를 좋아하고 미학, 이론심리학, 종교심리학과 같은 분과로 APA를 대표하고 있는 폭넓은 문화 및 문학적 관심을 갖고 있었다.

당시 심리학의 큰 관심사는 긍정심리학과 증거기반치료였다. 언뜻 60

년대부터 이어진 매슬로우의 'b' 욕구와 행동의 부흥처럼 보이는 긍정심리학은 적어도 용기, 열정, 영성, 친절, 적극적 시민 정신(긍정심리운동과 관련된 '성격 강점들' 중 일부)과 같이 인간의 삶에서 뭔가 중요하지만 무시되는 측면에 연구의 초점을 두는 기회를 약속했다. 증거기반치료는 의료 서비스로 비용 관리를 유입시키는 데 한 단계 더 나아간 것처럼 보였다. 미국의 사설 의료 서비스 시스템은 물론 노인 의료보험제도와 저소득층 의료보장제도 등 60년대에 살아남은 대규모 공공보건 관리 시스템은 여전히 경제학자와 경영 전문가가 관리하는 경제 알고리즘과 수익 창출(때로는 완곡하게 비용 억제라는 말로 바꾼다) 전략의 통제가 더 많은 비중을 차지하고 있었다. 미국은 향후 몇 년 동안의 경제적으로 불안정한 상태인 가운데 2001년 첫 MBA 대통령[1]이 취임을 했다. 관리 의료 방식 및 증거기반치료와 관련하여 나는 그 당시 일반적인 심리학자들처럼 경제적인 이슈들에 별 관심도 없었고 면허증자가 아니었기 때문에 그것에 거의 관심을 두지 않았었지만, 몇 년 후 폴 밀의 전기 작업을 하면서, 그는 결국 사람들이 검사에 근거한 예측이 단순한 인간의 예측에 비해 거의 모든 경우 우월하다는 생각을 떠올릴 것으로 예상했었다는 것을 생각하고는 웃음이 나왔다. 40년간 인지 및 사회심리학 연구에서 본 적이 있었던, 편견으로 뒤얽혀 있던 예측 또한 개인 내적으로 생성되고 대인관계로부터 영향을 받은 것이었다. 지금 그 증거를 제시하게 되면 지난 80년 동안 데이터가 보여주었던 것이 무엇인지 드러날 것이라는 생각 때문에도 웃음이 나온다. 즉, 모든 치료는 효과가 있고, 평균적으로 모두 똑같이 잘 작동하

[1] 조지 W. 부시 대통령(2001년 1월 20일 취임), 조지 H. W. 부시의 2세 – 역주

며, 전체적으로 봤을 때 적당한 성공 기준을 갖고 있다. 그리고 그 모든 것은 예상했던 것보다 더 많은 시간이 걸린다.

다시 역사로 되돌아가서, 2001년 6월 미국 상원은 사실상 1965년 제정된 초중등 교육법의 개정안인 아동낙오방지법을 통과시켰는데, 이 법은 모든 미국 학생은 예외 없이 2014년까지 학업성취도에 기반하여 학년 수준 기준에 부합해야 한다는 것을 규정하고 있다. 이 계획의 과학적 근거는 학습을 위한 최고의 유인가는 시험 횟수를 늘리고 모든 실패를 처벌하는 것이라는, 잘 확립되고 경험적으로 철저하게 지지된 의회교육이론Congressional Theory of Education이었다. 이것은 그 당시 나와 대부분의 교육자들에게 아주 재미있는 패러디일 뿐만 아니라 불가능하게 보였으나, 미국 경제체제 내에 속해 있는 심리학의 관점에서는 테스트 개발 및 테스트 마케팅 분야에서 크게 환영받을 만한 일이었다. 독점적인 테스트 개발을 위해 주마다 서로 경쟁하기 시작했고 목표 달성에서 예측 가능한 부족 현상이 관찰되었다. 목표는 지속적으로 하향 조정되었고, 연이어 시험 부정행위 사건들이 불거졌으며, 법에 대해 여러 가지 문제가 제기되었다. 결국 50개 주 중 39개 주와 콜롬비아 특별구에서 효과적인 삭제를 이끌어냈다. 그것은 인간 본성의 끈기에 대해 안심시켜주는 시위였다.

나는 2001년 8월 샌프란시스코에서 열린 APA 연차학술대회에 처음으로 참석했고 발표도 했다. 나는 전시회를 비롯하여 고양이 쇼든 자동차 쇼든 대부분의 축제를 좋아해서, 처음으로 광범위한 범주의 심리학이 한꺼번에 펼쳐지는 것을 보는 것은 흥분 그 자체였다. 물론, 여러 가지의 스케줄이 동시에 진행되었기 때문에, 내가 보려고 노력한 것만큼 관심 있는 모든 것을 다 보고 처음으로 샌프란시스코시까지 구경하는 것은 불가능한 일이었다. 순수한 회원 수만 해도 많기 때문에 단지 몇몇 도시들만이 APA 연차학술대회를 유치할 수 있는데, 조직위원회는 몬트리올과 토론토에서 샌디에이고에 이르기까지 북미의 여름 온대지역에서 개최 지역을 선택하는 경향이 있다. 그곳에 도시의 빈곤 지역과 그러한 환경이 있었을지는 모르겠으나, 4일 동안 매일 오전 8시부터 오후 5시까지 구두 발표, 전시, 다른 학자들과의 즉석회의 등과 같은 모든 일들이 현대적인 컨벤션 센터라는 도시 내의 격리된 도시에서 열렸으며, 나는 아무것도 직접 보지 못했다(샌프란시스코 거리의 많은 노숙자 거주지를 지나간 것 외에, 내가 APA 연차학술대회 기간 중 빈곤을 직접 목격한 유일한 시간은 아내와 내가 허리케인 카트리나로 끔찍한 홍수가 일어난 이듬해인 2006년 대회 기간 중 어느 날 아침 뉴올리언스 9번가로 즉석 관광을 떠났을 때뿐이었다). 학술대회에서 돌아온 지 2주 후 2001년 9월 11일 사우디아라비아의 테러리스트들이 조종한 비행기들이 뉴욕 세계무역센터에 충돌했으며 펜타곤의 건물 하나가 폭발로 파괴되었고, 미국은 사실상 다시 전쟁 중이었다.

2001년 테러 공격에 대한 가장 인상적인 반응은 즉각적인 여파에 놓여 있는 미국인들을 안심시키기 위한 당시의 대통령인 조지 W. 부시의 시도에 대한 잘못된 해석이었는데, 당시 무슬림 시민들은 몰지각하고 무서운 동료 시민들에 의해 실제로 쇼핑과 같은 일상적인 일을 하기 두려워하고 있었다. 2001년 11월 8일 부시는 "이 위대한 국가는 결코 협박당하지 않을 것입니다."라고 말했다(Bush, 2001). "사람들은 일하고 쇼핑하고 놀고, 교회와 유대교 회당과 회교사원에서 예배하고, 영화와 야구 경기를 보러 가면서 일상생활을 계속해나갈 것입니다." 그 이후 대부분의 논평가들은 대통령이 사람들에게 다른 대안을 제시하기보다는 쇼핑을 하러 가라고 한 것에 대해 비난했는데, 그렇다고 다른 대안을 분명하게 제시하지는 않았다. 그러나 그 잘못된 해석은 미국이 지금은 완전히 그렇게 되어버린, 주로 소비 중심 사회의 패턴과 잘 맞아떨어졌다. 2001년 아프가니스탄 전투와, 대의명분으로 드러났던 2003년 이라크 전투에 미국이 공식적으로 참전한 것에 의해 짧은 기간 동안 대단한 애국심이 일어났다. 하지만 그 애국심은 사그라들었고, 베트남 전쟁 이후 전쟁을 수행하면서 동시에 평화 시의 소비자 경제를 유지하는 방법에 관해 많은 교훈을 얻었다는 것이 분명해졌다.

첫째, 군대를 대중의 공동 책임이 아니라 특수 무역으로 만들어서 일반 대중으로부터 분리하라. 그런 다음, 그 거래를 높은 사회적 지위로 올려라(고용되는 사람들에게 지급되는 임금과 수당을 반드시 늘리지는 않을지라도). 그곳에서 일어나는 일을 거리와 시간에 의해 분산시키기 위해서 군대를 아주 먼 곳에서 싸우게 파견하라. 대중의 항의와 반전 정서가 확산되는 것을 막을 수 있는 수준으로 군대 사상자 비율을 낮게 유지하라. 군대가 민간 지역에서 민간 경찰과 다른 공공안전 조직과 공동 전선을 펴고, 군대와 민간 경찰력 모두 공적인 비판에 대한 면역력이 키워지는 환경을 조성하라. 그리고 가능한 그 문제들을 분리시키면서 일반 대중이 국내 문제에 집중하게 하라. 그렇게 하면 그들은 한두 개의 집단이 국내에서 서로 대립하는 정기적인 캠페인으로 통제될 수 있을 것이다. 이민과 잠재적인 테러리스트 침투에 의한 위협에 초점을 맞추고, 동시에 요구가 충족되는 공통 수준을 유지하는 것이 아니라 부족한 자원에 대한 경쟁을 촉진시키기 위해서, 고용, 의료서비스, 기타 국내 안보의 다른 측면들을 불확실하게 하라. 불평등을 바로잡는 사회 프로그램에 대해 반대 운동을 전개하라. 모든 면에서 차별 철폐 운동과 양성평등을 약화시키도록 노력하라. 즉, 양성평등을 지향하는 더 이상의 진전에 대해 저항하고, 자유주의 종교단체의 회원 수를 감소시키고, 세상을 이해하고 관리하는 방법으로 과학에 대해 크게 전념하지 않는 종교단체의 회원 수, 가시성, 정치적 활동(비과세 조직의 불법 활동의 경계선까지)을 증가시키고, 그리고 처벌과 가부장제를 강조하는 종교를 인정하라. 그리고 만일 이러한 정책들이 법에 명시되어 있지 않다면 입법 기관을 위협하거나, 의회의 타협 거부 작전을 통해 입법 기관을 무력화시키고, 입법에 대한 어떠한 진전도 이끌어낼 수 없게 하라. 물론 이것은 공식적인 정책은 아니지만 2001년 사건 이후 더욱더 강해진 보수적인 정치환경이 증가하고 있는 추세의 표본으로, 아마도 미래 연구가 보여주듯이 죽음 현저성에 대한 반응일지도 모른다.

이 모든 힘들이 작용했지만 그들은 여전히 전쟁의 필연적인 잔혹행위를 폭로하는 자유언론을 막을 수는 없었다. 복면을 한 이라크 포로가 사지에 전기 와이어를 두른 채 상자 위에 서 있는 잊지 못할 사진은 아이콘이 되었다. 이것은 베트남 전쟁 당시 잔혹한 행위에 대한 폭로가 그랬던 것처럼 관련 병사들의 고발을 이끌어내었고 뉴스에서 잘 다루었지만 갈등을 약화시키지는 못했다. 한편, 뉴스는 포로들의 심문 과정에서 사용된 방법에 대해서도 폭로했다. 미국은 전쟁이 시작된 직후 아프가니스탄 침공 초기에 테러리스트와 전쟁 포로로 판명된 많은 사람을 모았다. 이와 같이 그들은 군사 시설에 감금할 필요가 있었지만 대중적인 정서는 미국이 사회주의 국가에서 유지하고 있는 특수한 감옥에 그들을 강제 수용하는 것이었다. 쿠바 혁명 이후 미국이 보유한 쿠바의 마지막 조각은 군용지와 요새화된 감옥인 관타나모가 있었던 그 나라의 북서쪽에 있는 땅이었다. 그곳의 수감자들은 효과적으로 무국적자가 되었으며 또한 인식 가능한 사법 절차에서 벗어나 있었다. 군대 교도소는 미국 군인들을 위한 것이었기 때문에 군대는 그들을 그곳에 수감할 수가 없었다. 외국인 전쟁 포로들을 위한 감옥은 어디에도 없는 것이다. 미국 정부는 지금까지 그 죄수들을 미국의 민간 법률체계로 인도하고 재판하고, 미국 내에서 그들을 석방하거나 투옥시키기 위한 모든 연방정부와 행정부 제안에 대해 맞서 왔다. 이러한 텅 빈 불확실 상태가 오늘날에도 지속되고 있으며 그 수감자들은 정부와 미국 인구 전반에 의해 지속적으로 무시당하고 있다. 법의 사각지대에서 조용히 만기가 되도록 그들을 놓아두는 공식적인 정책이 분명하게 성립되기 전인 초기 과정에는 이 수감자들 중 적어도 일부는 다른 테러리스트 네트워크에 대한 정보를 제공할 수 있을 것으로 생각되었다. 그 수감자들이 정보원이 되기를 거부하거나, 또는 더 가능성이 있는 것은, 단순히 정보를 제공할 수 없는 것으로 판명되면서 미국 정부, 군대 및 정보기관은 물리적 고문(그것에 대해 좋은 완곡한 단어가 아무것도 없다)의 형태를 포함한 극단적인 심문 절차를 도입하기 시작했다. 또한 군대에 고용된 몇몇 심리학자들이 그러한 심문에 대한 자문가로서 그리고 어쩌면 참여자로서 관여했던 것이 분명해졌다.

조금 앞당겨 2007년도 APA 연차학술대회로 가보면, 그 대회는 그해 8월 또다시 샌프란시스코에서 개최되었다. 이때 심리학 연합은 과학적 조직이 사회적 옹호에 관여해야 하는지, 그리고 심리학자의 윤리적 원칙을 명백하게 위반한 것으로 보이는 일부 구성원들의 행동에 대해 대응하는 조직의 윤리적 책임감에 대한 질문 사이에서 다시 내부적으로 양극화되어 있었다. 수년 동안, 많은 부분에서의 심리학의 정서는 특히 전문가 집단의 원로회원들 사이에서는, 하워드 켄들러Howard Kendler가 1999년 논문에서 말한 것처럼, 심리학은 올바른 도덕적 행동을 과학적으로 규정할 수 없고, 심리학자들은 심리학 연합의 공식적인 구조 밖에서만 사회적 원인에 대한 의견을 말하는 것으로, 그들의 과학적 활동과 시민 개인으로서의 역할을 분리해야만 한다(Kendler, 1999)는 것이었다. 심리학은 마땅히 탈가치적라는 과학적 심리학자들 간에 오랫동안 유지되어온 이러한 태도의 반영은 사회적인 통설에 대한 이전의 모든 도전에 대한 심리학의 반응을 누그러뜨렸는데, 또다시 무엇이 심리학자들의 고문 참여에 대한 조직의 공식적인 반응인지에 대해 APA 회원들 사이에서 내부 갈등이 있었다. 2007년까지 주요 의학 및 정신의학협회는 그 협회들의 회원들이 고문이 포함된 심문에 참여한 것에 대해 규탄했지만 APA는 아직 공식적인 성명을 발표하지 않았었다. 나는 그 연차대회에 대해 많은 것이 기억나지는 않는다. 비록 참석은 못했지만 내가 참석하고 싶은 것으로 '심리치료에서의 거짓말'에 관한 심포지엄에 동그라미를 쳤다. 그러나 내가 분명하게 기억하는 한 가지는 어느 날 오후 아내와 내가 모스코니 센터[2] 밖의 정원에서 약 1,000여 명의 다른 APA 회원들과 함께 서서 APA 대표자 회의[3]가 고문과 그 고문에 심리학자들이 참여한 것에 대해 공개적으로 규탄하기에 앞서 결의안을 지지하는 시위를 했던 일이다. 내

[2] 2007년 APA 연차학술대회가 개최된 샌프란시스코 컨벤션 센터 이름–역주

[3] APA에는 이사회The Council of Representatives 및 대표자 회의Council가 있으며, 대표자 회의는 각 분과 대표, 주, 지방 및 지역심리학 학회의 대표 및 임원진으로 구성되어 있다. http://www.apa.org/about/governance/council/index.aspx에서 2018년 9월 5일 자료 얻음–역주

생각에 이것은 전혀 조직을 옹호하는 역할에 대한 문제가 아니고 인간성과 품위의 원칙에 기초한 윤리적인 조직으로서의 자기표현에 관한 문제였다. 그 당시 대표자회의 반응은 모호했지만 그 결의안이 통과된 다음 해에는 그렇지 않았다. 만장일치는 아니었지만, 심리학이 적어도 APA에 의해 대표되는 한 그것은 여전히 전문가들의 연합체일 뿐만 아니라 근본적으로 다른 사회정치적 철학의 연합체이기도 하다는 중요한 표시였다.

회고하건데 2007년 컨벤션의 모든 세션 중에서 가장 참석하고 싶었지만 참석하지 못했던 것은 주요 발표자가 당시 전국 동성애 연구 및 이론 협회National Association for Research and Theory in Homosexuality, NARTH의 회장으로 선출된 딘 버드A. Dean Byrd, 1948~2012의 아침 세션이었다. 예수 그리스도 후기성도교회로 개종한 복음주의 기독교인인 버드는, 게이에서 이성애자로 성적 지향을 변화시키고 성적 정체성을 가치체계에 맞추기 위해 고안된 치료법의 명백한 옹호자였다. 그 세션의 제목은 'APA 옹호의 개혁－그 주제들에 대해 논쟁하는 학회 지도자들'이었다. 또한 그 프로그램에는 두 명의 심리학자가 있었는데, 한 명은 심리학에서의 사회 옹호에 대한 주목할 만한 반론인 '정신건강의 파괴적 경향: 해가 되는 선의의 길Destructive Trends in Mental Health: The Well-Intentioned Path to Harm'을 방금 편집한 전 APA 회장이었다. 버드(Byrd, 2006)가 NARTH 웹사이트에서 최근 리뷰한 그 책에서 가장 파괴적인 경향 중의 하나는, 저자의 관점에 의하면 1973년 동성애를 병리적인 것으로 간주한 미국정신의학회의 결정이었다. 나는 동시에 '국제적 경험과 협동을 통한 심리학 교육 및 학습 향상'에 대한 심포지엄, '동물의 인지부조화: 사회심리학에 대한 시사점'에 관해 제6분과인 비교 및 생리심리학 분과의 초청 연설, '재향군인 건강관리에서 증거기반 심리치료의 보급'에 관한 심포지엄, 그리고 '미국과 중국 아동들의 학교 적응에서 정서 조절과 반응의 역할'에 관한 심포지엄 등에 참가할 계획이어서 그 세션에서 무엇이 논의되었는지 모른다. 나와 아내는 집으로 돌아와서 연차학술대회 폐막 11일 후, 디모인의 제1 유니테리언 교회인 우리 교회의 목사 마크 스트링거가 아이오와의 자기 집 앞마당에서 첫 번째 합법적인 동성결혼 주례를 서는 것을 보고 행복했던 것을 기억하는데, 그것은 결혼에 대한 유리한 법원의 판결과 그에 반대하는 가처분 명령 사이의 아주 짧은 기간 동안 일어난 일이었다(마침내 2009년 4월 4일 아이오와주 대법원은 동성 결혼을 완전히 찬성하는 결정을 내렸다).

심리학에서의 영웅들

이제, 이 이야기를 마무리하면서 과연 영웅들이 있는지 질문을 던져본다. 현대 역사는 영웅들과 심지어 영웅적인 특징마저도 꺼린다. 영웅들을 살펴보는 목적은 개인들의 활동이 어떻게 결정되었는지, 또는 프로이트가 말했듯이, 그들의 활동들이 어떻게 세력들, 사건들 그리고 다른 사람들의 활동들에 의해 과대평가되었는지를 보고자 하는 것이며, 무엇보다도 역사적 표면 아래에서 흐르는 여러 영향의 흐름들을 그것들의 궁극적인 출처를 위해 추적하지 않는다면, 최소한 그것들이 흘러가는 방향들에 대해 몇 가지 아이디어를 전달하고자 하는 것이다. 이것이 바로 심리학의 역사가 나아가는 방식이며 그것은 지속될 것이다. 그럼에도 불구하고 여전히 역사는 이야기이며 이야기에는 영웅은 아니더라도 이야기를 대표하는 사람들과 어쩌면 도덕적인 면까지도 있어야만 한다. 한편, 대표하는 사람을 선택하는 방법은 무엇인가? 세계에는 수십억 명의 사람들이 있으며 수십만 명의 심리학자들이 있다. 심리학은 사람들을 연구하기 위해 시작되었고 나는 그것을 모든 사람을 의미하는 것으로 받아들인다. 누구나 심리학과 상호작용하고, 심리학을 형성하고, 심리학에 의해 형성되는 잠재력을 갖고 있다. 선정은 어렵지만 어쨌든 그것을 할 수는 있다. 나는 헵이 나의 영웅이라고 주저 없이 말하곤 했는데, 아마도 당신은 내가 그와 폴 밀을 내 이야기의 등장인물로서 매우 높이 존중해 왔다는 것을 알 것이다. 영웅들에 대한 한 가지 대답은 이 책에서 언급된 누구라도 인간으로서 우리 자신을 이해하고 우리 자신과 화해를 이루기 위한 영웅적인 시도의 일부라고 말하는 것이다. 그것은 그러한 시도의 전체가 아니며, 돌이켜보면 거의 시작되지도 않은 듯 보인다. 1927년 린드버그[4]의 비행기처럼, 심리학은 이제 막 이륙했지만 우리는 여전히, 때때로 그것이 들판 끝에 있는 전선을 통과할 수 있을지 궁금해하는 중이다.

그럼에도, 대표하는 사람들의 목록 중 첫 번째는 수십억의 유사한 이야기들 속의 인물들이어야 하는데 그중 흑인 가족 이야기가 $n=1$ 사례이다. 오늘날 심리학의 일부 분야에서는 사례연구가 유행하고 있지 않지만, 이 방법은 프로이트와 올포트에게 많은 도움이 되었다고 생각한다. 궁극적으로, 어디에서 끝나든 심리학 여행은 심리학을 추구하고 심리학을 더 깊이 연구하는 데 확신을 갖고 있는 충분한 사람들이 있을 때만 이루어질 것이다. 스키너는 그 자신을 자신이 가장 좋아하는 주제라고 말했다. 그것은 아마도 모든 사람에게 해당되는 경우일 것이다. 많은 심리학자들이 자신이나 다른 사람들의 정신질환에 대한 우려로부터 심리학

[4] 1927년 최초로 대서양을 무착륙 비행한 미국인 – 역주

을 시작한 경우가 여러 번 관찰되었다. 폴 밀과 티머시 리어리는 둘 다, 밀은 인생의 초기에, 그리고 리어리는 후기에 가까운 친척들의 자살을 경험하면서, 그들의 연구를 시작했다. 윌리엄 제임스와 존 바스콘첼로스는 자신의 젊은 시절의 심리적 고통을 가라앉히기 위해서 심리적 휴머니즘을 택했다. 다른 사람들은 심리학이 자신을 인간으로서 그리고 연구할 가치가 있는 것으로 볼 수 있는 틀을 제공해주었기 때문에 자신을 알게 되었을지 모른다. 나는 앞으로 다가올 많은 세대가 톨만이 심리학에서 그의 삶에 관해 말한 것에 동의하고 그것을 재미fun라고 부를 것이라고 확신한다. 절대로 재미를 과소평가하지 않기 바란다.

그러나 진정한 영웅이 필요하다면 나는 심리학 실습에서 영웅주의에 대한 나의 개인적인 견해가 어떻게 진화했는지를 말하고자 한다. 나는 '위대한 심리학자들'이라는 생각을 갖고 이를 극단적으로 받아들이는 곳에서 심리학의 역사를 공부하기 시작했다. 내가 대학에서 가르친 첫 번째 강의 중에는 '위대한 심리학자들'이라는 제목이 포함되어 있었다. 위대한 심리학자들에 대한 최초의 책은 심리학의 역사에 대한 흥미가 그를 굴복시킨 임상심리학자 로버트 왓슨이 쓴 것이었다. 정말로 내가 힘들게 찾아낸 1963년 판, **위대한 심리학자들: 아리스토텔레스에서 프로이트까지***The great Psychologists: From Aristotle to Freud*(Watson, 1963)였다.

이 책에서 내가 지금까지 이야기해온 것을 통해 알 수 있듯이 그리고 서문에서 약속했듯이, 이야기 속 영웅은 아마도 왓슨의 책에서도 삽화지도[5]에서도 발견할 수 없을 것이다(그럼에도 불구하고, 만일 내가 아리스토텔레스와

[5] 서문에 소개된 삽화지도 – 역주

프로이트 중 선택을 해야 한다면 나는 주저 없이 프로이트를 선택할 것이다). 1985년 그 수업을 구성하면서 나는 내가 느끼기에 그 시대의 역사와의 만남에서 나에게 최고이고 가장 흥미로웠던 심리학자들 몇 명을 선택했다. 내가 포함시킨 첫 번째 인물은 평범한 심리학 역사에서 어느 누군가의 추정에 의한 것이 아니며 심지어 심리학자도 아닌, 생물학자 카를 폰 프리슈Karl von Frisch, 1886~1982였다. 그는 꿀벌과 그들의 소통 수단에 관해 많은 발견을 했는데 그것은 나의 대학원 지도교수의 관심인 언어 연구의 어떤 측면에서, 그리고 그 당시 나의 관심 중의 하나와 연관되어 정말로 중요했다. 다른 한 명은 레온 페스팅거인데, 이 책에서 언급한 인지부조화가 아니라 오히려 인류학적 시간과 역사에서 인간이 살고 있는 장소에 관해서, 가장 나중에 쓴 글 때문이었다. 나는 여전히 이것이 심리학 역사의 진정한 연구 근거이며 그것은 선사시대뿐만 아니라 역사 후와 심지어 미래의 역사적인 인간에 관한 모든 이야기를 환영한다고 생각한다. 다른 한 사람은 헵이 있었고, 또 다른 한 사람은 창의력에 대해 쓴 스키너였다. 또 한 사람은 로마의 자연시인이자 철학자인 루크레티우스Lucretius로, 굴절 지각에 관한 그의 글은 서기 60년 전 짝사랑에 사로잡혀 지팡이가 환상적으로 휘어지는 것처럼 본, 그 물만큼이나 투명하다. 이것은 나를 심리학에서의 영웅주의 상태를 지금과 같이 요약한 개인들에게로 인도한다.

이들 중 첫 번째 인물은 제니퍼 프리드Jennifer Freyd이다. 1957년에 태어나서 스탠퍼드대학교에서 로저 셰퍼드와 공부했고, 내가 길고 빛나는 경력이 될 것이라고 상상했던 지각을 전문적으로 연구하는 심리과학자로서의 경력을 시작했다. 내가 이 책에서 이전에, 즉 1986년에 언급했던 표상적 모멘텀에 대한 그녀의 연구는 내가 그 당시 지각과 인지에서 접했던 모든 실험연구 중 단연 최고라고 생각했다. 나는 그때도 그렇고, 지금도 여전히 표상적 모멘텀 패러다임은 궁극적으로 생각이 뇌를 통해서 들어오는 경로를 밝히는 데 가장 좋은 방법이 될 것이라고 생각한다. 그 안에서 나는 눈에 보이는 마음을 발견하는 오래된 꿈을 공유하고 있다. 나는 그녀를 미래의 위대한 심리학자, 내 수강생 중 4분의 3 이상을 차지하고 있는 여학생들에게 영감을 주는 여성이며 흠잡을 데 없는 과학자로서, 나의 위대한 심리학자들 수업 내용에 포함시켰다.

나는 역사와 쾌락에 대한 연구를 지속했고 지각과 기억에 관한 연구는 한쪽으로 치워두었다. 내가 나중에, 즉 15년 후 프리드의 연구로 돌아왔을 때 나는 그동안 그녀와 나 모두를 변하게 만든 일이 있었다는 것을 발견했다. 1990년 오리건대학교 교수로 새로 임용되었고 얼마 전 부모가 된, 제니퍼 프리드는 정신적 불안 상태를 경험하게 되어 정신과 치료를 받게 되었다. 치료 과정에서 그녀는 어릴 때 아동학대를 경험했던 것에 대해 깨닫게 되었으며, 그 학대는 십 대가 되기 직전과 십 대 초반이었을 때 그녀의 아버지가 했던 비난받아 마땅한 일탈적인 행동을 저지른 것에 대해 아버지를 고소하는 것으로 이어졌다. 이 일이 충격적이긴 했지만 나의 과학 정신에 훨씬 더 충격적이었던 것은, 그녀가 여전히 표상적 모멘텀 실험실을 유지하면서, 또한 그렇게 오랫동안 그녀의 정신적인 고통의 근원을 알지 못했던 이유에 대한 이론을 만들었다는 것이었다. 그 이론은 배신 트라우마 이론betrayal trauma theory(Freyd, 2012)이다. 간단히 말해서 이 이론은, 많은 경우에 그렇듯이 행위를 저지른 사람이 절대적으로 신뢰받는 사람일 때 학대에 대한 괴로움이 더 심각해진다는 것이다. 이 이론에 따르면 마음은 엄청난 그 학대 행위에 적응하기 위하여 대대적으로 재조직되어야 하고, 이것은 외상 후 경험에 대해 친숙한 정신적인 결과로 이어진다.

내가 이 새로운 이론을 처음 접했을 때 그녀는 수년 동안 그녀의 대학원생, 학부생들과 함께 그것의 차원들에 대해 연구해오고 있었다. 솔직히 말해서 나는 처음에는 깜짝 놀라고 몹시 슬펐다. 이것은 1990년대의 맥락에서 바라봐야 한다. 그 당시에는 거식증 열풍이 사라지고 회복된 기억the recovered memory 열풍이 그 자리를 대체했었다. 80년대와 90년대는 여성들이 지금 우리에게 친숙한 소비중심 생활양식을 뒷받침하기 위해 더 많은 수의 직장에 다녔기 때문에 주간보호가 주요 관심사였다. 왠지, 어쩌면 악의적으로, 아동학대라는 개념은 아동주간보호와 연결되었고 몇몇 유명한 법률 사건들은 전국적으로 그 주제에 주목하게 만들었다. 치료자들은 증언을 요청받았고, 그들이 인터뷰했던 아동들이 그 상황에서 극단적인 규범을 넘어서 기이한 의식 절차 같은 학대를 겪었다고 보고했다. 이러한 증언을 토대로 주간보호시설 근로자들과 소유주들이 수감되었다. 이로 인해 치료 중 아마도 회복된 기억의 도움을 받아 때로는 수십 년 전에 일어났던 교사, 부모, 종교 관계자들의 학대를 고소하기 위해 앞으로 나올 사람들을 위한 수문이 열리게 되었다. 나를 놀라게 한 것은, 목격자 증언의 부정확성에 대한 법적인 측면(특히 아이오와대학교의 그레이 웰스Gray Wells의 연구가 그때서야 와 닿았다)과, 압력을 받고 설득당하는 인간의 상처받기 쉬운 감정적 측면(청년일 때 나도 개인적인 경험을 했었다)에 관한 연구 모두로부터 나온 최고의 과학적 증거는 치료 중 회복된 기억에 관한 어떠한 보고도 심각한 의심을 불러일으키는 입장으로 모아졌다는 것이다.

고등교육을 받은 제니퍼 프리드의 부모 또한 딸이 고소한 이유와 근원에 대해 이해하지 못했으며 법과 과학 팀을 함께 모아 자신들을 변호했다. 그들의 고소와 맞고소는 내가 그때까지 생각해왔던 것이 순수하게 과학적인 경력이었다는 것을 심각하게 오염시켰고, 나는 그런 비극(나에게는 그런 것 같았다)과, 불필요한 방식으로 파경을 맞이한 것에 애도했다. 나는 여전히 회복된 기억에 반대하는 과학적 증거가 강력하다고 생각한다. 하지만 제니퍼 프리드는 그녀의 대안이론을 고수하고 있다. 이후 나는 이것이 영웅주의의 한 형태, 특히 성인들과 선지자들의 말에 따르는 것과 유사한 심리적 영웅주의의 특수한 형태라는 입장에 이르렀다. 그녀의 새롭고 그럴듯한 이론이 근거하고 있는 진실은 그녀의 마음속에 그리고 현실에 대한 그녀의 개념 속에 자리 잡고 있는 것이다. 내 생각에는 자신의 신념, 특히 심리과학자의 잘 연마된 마음속에서 자라는 신념을 고수하고, 그것들이 우주에 들어맞을 수도 있는 곳을 찾으려고 시도하는 것이 영웅적인 것이다. 그래서 나는 제니퍼 프리드가 예상 밖의 방향이긴 했지만 영웅의 한 사람으로, 적대적인 반대를 무릅쓴 용기와 또한 심리학적 경력이 취해야만 하는 경로의 복잡성 모두를 보여준다고 말하는 것이다.

또 다른 대표자는 마틴 셀리그먼이다. 나는 그를 APA 연차학술대회에서 멀리서 한 번 보았을 뿐, 직접 만나본 적은 없지만 간접적으로 그를 알고 있다고 느낀다. 나는 많은 학부 강사들로부터 영향을 받았는데, 그중 한 명이 나의 이상심리학 강사인 수전 밀러Suzanne Miller였다. 그 자체가 중요한 경험이었지만 마찬가지로 의미 있는 일은 그녀가 1980년 템플대학교에 있는 그녀의 실험실에서 내가 일할 수 있도록 동의해준 것이었다. 1980~1981년의 가을과 겨울의 일이었다. 나는 당시 그녀의 대학원 학생이었던 제프리 서머턴Jeffrey Summerton의 지시하에 일했는데 그는 지금 뉴저지의 법의학 임상심리학자로 인간의 학습된 무기력 패러다임을 연구하고 있다. 우리는 조작적으로 패턴화된 누름버튼 코드를 알아내어 헤드폰으로 전달되는 불쾌한 소음을 피할 수 있거나 또는 피할 수 없는 학생 지원자의 언어 반응을 기록했다. 결국 이 연구는 학습된 무기력 문헌에 추가되었지만 그 이후 밀러 박사는 엄격한 학술연구를 그만두고 정신종양학psycho-oncology에 몰두하기 시작하여 필라델피아의 암 치료 및 연구 센터에서 연구 심리학자가 되었다. 내가 학생이었을 때 기회로 활용했던 다른 실험실 경험과 함께 그 경험은 나에게 매우 유익했지만 그렇다고 해서 내가 그 모든 것을 셀리그먼에게 신세를 졌다고 말할 수는 없으며, 실질적인 방법은 물론 심리학 연구의 윤리적 측면을 나에게 소개해준 것은 그의 패러다임이었다. 실험의 기본 철학뿐만 아니라 보다 일상적인 코딩 문제에 대한 나와, 밀러 박사, 제프리 서머턴, 다른 연구 조교들 간의 토론은 그것을 경험하지 않고는 얻을 수 없는 독특한 방식으로 경험을 풍부하게 해주었다. 밀러 박사로부터 전달받은 셀리그먼에 대한 나의 이해에 의하면 그는 온화하고, 교양 있으며, 재미있는 사람이었다. 내가 학습된 낙관주의*Learned Optimism*(Seligman, 1991)에서 그의 낙관주의 이론을 접하고 그 책에 포함된 낙관주의 검사를 실시했을 때, 비록 내 점수는 비관적인 결과로 나왔지만 나는 의기양양했다. 한동안, 누군가가 내가 가장 밀접하게 연결된 심리학 이론이 무엇인지를 물어보았다면 나는 주저 없이 칙센트미하이의 '몰입'(그의 긍정적 청소년 이론도 함께)과, 셀리그먼의 '학습된 낙관주의'라고 말했을 것이다. 셀리그먼이 무기력 패러다임의 부정적 함축을 긍정적 의미로 전환한 것을 보고 나는 내가 대학원 시절에 보다 일찍 관찰했던 전환의 패턴을 확인한 것이라고 생각했다. 윌리엄 쉔펠드 William Schoenfeld, 1915~1996의 제자인 토니 박사John Anthony Nevin, 1933~는 1982년 내가 그를 처음 만났을 때 이미 골동품처럼 보이는 철저한 조작적 행동주의의 전형이었다. 입문서 이외에는 행동주의에 대한 공식적인 훈련도 받지 않고 현상학과 임상심리학을 교육받은 나로서는, 처음에는 도저히 그를 이해할 수가 없었다. 나중에 내가 왜 인지행동 모델이 행동적인 부분을 가지고 있는지를 이해할 수 있게 되었을 때, 그리고 문화에 대한 매우 가치 있고 타당한 스키너의 접근방식에 더 깊게 매료되었을 때, 나는 토니를 이해하는 데 좀 더 가까워졌다. 그러나 나는 아무런 사전 준비도 없는 상태에서 토니의 진정한 사랑은 평화 연구와 평화심리학이었다는 것을 알게 되었다. 어떻게 평화와 같은 종교적인(나는 그것이 적합한 단어라고 생각한다) 목표가 행동실험실의 불유쾌하고 적나라한 현실과 연결될 수 있을까? 이제야 나는 쉔펠드 자신이 경력 후기에 행동주의적 관점에서 종교에 관한 책을 저술했으며, 그리고 토니의 비폭력 이론으로의 전환은, 그가 설명한 대로, 그가 연구했던 이전의 행동적 패러다임, 즉 실험용 유기체(토니의 사례에서는 깜짝 놀란 비둘기들)에게 혐오스러운 자극을 직접적으로 제공하는 것이 포함된 것에 대한 거부로부터 나온 것임을 알게 되었다.

나는 셀리그먼이 90년대 후반에 학습된 낙관주의를 긍정심리학으로 정교화한 것을 뒤좇았고, 내가 느낀 것이 그 분야가 따라야 할 인간적이고 유토피아적인 방향임을 규정했다고 느꼈다. 그것은 또다시 연구를 현명하게 선택하고, 거의 해를 끼치지 않으려는 일찍부터의 요구에 응답했다. 긍정심리학은 그것의 범위와 '친절'과 같은 개별적인 용어의 개인적인 정의의 관점에서 있었던 것과 같은 문제가 있긴 하지만 실험심리학이 포괄적인 친인간적 행동이론을 분명히 표현하기 위해서 할 수 있는 최선의 것을 보여주는 것처럼 보였다. 그러나 다음 10년 동안에 이 그림이 덜 밝아보이게 만드는 사건이 일어났다. 셀리그먼이 탄력성에 관해 미국 군대와 함께 한 컨설팅 작업을 빌미삼아 관타나모 고문과 관련된 것으로 보고, 셀리그먼이 고문을 단호하게 비난하고 그것과의 연관성을 부인했지만(Seligman, 2010), 심리학을 적으로 볼 준비가 되어 있던 심리학 안팎의 비판적 여론은 그가 성취하려고 노력해왔던 선善을 퇴색시켰다. 셀리그먼은 나쁜 상황에 처해 있는 선량한 사람들의 영웅주의를 전형적으로 보여주고 있다. 이러한 설명은 오늘날 많은 심리학자를 대변한다.

지난 20년 동안의 세 번째 대표적인 영웅은 뉴욕시의 허드슨강에서 유명해졌다. 그가 비너스처럼 조개껍질에서 모습을 드러내진 않았지만, 2009년 1월 뉴욕과 뉴저지 사이의 탁 트인 넓은 수면 위에 떠내려가는 제트기의 한쪽 날개 위에 선 채로 비행기 문에서 나타났다. 몇 분 전 그는 노스캐롤라이나주 샬럿으로 향하는 US 항공의 1549편 비행기의 수석 조종사였으며 그와 그의 승객들이 '탁' 하는 소리를 들었을 때 무서운 침묵이 이어졌다. 여객기가 이륙할 때 새들과 부딪혔고 양쪽 엔진이 모두 작동하지 않았다. 그는 신속하게 옵션을 검토한 결과 뉴저지주 테터보로에 있는 가장 가까운 비상공항에 도착할 수 없다는 것을 깨달았다. 옵션은 하나로 좁혀져, 즉 울타리가 없는 강물 위에 불시착하는 것이었다. 영화와 목격자의 설명에 따르면 그는 이 일을 그가 할 수 있는 한 정교하고 정확하게 했다. 비행기 동체에는 어떠한 틈도 벌어지지 않았다. 거기에, (종종 인정받지 못하는 심리적 변인인) 행운이 한 역할을 했는데, 비행기는 잘 훈련된 대피가 진행되는 동안 모든 승객을 구할 정도로 충분히 오랫동안 물위에 떠 있었다.

조종사 체즐리 설런버거Chesley Sullenberger, 1951~는 예상대로 영웅에게 주는 모든 찬사를 받았다. 그는 뉴욕 시장인 마이클 블룸버그Michael Bloomberg에 의해 환영을 받았는데, 그는 도시에서 팔고 있는 건강에 해로운 음료수의 크기를 규제해야 한다고 주장한 몇 년 후 스스로 건강심리 영웅으로서 짧은 순간을 누렸었다. 설런버거의 행동은 전 국민을 열광시켰고 나이아가라 폭포처럼 실시간으로 빠르게 도착하는 정보에 종종 지칠 정도였다. 다르게 보면 행운이 1549편의 승객과 승무원의 편에 있었다는 사실을 잊지 않아야 한다. 설런버거의 경우 그 당시도 그랬고, 지금도 비행 중 극심한 공포의 긴급 상황에서 안전한 결과를 확보하기 위한 절차에 관해서는 최고의 권위자이다. 그는 수년간의 독서와 경험을 통해 발전시켜왔던 체계적인 절차를 따랐다. 즉, 그것이 그렇게 자동적으로 작동할 준비가 되어 있었던 이유 중 일부는, 그 부분들이 체계적으로 연결되어 있고 단계적이고 연속적인 방식으로 사건의 순서를 예측했으며 각 단계에 도달하기 위해 수행해야 할 행동을 규정해 놓았기 때문이었다. 우리는 종종 학습과 수행에 대한 체계적인 이론에 대한 경외심을 느끼지 않지만 그럼에도 불구하고 이 이론들은 70년 넘게 존재해왔고, 그러한 이론들 중 복잡한 학습과정을 전문적 수행을 조절하는 논리적 체계로 구조화(Gagne, 1985)한 로버트 가네Robert E. Gagné, 1916~2002의 이론적 연구가 그 예다. 설린버거는 미국 공군아카데미에서 기초학습을 마친 후 문학석사MA를 취득한 퍼듀대학교 대학원에서 산업심리학을 전공했는데(Sullenberger, 2014), 대학원은 그 지역(북부 콜로라도대학교에서 또 하나의 고도로 체계화된 전문 분야인 행정학 석사학위 취득)에서 공부한 혜택에 대한 본보기로 그를 축하했다. 나는 설런버거가 유능한 절차의 실행으로 생명을 구하는 능력을 배우는 사람이 접근 가능한 영웅주의의 한 차원을 대표한다고 주장하는 바이다. 체계적인 절차를 따르는 외과의사나, 내담자를 자살 경로에서 벗어나게 하기 위해 일하는 실무 현장의 임상심리사와 다르지 않게, 그는 심리학이, 개인들이 집단적으로 생명을 구출하는 것으로 요약되는 작은 영웅적 행위를 수행하게 하는 많은 것들 중 하나인, 하나의 체계를 고안하도록 돕는 방식을 보여주었다. 그는 이제는 어디서나 심리학의 영향을 마주치게 되는 것이며, 그것은 문화와 영구적인 통합 수준에 도달했다는 것을 보여주는 살아 있는 증거이며, 그의 승객들도 마찬가지다.

심리학의 모든 역사는 틀림없이 불완전하며, 이 책도 예외는 아니다. 마지막으로, 나는 융 학파 치료자인 제임스 힐먼James Hillman, 1926~2011과 소설가 마이클 벤추라Michael Ventura, 1945~가 쓴 책, 우리는 100년 동안 심리치료를 받아왔고 세상은 점점 더 악화되어간다*We've Had A Hundred Years of Psychotherapy and the World's Getting Worse*(Hillman & Ventura, 1993)라는 제목에 함축된 질문을 기억했다. 과연 그런가? 지나간 87년을 살펴본 결과, 심리학 연합이 그동안 취해온 길을 전혀 시작하지 않는 것이 더 나았을지도 모른다는 결론을 내릴 수 있는가? 이것에 대답하기 위해서는, 우선 심리학자들 자신이 인간이며 그들이 연구하고 조언하거나 치유를 돕고자 노력하는 사람들과 다르지 않음을 깨닫고 수용할 필요가 있다고 생각한다. 그들은 그들이 상호작용하는 사람들만큼 똑같이 실수를 저지르고 똑같이 편향되어 있다. 심리학자들을 나머지 다른 사람들과 구분 짓는 어떠한 기준도 없으며, 다른 사람들이 가듯이 심리학자들도 그렇게 가야만 한다. 즉, 우리 모두는 심리학 안에 함께 있다. 아마도 심리학 연구 또는 어떠한 정신 수련이라도 최악의 사회적 · 정치적 압력에 저항하는 데 도움이 될 것이다. 나는 대부분 심리학자들이 그들 조직의 규정과 공적 및 사적인 글에서 표현해온 이상을 보증해왔다는 것을 그 기록이 보여준다고 생각한다. 심리학자들이 모든 종류의 편견과 전쟁의 추진력에 대한 현저한 저항력을 어느 정도까지 견디지 못했는지, 그리고 세상이 그들의 노력을 통해서 어느 정도까지 더 나아지지 않았는지, 지금이 1927년보다 더 나쁜 건지 아닌지는 확실하지 않다. 어느 정도로 심리학자들이 이러한 것들에 대해 저항해왔는지에 대해서는, 그렇다 나는 심리학이 수년 전에 도널드 캠벨이 상상했던 것처럼(Campbell, 1969), 과학적으로 구현되고 평가될 수 있는 방법으로 친사회적 정책이 구축될 수 있도록 하는 언어를 창조했다고 생각한다. 이것이 성취될 수 있는 정도는 사람들과 그들의 대표자들이 실험하려는 비전과 의지에 의해 제한된다.

도널드 캠벨(Donald Campbell, 1916~1996, 미국). 줄리안 스탠리(Julian Stanley)와 함께 유사실험 설계에 관한 책을 저술한 것으로 가장 잘 알려진 이론가. 아이디어의 맹목적 변이와 선택적 보존을 통한 문화진화이론을 발전시켰으며, 거시사회적 실험으로부터 공공 정책을 이끌어내는 제도를 제안했다.

또 다른 차원에서 나는 지난 90년 동안 우리가 얼마나 멀리 왔는지를 보고 나니 훨씬 더 낙관적인 생각이 든다. 내가 관심을 가지고 있는 실험심리학의 특정 영역인 지각과 사고의 관계는 이론적으로 많은 진전이 있었다고 생각하며, 나는 이 책을 통해 그것을 추적하려고 노력했다. 1927년 레슬리는 피질을 제거하고 제거의 정도와 기능의 질을 연관 지었다. 오늘날 우리는 정신 상태의 기초가 되는 뇌에서의 정확한 상호연결을 이해하고 시각화하는 데 점점 더 가까워지고 있다. 이론적으로 그리고 실제로도 두뇌를 볼 수 있다는 점에서 그 차이는 매우 크고 매우 긍정적이다. 또한 나는 과학의 진보는 느리고 점진적이라고 생각하는데, 오늘날의 심리학에서 이 과정은 능동적이고 생산적이다. 심리학자들은 오래 존재하며 자신의 경력을 통해 그들의 초점을 변화시킨다. 1970년대에 장면 속 대상의 재인에 관한 연구를 시작한 어빙 비더먼Irving Biederman, 1939~은 2007년 APA 연차학술대회 직전, 시각수용체가 복합적이고 시각적으로 즐거운 경험을 중재하는 엔돌핀 기반 수용체의 병렬시스템으로 연결되는 것에 관한, 보는 즐거움을 설명하는 신경이론을 제안했다(Biederman & Vessel, 2006). 이것은 철학적 미학에 관한 심리학의 아주 초기(아름다움은 무엇인가? 그리고 그것은 왜 우리를 자극시키는가?)로 거슬러 올라가는 것이며, 20세기에 걸친 쾌락의 미학적 경험에 관한 일련의 이론을 통해 앞으로 나아가는 것이다. 나는 이런 종류의 이론화는 레너드 트롤랜드Leonard Troland가 마음을 '미스테리'(Troland, 1926)라고 선언한 이듬해인 1927년의 상황과 비교해보면 진보된 것이라고 생각한다. 그것은 여전히 대단한 미스테리지만 나는 그것을 해결 불가능한 것으로는 생각하지 않는다. 그것이 나의 심리학에 대한 희망의 근원이다. 또 다른 한 가지는 나쁜 상황에 처한 선한 사람들이 우리가 그러한 상황들을 이해하고 그것들을 더 나은 방향으로 변화시킬 수 있는 방법을 지속적으로 개념화한다는 것이다.

필립 짐바르도의 스탠퍼드교도소연구에 참여함으로써 개인적으로 삶이 변화된 크레이그 해니는 처벌을 재개념화하는 방법(Haney, 2006)에 대해 미래 연구의 출발점 역할을 하는 이론적 작업을 이제 막 완료했다. 이것이 또 다른 희망의 원천이다. 그러나 또 다른 희망의 근원은, 이그나시오 마틴 바로Ignacio Martín-Baró, 또는 평화를 구축하고 트라우마를 치유하는 방법을 연구하기 위해서(Eastern Mennonite University, 2007) 차를 타고 가는 도중 이라크에서 살해당한 알하리스 압둘하미드 하산처럼 사람들이 아주 최근에도 심리학을 위해서 목숨을 아끼지 않았다는 것이다. 심리학이 경험을 이해하는 유일한 방법은 아니지만, 그것은 현실의 재개념화를 위해 잠재적으로 강력한 도구인 과학과 예술의 독특한 혼합물이다. 어린 나뭇가지의 끝이 그렇듯이, 그것은 끝나지 않았다.

알하리스 압둘하미드 하산(Alharith Abdulhameed Hassan, 1951~2006, 이라크). 외상후스트레스장애와 종교 간 이해를 전문으로 하는 바그다드대학교의 정신의학과 교수

가족 이야기 : 다섯 번째 세대

후아나와 그녀의 어머니는 1989년 11월 16일 이그나시오 마틴 바로와 그의 예수회 동료들이 엘살바도르 정부 암살단에 의해 살해당한 것(예측할 수 있듯이 우익 군사정부는 국가 최고의 지식인 살해에 대해 공산당원들을 비난했다)을 애도하면서 1990년대를 시작했다. 4년 후 마틴 바로의 **해방심리학을 위한 글** *Writings for a Liberation Psychology*의 편집자들은 1990년 APA 연차학술대회에서 매력적인 남성과 여성의 유형에 대한 연구는 대중매체의 관심을 끌었지만 마틴 바로에 대한 노엄 촘스키[6]의 헌사는 그렇지 않았다고 주장했다. 헬렌은 72세에 은퇴했다. 여전히 에너지가 넘치는 그녀는 가난한 사람들과 이민자들이 정신건강관리시스템을 이용할 수 있도록 돕기 위해 은퇴한 다른 자원봉사자들과 UCLA 및 서던캘리포니아대학교의 인턴 학생들로 구성된 프로그램을 독자적으로 만들었다. 캐럴린은 계속 샌프란시스

6 매사추세츠공과대학교 언어학 교수—역주

코에 살면서 일했다. 그녀가 1970년대와 1980년대에 일했던 회사는 인쇄 산업을 위한 부품 제조에 관여한 회사였다. 90년대가 시작되자 캐럴린은 미국에서 제조업의 미래가 제한적이라는 것을 알게 되었고, 그녀는 적극적으로 다른 일자리를 찾기 시작했다. 운 좋게 그녀는 샌프란시스코에 살고 있었고 그녀는 아주 초기에 인터넷 개발의 물결을 붙잡을 수 있었다. 즉, 일반적인 제조업 배경과 인쇄 산업에서 몸담아온 경력 때문에 그녀를 고용한 닷컴 창업회사는 가장 큰 인터넷 콘텐츠 제공업체 중 한 곳으로 발돋움했으며, 다행히 그녀는 이전 회사에서 익힌 제조업 프로세스로 인해 실질적인 프로그래밍 기술을 개발할 수 있게 되어 새로운 디지털 환경에 쉽게 적응했다. 더 다행인 것은 그녀의 새로운 회사는 매우 커서 1999년 그녀가 초기 단계 유방암으로 진단받았을 때 의료보험 혜택을 제공할 수 있었는데, 그것은 이러한 종류의 초기 치료 사례 중 하나인, 종양절제술과 방사선 치료로 성공적으로 치료되었다. 그녀는 현재 암 세포가 없는 상태이며 그것을 유지하기 위해 다양한 약물을 복용하고 있다. 2007년 그녀는 65세로 은퇴했는데 또다시 운이 좋아 연금을 잘 받았고 건강보험 특혜도 받았기 때문에 아주 운이 좋은 미국인이었다. 그리고 그녀는 부분적으로는 필립 슬레이터(Philip Slater, 1970)의 저서를 읽고 영향을 받아 항상 단순한 생활양식으로 살아오면서 과거에도 그랬고 지금도 여전히 해안지역에서 좋은 삶을 누릴 수 있다. 1990년대에 그녀는 후아나가 현재 UCLA에서 박사과정을 마치고 결혼한 이후 그녀를 자주 보지 못했다.

그동안 후아나는 1991년에 박사학위를 받고 캘리포니아주립대학교 중 한 곳에 조교수로 임용되었다. 그녀와 그녀의 파트너는 1991년 결혼 당시에 그녀가 자녀를 가질 수 없다는 것을 알고 있었으며 그래서 그들은 1992년에 멕시코에서 먼저 카를로스를 입양했고 1996년에는 캘리포니아에서 안빈을 입양했다.

마침내 가족의 소중함을 깨닫게 된 사람은 바로 후아나였다. 그녀의 삼촌 해리는 외로운 사람이었고 그녀의 이모 로사는 독립적이었다. 헬렌은 미망인이 된 후 해리가 한 것처럼 일에 파묻혀 살았지만 그녀는 그처럼 바깥세상과 동떨어진 삶을 산 것은 아니었으며 거리가 멀고 캘리포니아와의 약속 때문에 자주 만날 수는 없었지만 해리와 로사에게 연락을 취하며 살았다. 그러나 지금은 1997년에 로사의 파트너인 프랜신이 죽은 지 3년이 되었다. 그들은 54년 동안 커플로 살아왔고 프로이트와 그의 아내 마르트와 거의 같은 시간 길이인 51년 동안 같은 아파트에서 살았는데, 그래서 몇몇 사람들은 게이 결혼에 대해 관심이 증가하고 있는 맥락에서 그들 관계의 일관성에 대해 주목했다. 로사는 그녀와 프랜신이 받은 관심으로 기뻐하기도 하고 어리둥절하기도 했다. 그녀는 그것에 대하여 관심을 갖는 사람들이 예전에 인종 간 협력이나 양성평등에 끌렸던 사람들처럼 익숙하게 받아들이는 길 위에 있다는 것을 알았기 때문에 기뻤다. 반면에 그녀는 천성적으로 수줍고 주목을 받는 것이 어색했다. 프랜신이 죽었을 때 헬렌은 장례식에 참석하여 로사와 일주일 동안 함께 했다. 돌아오면서 헬렌은 같은 부모로부터 태어난 사람들이 할 수 있는 방식으로 연결되어 있는 로사를 얼마나 사랑하는지 깨달았다. 로사의 건강 상태가 좋지 않다는 것을 안 후아나는 가족 모임을 주최하기 위해 롱아일랜드에서 서로 아는 친구들과 약속을 잡았는데, 그 자리에는 로사의 모든 가족들과 알 수 있고 초대 가능한 만큼 많은 친구들이 참석했다.

후아나와 그녀의 파트너, 그리고 카를로스와 안빈이 참석했고, 헬렌, 캐럴린, 프랜신과 로사의 많은 친구들, 헬렌의 많은 친구들, 그리고 심지어 해리와 친구가 되어주었고 노인요양시설에서 가깝게 지냈던 캐서린도 참석했다. 캐서린은 해리의 회고록과 많은 사진과 논문을 가지고 왔는데, 가족들은 그것을 전혀 모르고 있었다. 그녀는 그것들을 모두 헬렌에게 주었고 헬렌은 캘리포니아로 돌아올 때 그것들을 가지고 왔다. 기술이 많이 발전해서 가족 모임 비디오테이프는 거의 더 이상 재생할 수 없지만 인쇄된 사진에서는 화창한 여름 잔디밭에서 행복하게 웃는 가족들과 많은 친구들을 볼 수 있다.

1990년대는 조지 H. W. 부시 대통령이 뇌의 10년을 선언했고, 2000년대는 APA가 행동의 10년을 선언했지만 심리학자이건 심리학자가 아니건 모든 미국인에게 진정한 상징은 2001년 9월 11일 뉴욕 세계무역센터가 붕괴되기 직전 타워 표면에서 피어오른 연기의 얼룩이다. 이것은 이 시대의 누구에게나 '섬광' 기억이며, 그리고 사회적 퇴행과 탄압이라는 관점에서 그것의 반향은 1960년대 해리와 도널드에게 있었던 앨라배마주 버밍엄과 셀마에서의 항의 시위처럼 현 시대를 정의하는, 사라지지 않을 자국을 남겼다. 2007년 8월 19일 현재 문화심리학 및 문화연구의 교수이자 미 국무부 이민 문제에 관해 인정받는 컨설턴트인 후아나는 캐럴린, 그녀의 파트너, 그녀의 자녀들, 그리고 그녀의 어머니와 함께, 1978년 11월 27일 하비 밀크와 함께 암살당한 샌프란시스코 시장의 이름을 딴 샌프란시스코 모스코니 컨벤션 센터 밖 광장에 서 있었다. 그들은 그 당시 APA가 쿠바의 관타나모에 있는 미군 포로수용소에서 고문을 사용한 것으로 나타난 심리학자들을 제명할 것을 거부한 것에 대해 항의하기 위해서 있었다. 그 시위와 그 조직 안팎의 다른 사람들은 결국 성공을 거두었고, 분명히 만장일치는 아니었지만 결과적으로 그 조직의 다수의 구성원들이 '반대'하는 투표를 하고, 대표자 회의가 그런 활동에 심리학자들의 참여를 비난하는 성명서를 발표하도록 이끌었다. 그 무렵 후아나와 그녀의 가족들과 함께 살고 있는 헬렌은, 여행은 할 수 없었지만 떠나기 전과 돌아왔을 때 모두에게 행운의 키스를 했다. 후아나가 샌프란시스코로 떠나기 전, 한 동료가 그녀에게 고문에 대한 APA의 입장을 물었다. 후아나는 "그들은 권력을 이해하고 진리를 중요하게 여긴다. 하지만 그들은 지금 당장 권력 앞에서 진실을 말하는 데 어려움을 겪고 있다."고 말했다.

지금 현재는 2014년이다. 95세인 헬렌은 여전히 정신은 예리하지만 약한 상태이다. 그녀는 현재 요양시설에 거주하며 가족과 친구들이 자주 그녀를 방문한다. 현재 21세인 카를로스는 UCLA의 4학년생이다. 그는 해리의 회고록에서 베트남 전쟁에서 정신적으로 변해서 돌아왔고 죽을 때까지 그 경험을 다시 체험한 삼촌 할아버지 도널드의 이야기에 끌렸다. 카를로스는 신경과학 분야의 대학원 과정을 계획하고 있으며 외상 후 스트레스장애(PTSD)에 관해서 주니어 우수논문 작성을 막 끝마친 상태다. 지금은 그것에 관하여 훨씬 더 많이 알려져 있다. *DSM-5*가 막 나왔고, 명상이 인지강화의 한 형태로 오늘날 부족함이 없는 전투 후 스트레스의 경우에 유익한 결과를 가져올 수 있다는 생각에 신빙성이 더해지면서 그 장애의 인지적 요인을 정서적 · 행동적 요인과 동등하게 다루었다.

카를로스는 운 좋게도 이라크와 아프가니스탄으로 군대를 파견하는 것이 단계적으로 감축되고 있을 때 군대에 갈 나이가 되었다. 그것은 그가 지속적인 평화 속에서 공부할 가능성이 있는 것이며, 어쨌든 그의 가족도 그렇게 되기를 바라고 있다. 그리고 안빈? 이제 17살인 그녀는 고교 졸업식에서 그녀가 한 내빈 환영사에서 다음과 같이 말했다. "저는 입양아로, 흑인이고 베트남인입니다. 저의 어머니는 절반은 에콰도르인입니다. 71세인 저의 할머니는 아일랜드인이고 유대인입니다. 저의 증조모는 95세이며 1918년 유행성 독감에서 살아남았습니다. 고조모는 러시아의 반유대주의를 피해 피난을 왔습니다. 돌아가신 저의 고모 할머니 로사는 파트너인 프랜신과 50년 넘게 법적으로는 아니지만 실질적으로 동성결혼 생활을 하셨습니다. 저는 대대로 이어져 온 강인하고 강인한 여성들이 있는 집안 출신입니다. 저는 과거입니다. 그리고 저는 미래입니다!"

10

에필로그

저자와의 인터뷰

질문 : 당신은 전쟁에 대한 강조와 심리학이 혼란 속에 있다는 느낌 같은 것으로 끝을 맺고 있습니다. 왜 미래에 대해 더 낙관적이지 않습니까?

답변 : 글쎄요, 어떤 각도에서 보면 정말 암울합니다. 그렇지만 역사의 모든 부분이 행복해야 하는 것은 아니며 사회의 모든 부분 또는 심지어 모든 사람이 행복해야 하는 것도 아닙니다. 나는 이 역사를 내가 주기적인 것으로 본 만큼 비관적으로 보거나 암울하게만 보지는 않습니다. 그것은 1970년에 자연 상승을 했고 그 후 하락해서 정확하게 둘로 나누어졌습니다. 나는 그런 식으로 심리학의 최근 역사를 보는 것이 현실적이고 정확하다고 생각합니다. 그것은 민권 운동의 과정을 아주 잘 뒤쫓고 있습니다. 1927년엔 시민의 권리를 위해 그 추진력이 조성되었습니다. 미국 사람들은 모두 아프리카계 미국인에 대한 처우에서 범죄 행위를 깨닫고 있었습니다. 이전에 그들은 부커 워싱턴Booker Washington과 두보이스W. E. B.

DuBois의 책을 읽고 자극을 받았고 1927년 뉴욕에서는 할렘 르네상스[1]를 목격하고 있었습니다. 사실, 여전히 어려운 시기였습니다. 린치가 흔히 일어났었습니다. 실제로 미주리대학교 심리학과 학과장의 사무실과 집 바로 길 건너편에서도 린치가 있었습니다.

질문 : 그게 언제 일어났습니까?

답변 : 1923년입니다. 그 심리학자는 막스 마이어였습니다. 나는 그를 초기 행동주의 심리학자로 간략히 언급했지만, 그는 관심사가 청각과 음악이었던 유쾌하고 뛰어난 독일 출신의 심리학자였습니다. 이것이 낙관적인 역사인지 아닌지의 여부에 대한 질문으로 다시 되돌아가서, 1930년대에 걸쳐 일어난 대공황은 흑인과 백인 모두에게 사회 정의에 대한 신선한 자극을 주었습니다. 모든 사람들은 고통을 겪었고(물론 아주 부유한 사람들은 제외하고) 어떤 형태의 사회주의나 공산주의도 당시에는 진정한 가능성처럼 보였습니다. 인본주의자들과 지식인들은 일반적으로 무엇인가 제시해야만 하고 일종의 사회주의를 수용해야만 할 것을 알아차렸습니다. 1930년대의 사회프로그램은 일을 원활하게 하는 데 매우 효과적이었지만 대공황은 전쟁 중 완전한 고용이 일어날 때까지 오랫동안 지속되었습니다. 그런 뒤, 40년대에는 점점 더 많은 사람이 흑인들이 놓여 있는 악조건에 대해 알게 되었고, 그것은 그들로 하여금 백인

---

[1] 1920년대 미국 뉴욕의 흑인지구 할렘에서 퍼진 민족적 각성과 흑인예술문화의 부흥을 가리킨다. 니그로 르네상스라고도 한다. 이는 흑인의 목소리가 집단으로 표출되고 백인에게 받아들여지기 시작하는 계기가 되었다(https://ko.wikipedia.org/wiki/할렘_르네상스) – 역주

들의 문제에 대해 인식하게 만들었으며, 그 문제에 대해 기꺼이 무엇인가를 하게 했습니다. 50년대와 60년대에는 변화를 위한 많은 촉매제가 있었고 그것은 브라운 판결, 셀마 시위, "나에게는 꿈이 있습니다." 연설, 민권법이 일어나게 했으며, 위대한 사회의 모든 프로그램은 60년간의 노력의 결실이었습니다. 그다음에, 쾅, 그것은 모두 끝이 났습니다. 60년대의 운동의 추진력은 사라졌습니다. 그것은 선견지명의 부족, 계획의 부족, 단순한 탐욕, 단순한 자기만족으로 행해진 것이었습니다. 그리고 그것은 왼쪽에 있었습니다. 오른쪽은 항상 평등과 자유를 무효화하기 위해 기다리고 있었습니다. 제 의견으로는 항상 그렇습니다. 그리고 지금 그것은 다시 그런 길을 가고 있는 중입니다. 그러나 낮과 밤이 있기 마련인 것처럼, 또 다른 상승 국면을 맞이할 것입니다. 나는 그에 대해 확신을 갖고 있습니다. 폐지는 억압에 의해 이루어졌습니다. 즉, 시민권 확립은 억압에 따른 것입니다. 다음에 어떤 새로운 형식의 해방이 일어날지에 대해 희망을 갖고 기다려 보십시오.

질문 : 오늘날의 싸움은 시민권보다 의료서비스에 관한 것 같습니다…

답변 : 누군가는 인종 편견과 의료서비스에 대한 반대 간의 관계를 살펴봐야 합니다. 그것들은 상호작용합니다. 즉, 동등한 정신건강 혜택을 제공하는 프로그램의 형태를 취할 가능성이 높은 종류의 의료서비스는 가난한 사람들에게도 도움이 될 것입니다. 그리고 그것은 어떤 새로운 제도가 제안되든지 어떠한 구성 요소도 미국에서 역사적으로 박탈된 인구 집단인 차이점을 갖고 있는 사람들과 더 가난한 사람들에게도 반드시 유익할 것이라는 것을 의미합니

다. 내 경험에 비추어볼 때, 정부 프로그램으로 관리되는 보편적인 의료서비스를 반대하는 사람들은 의료서비스의 실제적인 실천 방법이나 결과는 거의 언급하지 않고 거의 누가 그것으로부터 혜택을 받아야 하고 받지 않아야 하는지에 대해서만 초점을 맞추고 있습니다. 만일 있다면, 극소수의 의료보험료 단일지불제도로의 이동에 대한 반대론자들만이 심리학 또는 정신건강 의료서비스에 대해 언급하고 있습니다. 개인보험을 가진 사람들, 돈을 지불할 수 있는 사람들은 아마도 돈으로 사면 무엇이든 얻을 수 있을 것입니다. 우파 전직 하원의원에게 비용 절감 의료보험계획에 의해서 정신건강 의료서비스가 더 낮은 요율로 지불되는 것에 대해 무엇을 해야 하는지 물었더니 그는 더 많은 보험을 들라고 말했습니다. 지불할 돈이 없는 사람들, 그들을 어두운 지하세계에 맡기는 것입니다. 논쟁의 어느 지점에서 결국 "일하지 않는 사람들은 먹지 않아야 한다."는 말이 불쑥 튀어나왔습니다. 미국 권력엘리트 중 평등반대주의자는 일반적으로 흑인이나 히스패닉, 가끔 그렇지만 드물게, 요즘엔 아시아인인 그 반대자들 모두가 사회주의자로 바뀔 때까지 악마처럼 만들 방법을 찾는 풍부한 자원을 갖고 있을 것입니다. 제 의견으로는, 그것은 수미일관 똑같은 편견의 일부분입니다. 물론 그렇게 간단한 것은 아닙니다. 과거 강한 흑인과 히스패닉의 보수적인 목소리가 있어 왔고 지금도 마찬가지입니다. 아마도 궁극적으로 그것은 양쪽에서 서로 비난하고 싫어하는 집단을 가진 우파와 좌파로 귀결될 것입니다. 지금은 우파가 앞서가고 있습니다. 좌파는 다음에 무엇을 해야 할지를 파악해야만 할 것입니다.

질문 : 역사가 항상 그렇게 정치적입니까?

답변 : 그렇지 않습니까? 모든 종류의 역사는 전쟁에 관한 것입니다. 다른 방법들에 의해 수행된 정치, 클라우제비츠Clausewitz는 그것을 그렇게 불렀습니다. 전쟁이 심리학의 역사에서 해온 지속적인 역할을 보십시오. 나는 부분적으로는 제1차 세계대전을 다시 살펴보는 것을 피하기 위해서 1927년부터 이 이야기를 시작했습니다. 대부분 심리학의 역사는 "심리학을 중요한 위치에 서게 할 것"이라는 당대의 관용구처럼 제1차 세계대전부터 심리학이 미국 내에서 하나의 전문직으로 시작되었다고 보고 있습니다. 프로이트는 다른 많은 사람들이 그런 것처럼 평화는 전쟁을 준비하는 것이라고 했습니다. 미국은 1941년부터 1945년까지, 50년부터 53년까지, 59년(베트남의 평범한 첫째 날)[2]부터 75년까지, 80년대에는 두 번 정도 잠시 일어났지만 큰 것은 아니었고, 90년에서 91년까지 적극적으로 전쟁에 임해왔습니다. 94년에서 95년에는 보스니아전에 개입했습니다. 2001년 시작해서 쉬지 않고 계속해서 전투에 개입해왔습니다. 합산하면, 지난 72년 중 36년 동안 상당한 형태의 군사적 개입이 있었습니다. 냉전 기간(1946~1991) 동안은 군사력 증강의 시기였고, 미군이 독일, 일본, 필리핀에 지속적으로 주둔해 있었으며, 중동의 정기적인 치안 유지 활동을 했고 중남미 지역에서는 비밀 작전을 수행했으며 그렇지 않았다면, 전쟁이 부족한 적은 그

[2] 1959년 미국이 남베트남에 주둔한 시기를 말한다. 미국이 베트남전에 전격 개입한 것은 1964년 통킹만 사건 이후다 – 역주

리 많지 않았습니다. 전쟁은 심리학의 자극제입니다. 즉, 전쟁은 무기 설계, 군사 훈련, 선전 관리, 전략 조언, 포로들의 상호작용, 생존자 상담을 돕는 사람들뿐만 아니라 평화를 이론화하고 경우에 따라서는 평화를 위해 행동하는 사람들의 자극제입니다. 만일 그것이 이 역사책을 읽는 독자들이 도달한 유일한 결론이라면 맞습니다. 만일 그들이 현대심리학의 역사가 반은 전쟁에 대한 반응이고 반은 정치를 통하여 평화를 지키려는 사회적 행동주의에 대한 참여라는 결론에 도달한다면 그것은 훨씬 더 좋습니다.

질문 : 당신은 최근의 심리학의 역사에서 어떤 연속성을 봅니까?

답변 : 그에 대해서는 두 가지 방법의 답이 있습니다.

질문 : 첫 번째 방법은 무엇입니까?

답변 : 첫 번째 방법은 내가 이 심리학의 역사에서 포함시켰던 것이 현재까지 지속적으로 심리학에 영향을 미치고 있는 이슈들, 아이디어들, 기법들, 그리고 심지어 산출물들이라고 말하는 것입니다. 게슈탈트 아이디어가 모든 심리학에 스며들었으며, 그것들이 처음 나타났을 때 일부 정통 심리학자들로부터 심한 저항을 불러일으킬 정도로 대단했습니다(생산적인 아이디어의 훌륭한 징조). 정서에 관한 연구가 계속되었는데, 1930년대에 일부 심리학자들은 그것이 사라질 것이라고 예측했습니다. 그들이 바랐던 것입니다. 그렇지만 그것은 결코 사라지지 않았고 이론에서 이론으로(예 : 정서 중심 대처), 그리고 게다가 몇 가지 좋은 기법들 이상(예 : 얼굴 움직임 부호화 시스템)으로 축적되었습니다. 테크니컬러가 살아남아서 발전했고, 현실 세계의 물리적 환경의 맥락에서의 지각 연구에 대한 깁슨J.

J. Gibson의 도전은 연구를 계속 자극하고 있습니다. 그러한 이슈들은 밀그램과 짐바르도의 시뮬레이션 연구로 연결되었고, '인지-행동' 공식화도 지속되고 있습니다. 그리고 이론, 응용, 임상심리학이 하나의 연합체로서 지속되고 있습니다. 이 모든 것들은 1940년까지의 작업 중이었습니다. 스키너는 그가 나타나기 전까지 2,500년 동안 심리학에서 어떤 것도 변한 것이 없다고 말하는 것을 좋아했습니다. '인지-정서-행동'의 삼중주가 모든 심리학에서 가장 오래 지속되고 있는 아이디어이긴 하지만 나는 그것을 진리라고 생각하지는 않습니다. 내가 본문에서 묘사하려고 시도했던 것인데, 나는 사회심리학으로부터 하나의 경향을 보고 있습니다. 그것은 집단 관련 사건이나 행동이 개인의 마음에 미치는 영향에 주로 초점을 둡니다. 그리고 나는 또한 인지심리학에서도 사고를 잘못 인도하는 정신적인 착각과 그들의 성향에 초점을 두고자 하는 경향을 발견합니다. 이것들은 양날의 칼입니다. 심리학은 자기자각을 갖게 합니다. 우리가 합리적인 행동과정에서 우리의 동료들과 자신의 편견에 의해 쉽게 흔들리는 것처럼 생각하게 된다면, 심리학은 우리가 비판적으로 생각하는 데 더 많은 관심을 갖도록 이끌어줄 수 있습니다. 그것은 또한 인간을 일반적으로 비합리적이고 생각이 없는 사람으로 그릴 수도 있겠지만, 그러나 그것은 고의적인 것이 아니고, 내가 볼 때 다소 요구가 많은 현대 연구 경향의 결과로 보입니다. 프로이트는 적어도 우리의 근본적인 비합리성에 대한 몇 가지 해결 방법을 제공했습니다. 즉, 현실, 일, 사랑으로 복귀하는 것입니다. 현대의 인지 및 사회 심리학은 우리

를 기능적으로 잘 작동하지 않는 컴퓨터라는 위치에 놓습니다. 그것은, 그리고 긍정적인 친사회적 행동에 대한 연구의 부족은 우리의 사회경제적 시스템 속에서 구현된 이윤 알고리즘의 좀먹어가는 비도덕적인 논리에 대해 우리가 잘 대응하도록 준비를 갖춰주지 못했습니다. 물론, 제 의견입니다!

질문 : 그럼 두 번째는?

답변 : 저명한 이론가이자 심리학 역사가인 로버트 매클라우드Robert MacLeod, 1907~1972는 1975년 사후 출판된 **심리학의 지속적인 문제***The Persistent Problems of Psychology*라는 책을 썼습니다(MacLeod, 1975). 그것은 매우 초반부의 시작부터 현재까지 심리학의 발전에 대한 아이디어와 패턴에 초점을 둔 완전한 심리학의 역사를 의미하고 있었습니다. 멋진 계획이었지만 불행하게도 그는 그것을 중반까지만 집필하다가 사망했는데, 19세기가 시작될 무렵이었습니다.

매클라우드 책의 전반부는 그리스인들로 시작하는 많은 심리학의 역사와 마찬가지로, 알고 있는 그대로 철학의 역사입니다. 만약에 당신이 거기에서 아이디어 중 한 가지 샘플을 취하면, 내가 말한 역사와 그 분야의 고대유물들 사이에는 연속성이 있는 것입니다. 여기 고전적이고 고대 철학적인 아이디어들의 짧은 목록을 제시합니다. 매클라우드는 그 아이디어들이 오늘날 심리학에 생기를 불러일으킨다고 주장했습니다. 나는 그 책에서 그가 마무리한 부분들로부터 아이디어를 이끌어냈고, 각각에 대해 1927~2013년 기간을 적용하여 한 가지 혹은 두 가지의 아이디어를 적었습니다.

유물론 : 소비자심리학

이상주의 : 하나는 마음에서의 이상이고, 또 하나는 정신건강에 대한 추상적 개념

일원론/이원론과 마음/육체의 문제 : 인지 대 행동. 헵은 1974년 논문 곳곳에서 마음과 육체의 문제는 다른 누구보다도 모든 심리학과 학생들이 해결하기 위해 씨름해야만 하는 중요한 문제라고 주장했다.

목적론 : 목표행동–톨만

더 높은 선 : 사회활동주의

인과관계 : 조작주의와 심리학을 과학적으로 만들기 위한 노력

인지 : '인지–행동' 공식화에서의 인지적 요소

감각 : 심리학의 핵심 전제로서의 '감정'의 지속성; 자아존중감, '몰입'

합리성 대 비합리성 : 심리학 연합에 포함되어 있는 이상심리학과 임상심리학

자유 : 로저스 대 스키너, 1956

쾌락주의 : 1932년 톨만 대 트롤랜드, 뿐만 아니라 쾌락과 강화, 존중, '긍정성' 간의 무수히 많은 암묵적인 연결. 그리고 티머시 리어리를 잊지 말 것!

현대에 맞춰 그의 목록에 내 자신의 지속적인 문제 목록을 다음과 같이 추가합니다(이것들 중 일부, 많은 부분은 그의 완성된 본문에서나 그가 그 책의 나머지 부분들을 위해 남겨두었던 개요를 통해 매클라우드도 암시하고 있습니다).

심리학은 탈가치적이 되기 위해 노력해야만 하는가? 가치중립적? 가치중심적?

심리학자들은 사회 악과 개인의 불평등에 얼마나 연루되어 있는가?

심리학은 누구에게 도움이 되는가? (나는 1960년에 문화역사가인 로렌 바리츠가 쓴 뛰어난 책 권력의 노예*Servants of Power*에 대해 여기에서 언급하고자 하는데, 그것은 응용심리학의 부상, 특히 그것이 산업 및 상업의 한 축으로 발전하고 있는 것에 대해 구체화한 책입니다.)

로렌 바리츠(Loren Baritz, 1928~2009, 미국). 역사가이자 사회 비평가. 사회과학, 중산층 성공의 의미, 급진적인 사고 및 베트남에 대한 글을 썼다.

심리학은 주로 주도적인가 혹은 반응적인가?

본질적으로, 심리학은 보다 개인주의적인가? 보다 집단주의적인가?

심리학은 개별 기술적인가? 법칙 정립적인가?(이것은 올포트가 선호하는 공식화로, 그는 성격에 관한 그의 생각에서 항상 이 질문으로 돌아왔습니다. 개인은 일대기로 이해되어야만 하는가? 또는 대신에 일반적인 법칙에 의해 결정되는 행동 측면에서 이해되어야만 하는가?)

심리학은 종교에 의존적인가 혹은 독립적인가?

조지 밀러가 말한 것처럼 의식은 심리학의 '구성요소적인' 문제인가? (의식이 없는 심리학이 있을 수 있습니까?)

심리학과 법, 법 체계의 관계는 무엇인가? 그리고 법률상담과 심리상담은 어떻게 비슷하고 다른가?

심리학과 의학의 관계는 무엇인가?

심리학의 정치적 관여는 얼마나 필요한가?

경영과 경제와 심리학 간의 개념적이고 이론적인 관계는 무엇인가?

심리학과 전쟁의 관계가 지속될 것인가? 심리학이 살아남기 위해서는 그것이 지속되어야만 하는가?

심리학이 창조성 또는 순응성을 촉진하는가(해야만 하는가)?

심리학이 진보를 보장하는가? 진보와 관련이 있긴 한가?

학습과 사고 중 어느 것이 심리학을 가장 잘 정의하는가?

심리학은 기술적이어야 하는가, 아니면 예측이어야 하는가?

(다음의 세 군집은 함께) 과학으로서 심리학은 심리학의 모델로 이론적인 '순수' 과학자들을 취해야 할까, 또는 그의 연구가 실용적인 문제에 의해 추진되는 '실무bench' 과학자들을 취해야 할까? 우리는 주로 이론적이어야 하나? 응용적이어야 하는가? 심리학은 과학인가? 기술인가? 순수과학 및 응용과학 모두 타당합니다. 그리고 도널드 스토크가 그의 책 파스퇴르의 사분면*Pasteur's Quadrant*(1997)에서 지적한 바와 같이, 둘 다 물리학 및 사회과학 전반에 걸쳐 제시되고 있습니다. 하지만 현재까지 심리학에서 우리의 역사는 응용적인 접근보다는 순수한 접근을 더 선호하고 있습니다. 이 분야의 저명한 최초의 역사학자인 보링은 응용심리학에 대한 아무런 애정도 없고 어떠한 응용도 '단순한 기술'로 간주했던 티치너의 세자였습니다. 1945년이 되어서야 심리학의 다양한 기술적 응용을 위한 심리학 연합의 협력 관계에 대해 공식적인 인정을 취했습니다. 스키너는 그가 심리학에서 마음철학과 이원론을 고대유물로 본 것에 대체하기 위

도널드 스토크(Donald Stokes, 1927~1997, 미국). 정치과학자이자 투표 행동에 대해 여러 글을 쓴 저자. 그의 마지막 작품인 '파스퇴르의 사분면'은 응용심리학이 필요하다는 생각을 발전시켰으며 과학 발전의 기초가 되었다.

해 '행동기술'을 요구했으며, 그것은 다방면에서 그가 환영받지 못하게 만들었을지도 모릅니다.

심리학은 하나인가? 많은 것인가? 단일화가 가능한가? 반드시 과학, 기술, 또는 '연구들'의 집합이어야 하나?

심리학은 '혁명적－진화적' 스펙트럼에서 어디쯤에 적합한가?

이것이 나에게 심리학 연합에서 지속되는 문제들을 위해 새롭게 추가해야 할 것으로 보이는 것입니다.

질문 : 당신은 심리학의 비평에 대해 언급했습니다. 이 역사는 그 분야에 대한 일종의 비평입니까?

답변 : 나는 어떠한 역사든지 그것이 포함하고 배제하는 것에 의해 그 주제에 대한 암묵적인 비평을 포함한다고 생각합니다. 나의 편향들은 내가 쓴 글로부터 아주 빨리 판단될 수 있다고 확신합니다. 모든 위대한 업적이 그랬듯이, 심리학도 많은 비평을 받아왔습니다. 어떤 사람들은 그저 고함만 지르며 그것을 이유 없이 싫어하고, 경우에 따라서는 종교적인 이유로 싫어합니다. 어떤 사람들은 치료로 인해 피해를 입었다고 느끼거나 또는 그렇지 않으면 본질적으로 치료가 해롭다고 느낍니다. 그다음 다른 사회과학이나 인문학 분야와 같은 다른 분야에서도 비평이 있고, 드물게는 수학이나 물리학 및 생물학 분야에서도 있는데, 아마도 심리학은 비판적으로나마 관심을 끌기 위해 여전히 거기에 충분한 표식를 남겨야 하기 때문인가 봅니다. 이러한 분야들로부터의 비평은 종종 심리학

에 대한 불완전한 지식이나 그것의 제한된 개념에서 출발합니다. 이 역사책을 구성하는 동안 내 마음의 한 구석에 내가 가졌던 비평은 심리학 그 자체 내에서 나온 것들입니다. 나는 단지 그것들을 여기에서 목록화하고 분류하고 각각에 대해 살짝 맛을 보게 한 것으로 한정 지을 것입니다. 또한 지난 30년쯤으로 한정 지을 것입니다. 그들 중 한 사람인 시모어 사라손이 말한 것처럼 심리학을 '잘못된 방향'으로 보는 심리학자들이 있습니다. 그들은 심리학을 사회적 · 정치적 · 역사적 현실과 분리되어 있는 것으로 보고, 따라서 현실적인 사회 상황에서 현실을 사는 인간에게는 사소하고 인위적이며 거의 쓸모가 없다고 생각합니다. 이를 위해서는 참고문헌 목록에 있는 케네스 거겐(1973), 니콜라스 로즈(1996), 그리고 시모어 사라손(1981a, 1981b)을 참조하십시오.

그다음에는 심리학을 '우표 수집' 수준 이상을 넘어설 수 없는 결함이 있는 과학(한 유명한 과학자가 물리학이 아닌 모든 것을 지칭했던 것처럼)으로 보는 사람들이 있습니다. 이런 사람들이 많이 있지만 두 명의 미네소타 사람인 폴 밀(1978)과 데이비드 리켄이 내가 아는 목록에 있는 사람들 중 최고입니다. 리켄이 그

케네스 거겐(Kenneth Gergen, 1935~, 미국). 종종 사회구성주의 이론을 지지했던 사회심리학자

니콜라스 로즈(Nikolas Rose, 1947~, 영국). 심리과학이 문화로 상호 침투하는 것에 대해 폭넓게 글을 쓴 영국의 사회학자이자 사회 이론가

시모어 사라손(Seymour Sarason, 1919~2010, 미국). 지역사회심리학의 창시자들 중 한 사람인 임상심리학자. 그는 심리학의 편협함과 학교교육의 비효율성에 대한 비판 및 심리학에서의 예술의 역할에 대해서 글을 썼다.

데이비드 리켄(David T. Lykken, 1928~2006, 미국). 거짓말 탐지기의 문제를 밝혀낸 연구로 가장 잘 알려진 실험심리학자

의 논문, '어쨌든 심리학 무엇이 문제인가'(1991)에서 이론적 심리학이 더글러스 맥아더Douglas MacArthur의 늙은 병사와 같다는 기억에 남을 만한 말을 했습니다. 제2차 세계대전과 한국전쟁에서 유명한 장군인 맥아더는 1951년 그의 군대를 해산시키면서 "노병은 결코 죽지 않고 단지 사라질 뿐이다."라는 오래된 군가의 후렴으로 그의 고별 연설을 끝마쳤습니다. 리켄에게 있어서 심리학은 결코 죽지 않았을 뿐만 아니라, 많은 사람들은 사라져가는 것조차 잊어버린다는 것이었습니다! 마지막으로, 임상심리학을 특별히 비판한 사람들이 있습니다. 이들 중 내가 가장 좋아하는 사람은 조지 알비입니다. 단순하며 강의실에서 가르치기보다 집에서 자신의 채소밭을 돌보는 것을 더 좋아하는, 그가 그것이 기업의 해적들 또는 더 나쁜 것에 영혼을 파는 일이라는 것을 발견했을 때 그 직업에 대해 이야기하는 것에 아무 가책도 없었습니다. 알비(Albee, 1970, 2005)를 참조하십시오. 내가 그들을 추천하는 이유는 그들이 냄비에 후추를 던졌다고 생각했기 때문입니다. 뿐만 아니라, 단지 그들이 모두 정당하고 지금까지 답변을 받지 못했다고 생각하기 때문이 아니고, 그들은 각각, 내가 공유한 그 분야에 대한 존중과 사랑으로 그들의 견해를 밝혔다는 것을 새삼 느끼기 때문입니다.

조지 알비(George Albee, 1921~2006, 미국). 임상심리학자이자 지역사회심리학자로, 전문가들의 잔소리꾼

질문 : 당신은 처음에 조작주의operationism에 대해 언급하고 나서 그것을 더 이상 다루지 않았습니다. 무슨 이유인가요?

답변 : 조작주의를 채택하면서 심리학은, 과학을 관찰에 의한 이론적 타

당화의 과정으로 개념화한 것을 포함하여, 실험을 통한 인과관계의 수립, 그때까지 단지 말로만 표현했던 것의 수식화, 그리고 1927년엔 지금보다 철학적으로 더 중요했던, 인과관계의 기술에서 언어적 착각의 배제 등 일련의 아이디어를 위해 헌신했습니다. 예를 들어, 심리학자들은 '마음'이 행동을 통제한다고 주장하기보다는, 첫째, '마음'의 존재, 두 번째, 이 '마음'이 활동을 수행하는 정확한 기제에 대한 높은 수준의 증거를 확보하게 될 것입니다. 이러한 관점에서 볼 때, 인지과학의 발전이 컴퓨터의 내부 문제 해결 과정에 관한 훌륭한 기계적 기술에 대한 공식화 이후 그렇게 낙관적이 된 이유를 찾는 것은 쉬운 일입니다. 나는 여전히 조작주의는 과학으로서의 심리학을 확립하는 최선의 방법이라는 견해를 갖고 있습니다. 예를 들어서, 올포트가 이 책 본문에서 인용한 1939년 연설에서 주장한 것처럼 심리치료의 기법에 관한 아이디어가 증거에 의해 입증되어야만 하고, 심리학의 목표가 본질적으로 행동의 예측과 통제라는 생각은 적절한 이론적 틀 안에서 투입과 산출을 엄격하게 정의할 때만 예상되는 결과입니다. 그럼에도 불구하고 사실은 여전히 심리학의 많은 부분들은 현상학에 기반한 추측을 다루어야 하고, 여전히 수치적으로 덜 정확하고 고도의 언어적 관찰자에 의해 만들어진 관찰과 연결되어야만 한다는 것입니다. 날씨의 예측이라면, 아마도 수학적 정확성과 현상학적 관찰은 서로를 향해 터널을 뚫어서 결국은 만날 것입니다. 한편 결국은 물리학에서 파생된 조작주의 체계에 맞추기 위한 전제 조건으로서 고도로 수식화된 어떤 심리학은, 수학보다는 일반적으로 언어적 표현과 논리에 더 익숙한 대부분의 심리학자들이 알아보기 어렵습니다. 현재 심리학자들은, 아마도 교육심리학자 또는 동기심리학자들의 경우라면, "몰입 경험은 창의력을 높이는 결과를 낳는다."라고 말하는 것에 행복을 느끼고 컨퍼런스에서는 그 점에 대해 박수를 받습니다. 그렇지만 우리는 두뇌(또는 조작주의가 두뇌와 똑같은 것이라고 강요하는 경향이 있는 마음)에서 몰입 경험을 발견하는 방법을 정확히 알지 못하며, 여전히 우리는 높아진 창의력이 무엇으로 구성될지에 대해 어떤 예측도 할 수 없습니다. 우리는 미로 속의 쥐와 쥐의 두뇌로 돌아갈 수 있으며, 일부는 그렇게 하고 있는데, 아마도 생각에 대한 의미 있는 예측이 일어나는 신경과학과 만나는 인지과학이 될 것입니다. 이 '사고thought' 실험을 시도해보십시오. 만일 가능하다면, 당신의 다음 생각이 무엇일지 예측해보십시오. 당신이 그렇게 할 수 있다면, 좋습니다, 그런 다음 뇌에서 무엇이 그것을 산출하는지를 보여주십시오. 그러면 당신은 노벨상 기금으로 여생을 호사스럽게 지낼 수 있을 것입니다. 만일 더 나아가서 심리학자들이 조작주의라는 산을 얼마만큼 오르려고 하는지를 보여주고 싶다면, 당신의 파트너가 다음에 만날 때 어떤 말을 할지, 어떤 정서 상태일지 예측해보십시오. 또는 대법원 판례가 현재 당신에게 가장 흥미로운 것이 무엇이든 간에 대법원장의 의견이 무엇일지 예측해보십시오. 나는 실험실 내에서 충분히 얻을 수 있는 변인들을 정의하는 의미에서 1927년 이후의 실험심리학 대부분의 사례에서 조작주의가 가정된 역사를 써왔습니다. 임상작업의 경우 모든 배팅은 다시 원점으로 돌아갑니다. 아주 오래 전에 개인적인 판단보다는 검사 예측의 우수성을 입증한 사람은 바로 조작주의 시대의 한 부분을 차지했던 밀이었습니다. 이러한 사고방식과 이를 지원하는 유형의 통계적 절차는 여전히 심리학에서 확립되기가 어렵습니다. 여기에 또 다른 사고에 관한 실험이 있습니다. 수학적 심리학자 또는 신경심리학자 누구든 그들의 연구들을 찾아, 그들의 출판물 하나를 읽어보십시오. 그리고 오늘날 당신이 선호하는 심리학의 예와 그것들을 비교해보십시오. 이처럼 심리학의 기본적인 역사가 이들(예 : 수학 심리학자 또는 신경심리학자)에게 중심을 두어야만 합니까? 나처럼 신경심리학적 지향성을 가지고 있는 역사학자도 판단하기 어려운 일입니다.

질문 : 심리학의 학회와 체제는 어디에 있습니까? 구조주의와 기능주의는 어디에 있습니까?

답변 : 여기가 심리학의 현재 역사에 대한 직접적인 언급으로 당신의 질문에 대답할 수 있는 장소입니다. 토론토 요크대학교의 크리스토퍼 그린Christopher Green과 그의 동료들이 20세기 초 주요 학술지인 **심리학개관***Psychological Review*의 내용을 분석하는 프로젝트에 참여하여, 5년 단위로 모든 주제의 논문 전체에서 엄청난 양의 언어 데이터에 대한 알고리즘의 군집화를 진행하고 있습니다(Green, Feinerer, & Burman, 2013). 그들이 보여주는 것은, 예를 들어 '구조주의' 및 '기능주의' 같은 용어는 그 시대의 심리학 내에서 많은 하위분과들이 갖고 있는 관심, 그리고 여러 다른 언어를 공유하고 이론을 공유하는 공동체들과 상호 교차하는 관심을 정의한 것입니다. 예를 한 가지 든다면 기능주의는 기상 전선과 마찬가지

로, 형태와 상호연결이 매우 자주 바뀌어서 사람들은 어떤 기능주의든, 그것이 역동적이고, 그것이 정서, 신경학(1912년경 정의된 바와 같이), 미학, 그리고 기타 주변 장치뿐만 아니라 중앙 연결을 포함하는 다양한 사고 영역에 관여하는 용어였다는 의견을 따르게 됩니다. 많은 저자들이 썼던 일부 이러한 용어들에는 중요한 핵심이 담겨 있었지만, 오늘날 심리학의 역동적이고 변화하는 정의 체계가 그렇듯이 그 용어들 간에는 상당한 차이가 있었습니다. 다시 말하자면, 오늘날 특정 기간의 지적인 평형에서 추출한 기능주의에 대한 단일 정의를 내리고, 그것을 현대의 심리적 사고에 적용시키려고 하는 것은 1904년 캐딜락 엔진 피스톤을 2013년 혼다 피스톤에 맞추려고 하는 것과 같을 것입니다. 그것은 기껏 은유적 의미가 되겠지만, 피스톤링처럼 현대의 아이디어 교환에 대한 시대착오적인 무관함을 극복하기에는 충분하지 않습니다. 1923년까지 그린의 분석이 보여주는 바와 같이, 기능주의와 구조주의는 20년 전 그들이 했던 것과는 완전히 다른 아이디어와 심리학자들의 공동체에 맞춰 조정되었으며, 30년대까지 그들은 오직 역사를 정신적 호박[3] 속에 보존할 수 있는 사람들의 마음속에만 있는 용어로 존재했습니다. 나는 1927년 이후의 심리학의 역사에 대해 쓴 것에서 새로운 지적인 공동체의 계승이 무엇인지를 제안하려고 노력했지만, 기본적인 역사는 행동주의, 인지과학, 또는 인본주의 심리학이 수년간의 진화 이후, 그들이 시작했을 때의 모습과 지금

[3] 고대의 송진이 굳어진 비광물성 보석으로, 그 속에 모기 등 벌레가 담겨 보존된 것들이 있다—역주

현재의 모습을 만들도록 한 좋은 내용의 아이디어 중에서 가장 기본적인 아이디어만을 전달할 수 있습니다. 간단히 말하자면, 구조주의와 기능주의는 골동품 같은 용어입니다. 즉, 그것들을 이해하기 위해서는 역사적 출처로 이동하십시오. 현재의 담론에서는 그것들과 마주칠 것을 기대하지 마십시오. 만일 그렇게 한다면, 현재 또는 과거에 정확히 이 용어의 사용자가 의도한 맥락으로부터 찾으십시오. 그것이 지적인 또는 문화적 진화과정을 위해 더 공평할 것입니다.

질문 : 당신은 이 심리학의 역사에서 동성애에 대해 매우 많이 다루었는데, 당신이 게이인가요?

답변 : 정말 재미있는 질문이군요! 대답하자면, 모르겠네요. 그럴지도. 어떤 사람들은 그렇게 말합니다. 나는 그것이 심리학의 역사에서 중심이 되는 중요한 부분이지만 최근의 미국 역사에서 훨씬 더 중심이 되는 중요한 부분을 차지하고 있다는 것을 알고 있습니다. 스톤월, 에이즈, 그리고 레즈비언, 게이, 양성애자, 트랜스젠더(즉, LGBT) 개인뿐만 아니라 하나의 집단으로서 이 사회의 전체적인 부분에 대한 최근의 적극적인 공격에 관해 언급하지 않고 1980년대와 그 이후를 개념화할 방법이 없습니다. 낙태와 함께 동성애, 특히 동성 간 결혼은 대체로 친사회적 정책에 대한 보수적인 반대파를 결집시키는 발화점이 되어왔고 지금도 계속되고 있습니다. 그 연합의 인정은 다양한 인간성의 인정을 향한 지속적인 변화의 표식이었습니다. 놀랍게도, 내가 생각하기에 1950년 이후 심리학이 발전하는 가운데 가장 강력하고 최근의 일반적인 역사적 발표

는, 동성애가 **정신장애진단 및 통계편람**에서 진단명으로서 그 용어를 제거하기 위해, 심리학에 있어서 페미니스트적 지지와 더불어 딱 한 번 언급된 적이 있었고, 1970년대에 전적으로 심리학 전반에 걸친 발전 범위를 논의하는 맥락에서 여성을 지원하는 쪽으로 나아갔습니다. 나중에는 페미니스트와 LGBT 해방운동이 1960년대에 동시에 출발했음에도 불구하고, 이들은 심리학에서 LGBT에 대한 지원체제의 발전 패턴으로 반향을 일으켰습니다. 실제로 내가 이 책의 앞부분에서 언급한 것처럼 심리학에서 동성애에 대한 경험적 연구를 둘러싼 장벽을 무너뜨린 사람은 바로 에블린 후커라는 여성이었습니다(Milar, 2011). LGBT 심리학자들에 관한 수많은 역사와 개인적인 증언들이 있습니다. 이 책의 연대기에서 심리치료의 초기 여명기에 해리 스택 설리반은 게이(Blechner, 2005)로서, 예술계에서 다른 게이나 레즈비언 개인에게 수용과 지지를 제공한 최초의 인물들 중 한 명이었으며, 지원을 아끼지 않기로 유명한 인물이었습니다. 탁월한 언어심리학자인 로저 브라운Roger Brown, 1925~1997은 인지과학의 초기 체계화 및 이론가들 중 가장 중요한 한 사람으로 자신의 성sexuality에 대해 매우 개방적이었는데, 자신에 대해 "나는 분명 게이가 아닙니다. '게이'란 1960년대 이후에 태어난 사람만이 이룰 수 있는 희귀한 의식 상태입니다. 나는 1925년에 태어났습니다."라고 묘사하는 글을 썼습니다(Pinker, 1998). 이 시기 대부분을 살았던 학문적인 동성애자의 삶에 관한 더 완전한 그림을 위해서는 핀커Steven Pinker가 쓴 **인지***Cognition*(Pinker, 1998)에서 브라운의 사망에 관한 글을 읽어보십시오.

질문 : 어떤 이론과 개인을 빠트렸다고 생각하십니까?

답변 : 제도적 보살핌과 심리치료 양면에서 그들이 심리학의 역사와 밀접한 관련이 있음에도 불구하고 장애, 자폐, 또는 기타 발달장애에 관해 별로 많이 언급하지 않았습니다. 첫 번째 초안을 읽으면서 내가 1975년 윌슨E. O. Wilson의 **사회생물학***Sociobiology*이 출판될 즈음에 지적인 초점으로 성장한 진화심리학에 대해 언급하는 것을 완전히 무시했다는 사실에 놀랐습니다. 이상하게도, 재스트로가 다윈을 미래의 위대한 심리학자 모델 중 한 명이라고 밝혔음에도 불구하고 진화론은 결코 심리학 역사의 중심이 아닙니다. 스키너는 공공연하게 조작적 행동주의를 진화론과 연결시켰습니다. 진화론이 심리학의 부분일 뿐이라고 하는 한 가지 이유는 진화심리학이 무대에 등장한 1970년대 인지와 행동 캠프 간에 있었던 적대감과 관련되어 있을 수 있습니다. 여기에 추가하자면 행동적 측면에서 봤을 때 진화론은 인류학, 영장류 동물학, 역사 등과 같은 심리학 외부의 다양한 출처로부터 모여져야만 하는 친족들의 지지와 집단행동의 가정에 기초하고 있기 때문에 추론적이라는 것입니다. 아마도 원시사회에서의 경제 이론과 덧붙여 심리적 차원에 관한 이론이 인간의 배우자 선택과 행동 배분에 대한 현대의 진화 이론쪽으로 나아가고 있는 것처럼, 심리학과 심리학의 역사에서 진화 이론은 더욱 중요해질 것입니다. 나는 또한 인류학을 진지하게 받아들이고 심리학의 역사를 선사시대로 확장하려고 노력하는 심리학자들을 위해서, 적어도 관련 글이 발전해 나가기 이전에 '플러그'를 꽂아 두고자 했습니다. 나는 5만 년 전 헬레니즘 시

대를 중심으로 역사적인 기록을 시작하기로 한 집단적 결정은 심리학 역사에 대한 현시대적 개념으로 볼 때 심각한 결점이라고 생각합니다. 그리고 나는 심리학이 어떻게 전 세계로 퍼져나갔는지, 그리고 심지어 미국 심리학과 교류를 하고 있는 나라 또는 주로 미국 심리학 라인을 모델링하는 나라들 간에도 얼마나 중요한 지역적인 차이가 존재하는지를 포착하지 못했습니다.

질문 : 왜 여성과 소수자들은 이 심리학의 역사에서 더 큰 자리를 차지하지 못하고 있습니까?

답변 : 정체성에 관한 심리학 및 정치가 유일한 이야기라면 그렇게 할 수 있습니다. 그렇지만 제 의견으로는 전체적인 사회에서 인종평등을 향한 일반적인 운동과 1970년 이후 그것에 대한 반응이, 이해를 위한 기초적인 동력인 것입니다. 나는 내가 다룬 기간을 통해서 여성과 소수자들이 심리학에 연루되어 온 과정을 보여주고자 했습니다. 히스패닉, 북미 원주민, 아시아/태평양 문화권 출신의 공헌자의 범위를 확인하고 싶다면 심리학 연합APA의 제35분과와 제45분과의 역사를 살펴보기를 추천합니다. 나는 후아나의 이야기로 균형을 잡으려고 했지만 안빈이 말한 것처럼 진정한 문화적 통합은 미래입니다. 그것이 바로 내가 시작할 때 심리학이 가장 심각하게 비평받을 점은 미국식을 따른다고 말한 이유이고, 그래서 모든 사람들을 완전하게 대표하고, 수용하게 되는 변화가 느리게 이루어지고 있는 것입니다.

질문 : 심리학 연합은 살아남을까요?

답변 : 어떠한 역사가도 미래에 관해, 특히 현재의 사회정치적 맥락에서,

정확한 포인트에 대한 예측에 필요한 조건들이 부재한 가운데 구체적인 예측을 할 수는 없습니다. 그렇지만 제 느낌은 다음과 같습니다. 1945년 이전에는 주로 이론적/과학적 APA와 기타 응용심리학을 위한 다른 조직들이 있었습니다. 지금 우리가 생각하는 바와 같이 임상심리학은 찾아볼 수 없었습니다. 1985년까지 심리학 연합은 강하고 합리적으로 균형이 잘 잡혔으며 고객을 훨씬 더 많이 대변하는 것 같았지만, 대중적이라고 하긴 어렵고 여전히 주로 학문적이고 전문적인 엘리트 그 자체였습니다. 1988년의 APA와 APS(미국심리협회)의 분열이 심리학 연합에 미친 영향은 경미했습니다. 그 이후로 지금은 심리학자들이 매력을 느낄 수 있는 전문 조직의 수가 엄청나게 증가했습니다. 심지어 1960년대에도 심리학자들은 선택할 수 있는 조직이 많았으며, 여기서는 언급되지 않았지만 몇 개의 조직은 아주 잘 확립되어 있었습니다. 그 적절한 사례가 아동발달연구학회the Society for Research in Child Development인데, 그 조직은 1920년대에는 미국국립과학아카데미의 아동발달위원회의 분과였다가 1933년 독립단체로 인가된, 오랫동안 아동발달전문가의 주요 기관 및 공식적인 조직이었습니다. 나는 이 심리학 역사 책을 위해 조직화된 심리학의 대표적인 예로, 그리고 현재까지 심리학을 정의해온 세력들의 연합에 대한 주요한 예로 APA를 선택했습니다. 내가 생각하기에 그들 세력들은 지속적으로 심리학을 정의할 것입니다만, 내가 예상한 대로, 특별히 신경과학이 그것으로 흘러갈 가능성이 있는 다양한 심리학적 관심을 잡기 위해 차별화를 시작하게 되면, 제도적으로는 아마도 전문가 협회들을 향한 지속적인 이동이 있을 것입니다. 정신의학과 심리학이 결국 합병될까요? 아마 아닐 것입니다. 그 분야들이 이해 단계에 도달해야 하지만 보통은 숫자가 전투에서 승리하게 됩니다. 응용의 측면에서, 컴퓨터 사용과 정보과학이 아마도 인지심리학을 압도할 것입니다. 정보과학이 정보 전달의 측면에서 교육을 추월하게 될 것이고, 문화 내, 문화 간 모두에서의 사회화를 심리학의 주된 응용으로 남겨둘 수도 있습니다. 스키너는 언젠가 자동화가 인간을 대부분의 제품 생산과 서비스 제공의 임무에서 해방시킨 이후에는 교육과 상담, 그리고 예술 이외에는 아무것도 남지 않을 것이라고 의견을 밝혔습니다.

질문 : 당신의 관점에서 누가 가장 위대한 심리학자입니까?

답변 : 글쎄요, 나는 '가장 위대한' 심리학자에 대해 잘 모릅니다. 재스트로가 말한 것처럼, 아마도 진정 위대한 심리학자는 아직 도착하지 않았습니다. 구세주처럼? 그냥 농담입니다. 그렇지만 나는 여전히 심리학이 뉴턴이나 다윈과 같은 사람을 갖지 못한 것이 사실이라고 생각합니다. 어쩌면 우리는 잘못된 사람을 찾고 있는지도 모릅니다. 어쩌면 우리는 그 재료의 재결합을 잘하는 사람을 찾아봐야 할지도 모릅니다. 아마도 가장 위대한 심리학자는 우리가 지금 가지고 있거나 또는 앞으로 우리가 갖게 될 아이디어의 어떤 인간 재결합자보다 아이디어를 더 잘 재결합할 수 있는 인공지능AI 프로그램이 될 것입니다. 위대한 개인적인 업적에 관해 말하자면, 나는 나의 미술 선생님 중 한 분인, 멋지고, 베풀 줄 알고, 재미있고, 인간적인 사람인 이탈로 스칸가가 생각납니다. 그는 워홀이나 자

코메티나, 또는 석고 가면을 만들고 있는 어린아이를 보든 상관하지 않고 모두를 좋아하며 자신이 열려 있다고 말씀하셨습니다. 그 분은 편안한 분이었습니다. 나는 그것이 심리학자들에게 좋은 방법이라고 생각합니다. 나는 내가 어렸을 때 너무 많은 편견을 갖고 있었습니다.

질문 : 당신이 개인적으로 접촉한 사람 중에 가장 위대한 사람은 누구였습니까?

답변 : 다시 말하지만, 그 질문에 대답하기가 정말 어렵습니다. 나는 내가 접촉한 모든 심리학자가 제공할 무엇인가를 가지고 있다고 생각합니다. 나는 극소수만을 싫어했는데 심지어 그들에게서도 나는 뭔가를 배웠습니다. 그들 모두는 인간이며 그들 모두는 좋은 날도 있고 나쁜 날도 있습니다. 그리고 누군가와 의견 불일치를 갖는 것은 쉽습니다. 나는 내 인생 초기에 한 심리학자와 만났는데, 그가 나에게 가르쳐준 것이, 의도하지 않고 나에게 가르쳐준 것이지만, 나에게는 세상을 의미했다고 말해야 합니다. 어느 때인가 감동을 받아 내가 이 분야로 들어오게 된 것은 그가 이유라고 그에게 말을 했습니다. 그리고 그의 반응은 자신을 제외한 다른 사람이 자신에 대한 책임이 있다는 생각에 대해 강력히 저항하는 것이었습니다. 현명하고, 현명한 사람입니다.

질문 : 최악의 사람은 누구입니까?

답변 : 하하!

질문 : 프로이트에 대해 어떻게 생각하십니까? 그는 이제 끝났다고 들었습니다.

답변 : 나는 프로이트를 존경합니다. 나는 상당히 프로이트 학파입니다. 심리학에 대한 나의 관심은 내가 16살 때 프로이트의 에고와 이드 *The Ego and the Id*를 읽었을 때 시작되었습니다. 그 책은 짧지만 많은 펀치를 날리는 책이었습니다. 프로이트는 현대심리학의 모양, 종류, 아이디어, 방향 및 기풍의 많은 부분을 결정했습니다. 최근의 이러한 역사를 쓰는 또 다른 방법은 프로이트가 그것을 교차시킨 모든 방법을 살펴보기에 좋은 지점에서 그것을 쓰는 것입니다. 80년대에 사람들은 항상 프로이트가 끝났다고 말하면서 영문학과에서는 프로이트에 대해서만 계속해서 읽고 있습니다. 스캔들이 있었습니다. 즉, 프로이트가 그의 환자가 겪은 학대에 대해 진실을 숨기려고 적극적으로 노력했었다는 것을 보여주려는 시도가 있었습니다. 최근에는 프로이트가 그의 처제와 바람을 폈을지도 모른다는 발견이 있었습니다. 제가 대학원 학생이었을 때 이야기로, 우리는 매년 학부생 컨퍼런스를 가졌었는데, 한 번은 한 학생이 일어나서 잘 연구되고 잘 제시된, 프로이트와 코카인에 관한 논문을 읽었습니다. 그 논문의 전적인 취지는 어느 정도 *DSM-III*(그 당시 진단 매뉴얼)를 토대로 프로이트가 형편없는 약물중독자인 것을 혹평하는 것이었습니다. 내가 말하고 싶은 것은, 자, 그게 바로 당신이 여기에서 판단하고 있는 프로이트라는 것입니다. 당신의 팔이 그와 권투시합을 할 정도로 충분히 깁니까? '죽음'에 대해서 말하자면, 현재까지 어떠한 심리학자도 모든 파급 효과에서 죽음의 개념을 치료함에 있어서 프로이트의 깊이에 근접하지 못하고 있습니다. 복수, 생존자의 죄의식 및 살인의 뿌리를 연구하고자 하

는 사람들은 반드시 그의 문을 통과해야 합니다. 에로스와 타나토스, 사랑 또는 삶과 죽음은 거대한 투쟁 속에 잠겨 있고, 어느 쪽이 이길까요? 프로이트는 히틀러가 독일 정부를 장악하기 3년 전, 1930년에 출판된 그의 마지막 작품들 중의 하나인 **문명 속의 불만** *Civilization and Its Discontents* 마지막 부분에서 그 질문을 던졌습니다. 어느 쪽이 이겼습니까? 그들의 영원한 투쟁에서 미래에 어느 쪽이 승리할까요? 프로이트는 결코 죽지 않을 것입니다.

질문 : 이 이야기는 역사에서 당신에게 어떤 프로젝트를 제안하고 있습니까? 우리 교수님은 제가 심리학의 역사에서 문제를 선택하고 그것을 연구해야 한다고 말씀하셨습니다.

답변 : 물론입니다. 많습니다. 완성된 것은 아니지만 여기 제가 이 이야기를 토대로 추구하고자 하는 12개의 역사적인 질문들이 있습니다.

1. 베트남과 베트남 경험이 심리학에 반향을 일으켰던 방법. 2000년 3월 **미국심리학회지**에 실린 보니 스트릭랜드Bonnie Strickland(1987년 APA 회장)의 짧은 회고록에 이것을 위한 훌륭한 출발점이 있습니다.
2. 심리학의 역사와 의료 관리/건강관리시스템/의료보험시스템
3. 시민권 시대의 가장 중요한 시점에서 개별 심리학자들의 개인적인 활동. 사실상 언제든 어떤 심리학자의 개인적인 활동들
4. 제2차 세계대전 후 독일 심리학의 운명. 출발 지점으로, 나치에 적응한 독일에서 심리학이 얼마나 쉽게 확립되었는지에 대해 기술한 훌륭한 작품이 있습니다.
5. 앞 질문에 이어, 미국과 캐나다 이외 지역의 심리학 역사, 특히

그들이 미국 심리학과 상호작용한 방법

6. 심리학 및 그것의 '서비스 경제', '평평한 세계flat world' 및 기타 현대의 경제적 효과와의 상호작용. 비용 절감과 해외업무위탁에서 심리학의 역할
7. 1980년대 이후의 성격이론의 상대적 침체, 그리고 1980년 이후 새로운 이론들을 퍼뜨리는 데 따르는 어려움
8. 디지털 기술과 심리학이 영향을 미치는 전 범위
9. 미국 약물 정책 수립 시 심리학의 역할
10. 1960년 이후 정신의학과 심리학 간의 관계의 악화(힌트 : 데이비드 라파포트가 1960년에 사망함)
11. 1945년 이후 심리학에서의 옹호와 사회활동주의에 반대하는 APA 캠페인의 역사
12. 1960년 이후 심리학의 자금 조달 패턴…

그리고 많은 다른 것들

질문 : 심리학에서 종교의 역할은 무엇입니까? 당신은 종교와 심리학 분과에 대해 언급했는데, 거기에 종교를 위한 역할이 있습니까?

답변 : 종교가 없었다면 어떤 심리학 또는 공통의 선common good을 위한 어떤 활동주의가 있었을지 의심스럽고, 시민권 획득은 틀림없이 그랬을 것입니다. 유진 테일러Eugene Taylor, 1946~2013가 그의 글에서 분명히 밝히고 있듯이, 종교는 미국 심리학의 기원에 많은 도움이 되었습니다. 현대 심리치료는 기독교 과학과 새로운 사상New Thought을 포함하여 19세기 말 다양한 종교운동에 뿌리를 두고 있습니다. 나는 유니테리언 유니버설리즘 교회 신도로서 심리학

의 역사에서 내가 만난 유니테리언 유니버설 주의자들에 주목하고 있습니다. 유니테리언인 사람들 중에는 제인 애덤스Jane Addams[4]가 있고, 조지 스토다드George Stoddard는 아이오와 아동복지연구소장 및 대학원장으로서 크루트 레빈을 지원하는 데 중요한 역할을 했습니다. 유니테리언 목사인 제이 레이먼드 코프J. Raymond Cope는 버클리 신도들을 구성하여 아벨 오소리오Abel Ossorio와 티머시 리어리가 포함된, 휴버트 코피Hubert Coffey의 대학원 학생들에게 집단치료역동의 분석을 지도할 수 있게 했습니다. 그리고 달마스 테일러Dalmas Taylor는 APA의 제45분과를 설립한 심리학자 구성원들 중 한 사람인데, APA 소수자 모임은 그의 이름을 딴 것입니다. 특정 종교와 관련이 없음에도 불구하고 자유주의 종교 활동에 기여했고, 이것을 관용을 촉진시킬 수 있는 인지체계의 관점과 연결시킨 심리학자들이 있습니다. 올포트는 **개인과 종교**The Individual and His Religion(1950)에서 '미성숙한' 종교와 대조되는 '성숙한' 종교에 대해 썼습니다. 성경적 문자주의, 비성찰적인 태도, 그리고 광신도가 특징인 미성숙한 종교는 일관된 도덕성, 차별화 능력, 새로운 지식에 대한 개방성, 그리고 새로운 삶의 상황에 대한 지식의 경험적 적용으로 이어지는, 건강한 발달 안에서, 성숙한 종교로 변화해야만 합니다. 위먼의 신학은, 많은 부분 인본주의 심리학뿐만

---

[4] 미국의 여성 그리스도교 평화주의 운동가로 아동과 여성의 8시간 노동 준수, 이민 여성 보호, 최초의 소년재판소 설립 등의 운동을 지도하여 1931년 노벨평화상을 수상하였다(https://terms.naver.com/entry.nhn?docId=1123521&cid=40942&categoryId=40507) – 역주

아니라 인본주의 종교를 낳게 한 철학과의 만남으로 형성된 것입니다. 마틴 루터 킹의 인지 및 영적 성숙과 그의 활동주의에도 기여했던 것은 바로 이러한 혼합이었습니다. 주변 문화에서 자유주의 종교의 영향은 그것에 적극적으로 참여하는 사람들의 숫자의 측면에서는 감소했지만, 심리학에서 포용과 평등을 향한 전진 운동이 일어난 1970년대를 거치면서 진전된 불평등에 대한 집단적인 해결책의 일부에 대해서 종종 적대적인 다양한 유형의 복음주의 종교활동은 그대로 유지되어온 것으로 보입니다. 미래의 심리학적 실무를 형성하는 데 있어서 보다 보수적인 종교관의 역할을 조사할 필요가 있습니다. 역사적으로 이 점에 대해서는 근거로 삼을 만한 것이 많지 않습니다. 1956년 이후 CAPSChristian Association for Psychological Studies가 있었는데, 그 단체는 심리학과 함께 공존해왔습니다. 즉, 그 단체는 명시적으로 기독교인의 신앙 선언을 단언하고, 그 윤리강령은 회원들의 자격을 규정하는 것으로 어떤 성서적 원칙을 확인하는 것 외에는 APA의 윤리강령의 언어와 의도를 하나하나 따르고 있습니다. 일부 세계복음주의 기독교인들은 심리학자들과 매우 가깝게 지내오고 있습니다. 최근 캘리포니아의 로버트 슐러Robert Schuller 박사는 매주 열리는 조찬회의에서 심리학자, 도시 이론가들, 그리고 다른 사람들에게 충고를 요청하곤 했습니다. 다른 신앙과 관련해서는, 마틴 바로에게 있었던 치명적인 위험은 급진적인 이슬람 국가들에도 존재하지만, 무슬림 심리학의 역할에 관해서도 활발한 토론이 이루어지고 있습니다. 미국에서 이것이 일부 일반 대중에 의해 반대를 자극했을지라도 APA

는 무슬림 심리학을 수용하고 지지해왔습니다. 심리학이 종교적 관용을 위한 안전한 피난처인지 아닌지에 대한 질문은, 만일 그렇다면, 그것이 얼마나 안전하고 안심할 수 있는지는 해결되지 않은 문제이며, 또한 종교와 심리학의 관계에 대한 질문이 왜 여전히 심리학의 지속적인 문제의 목록에 남아 있는지와 관련됩니다.

질문 : 당신은 폴 밀에 대해 매우 많이 언급하고 있습니다. 그에 대해 무엇이 그렇게 중요했습니까?

답변 : 나는 그렇지 않지만, 그를 개인적으로 알고 그와 함께 일한 사람들은 그가 그들이 만난 중에 가장 뛰어난 심리학자였다고 말합니다. 나는 1981년 템플대학교 도서관 서고에서 그의 책 한 권을 집어 들었고 몇 문장을 읽은 뒤 그 책에 빠져들었습니다. 그것은 바로 그의 1973년 에세이 모음집인 심리진단*Psychodiagnosis*이었는데, 내 기억이 믿을 만하다면(이유는, 만일 심리학이 무언가를 발견했다면 그것은 기억이 약한 갈대라는 것입니다) 나는 정신건강시설 전체를 솜씨 있게 조롱한, 그의 에세이 '내가 사례 컨퍼런스에 참가하지 않는 이유'를 읽었습니다. 나는 안전한 정신건강시설에서 잠시 일한 적이 있었기 때문에 그가 그런 환경에 대해 느낀 좌절감을 이해할 만큼 그 절차를 충분히 알고 있었습니다.

그는 심리학 연합을 이야기하면서 주요 캐릭터로 등장했습니다. 한 가지 이유는 그가 사실상 거의 전 시대에 걸쳐 살았고 일생 동안 활발하게 활동했기 때문입니다. 그의 논문들 중 몇 편은 사후에도 출판되었습니다. 그가 "삼박자를 갖추었다."는 측면에서 근대의 윌리엄 제임스와 맞먹는 인물이었습니다. 미국 심리학에서 대표적인 조상 격인 제임스의 주장은 세 가지의 각기 다른 지적 전문성, 즉 철학, 심리학 및 종교를 확장하고 통합할 수 있는 그의 능력에서 나온 것입니다. 그는 또한 의학박사MD 훈련을 받았지만 그것은 1869년이었고, 가족들이 영국에서 사는 동안 개인적으로 다윈을 만나고 현대 생물학의 '창조에 참여'했지만, 심리학에 대한 생물학과 생리학의 중요성에 대한 그의 인식은 실제적인 것보다는 직관적이었습니다. 그리고 그는 모든 것에 관심이 있었습니다. 이 모든 것은 밀이 철학, 심리학 및 법학의 거장이라는 것을 제외하고, 제임스와 마찬가지로 일종의 직관적인 바이오신경학과 적어도 한동안은 종교를 아우른 밀과 잘 맞습니다. 밀은 한때 그가 '다섯 가지 고귀한 진리'라고 불렀던, 행동이론behavior theory, 행동유전학behavior genetics, 심리측정psychometrics(검사 이론; 1955년 밀과 리 크론바흐Lee Cronbach가 구성타당도에 관한 현대적인 이론 정립), 심리진단psychodianosis 및 정신분석psychoanalysis의 측면에서 심리학을 기술했습니다. 이후 밀은 자신이 30%는 프로이트 학파로, 50%에서 내려온 것이라고 말했습니다. 그런 식으로 그는 현대의 과학적 심리학 지식의 '뼈대'를 구체화했습니다. 밀에 관하여 한 가지 더 덧붙이자면, 그는 날카롭게 논리적이었으며 그가 가장 좋아하는 직업은 '관절의 본질을 도려내어' 사물을 적절한 범주에 넣는 분류학이었습니다. 그렇게 그는 뼈대를 노출시켰을 뿐만 아니라 이 특정한 뼈대의 배열을 명시했기 때문에 그 부분들이 어떻게 상호작용을 할지에 대해서도 암시적으로 내비쳤습니다. 그는 동료인 케네스 맥코쿼데일Kenneth MacCorquodale과 함께 1948년에 가설적 구성

요인과 개입변인 사이의 구분에 관한 영향력 있는 논문을 썼으며, 그것은 심리학에서 실험연구방법론 형성에 중요한 역할을 했습니다. 그리고 이 책에서 언급했듯이 그는 조현병 이론을 발전시켰고, 마음에 관해, 즉 뇌의 문제와 법에 관한 마음, 특히 프로이트 이외의 다른 심리학자로서는 드물게 죄책감의 개념에 관해서 설득력 있는 글을 썼습니다.

그가 이 역사에서 유용한 이유는 몇 가지 다른 것들이 더 있습니다. 하나는 그가 초창기 시절부터 메닝거 연구소와 직접 교류를 갖고 있었고, 심리학 연합은 당시 정신의학이 제공할 수 있는 최상의, 가장 완전하고, 인간적인 정신병학의 개념에 기초한다는 아이디어를 강화시킨 것입니다. 그는 예리한 비평가로, 특히 방법론적 결함에 대해 그랬습니다. 앞에서의 질문에 대한 나의 대답은 조작주의에 관한 것으로, 심리학의 통계적인 단점에 관한 그의 아이디어에 의거하고 있습니다(이것은 현재 다른 많은 심리학자들도 공유하고 있습니다). 비평가들은 역사를 따라 움직이기 때문에 그는 추진력을 제공했습니다. 그리고 그는 미국 기반의 스토리에 지리적 중심을 제공하고 있습니다. 칸트처럼 밀은 평생 동안 같은 곳에 머물렀습니다. 미네소타에서 태어나 자란 그는 1939년 미네소타대학교에 입학했으며 그곳을 결코 떠난 적이 없었고, 심지어 은퇴 후에도 몇 블록 떨어진 곳에 있는 그의 집에서 캠퍼스까시 걸어 다녔다고 합니다. 그는 추측보다는 데이터에 의존한 1930년대 심리학의 한 종류를 대변했습니다. 당시 사람들은 이것을 아이오와와 미네소타의 전형적인 모습으로 보았고 그것을 '건조지대 경험주의

Dustbowl Empiricism'라고 불러 그 이름이 붙여졌습니다. 심리학의 역사는 오랫동안 동부의 아이비리그 대학을 중심으로 이루어졌습니다. 이 역사책에서 내가 보여주고 싶은 것은 그 기간 동안 심리학이 어떻게 미국과 캐나다 전역으로 확산되었는지입니다. 밀은 중서부 지역에 기여한 탁월하고 대표적인 인물입니다.

질문 : 당신은 심리치료의 실제적인 실무에 대해서는 별로 많이 언급하지 않았습니다. 해리는 치료자인데도 우리는 결코 그의 치료행위를 본 적이 없습니다.

답변 : 그는 어떠한 기록도 남기지 않았습니다. 심리치료 기록은 이용 가능한 양에 비해 기록물 중 가장 희귀한 자료에 속합니다. 가끔 심리치료에 대해 말한 내용을 수집하거나 치료 내용에 관해 이론을 검증할 의도로 경험지향적인 데 헌신하는 치료자들은 실제 치료 회기를 촬영하거나 녹음을 한 적이 있습니다. 가장 용감한 것 중 하나가 '미세스 C.'라는 여성과 219회기를 진행한 정신분석치료자인, 하트비크 달Hartvig Dahl이 6년 동안 만든 테이프 세트였습니다. 이것은 다른 많은 것과 함께 치료기록을 전문적으로 다루는 온라인 도서관 구독 서비스Alexander Street Press를 통해 이용할 수 있습니다. 수년에 걸쳐 다양한 유형의 심리치료 사례 연구들이 발표되고 있는데, 예를 들면 버튼(Burton, 1959)이 있습니다. 칼 로저스는 그 자신의 책에 많은 사례들로부터 자유롭게 인용했습니다. 프로이트도 그의 사례들을 통해 잘 알려졌지만 이것들은 종종 불완전하며, 그리고 심리치료 상호교환의 종종 지루하고 반복적인 원자료라고 하기보다는 최소한 문학작품처럼 읽기 위해 과

도하게 수정된 것입니다. 해리의 환자 회기 중 일부는 달의 회기 만큼 길었지만 달과 달리 해리는 환자가 사용하고 있는 언어를 연구하려는 동기가 없었습니다. 만일 그가 연구를 원했다고 해도 그들 중 극히 소수만을 위해 이것을 어떻게 할 수 있었겠습니까? 남아 있을 수도 있는 메모가 무엇이었건 간에 보호시설로 옮겨가는 동안이나 사망한 이후에 파기되었을 것입니다. 아마도 해리의 치료 스타일에 가장 근접한 것은 중다양식치료를 보여준 아널드 라자러스Arnold Lazarus, 자기실현 치료를 보여준 에버렛 쇼스트롬Everett Shostrom, 그리고 1977년 젊은 여성 '캐시'와의 회기에서 내담자중심치료를 보여주는 칼 로저스의 치료시연이며, 그것들은 기술을 비교하는 실례뿐만 아니라 그 과정을 알기 쉽게 보여주고 있습니다(Shostrom, 1977). 영화, 기록 및 그것들에 기초한 많은 연구(예 : Moreira, Gonçalves, & Matias, 2011)들을 볼 수 있습니다. 쇼스트롬Shostrom, 1921~1992은 치료자와의 녹음과 인터뷰 및 실제 환자와의 촬영을 옹호한 사람이었습니다. 그는 오늘날 거의 잊혀졌지만 심리치료를 위해 진지한 시도를 한 위인전을 위해서는 훌륭한 대상이 될 것입니다. 다른 영역에서와 마찬가지로 심리치료에 대한 정답은 없습니다. 모든 치료자는 고유하며, 기술은 지문과 같습니다. 해리를 알고 있는 사람들조차도 아마 그의 닫힌 사무실 문 뒤에서 치료에 들어갔을 때 일어날 일을 정확히 상상할 수 없을 것입니다. 내가 언급하고 있는 아주 간단한 정보는 모두 30년 넘도록 심리치료 실무를 위해 남겨진 것입니다. 면허법이 발효된 이후 실무를 하고 있는 치료자들의 수로 인해 치료적 교류의 양이 증가하고 있습니다. 만일 그것을 전사한다면, 그것은 세계에서 가장 긴 책 중의 하나가 될 수 있을 것입니다만, 그것의 대부분은 유실됩니다. 최근 필리파 페리와 준코 그라트가 치료의 과정에 대해서 쓴 **카우치 소설***Couch Fiction*이라는 좋은 그래픽 소설이 나왔는데 (Perry & Graat, 2010), 읽어볼 만한 가치가 있습니다.

질문 : 그 가족의 이야기는 심리학의 진화 이야기와 종종 불일치합니다. 저는 당신이 심리학이 선을 위한 삶에 어떤 영향을 미치는지를 보여주려는 것으로 생각했습니다.

답변 : 그렇습니다. 가족 이야기는 여러 측면에서 평행적인 역사입니다. 종종 그것은 그 당시의 심리학이 그들의 삶에 침투하지 못한 것처럼 보입니다. 나는 결코 지금까지 이 두 역사를 함께 맞추지 않았으며 그래서 나는 두 역사 사이의 관련성에 대한 일련의 첫인상에 대해서만 말할 수 있습니다. 나의 첫인상은 심리학이 심지어 오늘날에도 사치품 같은 것이라는 겁니다. 물론, 많은 사람이 학교 교과목으로, 형식을 갖춘 아이디어로, 심리학과 조우하게 될 것입니다. 분명히 그렇지만, 많은 사람은 또한 거기서 멈춥니다. 어떤 개인은 음식 서비스나 판매 분야에서 경력을 쌓을 수 있고, 다시 심리학을 접할 기회는 거의 드뭅니다. 예를 들면, 한 여성은 직장에서 다양성 훈련을 받을 수 있으며, 거기서 어떤 식으로든 심리학자들에 의해 정보를 제공받을 수 있을 것입니다. 아니면 인류학 전공자, 철학 전공자, 모든 학생들이 결국에는 다양성 훈련시스템에서 일하게 됩니다. 이 가설적인 음식 서비스 종사자의 다양성 훈련은 심리학적 연결성을 갖게 될 가능성도 있지만, 거리가 멀

뿐입니다. 그렇다면 그 후에는? 그녀는 윌리엄 제임스가, 운이 좋게도 그들 자신이나 다른 사람들의 정신질환을 결코 경험하지 않았던 사람에 대해 '한 번 태어난' 사람이라고 명명했던 사람들 중 한 사람일 수도 있습니다. 그녀는 26세 때부터 66세나 76세 또는 심지어 96세에 치매 증상으로 병원에 들어갈 때까지 심리학을 접할 기회가 거의 없을지도 모릅니다. 그녀는 평생 동안 심리학과 직접적인 접촉을 세 번 정도 할 수도 있습니다. 나는 심리학에 의한 직접적인 영향과의 조우가 정말로 중요하다고 생각하지만, 그런 일들은 불규칙하게 일어납니다. 그들은 모든 인간의 일종의 '진화의 종료'에 기여합니다.

만일 태어난 거의 모든 사람들이 오직 단 한 번이라도 유아기 어느 때 덴버척도Denver scale 또는 어떤 유사한 척도로 평가되기 때문에, 심리학을 한 번도 접하지 못하는 사람은 상상하기 어렵습니다. 심지어 처음 접할 때부터 심리학을 싫어하고 저항하는 사람들이 있습니다. 즉, 아인 랜드Ayn Rand 또는 론 허바드L. Ron Hubbard 같은 자유주의자 또는 사이언톨로지스트들(모순되지만, 이건 제 관점입니다), 심리학은 신뢰할 수가 없다고 가르치는 종교의 추종자들, 그들 자신이나 다른 사람들의 약점으로서 정신적 혼란에 대한 어떤 생각도 거부하는 사람들, 또는 어떤 종류의 건강 관리도 유용한 것으로 보지 않는 사람들, 그리고 두 배로 효과가 없다며 심리학에 반대하는 캠페인에 전념하고 있는 사람들입니다. 그들은 어떤 사람들입니까? 그들은 불신 관계를 구축해서 적으로 심리학에 참여하고 있습니까? 그렇다면 심리학에서 일종의 정상이 아닌, 아주 이상한 생각을 지어내고, 그러한 생각들을 그들 자신의 주술적인 세상을 창조하는 데 사용하는 사람들은 어떤 사람들입니까? 그럼에도 불구하고, 기이하고 자생적인 심리학이 심리학입니까? 만일 약이 관련된다면, 의식의 실제 변화와 심리적 과정에 관여된 약을 부주의하게 사용하는 사람입니까? 아니면 폴 밀(또 다시!)이 그랬듯이 '심리학과의 접촉'은 '자격을 갖춘 사람들'에 의해 전달되는 '자격을 갖춘 지식'과 접촉하는 것으로 제한되어 있습니까? 의도적으로 계획한 하나의 연습으로, 나는 독자들이 자신의 인생을 돌아보고 심리학과 직접적으로 그리고 유용하게 마주쳤던 때를 생각해볼 것을 요청합니다. 나의 경우, 그 첫 번째 만남은 내가 16살 때 읽었던 프로이트와의 만남이었습니다. 자기노출을 해도 될까요? 나는 힘든 청소년기를 보냈습니다. 나는 졸업하기 두 달 전인 3월에 학교를 그만뒀기 때문에 고등학교 3학년 때 카운슬러에게 가야만 했습니다. 내가 360명 중 9등을 한 것이 카운슬러와의 강제적인 만남과 관련이 있을 수 있습니다. 나는 그 직후 심리적 외상 사건을 하나 경험했고, 그것은 5년 동안 나에게 영향을 미쳤습니다. 나는 심리학자들, 우연한 멘토들과 만났고, 20세부터 35세가 될 때까지 그들로부터의 현명한 조언을 받아들였습니다. 나는 심리학을 공부하게 되었고 궁극적으로는 그 역사에 대해 쓰게 되었습니다. 그래서 나는 엄청난 복용량의 심리학을 투여받은 사람입니다. 여러분들도 직접 해보고 나서 내가 가상의 가족에 대해 여기에서 말한 그 이야기에, 만일 예측의 정확도가 아니라면, 적어도 통계적 진실의 고리가 있는지를 살펴보십시오.

이것이 당신의 질문에 대한 내 대답의 첫 번째 부분입니다. 대답의 두 번째 부분은, 나는 이 가족에게 좋은 일이 많이 일어났으며 그것은 직접적으로는 심리학과의 상호작용 때문이었다고 생각합니다. 나는 심리학이 로사와 해리 모두에게 그들이 어린 시절 더 나쁜 결과로 이어졌을지도 몰랐을 때 잘 자랄 수 있는 진정한 기회를 제공했다고 생각합니다. 로사의 재능에 대한 인정(40년 후 후아나도 마찬가지입니다)과 해리가 소년법원에서 얻은 두 번째 기회는 그들의 삶의 방향 전환에 중요한 포인트였습니다. 해리가 산업현장에서 양측이 동등하게 존중에 기반을 둔 진정한 변화의 가능성과 만난 것은, 비지시적인 로저스 학파의 상담으로 변화할 수 있는 잠재적인 가능성을 인식하도록 준비시켰고, 뿐만 아니라 그의 내담자를 현실적으로 받아들이고 그들의 자율성을 촉진하는 데 사용한 합리적-정서적, 인지-행동적, 그리고 심지어 작은 양의 정신분석 기법으로 그의 개입 전략을 고안하는 데 도움을 주었습니다. 버지니아에서의 레빈 학파와의 연결은 그가 일반적으로 인간사에 있어서 구조화된 과학적 개입의 잠재적인 가능성을 볼 수 있게 이끌었으며, 그가 로저스의 과학적 측면에 대해 인식하고, 그의 접근법의 특징에 대해 측정 가능하고 재현 가능한 것으로 민감하게 만들어주었습니다. 그가 군인이었을 때 읽었던 것뿐만 아니라 그가 학부와 대학원 과정에서 공부한 것, 특히 해서웨이와 밀이 함께 한 작업을 통한 심리학과의 만남은 논리적 관점을 취할 수 있는 그의 합리성과 능력을 개발시켰습니다. 경력을 쌓아나가면서 그는 수천 명의 내담자들이 그에게 상담을 받으러 오게 만든 문제해결의 정도를 달리하도록 도왔습니다. 해리 자신이 개인적으로 힘든 시간을 보내고 있었을 때 그는 치료를 받아들이고 이해하기 위해 내담자 측에서 필요로 하는 대부분의 유용한 것들과 기법들보다 더 많은 것들을 알고 있었습니다. 그는 그의 아들에 관해서는 선택지를 거의 가지고 있지 않았습니다. 이것이 그에게는 진짜 비극이었습니다.

로사, 헬렌, 그리고 캐럴린의 경우, 사실상 모든 이득은 심리학에 의해 그들에게 주어진 이점이라기보다는 심리학이 그들로부터 얻은 것이었습니다. 로사는 헌신적인 초기 페미니스트들의 네트워크로부터 혜택을 받았는데, 그들 중 일부는 심리학적으로 능숙하지만 다 그런 것은 아니었습니다. 헬렌은 전쟁 시 직장경험을 하는 동안 자신과 자신의 능력에 대해 새로운 것을 이해하지 않으면 안 될 때까지 심리학적인 지식에 무지했습니다. 캐럴린은 학교교육을 통해서 단지 간접적으로 심리학의 영향을 받았습니다. 즉, 그녀의 평화봉사단의 선택은 심리학의 참여에 달려 있었습니다. 그러나 그녀의 미혼 임신과 아버지의 갑작스러운 죽음에 대한 어머니의 적응은 그들 스스로 겪어나가야만 했던 도전이었습니다. 그들과 로사 그리고 프랜신에게 있어서, 심리학적 이론은 그들을 알아차리지 못했습니다. 그들이 살았던 삶과 그들 각자가 보여준 불굴의 의지는 현대 페미니즘과 현대 페미니스트 심리학이 진화하게 된 요소들이었습니다. 그들의 삶은, 동성애에 대한 병리화와, 교육으로부터의 여성 배제 및 경제적 제약에 반대하는 목소리를 더해준 페미니스트들과 심리학자들의 생각이 그들의 삶에 미친 궁극적인 영향에 의해 개선되었습니다. 로사와 헬렌이 나이 들어감에 따라 그들의 삶을 향상시킨 부수적인 혜택들은 적어도 부분적으로는 그들의 전체 인생에 걸친 성장에 대한 철학을 발전시킨 심리학자들의 활동 덕분이었습니다. 후아나는 심리학자가 되었고 그녀에게 선행을 개념화하는 데 도움이 되는 전문적인 구조와 틀을 제공하기 위해서 모두가 해왔던 모든 것들로부터 혜택을 받았습니다. 그녀의 입양은 심리학 전문가들의 의견을 들은 것이었습니다. 그녀의 입양된 아이들의 삶은 심리학에 의해 제공되는 지원을 위해서뿐만 아니라 사회 전반에 걸쳐 미국 내 다른 문화권의 사람들을 위해서 더욱 좋습니다. 대부분의 경우, 그것은 최적의 스토리라고 말할 수 있습니다. 심리학의 이점이 심리학 연합의 응용 및 치료적인 부분에서 발생한다고 말할 수 있습니다. 하지만 그러한 혜택들이 대단하고, 종종 사람들의 삶에서 눈에 띄지는 않지만, 그 이론이 삶에 큰 영향을 미치지 않는다고 생각하는 것은 착각입니다. 후아나가 노력을 기울이고 있는, 이민과 각자 새로운 문화의 수용이라는 문제는 심리학, 경제학, 법, 철학 및 윤리학의 이론가들이 단합된 노력을 기울인 것이며, 종교에서까지 해결하기 위해 노력하는 것입니다. 나는 두뇌들이, 특히 두뇌들이 힘을 합치면, 무지를 물리칠 것이라고 믿을 정도로 낙관적입니다. 나는 희망적입니다.

질문 : 당신은 당신의 이야기에서 심리학의 많은 역사가들을 언급하지 않았습니다. 더 많은 사람들을 언급해서는 안 됩니까?

답변 : 제 의견으로는, 이론가들처럼 역사학자들은 스스로 그 분야의 기

반에서 일하면서 배경에 머물러 있어야만 합니다. 이러한 역사를 쓰기로 선택한 이유 중 일부는 열정적인 학문이 50년간 연합한 결과가 무엇인지 보고자 한 것입니다. 즉, 페미니즘과 소수자를 위한 개입, 심리학과 의학 및 법의 관계, 정부와 심리학 간의 접속, 그리고 현대 응용과학이 보여주는 것처럼 심리학 개념의 지적 지위에 대한 것입니다. 많은 것이 기록되었고, 인용과 권장도서목록에 큰 신세를 졌습니다. 더 많은 것이 기록될 필요가 있습니다. 아마도 독자인 당신은 인간들이 서로를 더 잘 이해할 수 있도록 그들 자신들을 도와주는 이야기를 추가하는 사람이 될 것입니다. 만일 당신이 심리학의 현대 역사가들이 교재의 어디에 들어가 있는지를 신속하게 찾아보고 싶다면 학술지인, **심리학의 역사***History of Psychology* 또는 **행동과학의 역사 학술지***Journal of History of the Behavioral Science*의 논문들과 APA **모니터***APA, Monitor*의 **타입캡슐***Time Capsules*의 저자들이 쓴 논문들의 참고문헌을 살펴보십시오.

질문 : 이야기에서 발달심리학을 많이 볼 수 없습니다. 당신은 성격심리학과 사회심리학은 언급했는데 왜 발달심리학은 그렇지 않았습니까?

답변 : 나도 이 점을 알고 있습니다. 나도 놀랐는데, 왜냐하면 내가 종종 심리학 준비Intro Psych 과정은 교과과정에서 제외하고 그 대신에 가능하다면 두 학기 정도 발달심리학 과정을 개설할 것을 추천했기 때문입니다. 특히, 나는 장 피아제Jean Piaget와 에릭 에릭슨Erik Erikson을 언급하지 않은 것을 알아차렸는데, 에릭슨은 아주 조금 언급했지요. 그들은 때때로 발달심리학에서뿐만 아니라 성격심리학에서도 언급되고 있습니다. 발달연구의 모든 단계에서 활동했던 수

천 명의 다른 심리학자들이 있었습니다. 노화의 경우만 해도, 심리학의 역사를 쓰는 데 있어서 초기의 중요한 인물이기도 한 월터와 캐서린 콕스 마일스Walter and Catherine Cox Miles, 웨인 데니스Wayne Dennis, 잭 보츠윅Jack Botwinick, 폴 발테스Paul Baltes와 그의 동료들, 그리고 다른 많은 사람이 점점 더 나 자신의 관심사가 되고 있는 노화에 대한 긍정적인 견해에 기여했습니다. 발달심리학의 모든 하위 분과들, 그리고 정말로 각 심리학의 전문 분야들 각각 세부적이고 풍부한 역사를 지니고 있습니다. 발달심리학은 아주 초창기부터 그곳에서 연구한 여성들의 숫자 때문에 특히 풍부한데, 왜냐하면 그들은 아동과 육아에 특히 근접해 있기 때문입니다. 20년대에 자신을 발달심리학자라고 불렀던 사람들 중 절반 이상일 것으로 추정합니다. 그것은 또 하나의 역사 프로젝트입니다. 피아제와 에릭슨은 각각 심리학의 독창적인 창시자들입니다. 피아제는 [아마도] 모든 인류 중 가장 넓은 시야를 가진 심리학자였습니다. 에릭슨은 전 생애에 걸쳐 삶을 이해했으며 커다란 개인적인 비극 또한 경험했습니다. 그럼에도 불구하고 나는 심리학이 어떻게 여러 세대에 걸쳐 개인의 삶에 영향을 미칠 수 있는지를 보여줌으로써, 발달심리학에 관한 이러한 전문성의 부족을 바로잡기 위해 노력했습니다. 나는 또한 평화봉사단을 시작하는 데 관여해왔던 니콜라스 홉스Nicholas Hobbs가 상대적으로 알려지지 않은 발달심리학자였다는 사실(아마도 그의 연구의 초점 때문일 것입니다)과, 미하이 칙센트미하이가 행복과 몰입 연구로 지금 더 잘 알려져 있긴 하지만 칙센트미하이와 리드 라슨의 청소년기*Being Adolescent*가 십 대가 된다는 것이 어떤 것인지에 관한 우리의 지식을 넓혀주는 훌륭한 책이라 고 언급했습니다.

질문 : 1920년에서 지금까지 이 측면을 고속도로 시스템[5]으로 보면 어떤 지요?

답변 : 나는 아직 그것을 그리지 않았는데, 왜냐하면 내가 아직 그것이 취해야 할 형태를 결정하지 않았기 때문입니다. 이것은 독자들인 당신이 나를 따라 스스로 할 수 있는 것입니다. 나로서는, 66번 국도Old Route 66[6]처럼, '옛길'인 행동주의자와 나란히 있는 인지적인 고속도로가 중앙을 따라 달리고 있다고 생각합니다. 현대에 이르는 중반 정도까지 인지적인 고속도로는 1~80번 고속도로가 디모인 주변의 6번 고속도로를 흡수했던 것처럼 오래된 도로들을 거의 흡수합니다. 때때로 당신은 그것이 거의 평행적인 방향으로 떨어져서 달리는 것을 볼 수 있습니다. 그 둘이 어디로 가고 있는가는 좋은 질문입니다! 나는 철학과 종교의 도로가 심리학의 도로에서 휘어져 나가는 것을 보고 있습니다. 나는 평행으로 달리고 있는 평행적인 심리치료 고속도로와 평행으로 달리고 있는 과학적 심리학의 고속도로를 보고 있습니다(심리학 연합의 분리?). 아니면, 심리학은 자기 충족적이므로, 심리학과 다른 사회과학들이 지적인 사막

---

5 저자가 서문에서 심리학의 역사를 도로망 중심의 지도로 그려낸 것에 비유한 질문–역주

6 1926년 완공된 당시 미국 최초의 동서 대륙횡단(시카고에서 산타모니카까지) 고속도로로, 폐쇄된 적도 있었으나 2003년 복원됨. 최근엔 관광도로로 유명하며, 영화, 음악, 뮤직비디오의 무대가 되기도 한 역사적 의미를 갖고 있는 도로(https://ko.wikipedia.org/wiki/국도_제66호선(미국)–역주

에서 그들 자신의 도시 또는 상호 연결된 도시들을 형성하고 있는 중일 수도 있습니다. 그들은 마치 로스앤젤레스에서 라스베이거스로 드라이브 가는 것처럼 주말에는 정치과학이나 철학으로 드라이브를 갑니다. 아마도 항공노선이 통합될 필요가 있을지도 모릅니다. 아마도 항공노선지도 및 전 세계 다른 지역으로 가는 항공편의 빈도가 더 좋은 모델이 될지도 모릅니다. 아마도 전체적인 지적인 세계는 프로이트가 마음을 상상했던 것과 같을지도 모릅니다. 즉, 로마, 혹은 이후의 고대 도시, 뉴욕처럼, 고대부터 현대까지 다양한 층이 있는 하나의 도시입니다. 또는 문이 하나인 공동체? 나의 희망사항은 아닙니다. 지금 당장 내가 가장 좋아하는 것은, 텅 빈 캔버스입니다.

부록 1

등장 인물에 관한 추가 설명

이 이야기는 정확하게 새로운 전기 또는 심리학 역사해설서 psychohistory의 예는 아니지만 두 가지 모두와 어느 정도 연결되어 있다. 가장 밀접하게 접근한 형태는 아마도 역사 소설일 것이다. 그 의도는 심리학이 여러 세대에 걸쳐서 그들의 개인적인 삶 속에서 사람들과 연결될 수 있었던 방식들 중 한 예를 보여주고자 한 것이었다. 사회보장제도와 의료보험제도를 그 예로 든다면 이러한 제도들은 거의 모든 미국인들에게 공통적으로 연결된다. 심리치료를 받는 사람의 수는 많다. 아마도 그렇게 할 수 있는 수단을 가진 모든 미국 가정은 어떤 이유로든, 어느 시점에서 상담이나 치료를 받은 가족이 한 명이라도 있을 것이다. 고령자가 있는 가족은 의심할 여지없이 건강과 재활을 위해 다양한 심리적 개입을 경험했다. 고맙게도, 자살을 경험한 가족의 수는 적지만 그 수가 중요한 것이 아니라 그 행동의 심각성과 영향이 그것의 상대적 희귀성에 비해 무겁다. 전쟁의 직접적인 경험은 민간인이든 군인이든 제2차 세계대전과 한국전쟁 기간 동안 그리고 이후에도 수년간 대부분의 사람들의 삶에 크게 다가오는 위기감과 같은 것으로 자리 잡고 있다. 그러한 경험의 전파와 그리고 그러한 경험에 의해 형성된 태도는 심리학과 관련하여 아직 조사되지 않았다. 매우 적은 수의 교수들, 응용심리학자들, 또는 치료자들만이 베트남 참전용사였거나 베트남 참전용사이기 때문에, 그들의 심리학에 대한 영향력은 역사 기록에서 또 다른 격차를 낳는다. 아마도 등장 인물들 중 가장 가상적인 인물은 후아나일 것이다. 이러한 사건들과 이러한 삶의 방향의 결합이 일어나려면 많은 일이 올바른 방향으로 깨져야 했다. 이 시리즈에서 가장 사실 같지 않은 사건은 후아나가 이그나시오 마틴 바로가 아직 살아 있을 때 그의 글을 접한 것이다. 미국에서 그를 만났고 그를 아는 사람들은 후아나와 같은 학생들이 아니라 캘리포니아 후아나의 교수들처럼 더 나이가 든 사람들이었을 것이다. 그들은 또한 그와 계속 연락을 유지하고, 엘살바도르 현지에서 출판된 저술에 접근할 수 있어야 했으며, 필요한 경우 스페인어를 읽고 번역할 수 있어야 했다(후아나는 오늘날 많은 학생들처럼 이중 언어의 이점을 가지고 있었다). 한편, 그 밖에도 이야기는 많은 대표적인 사건들을 포함하고 있다. 이 책의 독자들은 각자 가족의 역사에 대해 떠올리고 심리학이 얼마나 많은 점에서 영향을 미쳤는지에 대해 언급할 수 있는지 그렇지 않은지 살펴보도록 초대되었다. 대부분의 사람들이 그 숫자가 적지 않은 것을 알고 놀랄 것이다.

가족의 성

슈바르츠는 서부 우크라이나에서 흔한 이름이었다. 1941~1944년까지 나치의 점령자들이 유대인 주민들과 함께 마을의 전체 기록을 소각하는 일도 흔히 있었다. 미국에 오기 위해서 이름을 바꾸는 일도 흔히 있었으며 그렇게 하는 데는 여러 가지 이유가 있었다. 여기에는 이민 등록 담당자의 맞춤법 오류가 포함되었으며(나 자신의 부계 조상들의 운명일 것이다), 발음의 어려움, 경우에 따라서는 흑인들처럼 과거로부터 단절을 바라는 마음 때문이었다. 야곱과 루바는 그들의 문화적 정체성을 변화시키는 데 적극적으로 참여했다. 그들의 이야기에서 추측할 수 있듯이, 그들의 종교에 대한 헌신은 미미했다. 즉, 야곱의 사촌은 해리가 극심한 반항기를 겪기 전에 해리의 유대성년식을 치르게 했지만 그들은 관습을 지키지 않았으며 자녀들에게 그들의 종교 교리를 전혀 가르치지 않았다. 이민자든 미국 태생이든 양쪽 다 심리학자가 된 사람들 간의 종교적 연결과 종교의식에는 폭넓은 차이가 있었다. 이것은 미래의 역사 연구를 위한 좋은 영역인데, 그때 그리고 현재에도 개인의 심리학적 견해에 관한 아동기와 청소년기의 종교적 경험의 정확한 차원이 문서화가 잘 되어 있지 않기 때문이다. 아무튼 개명은 그들의 선택이었고, 그 이름은 이디시어[1]를 영어로 직접 번역한 것이었다. 비슷한 문화적 배경을 가진 일부 심리학자들 중 일부는 심리학에서의 반유대주의적인 편견 때문에(Winston, 1996), 이름을 짧게 만들거나 철자를 다시 고쳐 썼지만(예 : 이지도어 크레셰브스키Isidor Krechevsky는 그의 이름을 데이비드 크레치David Krech로 짧게 만들었다), 대부분 다른 사람들은 원래 이름을 고수했다. 쿠르트 레빈은 미국으로 건너간 이후 Kurt Lewin을 그대로 썼지만 그럼에도 불구하고 그는 이곳으로 온 이후 그의 청소년기와 초기 성인기에 폴란드와 독일에서 발음되던 그대로 그의 성이 'Luhveen'보다는 'Lou-in'으로 발음해야 한다고 주장했다. 그는 그것이 그의 아이들이 미국 사회에 잘 적응하도록 돕는 것이라고 말했다.

[1] 중부 및 동부 유럽 출신 유대인이 사용하는 언어 – 역주

로사

이 사람과 똑같은 성격을 가진 사람을 한 번도 본 적은 없지만, 그녀는 그 자신이 동유럽 유대인 이민자 1세대 아들인 나의 초기 멘토들 중 한 명의 아내를 연상시킨다. 나는 평화주의자들을 알고 지내왔고 일부는 로사보다 더 활동적이었다. 그녀와 프랜신과의 오랜 관계는 이례적인 일이 아니다. 레즈비언과 게이의 완전한 결혼 권리에 대한 연방정부의 규제를 폐지하는 2013년 대법원 판결 중 한 건의 원고들은 44년 동안 함께 살았다. 나는 개인적으로 25년 이상 관계를 지속적으로 잘 유지하고 있는 아이오와주에 사는 사람들을 알고 있는데 그들은 2009년 이래로 단지 네 쌍만이 공식적인 결혼을 했다. 나는 '커밍아웃' 한 모든 종류의 사람들을 만난 경험이 있다. 어느 정도까지 로사는 가장 오래된 내 친구 중 또 다른 친구와 연결되는데, 그녀는 냉철한 마음과 세심한 사회적 의식을 지녔으며 지난 40년 동안 행복과 성취감을 느끼며 편집자로 일해 왔다.

해리와 도널드

해리는 필라델피아의 한 임상전문가인 나의 멘토 중 한 분을 직접적으로 모델링했다. 그는 1950년에 내 학부 출신 대학교인 템플대학교에서 문학석사MA 학위를 취득했고, 그 당시 정신위생과 이상심리학에 관해 가장 활발한 저술을 한 저자 중 한 사람이며, 그리고 빅터 프랭클이 주창한 실존적 정신역동 버전인 의미치료의 지지자인 제임스 페이지James Page와 함께 심리학을 공부했다. 일찍이 이민자인 유대인 부모(그 자신은 종교적이지 않았지만 그의 마지막 의식으로 전통적인 기도와 봉사는 노스브로드가에 있는 골드스타인 로젠버그 라파엘 삭스에서 열렸다)의 자녀였던 나의 멘토는 십 대 때 거친 무리들과 어울리기 시작했다. 차량 절도 이후 그는 감옥과 군대 중 선택하라는 제안을 받고(1943년의 일이었다), 군대를 선택했다. 이후 전자공학을 공부하기 위해 리하이대학교로 보내졌고 우연히 심리학도 공부하게 되었다. 그는 1944년에 유럽으로 출항했으며 맹호작전Operation Tiger 디데이D-Day의 참혹한 실전에 빠졌는데, 그것은 약 900명의 군인들이 전사한 디데이 침공의 첫 번째 원정이었다. 그는 자신의 전쟁 경험을 거의 전혀 이야기하지 않았다. 1950년대와 1960년대에 그는 모든 분야에서 임상심리학의 실무 일을 했다. 즉 심리검사, 가이던스, 상담, 병원 컨설팅을 했고 필라델피아에 센터 사무실을 열어 개인 심리치료를 했다. 가까이에 있는 정신과 동료는 필요할 때 약을 처방하기 위해 그와 공조했다. 나의 멘토는 청소년 내담자들을 잘 돌봤다. 그들 중 한 사람은 그 당시의 대중가수였는데 그는 종종 뉴욕에 있는 그녀에게 '왕진'을 가곤 했다. 항상 그가 시간을 내주기 기다리면서 복도에서 대기 중인 사람들이 있었다. 몇 차례의 심장마비로 결국 그는 시내에 있는 사무실 문을 닫고 일련의 교외 거주지로 이사를 갔으며, 그곳에서 사무실과 광범위하면서도 잘 선택된 심리학 도서관을 운영했다. 나는 그가 소장하고 있던 프로이트의 **논문집**_Freud's Collected Papers_, 톨만의 **동물과 인간의 목적행동**_Tolman's Purposive Behavior in Animals and Men_, 그리고 라이히의 **인격의 분석**_Reich's Character Analysis_의 사본을 가지고 있다. 나는 그의 아들의 친구를 통해 그를 알게 되었으며, 마침내 그의 집으로 초대를 받았다. 내가 문명화된 미국인의 삶에 대해 알고 있는 것 중 상당 부분은 그의 책과 광범위한 기록물이 수집되어 있는 그곳에서 배운 것들이다. 그와 그의 아내는 나에게 또 다른 가족이었다. 나의 사춘기와 청년기 시절, 나의 어머니의 자살 이후 거의 아무것도 나에게 명료

하지 않았을 때 나의 멘토는 우리가 나눈 평범한 대화 속에 포함된 치료법, 즉 지금 내가 알고 있는 것을 제공해주었다. 이에 대해 나는 지금 그리고 영원히 감사한다. 나는 한 번도 그에게 감사하다고 말할 기회를 갖지 못했다.

이처럼 나의 멘토는 매우 사적이고 알기 어려운 사람이었다. 내 친구인 그의 아들은 애지중지 키워졌고 모든 것에서 최고였다. 이러한 특혜에도 불구하고 그는 그 모든 것을 탕진했다. 그의 아버지는 아들의 타락, 마약 중독의 심화, 그리고 궁극적으로는 의료 전문가로서 그가 수행한 불법행위에 대한 자연스러운 사회적 결과를 보지 못하고 별세했다. 그럼에도 도널드와 달리 그는 살아 있고 60세쯤 되었으니, 여전히 희망이 있다.

내가 해리의(나의 멘토의) 집을 떠나기 전 나에게 있었던 또 다른 일이 떠오른다. 그 당시에는 그것에 대해 거의 생각하지 않았었지만, 내가 그 집 가정부인 로사가 일해준 덕에 청결하고 정돈된 집에서 혜택을 누릴 수 있었는데, 그녀는 일주일에 두 번 와서 청소를 했고 오랫동안 가족 구성원(멀지만 가족 구성원에 포함되어 있는)과 같았다. 내가 자랄 때 필라델피아 인구의 40%가 흑인이었을지라도 흑인과의 접촉은 매우 제한적이었다. 부분적으로는 나의 부모님이 도시에서 벗어나, 흑인 가족은 독립전쟁 이후부터 그곳에 거주해온 자유로운 흑인의 후손들 단지 몇 가족만 거주하고 있는 교외로 이사를 가기로 선택했기 때문이었다. 내 고향에서는 그 시대의 모든 편견이 노골적으로 다 보였으며 심지어는 유대인들에 대한 편견도 있었고, 우리 부모님도 한때 그것을 공유했으며, 아직도 그러한 태도가 잘못되었다는 것을 나에게 가르칠 만큼 충분히 싫어했다. 이 역사를 관통하는 달리기는 적어도 부분적으로는 나 자신 그것과의 모호한 관계에 의해 결정된다.

헬렌, 캐럴린, 후아나

헬렌의 전쟁 경험은 메이블 게르켄Mable Gerken이 전쟁 중에 일한 경험에 대해 쓴 뛰어난 회고록 **바지를 입은 숙녀들: 국내전선일지***Ladies in Pants: A Home Front Diary*에서 그녀의 경험을 직접 모델링한 것인데, 내가 그 책을 발견한 책은 월터 켐포스키Walter Kempowski의 **음향고도계***Das Echolot*(1993)로, 그 책에는 거기서 발췌한 내용과 더불어 삶의 테피스트리를 구성하고 있는 다른 전기들이 배치되어 있다. 거기에 묘사된 다양한 형태의 독립성은 내 삶 속에서 내가 만난 적이 있는 여성들로부터 접했던 것들이다. 사회복지사로서의 헬렌의 활동은 혈기왕성한 70세의 디모인 시 소년법원 사회복지사이자 70대에도 임상심리실무를 원활하게 수행한 영혼이 쉬고 있는, 쾌활한 성격의 제인 비버Jane Bibber의 영향을 받았다. 캐럴린의 미혼모 경험은 나의 많은 학생과 동료들의 경험을 반영했다. 나는 후아나의 후기 경험을 기술하면서 그녀의 자녀들이 계획한 미래에 초점을 맞추기 위해 의도적으로 학계의 전문직 동료들의 삶과 생활방식을 포함하지 않았다. 로사, 해리, 헬렌, 그들의 자녀들, 그리고 그들의 자녀들의, 자녀들의 자녀들, 그들 모두를 위해 나는 일상적인 삶을 살고 일하는 가운데 따라오는 봉사와 희생정신을 전하고 싶었다. 유감스럽게도 우리 시대가 때때로 우리의 유산으로 남아 있다는 것을 보여주는 것에 반해, 이것이 정확하게 영웅적인 것은 아니지만 이질적인 것도 아니다.

장소

과거 몇 년 동안 심리학의 역사가들 사이에서 심리학의 창조성과 관련된 장소나 문화적 배경의 영향에 대한 논의가 있었다. 어떤 사람들은 뉴욕이 심리학적 창조성의 중심지라고 하며 다른 사람들은 보스턴이라고 하고, 또 다른 사람들은 다른 장소라고 주장한다. 비슷한 방식으로, 예를 들어 심리학에 대한 이탈리아계 미국인의 헌신으로 학술대회들이 개최되어 왔다. 만일 어떤 사람이 완전히 환경주의자이거나 심지어 상호주의적-환경주의자라면 장소가 영향을 미치는 것은 확실하다. 즉, 이 이야기에서 장소를 이해하는 방법은 장소들을, 향수를 불러일으키는 반응의 원천이며 비밀을 공유하는 연합체로 보는 것이다. 즉, 그것은 프로이트가 'heimlich'[2]라고 한, 고향이 생각나게 하는 것이다. 이 이야기의 모든 사람들에게 장소는 단순히 환경이라기보다 가정과 같은 것이다. 헬렌, 캐럴린, 후아나는 캘리포니아 사람들로, 그들은 그곳이 편안하며, 그 구조를 이해하고 그곳의 즐거움을 알고 그곳의 결점을 상세하게 알고 있다. 마찬가지로, 로사의 그리니치빌리지에 대한 친밀감과 해리의 노스캐롤라이나에 대한 애착의 발달은 함축적이면서 그곳에 산 사람들을 이해하기 위해 고려할 필요가 있는 장소의 매우 개인화된 측면들이다.

2 '비밀의, 내밀한, 친숙한, 가정의(고어, 방언)'와 같은 의미를 갖고 있는 독일어 – 역주

추가 독서를 위한 제안

고전 심리학의 역사는 에드윈 G. 보링E.G. Boring이 1929년에 쓴 *History of Experimental Psychology*이다. 나는 1950년 판(Boring, 1950)으로 공부를 시작했다. 1970년대와 1980년대 초반 가장 완성된 조사자료는 E. R 힐가드의 권위 있는 저서인 *Psychology in America: A Historical Survey*(Hilgard, 1987)이다. 이 책에서 다루고 있는 심리학 역사의 대부분을 구체화하는 데 도움이 된 현대에 관한 매우 완성된 설명은 웨이드 피크렌Wade Pickren과 알렉산드라 러더퍼드Alexandra Rutherford의 *A History of Modern Psychology in Context*(Pickren & Rutherford, 2010)이다. 성격심리학과 인본주의 심리학의 역사에 관한 풍부한 자료는 고故 유진 테일러Eugene Taylor의 *The Mystery of Personality: A History of Psychodynamic Theories*(Taylor, 2009)이다. 임상심리학과 심리치료 역사에 관한 기초자료는 미국심리학회APA의 *History of Psychotherapy: Continuity and Change*(Norcross, Vandenbos, & Freedheim, 2011)이다. 심리학의 중요한 역사의 입문 지점은 데이비드 바칸David Bakan의 고전인 *On Method: Toward a Reconstruction of Psychological Investigation*(Bakan, 1967), 그리고 그레이엄 리처드Graham Richards의 *Putting*

Psychology in Its Place(Richards, 2010)이다. 로버트 V. 거스리Robert Val Guthrie의 *Even the Rat Was White*(2판, 2004)는 이번 심리학 역사에서 자세히 살펴본 중요한 사회적 이슈들을 이해하기 위해서는 꼭 필요한 것이었다. 이 외에도 역사적 학문은 심리학 역사의 범위와 깊이를 계속해서 확장하고 있다. 필수 자료의 전자 참고문헌은 *Oxford Bibliographies Online* 시리즈에 있는 데이비드 데보니스David Devonis와 웨이드 피크렌Wade Pickren의 *History of Psychology*(Devonis & Pickren, 2013)이다.

참고문헌

Albee, G. (1970). The uncertain future of clinical psychology. *American Psychologist, 25*(1), 1071–1080.

Albee, G. (2005). The decline and fall of the American Psychological Association. *The National Psychologist, 14*(5), 7.

Allport, G., & Postman, L. J. (1947). *The psychology of rumor.* New York, NY: Holt, Rinehart, & Winston.

Allport, G. W. (1940). The psychologist's frame of reference. *Psychological Bulletin, 37*(1), 1–28. Retrieved July 26, 2013, from http://psychclassics.yorku.ca/Allport/frame.htm

American Psychological Association. (1977). Sandra Lipsitz Bem: Early Career Award. *American Psychologist, 32*(1), 88–91.

American Psychological Association. (2013). APA amicus briefs by issue. Retrieved July 30, 2013, from http://www.apa.org/about/offices/ogc/amicus/index-issues.aspx

Azar, B. (2011). Positive psychology advances, with growing pains. *APA Monitor on Psychology, 42*(4), 32.

Bakan, D. (1967). *On method: Toward a reconstruction of psychological investigation.* San Francisco, CA: Jossey-Bass.

Baker, R. R. (1996). A history of Division 18 (Psychologists in Public Service). In D. A. Dewsbury (Ed.), *Unification through division, Vol. 1: Histories of the divisions of the American Psychological Association* (pp. 137–155). Washington, DC: American Psychological Association.

Ball, L. (2010). Catharine Cox Miles, 1890–1984. In A. Rutherford (Ed.), *Psychology's Feminist Voices Multimedia Internet Archive.* Retrieved July 29, 2013, from http://www.feministvoices.com/catharine-cox-miles

Bandura, A. (1986). *Social foundations of thought and action: A social cognitive theory.* New York, NY: Pearson.

Bandura, A., & Walters, R. H. (1963). *Social learning and personality development.* New York, NY: Holt, Rinehart, & Winston.

Barlett, D. L., & Steele, J. B. (1996, September 22). America: Who stole the dream? The have-mores and the have-lesses (Part 1). *The Philadelphia Inquirer.* Retrieved July 30, 2013, from http://www.barlettandsteele.com/journalism/inq_dream_1.php

Baumrind, D. (1964). Some thoughts on ethics of research after reading Milgram's *Behavioral Study of Obedience. American Psychologist, 19,* 421–423.

Behrens, R. R. (1994). Adalbert Ames and the cockeyed room. *Print, 48,* 92–97.

Berrien, F. K. (1944). *Practical psychology.* New York, NY: Macmillan.

Biederman, I., Glass, A. L., & Stacy, E. W. (1973). Searching for objects in real-world scenes. *Journal of Experimental Psychology, 97,* 22–27.

Biederman, I., & Vessel, E. A. (2006). Perceptual pleasure and the brain. *American Scientist, 94,* 249–255.

Blechner, M. (2005). The gay Harry Stack Sullivan: Interactions between his life, clinical work, and theory. *Contemporary Psychoanalysis, 41*(1), 1–18.

Boring, E. G. (1943). *Psychology for the fighting man.* New York, NY: Penguin Books.

Boring, E. G. (1946). Mind and mechanism. *American Journal of Psychology, 59,* 173–192.

Boring, E. G. (1950). *A history of experimental psychology* (2nd ed.). New York, NY: Appleton-Century-Crofts.

Boring, E. G. (1951). The woman problem. *American Psychologist, 6,* 679–682.

Botwinick, J. (1970). Geropsychology. In P. H. Mussen & M. Rosenzweig (Eds.), *Annual Review of Psychology, 21,* 239–272.

Boyd, W. S. (2004). *Juvenile justice in the making.* New York, NY: Oxford University Press.

Brady, D., & Rapoport, L. (1973). Violence and Vietnam: A comparison between attitudes of civilians and veterans. *Human Relations, 26*(6), 735–752.

Bridgman, P. (1927). *The logic of modern physics.* New York, NY: Macmillan.

Bronstein, P., & Quina, K. (1988). *Teaching a psychology of people. Resources for gender and sociocultural awareness.* Washington, DC: American Psychological Association.

Brown v. Board of Education, 347 U.S. 483 (1954).

Bruner, J. S., & Goodman, C. C. (1947). Value and need as organizing features in perception. *Journal of Abnormal and Social Psychology, 42*, 33–44.

Burton, A. (Ed.). (1959). *Case studies in counseling and psychotherapy*. Englewood Cliffs, NJ: Prentice-Hall.

Bush, G. W. (2001, November 8). President Bush on homeland security. *Washington Post*. Retrieved from http://www.washingtonpost.com/wp-srv/nation/specials/attacked/transcripts/bushtext_110801.html

Buss, A. H. (1961). *The psychology of aggression*. New York, NY: Wiley.

Byrd, A. D. (2006). Review of N. A. Cummings & R. H. Wright (Eds.), *Destructive trends in mental health: The well-intentioned path to harm*. Retrieved July 30, 2013, from http://narth.com/docs/destructive.html

California Task Force. (1990). *Toward a state of esteem: The final report of the California Task Force to Promote Self-esteem and Personal and Social Responsibility*. Sacramento, CA: California State Department of Education.

Campbell, D. T. (1969). Reforms as experiments. *American Psychologist, 24*(4), 409–429.

Capshew, J. (1999). *Psychologists on the march: Science, practice, and professional identity in America, 1929–1969*. New York, NY: Cambridge University Press.

Chomsky, N. (1959). A review of B. F. Skinner's *Verbal Behavior*. *Language, 35*, 26–58.

Cialdini, R. (1984). *Influence: The new psychology of modern persuasion*. New York, NY: William Morrow.

Clark, K. B. (1963). Transcript of excerpts of interview (*Pageant Magazine* interviews Kenneth B. Clark, in "Notes and News"). *American Psychologist, 18*, 725–726.

Clark, K. B., & Clark, M. P. (1939). The development of consciousness of self and the emergence of racial identification in Negro preschool children. *Journal of Social Psychology, S.P. S. S. I. Bulletin, 10*, 591–599.

Coch, L., & French, J. R. P. Jr. (1948). Overcoming resistance to change. *Social Relations, 1*, 512–532.

Cohen, D., Nisbett, R. E., Bowdle, B. F., & Schwarz, N. (1996). Insult, aggression, and the Southern culture of honor: An "experimental ethnography." *Journal of Personality and Social Psychology, 70*(5), 945–960.

Collins, A. F. (2013). The reputation of K. J. W. Craik. *History of Psychology, 16,* 93–111.

Csikszentmihalyi, M. (1990). *Flow: The psychology of optimal experience.* New York, NY: Harper & Row.

Csikszentmihalyi, M. (1999). If we are so rich, why aren't we happy? *American Psychologist, 54*(10), 821–827.

Csikzentmihalyi, M., & Larsen, R. (1984). *Being adolescent: Conflict and growth in the teenage years.* New York, NY: Basic Books.

Csikszentmihalyi, M., & Rochberg-Halton, E. (1981). *The meaning of things: Domestic symbols and the self.* Cambridge, UK: Cambridge University Press.

Cutting, J. E. (1978). A program to generate synthetic walkers as dynamic point-light displays. *Behavior Research Methods and Instrumentation, 10,* 91–94.

Devonis, D. C. (2012a). Leonard T. Troland. In R. Rieber (Ed.), *Encyclopedia of the history of psychological theories.* New York, NY: Springer Publishing Company.

Devonis, D. C. (2012b). Timothy Leary's mid-career shift: Clean break or inflection point? *Journal of the History of the Behavioral Sciences, 48*(1), 16–39.

Devonis, D. C. (2013). Come Alfred Binet venne in America per rimanervi (How Alfred Binet came to America to stay.) In G. Ceccarelli (Ed.), *Alfred Binet e la misura dell'intelligenza (Alfred Binet and the measurement of intelligence)*. Milan, Italy: FrancoAngeli.

Devonis, D. C., & Pickren, W. E. (2013). History of psychology (online bibliography). In D. Dunn (Ed.), *Oxford bibliographies online: Psychology.* Retrieved October 15, 2013, from http://www.oxfordbibliographies.com/view/document/obo-9780199828340/obo-9780199828340-0064.xml?rskey=ar1Au4&result=43&q=

Dodge, R. (1902). The act of vision. *Harper's Monthly Magazine, 104,* 937–941.

Eastern Mennonite University. (2007). Iraqi peace worker killed in Baghdad. *The Mennonite, 10*(3), 7.

Ehrle, R. A., & Johnson, B. G. (1963). Psychologists and cartoonists. *American Psychologist, 16,* 693–695.

El-Hai, J. (2005). *The lobotomist: A maverick medical genius and his tragic quest to rid the world of mental illness.* New York, NY: John Wiley & Sons.

Epstein, R., Kirshnit, C. E., Lanza, R. P., & Rubin, L. C. (1984). 'Insight' in the pigeon: Antecedents and determinants of an intelligent performance. *Nature, 308,* 61–62.

Eysenck, H. (1952). The effectiveness of psychotherapy: An evaluation. *Journal of Consulting Psychology, 16*, 319–324.

Finison, L. J. (1986). The psychological insurgency, 1936–1945. *Journal of Social Issues, 42*, 21–33.

Foucault, M. (1977). *Discipline and punish: The birth of the prison* (Tr. Alan Sheridan). New York, NY: Vintage.

Freyd, J., & Finke, R. (1985). A velocity effect for representational momentum. *Bulletin of the Psychonomic Society, 23*(6), 443–446.

Freyd, J. J. (2012). *What is a betrayal trauma? What is betrayal trauma theory?* Retrieved July 30, 2013, from http://pages.uoregon.edu/dynamic/jjf/defineBT.html

Froese, J., & Devonis, D. C. (2000). Florence Richardson Robinson, 1885–1936. *The Feminist Psychologist, 27*, 29.

Fromm, E. (1941). *Escape from freedom*. New York, NY: Farrar & Rinehart.

Gade, P. A., & Drucker, A. J. (2000). A history of Division 19 (Military Psychology). In D. A. Dewsbury (Ed.), *Unification through division: Histories of the Divisions of the American Psychological Association, Vol V*. Washington, DC: American Psychological Association.

Gagné, R. M. (1985). *The conditions of learning* (4th ed.). Fort Worth, TX: Holt, Rinehart, & Winston.

Garmezy, N., & Holzman, P. (1984). Obituary: David Shakow (1901–1981). *American Psychologist, 39*, 698–699.

Gergen, K. (1973). Social psychology as history. *Journal of Personality and Social Psychology, 26*(2), 309–320.

Gerken, M. (1949). *Ladies in pants: A home front diary*. New York, NY: Exposition Press.

Geuter, U. (1992). *The professionalization of psychology in Nazi Germany*. New York, NY: Cambridge University Press.

Gibson, J. J. (1929). The reproduction of visually perceived forms. *Journal of Experimental Psychology, 12*, 1–39.

Gibson, J. J. (1947). Motion picture testing and research. *Aviation Psychology Research Reports No.7*. Washington, DC: U.S. Government Printing Office.

Glass, I. (2002). This American life 204: 81 words. This American Life webpage, January 18, 2002. Retrieved from http://www.thisamericanlife.org/radio-archives/episode/204/81-words

Goodwin, C. J. (2003). An insider's look at experimental psychology in America: The diaries of Walter Miles. In D. Baker (Ed.), *Thick description and fine texture: Studies in the history of psychology*. Akron, OH: University of Akron Press.

Gottfredson, L. (1997). Mainstream science on intelligence: An editorial with 52 signatories, history, and bibliography. *Intelligence, 24*(1), 13–23.

Green, C., Feinerer, I., & Burman, J. (2013). Networking. *Psychological Review*, 1894–1898. Presentation at Cheiron, International Society for the History of Behavioral and Social Sciences, University of Dallas, June 2013.

Green, C. D., & Benjamin, L. T. Jr. (2009). *Psychology gets in the game: Sport, mind, & behavior, 1880–1960*. Lincoln, NE: University of Nebraska Press.

Greenfield, J. (1974). *Wilhelm Reich vs. the USA*. New York, NY: Norton.

Gurung, R. (2013). *Health psychology: A cultural approach* (3rd ed.). New York, NY: Wadsworth.

Guthrie, R. V. (2004). *Even the rat was white* (2nd ed.). New York, NY: Pearson.

Haney, C. (2006). *Reforming punishment: Psychological limits to the pains of imprisonment*. Washington, DC: American Psychological Association.

Haney, C., Banks, C., & Zimbardo, P. (1973). Interpersonal dynamics in a simulated prison. *International Journal of Criminology and Penology, 1*, 69–97.

Haney, C., & Zimbardo, P. (1998). The past and future of U.S. prison policy: Twenty-five years after the Stanford Prison Experiment. *American Psychologist, 53*, 709–727.

Hardin, G. (1968). The tragedy of the commons. *Science, 162*, 1243–1248.

Harris, B. (2013, July/August). Time capsule: Preparing the human machine for war. *APA Monitor on Psychology*, 80–82.

Hathaway, S. R. (1958). A study of human behavior: The clinical psychologist. *American Psychologist, 13*(6), 257–265.

Hathaway, S. R., & Meehl, P. E. (1951). *An atlas for the clinical use of the MMPI*. Minneapolis, MN: University of Minnesota Press.

Hebb, D. O. (1974). What psychology is about. *American Psychologist, 29*(2), 71–79.

Held, L. (2010). Leona Tyler, 1906–1993. In A. Rutherford (Ed.), *Psychology's Feminist Voices Multimedia Internet Archive*. Retrieved July 26, 2013, from http://www.feministvoices.com/leona-tyler

Hilgard, E. R. (1980). The trilogy of mind: Cognition, affection, and conation. *Journal of the History of the Behavioral Sciences, 16*(2), 107–117.

Hilgard, E. R. (1987). *Psychology in America: A historical survey*. New York, NY: Harcourt Brace Jovanovich.

Hillman, J. & Ventura, M. (1993) *We've had a hundred years of psychotherapy and the world's getting worse*. New York, NY: HarperOne.

Hobbs, N. (1963). A psychologist in the Peace Corps. *American Psychologist, 18*, 47–55.

Holmes, O. W. Jr. (1927). Opinion of the court. In Buck v. Bell, Superintendent of State Colony Epileptics and Feeble Minded (Va.), 274 U.S. 200 (May 2, 1927).

Houston, J. P., Bee, H., Hatfield, E., & Rimm, D. (1979). *Invitation to psychology*. New York, NY: Academic Press.

Hovland, C. (1960). Computer simulation of thinking. *American Psychologist, 15*, 687–93.

Hovland, C. I., & Morrisett, L. (1959). A comparison of three varieties of training in human problem solving. *Journal of Experimental Psychology, 58*, 52–55.

Hsueh, Y. (2002). The Hawthorne experiments and the introduction of Jean Piaget in American industrial psychology, 1929–1932. *History of Psychology, 5*(2), 163–189.

Huffman, R. E. (1970). Which soldiers break down: A survey of 610 psychiatric patients in Vietnam. *Bulletin of the Menninger Clinic, 34*(6), 343–351.

James, W. (1892). *Psychology: Briefer course*. New York, NY: Henry Holt & Co.

Jastrow, J. (1928a). *Keeping mentally fit: A guide to everyday psychology*. New York, NY: Garden City Publishing Company.

Jastrow, J. (1928b). Lo, the Psychologist! In M. L. Reymert (Ed.), *Feelings and emotions: The Wittenberg Symposium* (pp. 434–438). Worcester, MA: Clark University Press.

Jensen, R. (2006). Behaviorism, latent learning, and cognitive maps: Needed revisions in introductory psychology textbooks. *The Behavior Analyst, 29*(2), 187–209.

Johannson, G. (1973). Visual perception of biological motion and a model for its analysis. *Perception and Psychophysics, 14*, 201–211.

Joyce, N., & Baker, D. (2008). Time capsule: The early days of sport psychology. *APA Monitor on Psychology, 39*(7), 28.

Kamin, L. (1974). *The science and politics of IQ*. Potomac, MD: Lawrence Erlbaum Associates.

Kempowski, W. (1993). *Das Echolot. Ein kollektives Tagebuch. Januar und Februar, 1943*. 4 vols. München: Knaus.

Kendler, H. (2009). The role of value in the world of psychology. *American Psychologist, 54*(10), 828–835.

Klee, E., Dressen, W., & Reiss, V. (1988). *The good old days: The Holocaust as seen by its perpetrators and bystanders*. Old Saybrook, CT: Konecky & Konecky.

Koch, S. (1993). "Psychology" or "the psychological studies"? *American Psychologist, 48*, 902–904.

Koffka, K. (1925). *The growth of the mind: An introduction to child-psychology*. New York, NY: Macmillan.

Koppes, L. (1997). American female pioneers of industrial psychology: The early years. *Journal of Applied Psychology, 82*(4), 500–515.

Korzybski, A. (1941). *Science and sanity: An introduction to non-Aristotelian systems and general semantics*. Lancaster, PA: The Science Press Printing Company.

Krantz, D. E., Grunberg, N. E., & Baum, A. (1985). Health psychology. *Annual Review of Psychology, 36*, 349–383.

Lashley, K. S. (1929). *Brain mechanisms and intelligence: A quantitative study of injuries to the brain*. Chicago, IL: University of Chicago Press.

Lashley, K. S. (1951). The problem of serial order in behavior. In L. A. Jeffress (Ed.), *Cerebral mechanisms in behavior*. New York, NY: Wiley.

Leary, T. (1957). *The interpersonal diagnosis of personality: A functional theory and methodology for personality evaluation*. New York, NY: Ronald Press Co.

Lewin, K. (1917). Kriegslandschaft. *Zeitschrift für Angewandte Psychologie, 12*, 440–447.

Lewin, K. (1943). Forces behind food habits and methods of change. *Bulletin of the National Research Council, 108*, 35–65.

Lewin, K. (1946). Action research and minority problems. *Journal of Social Issues, 4*, 34–46.

Lewis, J. M., & Hensley, T. R. (1998). The May 4 shootings at Kent State University: The search for historical accuracy. *Ohio Council for Social Studies Review, 34*(1), 9–21.

Lindner, R. (1954). *The fifty-minute hour*. New York, NY: Holt, Rinehart, & Winston.

Lombrozo, T. (2013). Of rats and men: Edward C. Tolman. *13.7 Cosmos & Culture* (blog/website): National Public Radio. Retrieved July 26, 2013, from http://www.npr.org/blogs/13.7/2013/02/11/171578224/of-rats-and-men-edward-c-tolman

Lykken, D. T. (1991). What's wrong with psychology anyway? In D. Cichetti & W. M. Grove (Eds.), *Thinking clearly about psychology*.

Volume 1: Matters of public interest (Essays in honor of Paul E. Meehl). Minneapolis, MN: University of Minnesota Press.

MacLeod, R. B. (1975). *The persistent problems of psychology.* Pittsburgh, PA: Duquesne University Press.

Maital, S. (2013, July 17). Too many MBA's in the world? *TIMnovate (Technion Institute of Management, Israel) Innovation Blog.* Retrieved July 30, 2013, from http://timnovate.wordpress.com/2013/07/17/too-many-mbas-in-the-world

Marrow, A. J. (1970) *The practical theorist: The life and work of Kurt Lewin.* New York, NY: Basic Books.

Martín-Baró, I. (1984/1994). War and mental health (Tr. Anne Wallace). In A. Aron & S. Corne (Eds.), *Writings for a liberation psychology: Ignacio Martín-Baró.* Cambridge, MA: Harvard University Press.

Maslow, A. H. (1954). *Motivation and personality.* New York, NY: Harper.

McClelland, D. C. (1961). *The achieving society.* Princeton, NJ: D. Van Nostrand.

McClelland, J. L., & Rumelhart, D. E. (1988). *Explorations in parallel distributed processing: A handbook of models, programs, and exercises.* Boston, MA: MIT Press.

McFadden, R. D. (2002, February 18). John W. Gardner, 89, founder of Common Cause and advisor to Presidents, dies. *The New York Times.* Retrieved July 29, 2013, from http://www.nytimes.com/2002/02/18/us/john-w-gardner-89-founder-of-common-cause-and-adviser-to-presidents-dies.html?pagewanted=all&src=pm

McLuhan, M. (1964). *Understanding media: The extensions of man.* New York, NY: McGraw-Hill.

Mecca, A., Smelser, N., & Vasconcellos, J. (Eds.). (1989). *The social importance of self-esteem.* Berkeley, CA: University of California Press.

Meehl, P. E. (1954). *Clinical vs. statistical prediction: A theoretical analysis and a review of the evidence.* Minneapolis, MN: University of Minnesota Press.

Meehl, P. E. (1956). Wanted: A good cookbook. *American Psychologist, 11,* 263–272.

Meehl, P. E. (1962). Schizotypy, schizotaxia, schizophrenia. *American Psychologist, 17,* 827–838.

Meehl, P. E. (1966). The compleat autocerebroscopist: A thought-experiment on Professor Feigl's mind-body identity thesis. In P.K. Feyerabend & G. Maxwell (Eds.), *Mind, matter, and method: Essays in philosophy and science in honor of Herbert Feigl.* Minneapolis, MN: University of Minnesota Press.

Meehl, P. E. (1971). Law and the fireside inductions: Some reflections of a clinical psychologist. *Journal of Social Issues, 27*, 65–100.

Meehl, P. E. (1973). Why I do not attend case conferences. In P. Meehl (Ed.), *Psychodiagnosis: Selected papers*. Minneapolis, MN: University of Minnesota Press.

Meehl, P. E. (1978). Theoretical risks and tabular asterisks: Sir Karl, Sir Ronald, and the slow progress of soft psychology. *Journal of Consulting and Clinical Psychology, 46*, 806–834.

Menninger, K. (1930). *The human mind*. New York, NY: Alfred A. Knopf.

Meyer, M. (1933). That whale among the fishes: The theory of emotions. *Psychological Review, 40*, 292–300.

Milar, K. (2011). Time capsule: The myth buster. *APA Monitor on Psychology, 42*(2), 24.

Miles, W. R. (1934). Alcohol and motor vehicle drivers. In R. W. Crum (Ed.), *Proceedings of the Thirteenth Annual Meeting of the Highway Research Board*. Washington, DC: Highway Research Board.

Miller, G. A. (1956). The magical number seven, plus or minus two. *Psychological Review, 63*(2), 81–97.

Miller, G. A. (1969). Psychology as a means of promoting human welfare. *American Psychologist, 24*, 1063–1075.

Miller, G. A. (1985). The constitutive problem of psychology. In S. Koch & D. Leary (Eds.), *A century of psychology as science* (pp. 40–59). Washington, DC: American Psychological Association.

Miller, J. G. (1955). Toward a general theory for the behavioral sciences. *American Psychologist, 10*, 513–531.

Miller, N. (1941). The frustration-aggression hypothesis. *Psychological Review, 48*, 337–342.

Minow, N. (1964). *Equal time: The private broadcaster and the public interest*. New York, NY: Atheneum.

Moreira, P., Goncalves, O. F., & Matias, C. (2011). Psychotherapy and therapist's theoretical orientation: Exploratory analysis of Gloria's narratives with Rogers, Ellis, and Perls. *Journal of Cognitive and Behavioral Psychotherapies, 21*(2), 173–190.

Murphy, G. (Ed.) (1945). *Human nature and enduring peace: Third yearbook of the Society for the Psychological Study of Social Issues*. New York, NY: Houghton Mifflin.

Myers, D. (1993). *The pursuit of happiness*. New York, NY: Avon.

Myrdal, G. (1944). *An American dilemma: The Negro problem and modern democracy* (2 vols.). New York, NY: Harper & Brothers.

Nagel, T. (1974). What is it like to be a bat? *Philosophical Review, 83,* 435–450.

National Archives. (2013). Our documents: The Sixteenth Amendment. *Our Documents Initiative Website* (online). Retrieved July 28, 2013, from http://www.ourdocuments.gov/doc.php?flash=true&doc=57

Neisser, U. (1997). Never a dull moment. *American Psychologist, 52*(1), 79–81.

Neisser, U., Boodoo, G., Bouchard, T., Boykin, A. W., Brody, N., Ceci, S., . . . Urbina, S. (1996). Intelligence: Knowns and unknowns. *American Psychologist, 51*(2), 77–101.

Nicholson, I. (2007). Baring the soul: Paul Bindrim, Abraham Maslow, and "nude psychotherapy." *Journal of the History of the Behavioral Sciences, 43*(4), 337–359.

Nisbett, R. E., & Cohen, D. (1996). *Culture of honor: The psychology of violence in the South.* Boulder, CO: Westview Press.

Norcross, J. C., Vandenbos, G. R., & Freedheim, D. K. (Eds.). (2011). *History of psychotherapy: Continuity and change* (2nd ed.). Washington, DC: American Psychological Association.

Norman, D. A. (1988). *The design of everyday things.* New York, NY: Doubleday.

Olds, J., & Milner, P. (1954). Positive reinforcement produced by electrical stimulation of septal area and other regions of the rat brain. *Journal of Comparative and Physiological Psychology, 47,* 419–427.

Olson-Buchanan, J. B., Koppes Bryan, L. L., & Thompson, L. F. (Eds.). (2013). *Using industrial psychology for the greater good: Helping those who help others* (SIOP Organizational Frontiers Series). New York, NY: Routledge.

O'Shea, M. V. (1909). Progress in child and educational psychology. *Psychological Bulletin, 6,* 73–77.

Padilla, A. (2003). The origins of the *Hispanic Journal of Behavioral Sciences*: A personal memoir. *Hispanic Journal of Behavioral Sciences, 25*(1), 3–12.

Page, E. (1972). Behavior and heredity. *American Psychologist, 27*(7), 660–661.

Perry, P., & Graat, J. (2010). *Couch fiction: A graphic tale of psychotherapy.* Houndmills, Basingstoke, Hampshire (UK): Palgrave Macmillan.

Pfeiffer, M. B. (2007). *Crazy in America: The hidden tragedy of our criminalized mentally ill.* New York, NY: Carroll & Graf.

Pickren, W. E., & Rutherford, A. (2010). *A history of modern psychology in context.* New York, NY: Wiley.

Pinker, S. (1998). Obituary: Roger Brown. *Cognition, 66*, 199–213.
Portillo, N. (2012). The life of Ignacio Martin-Baro: A narrative account of a personal biographical journey. *Peace and Conflict: Journal of Peace Psychology, 18*(1), 77–87.
Pritchard, M. C. (1951). The contributions of Leta S. Hollingworth to the study of gifted children. In P. Witty (Ed.), *The gifted child* (pp. 47–85). New York, NY: D. C. Heath & Co.
Raimy, V. (Ed.). (1950). *Training in clinical psychology*. New York, NY: Prentice-Hall.
Reber, A. (1996). *The new gambler's bible: How to beat the casinos, the track, your bookie and your buddies*. New York, NY: Three Rivers Press.
Reich, W. (1949). *Character analysis* (3rd ed.). New York, NY: Orgone Institute Press.
Reymert, M. L. (Ed.). (1928). *Feelings and emotions: The Wittenberg Symposium*. Worcester, MA: Clark University Press.
Richards, G. (2010). *Putting psychology in its place: Critical historical perspectives*. London, UK: Routledge.
Richardson, J. T. E. (2011). *Howard Andrew Knox: Pioneer of intelligence testing at Ellis Island*. New York, NY: Columbia University Press. Retrieved from http://psychcentral.com/lib/howard-andrew-knox-pioneer-of-intelligence-testing-at-ellis-island/00012829
Roberts, S. (2003). Triangle fire: New leaders emerge. *The New York Times*, City Room Blog: 3/24/2011. Retrieved July 28, 2013, from http://cityroom.blogs.nytimes.com/2011/03/24/triangle-fire-new-leaders-emerge
Rogers, C. (1942). *Counseling and psychotherapy*. Boston, MA: Houghton Mifflin.
Rogers, C., & Skinner, B. F. (1956). Some issues concerning the control of human behavior: A symposium. *Science, 124*, 1057–1065.
Rose, N. (1996). Power and subjectivity: Critical history and psychology. In C. F. Graumann & K. Gergen (Eds.), *Historical dimensions of psychological discourse*. New York, NY: Cambridge University Press.
Rosenhan, D. (1973). On being sane in insane places. *Science, 179*, 250–258.
Rosenzweig, S. (1936). Some common implicit factors in diverse methods of psychotherapy. *American Journal of Orthopsychiatry, 6*(3), 412–415.
Rosner, R. (2012). Aaron T. Beck's drawings and the psychoanalytic origin story of cognitive therapy. *History of Psychology, 15*(1), 1–18.

Ross, E. A. (1909). Discussion: What is social psychology? *Psychological Bulletin, 6*, 409–411.

Sanford, N. (1976). Graduate education then and now. *American Psychologist, 31*(11), 756–764.

Sarason, S. B. (1981a). An asocial psychology and a misdirected clinical psychology. *American Psychologist, 36*(8), 827–836.

Sarason, S. B. (1981b). *Psychology misdirected*. New York, NY: Free Press.

Schofield, W. (1964). *Psychotherapy: The purchase of friendship*. New York, NY: Prentice-Hall.

Seligman, M. (2010, June 20). A letter to the editor by Martin Seligman. VoltaireNet.org website. Retrieved from http://www.voltairenet.org/article165964.html

Seligman, M. E. P. (1975). *Helplessness: On depression, development, and death*. San Francisco, CA: W. H. Freeman.

Seligman, M. E. P. (1991). *Learned optimism*. New York, NY: Knopf.

Seligman, M. E. P., & Schulman, P. (1986). Explanatory style as a predictor of productivity and quitting among life insurance agents. *Journal of Personality and Social Psychology, 50*, 832–838.

Shaffer, L. F. (1936). *The psychology of adjustment: An objective approach to mental hygiene*. Boston, MA: Houghton Mifflin.

Shakow, D. (1965). Seventeen years later: Clinical psychology in light of the 1947 Committee on Training in Clinical Psychology Report. *American Psychologist, 20*, 353–362.

Shepard, R. N., & Metzler, J. T. (1971). Mental rotation of three-dimensional objects. *Science, 171*, 701–703.

Sherry, J. (2012). *Carl Gustav Jung: Avant-Garde conservative*. New York, NY: Palgrave Macmillan.

Shostrom, E. (1977). *Three approaches to psychotherapy (II). (Film)*. Orange, CA: Psychological Films.

Skinner, B. F. (1948/2009). *Verbal behavior: William James Lectures, Harvard University, 1948*. (Unpublished MS transcribed by David Palmer.) Retrieved July 28, 2013, from http://www.bfskinner.org/bfskinner/PDFBooks_files/William%20James%20Lectures.pdf

Skinner, B. F. (1953). *Science and human behavior*. New York, NY: Macmillan.

Skinner, B. F. (1970). Creating the creative artist. In A. J. Toynbee et al. (Eds.), *On the future of art*. New York, NY: Viking Press.

Skinner, B. F. (1978). *Reflections on behaviorism and society*. Englewood Cliffs, NJ: Prentice-Hall.

Slater, P. (1970). *The pursuit of loneliness: American culture at the breaking point*. Boston, MA: Beacon Press.

Smith, N. (1996). *The new urban frontier: Gentrification and the revanchist city.* London, UK: Routledge.

Social Security Administration. (1979). Social Security history: Frances Perkins. *Social Security Administration History Online*. Retrieved July 27, 2013, from http://www.ssa.gov/history/fpbiossa.html

Sokal, M. (1994). Gestalt psychology in America in the 1920's and 1930's. In S. Poggi (Ed.), *Gestalt psychology: Its origins, foundations, and influence: An international workshop.* Firenze: Leo S. Olschke.

Sperry, R. (1968). Hemisphere deconnection and unity in conscious awareness. *American Psychologist, 23*(10), 723–733.

Starbuck, G. (1971). *Of late.* New York, NY: McGraw-Hill.

Starch, D. A. (1909). Review of "The Hearing of Primitive Peoples." *Psychological Bulletin, 6*, 146–147.

Strong, E. K. (1922). *Selling life insurance.* New York, NY: Harper & Brothers.

Sullenberger, C. (2014). Chesley B. "Sully" Sullenberger III. Retrieved from http://sullysullenberger.com/#/about

Takasuna, M. (2013, June). Important literature referenced in textbooks on the history of psychology: A preliminary citation analysis using 13 textbooks published after 2001. *Cheiron* (International Society for the History of Behavioral and Social Sciences), XLV, poster presentation, University of Dallas.

Taylor, E. (2009). *The mystery of personality: A history of psychodynamic theories.* New York, NY: Springer Publishing Company.

Tolman, E. C. (1932). *Purposive behavior in animals and men.* New York, NY: The Century Company.

Tolman, E. C. (1939). Prediction of vicarious trial and error by means of the schematic sowbug. *Psychological Review, 46*, 318–336.

Tolman, E. C. (1942). *Drives toward war.* New York, NY: D. Appleton-Century Company.

Tolman, E. C. (1948). Cognitive maps in rats and men. *Psychological Review, 55*, 189–208.

Tolman, E. C., & Honzik, C. H. (1930). Degrees of hunger, reward, and non-reward, and maze performance in rats. *University of California Publications in Psychology, 4*, 241–256.

Tolman, E. C., Ritchie, B. F., & Kalish, D. (1946). Studies in spatial learning: I: Orientation and short-cut. *Journal of Experimental Psychology, 36*, 13–24.

Troland, L. T. (1926). *The mystery of mind.* New York, NY: D. Van Nostrand.

Tversky, A., & Kahneman, D. (1986). Rational choice and the framing of decisions. *The Journal of Business, 59*(4), S251–S278.
Tyler, L. (1973). Design for a hopeful psychology. *American Psychologist, 28*(12), 1021–1029.
U.S. Department of Commerce, Bureau of the Census. (1943). *Patients in mental institutions, 1939*. Washington, DC: U.S. Government Printing Office.
U.S. National Archives. (2013). Our documents: The Sixteenth Amendment. *Our Documents Initiative Website*. Retrieved from http://www.ourdocuments.gov/doc.php?flash=true&doc=57
Valenstein, E. S. (1986). *Great and desperate cures: The rise and decline of psychosurgery and other radical treatments for mental illness*. New York, NY: Basic Books.
Vasconcellos, J. (2001). Foreword. In K. J. Schneider, J. F. T. Bugental, & J. F. Pierson (Eds.), *The handbook of humanistic psychology: Leading edges in theory, research, and practice*. Thousand Oaks, CA: Sage Publications.
Viteles, M. (1932). *Industrial psychology*. New York, NY: W. W. Norton.
Vrana, B. (1991). Senate Bill 43: A refinement of North Carolina's involuntary civil commitment procedures. *Campbell Law Review, 14*(1), 105–122.
Walters, E. T., Carew, T. J., & Kandel, E. R. (1979). Classical conditioning in Aplysia californica. *Proceedings of the National Academy of Sciences (USA), 76*(2), 6675–6679.
Watson, J. B. (1924). *Behaviorism*. New York, NY: People's Institute.
Wiener, N. (1948). *Cybernetics: Or, Control and communication in the animal and the machine*. New York, NY: John Wiley & Sons.
Wiener, N. (1950). *The human use of human beings: Cybernetics and society*. Boston, MA: Houghton Mifflin.
Wiener, N. (1964). *God and Golem, Inc.: A comment on certain points where cybernetics impinges on religion*. Cambridge, MA: MIT Press.
Weizmann, F., & Harris, B. (2012). Arnold Gesell: The maturationist. In W. Pickren, D. A. Dewsbury, & M. Wertheimer (Eds.), *Portraits of pioneers in developmental psychology*. New York, NY: Psychology Press.
Wells, F. L. (1927). *Mental tests in clinical practice*. Yonkers-on-Hudson, NY: World Book.
Williams, T. A. (1909). Mental causes in bodily disease: The most frequent cause of the origins of "nervous indigestion." *Journal of Abnormal Psychology, 3*, 386–390.

Wilson, W. J. (1987). *The truly disadvantaged: The inner city, the underclass, and public policy.* Chicago, IL: University of Chicago Press.

Winston, A. S. (1996). "As his name indicates": R. S. Woodworth's letters of reference and employment for Jewish psychologists in the 1930's. *Journal of the History of the Behavioral Sciences, 32*(1), 30–43.

Yerkes, R. M. (Ed.) (1921). Psychological examining in the United States Army. *Memoirs of the National Academy of Sciences, 15*, 1–890.

Yerkes, R. M., & Morgulis, S. (1909). The method of Pawlow in animal psychology. *Psychological Bulletin, 6*, 257–273.

Young, J. (2010). Augusta Fox Bronner, 1881–1966. In A. Rutherford (Ed.), *Psychology's Feminist Multimedia Archive*. Retrieved July 26, 2013, from http://www.feministvoices.com/augusta-fox-bronner

Zegarac, N. (2007). All the colors of the rainbow: A brief romp through Technicolor. *The Hollywood Art*. Retrieved July 27, 2013, from http://thehollywoodart.blogspot.com/2007_12_01_archive.html

찾아보기

내용

| ㅅ |

|ㅇ|

|ㅊ|

|ㅋ|

|ㅌ|

|ㅍ|

|ㅎ|

|기타|

인명

|ㄱ|

|ㄴ|

|ㄷ|

|ㄹ|

|ㅌ|

|ㅍ|

|ㅎ|

지은이

David C. Devonis

현대 미국심리학에서의 의식적 쾌락의 역사에 관한 논문으로, 1989년 그 주제에 관해 뉴햄프셔대학교에 이전에 있던 전공으로 박사학위를 취득했다. 그 이후 17년 동안 그는 학문적 여정을 통해 레드랜즈에 있는 레드랜즈대학교, 캘리포니아대학교, 지금은 문을 닫은 데이쿄 메리크레스트대학교(이전에는 아이오와주 데번포트에 있던 메리크레스트대학교)에서부터, Bruce Jenner와 미국심리학 전문가 심사위원회에서 다년간의 봉사활동을 통하여 심리학의 인프라 구축의 저명한 공헌자이며, 심리학의 역사에서 더 유명한 Noble H. Kelly의 모교인 아이오와주 라모니에 있는 그레이스랜드대학교에 이르기까지, 사실상 심리학 커리큘럼이 있는 모든 과정에서 심리학의 역사를 가르쳤다. Devonis 박사는 1990년부터 행동과 사회과학역사국제학회인 케이론의 회원으로 많은 활동에 기여해왔으며 지난 10년간 회계를 맡았다. 현재 그는 미국심리학회(APA)의 학술지인 *History of Psychology*의 편집위원이며 Wade Pickren과 함께 *Oxford Bibliographies Online* 시리즈의 *History of Psychology* 온라인 참고문헌의 공동 편집자이자 컴파일러이다.

devonis@graceland.edu

옮긴이

이규미

이화여자대학교 교육심리학과 졸업
이화여자대학교 대학원 심리학과 석사 · 박사(상담심리학 전공)
상담심리사 1급(한국상담심리학회)
모래놀이심리상담사 수련감독자(한국발달지원학회)
국가자격증 청소년상담사 1급
전 한국심리학회장
　한국상담심리학회장
　한국발달지원학회장
현 아주대학교 교육대학원 교수

손강숙

한국외국어대학교 독일어교육과 졸업
한국외국어대학교 대학원 상담심리학과 석사
아주대학교 대학원 박사(교육상담 및 심리 전공)
상담심리사 1급(한국상담심리학회)
전 아주대학교 교육대학원 겸임 교수, 교육연구소 연구원
　한국상담심리학회 사례연구위원회 부위원장
현 중앙승가대학교 불교사회학부 교수
　한국발달지원학회 이사
　불교상담개발원 이사